"Uns ist in alten Mären..."

Das Nibelungenlied und seine Welt

Herausgegeben von der
Badischen Landesbibliothek Karlsruhe
und dem
Badischen Landesmuseum Karlsruhe

PRIMUS VERLAG

Die Ausstellung und die Katalogproduktion wurden gefördert von

Badische
Bibliotheksgesellschaft

Titelbild:
Handschrift C des ‚Nibelungenlieds‘, Karlsruhe, Badische Landesbibliothek (Kat. Nr. 172);
Ritter-Aquamanile, Oslo, Universitetets kulturhistoriske museer (Kat. Nr. 21)

Die Deutsche Bibliothek verzeichnet diese Publikation in der Deutschen Nationalbiblio-
grafie; detaillierte bibliografische Daten sind im Internet über http://dnb.ddb.de abrufbar.

© 2003 by Primus Verlag, Darmstadt

Gedruckt auf säurefreiem und alterungsbeständigem Papier

Redaktion: Jürgen Krüger, Badisches Landesmuseum Karlsruhe
Produktion: Verlagsbüro Wais & Partner, Stuttgart
Kataloggestaltung: Rainer Maucher, Stuttgart
Einbandgestaltung: Ranger-Design, Stuttgart
Reproduktion: BTB, Fellbach
Druck: Himmer, Augsburg

Printed in Germany

www.landesmuseum.de

ISBN 3-923132-95-6

Grußwort

Uns ist in alten mæren   wunders vil geseit
von heleden lobebæren,   von grôzer arebeit,
von freude und hôchgezîten,   von weinen unde klagen,
von küener recken strîten   muget ir nu wunder hœren sagen.

So beginnt das weltberühmte ‚Nibelungenlied'. Und mit „Uns ist in alten Mären… Das Nibelungenlied und seine Welt" ist auch die Ausstellung im Badischen Landesmuseum betitelt. Erstmalig und voraussichtlich auch einmalig bietet die Schau Gelegenheit, alle drei der kostbaren und mit A, B und C wissenschaftlich-nüchtern nummerierten Handschriften aus München, St. Gallen und Karlsruhe einem direkten Vergleich zu unterziehen.

Die Landesbank Baden-Württemberg (LBBW) unterhält eine besondere Verbindung mit der Handschrift C, die im Zentrum der Sonderausstellung steht. Diese gilt als die älteste der drei vollständigen Handschriften des 13. Jahrhunderts, und sie hat selbst eine wechselvolle Geschichte durchlebt. Sie wurde 1755 im Palast von Hohenems aufgefunden. 1815 erwarb sie Josef Freiherr von Laßberg im Gefolge des Wiener Kongresses mit Mitteln der Fürstin Elisabeth von Fürstenberg. Im Jahr 2001 wurde die Handschrift C von der Landesbank Baden-Württemberg erworben. Der Ankauf wurde durch Zuwendungen des Bundes, der Kulturstiftung der Länder und mit Hilfe einer Spende von Christina Freifrau von Laßberg unterstützt. Seitdem wird die Handschrift C in der Badischen Landesbibliothek aufbewahrt.

Es war und ist das Anliegen der LBBW, mit der Handschrift C ein Kulturgut von höchstem Rang in Baden-Württemberg zu halten. Die Handschrift ist im Süden des deutschsprachigen Raumes entstanden und befand sich seit 1855 in der Fürstlich Fürstenbergischen Hofbibliothek in Donaueschingen. Mit der Leihgabe der Handschrift an das Land Baden-Württemberg bekennt sich die LBBW zu ihrer gesellschaftlichen und kulturellen Verantwortung in ihrem Kerngeschäftsgebiet. Als regional verankertes Kreditinstitut mit internationaler Ausrichtung freut es uns sehr, dass es mit dem Erwerb der Handschrift C gelungen ist, das älteste der erhaltenen Manuskripte des ‚Nibelungenlieds' in Baden-Württemberg zu bewahren.

In der Badischen Landesbibliothek ist die Handschrift Wissenschaft und Forschung unter idealen Bedingungen und in einem großen Sammlungsgefüge optimal zugänglich. Im Rahmen der Ausstellung kann man dem Epos in einer zeitgemäßen Ausstellungskonzeption begegnen. Die faszinierende Welt des Mittelalters und seine Darstellung in der Kunst rückt so dem Betrachter ganz nahe. Wir begegnen einem Text, der 800 Jahre alt ist, dessen Thematik aber nichts von seiner Aktualität verloren hat. Tatsächlich: „In alten Geschichten werden wir Wunderbares berichtet hören".

Der Ausstellung wünsche ich allen Erfolg und den Besuchern eine eindrucksvolle Begegnung mit einem ganz besonderen Kulturdenkmal!

Hans Dietmar Sauer
Landesbank Baden-Württemberg,
Vorsitzender des Vorstands

Vorwort

Die Handschrift C des ‚Nibelungenlieds' gehört zu den wichtigsten deutschen Kulturdenkmälern. 1815 gelang es dem Freiherrn Joseph von Laßberg, sie auf dem Wiener Kongress für den stolzen Preis von 250 Dukaten zu erwerben und zum Mittelpunkt seiner erlesenen Sammlung von mittelalterlichen Handschriften zu machen. Die Sammlung Laßberg wurde 1853 an das Haus Fürstenberg verkauft und in die Hofbibliothek Donaueschingen aufgenommen. 1993 erwarb das Land Baden-Württemberg 1050 Handschriften aus dem Bestand der Hofbibliothek. Die lateinischen Handschriften wurden der Württembergischen Landesbibliothek in Stuttgart zugewiesen, die deutschsprachigen Handschriften des Mittelalters, und damit der Kernbestand der Sammlung Laßberg, gingen an die Badische Landesbibliothek in Karlsruhe. Die Nibelungenhandschrift C war allerdings nicht darunter.

1999 bot das Haus Fürstenberg dem Land Baden-Württemberg den größten Teil der noch in Donaueschingen verbliebenen Hofbibliothek zum Kauf an, darunter die Handschrift C und die wertvolle Musikaliensammlung. Für die Erwerbung des gesamten Bestandes fehlte das Geld, aber es gelang immerhin, die Musikaliensammlung und einen Teil der alten Drucke aus Mitteln der Stiftung Kulturgut Baden-Württemberg und der Kulturstiftung der Länder anzukaufen und der Badischen Landesbibliothek zu übergeben. Über die Erwerbung der Handschrift C wurde lange und intensiv verhandelt, bis schließlich 2001 die Landesbank Baden-Württemberg mit finanzieller Unterstützung der Kulturstiftung der Länder, der Bundesregierung und der Freifrau Christina von Laßberg die Handschrift erwarb und dem Land Baden-Württemberg als Leihgabe zur Verfügung stellte. Der „für die Germanistik relevante Dokumentations- und Sammlungszusammenhang mittelalterlicher Handschriften, der in Bezug auf das ‚Nibelungenlied' bei der Badischen Landesbibliothek in besonders dichter Form vorhanden" war, gab für Wissenschaftsminister Klaus von Trotha den Ausschlag, die Handschrift C der Badischen Landesbibliothek zuzuweisen.

Im Juli 2001 wurde die Handschrift in einer dreitägigen Ausstellung im Vortragssaal der Badischen Landesbibliothek gezeigt. Schon damals war klar, dass die Handschrift über einen längeren Zeitraum in einer großen Ausstellung präsentiert werden sollte. Mit dem Badischen Landesmuseum konnte 2002 ein Partner gefunden werden, der über die nötige Infrastruktur für die Durchführung eines so anspruchsvollen Projektes verfügte.

Im Mittelpunkt der Ausstellung steht die handschriftliche Überlieferung des ‚Nibelungenlieds'. Erstmals werden alle drei Haupthandschriften im Original zusammen gezeigt: die Handschrift A, die in der Bayerischen Staatsbibliothek in München aufbewahrt wird, die Handschrift B aus der Stiftsbibliothek St. Gallen und die Handschrift C, die als die älteste der drei vollständigen aus dem 13. Jahrhundert gilt. Ergänzt wird diese Zusammenstellung, die einen direkten Vergleich ermöglicht, durch eine Dokumentation aller Überlieferungsträger des ‚Nibelungenlieds' und durch weitere kostbare Handschriften und Objekte der Sachkultur, die die Welt des Nibelungenlieds und die höfische Kultur des Mittelalters aufscheinen lassen.

Mein herzlicher Dank gilt allen, die zum Gelingen der Ausstellung beigetragen haben: dem Direktor des Badischen Landesmuseums, Herrn Prof. Dr. Harald Siebenmorgen und seinen Mitarbeiterinnen und Mitarbeitern, dem wissenschaftlichen Beirat, dem von Seiten der Badischen Landesbibliothek Herr Prof. Dr. Joachim Heinzle, Herr Prof. Dr. Lothar Voetz und Herr Dr. Klaus Klein angehört haben, Frau Heidrun Jecht M. A. und dem Büro Kurt Ranger für die Vorbereitung und Gestaltung der Ausstellung, Herrn Prof. Dr. Jürgen Krüger und dem Primus-Verlag Darmstadt für die Redaktion und die Veröffentlichung des Katalogs und nicht zuletzt in besonderem Maße der Leiterin der Handschriftenabteilung der Badischen Landesbibliothek, Frau Dr. Ute Obhof. Großer Dank gilt ebenfalls ihren Mitarbeiterinnen Frau Dr. Babette Stadie, Frau Michaela Komlósy, Frau Magdalena Liedtke und Frau Christiane Schwab.

Herzlich danken möchte ich auch den zahlreichen Leihgebern im In- und Ausland, dem Ministerium für Wissenschaft, Forschung und Kunst Baden-Württemberg für die finanzielle Unterstützung sowie den Sponsoren der Ausstellung: der Landesbank Baden-Württemberg und Herrn Hans Dietmar Sauer, dem Vorsitzenden ihres Vorstands, der Badischen Bibliotheksgesellschaft und ihrem Vorsitzenden Herrn Prof. Dr. Dr. h.c. Wolfgang Klose, Karlsruhe, sowie der Firma Reinhold Würth, Künzelsau.

Karlsruhe, im Oktober 2003

Dr. Peter Michael Ehrle
Direktor der Badischen Landesbibliothek

VORWORT

Nur wenige deutsche Kulturgüter sind in so umfassender Weise ein Spiegelbild deutscher Kultur und Geschichte wie das ‚Nibelungenlied': stofflich wurzelt es in der Völkerwanderungszeit, abgefasst wurde es in der Stauferzeit, und seine vielleicht größte Wirkung entfaltete es nach seiner Wiederentdeckung in der Neuzeit, als es zum deutschen Nationalepos aufstieg und schließlich für einige der schlimmsten Momente der Geschichte herhalten musste.

Von den zahlreichen mittelalterlichen ‚Nibelungenlied'-Handschriften ist es gerade die seit dem 19. Jahrhundert von den Fachleuten schlicht mit „C" bezeichnete Handschrift, mit der dieses umfassende Bild aufgebaut wurde: es ist einerseits die älteste der „großen" Handschriften, und andererseits löste die Entdeckung genau dieser Handschrift im Jahr 1755 die gewaltige Nachwirkung aus.

Neben der Präsentation der handschriftlichen Überlieferung wird in einem weiteren Teil der Ausstellung die Welt des ‚Nibelungenlieds' mit Hilfe wertvoller Objekte der mittelalterlichen Sachkultur in Szene gesetzt. Diese Präsentation ist an einzelne Stationen des Handlungsablaufes des ‚Nibelungenlieds' gebunden, von Worms über Xanten und Island bis Gran, und verfolgt mehrere Ziele: Zum einen wird die komplexe Handlung leichter nachvollziehbar gemacht, und zum anderen wird die hochmittelalterliche Kultur lebendig, die sich in vielfältiger Weise in dem Epos widerspiegelt; Schließlich werden wesentliche sprachliche Eigenheiten der hochmittelalterlichen Dichtung anschaulich erläutert.

In einem abrundenden letzten Ausstellungsteil wird die Rezeption des ‚Nibelungenlieds' dargestellt. Zwar schon relativ häufig behandelt, werden doch neue Akzente gesetzt und wichtige Erkenntnisse gewonnen. Es wird deutlich, welches immense Nachleben das ‚Nibelungenlied' in der deutschen Kultur- und Geistesgeschichte gefunden hat. Richard Wagners „Ring" schuf eine Sondersituation, an seiner Person und seinem Werk scheiden sich immer noch die Geister.

Heute kann es als ein Produkt unseliger Traditionen deutscher Geistesgeschichte erscheinen, wenn das ‚Nibelungenlied' über 100 Jahre lang als Heldenepos des Deutschtums in Anspruch genommen wurde. „Nibelungentreue" (1917) und Heroen-Durchhalteparolen der Nazi-Führer (Göring 1943) haben ein Verständnis erzeugt, das von Helden und Recken, Germanen und Ehrenmenschen ausgefüllt war.

In den letzten zwanzig Jahren wurde der ideologische Missbrauch in den Hintergrund gedrängt. Moritz Rinke etwa hat in der Neubearbeitung als Theaterstück 2002 in Worms menschliche und psychologische Dimensionen ein gutes Stück freigelegt und dem Stoff eine neue Deutungsdimension als Drama menschlicher Verstrickungen, Leidenschaften und Schicksale von Gier und Tragik gegeben.

Die Ausstellung spannt somit drei wichtige Bereiche der deutschen Kulturgeschichte zusammen. Sie bietet einen lebendigen, aber auch spannungsvollen Einstieg in ein zentrales Kapitel deutscher Geschichte, in einer Vielfalt, wie dies zuvor noch nicht versucht wurde.

Das Badische Landesmuseum, in der Rolle des Gastgebers und mit der Durchführung vor Ort betraut, ist wieder einmal gerne eine Ausstellungskonzeption zum Nutzen zweier Institutionen eingegangen, diesmal mit der Badischen Landesbibliothek, bei deren Direktor Dr. Peter Michael Ehrle ich mich herzlich für die Zusammenarbeit bedanken möchte. In diesen Dank möchte ich auch die Leiterin der Handschriftenabteilung der Badischen Landesbibliothek, Frau Dr. Ute Obhof, sowie ihre Mitarbeiterinnen einbeziehen.

Im Badischen Landesmuseum ist vor allem Frau Heidrun Jecht M. A. für ihre verantwortungsvolle und kompetente Managementarbeit für die Ausstellung zu danken, Herrn Prof. Dr. Jürgen Krüger für die Katalogproduktion und vielerlei sonstige Mitarbeit; dem Büro Kurt Ranger in Stuttgart für die Gestaltung sowie dem Primus-Verlag für sein Engagement, den Druck und den Werbeeinsatz für den Katalog.

Das Profil des Ausstellungsprojekts wurde wesentlich durch die Arbeit des wissenschaftlichen Beirats bestimmt, dem sehr herzlich gedankt wird.

Zu danken ist ferner den zahlreichen Leihgebern im In- und Ausland, die mit teilweise äußerst kostbaren und seltenen Objekten die Präsentation dieses anspruchsvollen Unternehmens erst ermöglichten.

Unser Dank gilt aber nicht zuletzt auch den Sponsoren der Ausstellung: der Landesbank Baden-Württemberg und Herrn Hans Dietmar Sauer, dem Vorsitzenden ihres Vorstands, der Badischen Bibliotheksgesellschaft und ihrem Vorsitzenden Herrn Prof. Dr. Dr. h.c. Wolfgang Klose, Karlsruhe, der Firma Reinhold Würth, Künzelsau und – für Sondermittel – dem Ministerium für Wissenschaft, Forschung und Kunst des Landes Baden-Württemberg.

Karlsruhe, im Oktober 2003

Prof. Dr. Harald Siebenmorgen
Direktor des Badischen Landesmuseums

Inhalt

Aufsätze

Daz ist der Nibelunge liet

Lothar Voetz

Uns ist in alten mæren   wunders vil geseit
von heleden lobebæren,   von grôzer arebeit,
von freude und hôchgezîten,   von weinen unde klagen,
von küener recken strîten   muget ir nu wunder hœren sagen.

(C1) Uns wird in alten Geschichten an Wunderbarem viel erzählt:
Von rühmlichen Helden, von großem Leid,
von Freudentagen und Festtagen, von Schmerz und Trauer
und vom Kampf tapferer Helden könnt ihr jetzt Wunderbares erzählen hören.

Das ‚Nibelungenlied‘ ist heute nur in den Formen bekannt, in denen es in 36 beziehungsweise – unter Einschluss einer mittelniederländischen Übersetzung – in insgesamt 37 Handschriften und Handschriftenfragmenten aus dem 13. bis zum Anfang des 16. Jahrhunderts überliefert ist. (Ein in jüngster Zeit über verschiedene Medien verkündeter angeblicher Neufund von ‚Nibelungenlied‘-Fragmenten aus dem Kloster Zwettl in Niederösterreich hat sich inzwischen als Fehlbeurteilung erwiesen.)

Das inhaltlich auf älteren mündlichen Traditionen beruhende ‚Nibelungenlied‘ erhielt um oder kurz nach 1200 Schriftgestalt. Die Sprache des ‚Nibelungenlieds‘ ist mittelhochdeutsch. Ein Original ist nicht erhalten. Der Dichter ist unbekannt. Seine Anonymität wird wohl auch durch die Gattung der Dichtung entscheidend mitbedingt sein. Vieles spricht dafür, dass das ‚Nibelungenlied‘ von seiner Entstehung her mit Passau beziehungsweise mit dem Großraum der mittelalterlichen Diözese Passau in Verbindung zu bringen ist, die damals unter anderem auch Wien einschloss. Als Auftraggeber und Mäzen des unbekannten Dichters des ‚Nibelungenlieds‘ ist mit großer Wahrscheinlichkeit Wolfger von Erla anzusehen, der von 1191 bis 1204 Bischof von Passau war.

Das heute als ‚Nibelungenlied‘ bezeichnete Werk hatte ursprünglich keinen Titel. Der neuzeitliche Titel geht auf den letzten Vers des Textes zurück, der in einem Teil der Handschriften mit den Worten schließt: *daz ist der Nibelunge liet*. Diesen Wortlaut hat man, leicht variiert, in dem neuhochdeutschen Titel ‚Nibelungenlied‘ beibehalten. Das mittelhochdeutsche Wort *liet* ist aber von seiner Bedeutung her nicht ohne weiteres mit dem neuhochdeutschen Wort *Lied* gleichzusetzen. Vielmehr wäre mittelhochdeutsch *liet* mit neuhochdeutsch ‚Dichtung‘ zu übersetzen: „Das ist die Dichtung über die Nibelungen“.

Das ‚Nibelungenlied‘ ist in den meisten Handschriften in insgesamt 39 so genannte *âventiuren* eingeteilt, was unter formalen Gesichtspunkten im Neuhochdeutschen mit ‚Kapiteln‘ wiedergegeben werden könnte. Das Wort mhd. *âventiure*, das unter anderem auch ‚Erzählung, Begebenheit, Abenteuer‘ bedeutet, lässt sich im Neuhochdeutschen jedoch nicht mit einem einzigen Wort adäquat übersetzen.

Das ‚Nibelungenlied‘ ist eine strophische Dichtung, die nach heutigen literaturwissenschaftlichen Kriterien der so genannten Heldenepik zugerechnet wird. Von seiner sprachlichen und metrischen Ausformung her, aber auch aufgrund seiner inhaltlichen Gestaltung ist das ‚Nibelungenlied‘ durchaus ein Werk der Zeit um 1200. Die stoff- und sagengeschichtlichen Hintergründe des Werkes führen aber in vielfachen Brechungen und Schichten teilweise bis in die Zeit des 5. Jahrhunderts zurück – und damit bis in die Zeit der Völkerwanderung. Das ‚Nibelungenlied‘ bietet deshalb von seiner komplexen Entstehungsgeschichte her kein einheitliches Spiegelbild einer bestimmten Zeit. In keinem Fall aber ist das ‚Nibelungenlied‘ eine ‚germanische‘ Dichtung, zu der man das Werk in bestimmten Zeiten hat machen wollen. Eine heute noch fassbare ‚germanische‘ Dichtung gibt es gar nicht.

Über die mittelalterliche Vortragsweise des ‚Nibelungenlieds' ist nichts Genaueres bekannt. In gesprochener Form würde es als Ganzes etwa acht bis zehn Stunden beanspruchen. In rezitativischer oder gesungener Form würde sich die Vortragsdauer nochmals wesentlich erhöhen.

Das ‚Nibelungenlied' ist ein gewichtiger Bestandteil der zeitgenössischen deutschsprachigen Literatur um 1200. Die von der Überlieferung her seit dem 8. Jahrhundert in Erscheinung tretende deutschsprachige Literatur erlebt in den Jahrzehnten vor und nach 1200 einen ersten bedeutenden Höhepunkt. Mit der so genannten klassischen Zeit des Mittelhochdeutschen sind im Bereich der Lyrik unter anderem die Namen Reinmar und Walther von der Vogelweide, im Bereich der ‚höfischen Epik' insbesondere die Namen Heinrich von Veldeke, Hartmann von Aue, Wolfram von Eschenbach und Gottfried von Straßburg verbunden, die Zeitgenossen des unbekannten ‚Nibelungenlied'-Dichters waren.

Die heute noch erhaltenen Handschriften und Handschriftenfragmente zum ‚Nibelungenlied' weichen in der Textgestalt oft erheblich voneinander ab. Sie unterscheiden sich unter anderem in der Zahl der Strophen, im Wortlaut, in Sprache und Graphie des Textes sowie in ihrer jeweiligen Einrichtung. Entgegen früheren Annahmen lässt sich aus der Überlieferung des ‚Nibelungenlieds' kein einheitlicher Text gewinnen, der einen auch nur einigermaßen sicheren Anspruch auf ursprüngliche Authentizität beanspruchen könnte. In Umrissen ist jedoch erkennbar, dass die einzelnen Handschriften sich in zwei größere Klassen einteilen lassen, die in der Forschung nach den drei Haupthandschriften als *A/B-Fassung beziehungsweise als *C-Fassung bezeichnet werden. Die *C-Fassung wird dabei heute als eine zeitlich jüngere Bearbeitung des ‚Nibelungenlieds' angesehen. Die drei Haupthandschriften des ‚Nibelungenlieds', die anlässlich dieser Ausstellung erstmalig an einem Ort zu sehen sind, werden heute in München (Handschrift A), St. Gallen (Handschrift B) und Karlsruhe (Handschrift C) aufbewahrt.

Dem Text des ‚Nibelungenlieds' folgt in den drei Haupthandschriften und in fast allen anderen vollständig erhaltenen Handschriften eine weitere Dichtung, die in der mittelalterlichen Rezeption wohl schon von Anfang an eng mit dem ‚Nibelungenlied' verbunden war: *diu klage*. Die in mittelhochdeutschen Reimpaarversen abgefasste ‚Klage' stellt eine Art Fortsetzung und Kommentar zum ‚Nibelungenlied' dar. Im Mittelpunkt der ‚Klage' stehen die zahlreichen und teils sehr ausführlichen Totenklagen über die im Kampf gefallenen Helden des ‚Nibelungenlieds'. Den äußeren Anlass für diese Klagen bilden die Räumung des Leichenfeldes auf der Etzelburg und der Bericht vom Untergang der Helden an den Höfen in Pöchlarn, Passau und Worms. In der Kommentierung der Geschehnisse sucht die ‚Klage' Kriemhild von ihrer Schuld zu entlasten und Hagen die entscheidende Verantwortung für den Untergang der Helden anzulasten.

Die verhältnismäßig große Zahl der heute noch erhaltenen Handschriften zum ‚Nibelungenlied' bezeugt, dass sich diese Dichtung in der Zeit um 1200 und in den nachfolgenden Jahrhunderten großer Beliebtheit erfreut haben muss. Im 16. Jahrhundert gerät das ‚Nibelungenlied' aber fast vollständig in Vergessenheit. Die neuzeitliche Rezeption setzt erst wieder im Jahre 1755 ein. In diesem Jahr wird die Handschrift C in der Schlossbibliothek von Hohenems (Vorarlberg/Österreich) wiederentdeckt. Es handelt sich dabei um genau die Handschrift, die heute der Obhut der Badischen Landesbibliothek in Karlsruhe anvertraut ist und die im Mittelpunkt dieser Ausstellung steht. Mit der Auffindung dieser Handschrift im Jahre 1755 reißt die an Höhen und Tiefen überreiche neuzeitliche Rezeption des ‚Nibelungenlieds' bis zum heutigen Tag nicht mehr ab.

DIE HANDSCHRIFT C

Die seit dem Jahr 2001 in der Badischen Landesbibliothek in Karlsruhe aufbewahrte Handschrift Donaueschingen 63 wird seit der ‚Nibelungenlied'-Edition (1826) durch Karl Lachmann in der Forschung mit der Sigle C bezeichnet. Der Codex gehört zu den drei wichtigsten Handschriften, durch die das ‚Nibelungenlied' und die ‚Klage' bis heute erhalten und bekannt geblieben sind.

Die Handschrift C enthält, wie die meisten mittelalterlichen Handschriften, keine direkten Hinweise auf den Zeitpunkt und den Raum ihrer Entstehung. Aufgrund des Alters und der Art der Schrift, der Gesamteinrichtung der Handschrift und der Sprache der Texte ist davon auszugehen, dass der Codex im zweiten Viertel des 13. Jahrhunderts entstanden ist. Der Auftraggeber und der Schreiber, der mit der Urkundenschrift seiner Zeit vertraut gewesen sein muss, sind unbekannt. Der Entstehungsraum der Handschrift ist wohl am ehesten im alemannisch-bairischen Alpenraum zu suchen.

Die – bis auf einige verloren gegangene Blätter – vollständige Handschrift ist möglicherweise sogar der älteste heute noch erhaltene Zeuge der ‚Nibelungenlied'-Überlieferung. Der Text der Handschrift repräsentiert aber dennoch bereits eine jüngere Bearbeitungsstufe des ‚Nibelungenlieds', die im Ganzen in dieser Handschrift C noch am besten bewahrt geblieben ist. Deshalb bezeichnet man diese Redaktion des ‚Nibelungenlieds' als *C-Fassung oder *C-Bearbeitung.

Sieht man von einem Besitzeintrag aus dem 15. Jahrhundert ab, so lässt sich die bibliotheksgeschichtliche Herkunft der bereits im 13. Jahrhundert entstandenen Handschrift erst seit 1755 genauer verfolgen. In diesem Jahr wird der Codex von dem Lindauer Arzt Jacob Hermann Obereit in der Bibliothek der Grafen von Hohenems wiederentdeckt. Während der Zeit des Wiener Kongresses taucht die Handschrift zum Verkauf in Wien auf, wo sie Joseph Freiherr von Laßberg 1815 erwirbt. Nach seinem Tod im Jahre 1855 geht der Codex in den Besitz der Fürstlich Fürstenbergischen Hofbibliothek in Donaueschingen (Baden-Württemberg) über. Aufgrund der skizzierten Besitzverhältnisse wird die ‚Nibelungenlied'-Handschrift C in der wissenschaftlichen Literatur deshalb häufig auch als Hohenems-Laßbergische, Hohenems-Donaueschinger oder auch nur als Donaueschinger Handschrift bezeichnet.

Vor einigen Jahren stand die Handschrift zum Verkauf an. Mit Geldern der Landesbank Baden-Württemberg, der Kulturstiftung der Länder, der Bundesregierung und der Freifrau Christina von Laßberg gelang es, den Nibelungencodex C im Lande zu halten. Seit dem Jahre 2001 befindet er sich als Eigentum der Landesbank Baden-Württemberg und der Bundesrepublik Deutschland in der Badischen Landesbibliothek in Karlsruhe. Der Erwerb der wertvollen und viel begehrten ‚Nibelungenlied'-Handschrift C bildet den Anlass, die Handschrift und ihr weiteres Umfeld sowie das ‚Nibelungenlied' selbst in einer Ausstellung einer breiteren Öffentlichkeit zugänglich zu machen und vorzustellen.

HÖFE UND PERSONEN

Hof der Burgunden (später Nibelungen genannt) **in Worms**

Kriemhild	Königstochter; Schwester Gunthers, Gernots und Giselhers; später: Königin; verheiratet mit Siegfried (1. Ehe) und mit Etzel (2. Ehe)
Gunther, Gernot, Giselher	gemeinsam Könige der Burgunden; Brüder Kriemhilds
Ute	Königin; Mutter Kriemhilds, Gunthers, Gernots und Giselhers
Hagen von Tronje	Gefolgsmann des Wormser Hofs
Volker von Alzey	Gefolgsmann des Wormser Hofs

Hof in Xanten

Siegfried	Königssohn; später: König; verheiratet mit Kriemhild
Siegmund	König; Vater Siegfrieds

Hof zu Isenstein (Island)

Brünhild	Königin; später: verheiratet mit Gunther

Hof der Hunnen (Etzelburg) **in Gran** (Esztergom)

Etzel	König der Hunnen; verheiratet mit Helche (1. Ehe) und mit Kriemhild (2. Ehe)
Rüdiger von Bechelaren	Markgraf; Gefolgsmann Etzels
Dietrich von Bern	König (von Bern [=Verona]); als Exilant Gast am Hof der Hunnen
Hildebrand	Waffenmeister Dietrichs von Bern

ZUM INHALT

Am Hof in Worms, wo die Burgundenkönige Gunther, Gernot und Giselher gemeinsam herrschen, und am Hof in Xanten wachsen die Königskinder Kriemhild und Siegfried heran. Siegfried hört von der unbeschreiblichen Schönheit Kriemhilds und beschließt, nach Worms aufzubrechen und um Kriemhild zu werben.

In Worms aber bekommt Siegfried Kriemhild ein Jahr lang nicht einmal zu sehen. Erst als Siegfried für den Hof der Burgunden einen Krieg gegen die Sachsen erfolgreich besteht und er darüber hinaus dem Burgundenkönig Gunther zusagt, ihm bei seiner Brautfahrt zu helfen, verspricht Gunther, Siegfried seine Schwester Kriemhild zur Frau zu geben. Bedingung hierfür ist aber, dass das gefahrvolle Unterfangen der Brautwerbung für ihn, Gunther, erfolgreich ausgeht. Gunther hat nämlich gehört, dass ,jenseits des Meeres' auf der Burg Isenstein eine unübertrefflich schöne und starke Königin namens Brünhild lebt, die er unbedingt zur Frau haben will. Brünhild ist aber nur bereit, denjenigen zum Mann zu nehmen, der sie in einem Dreikampf, bei dem es für den Herausforderer um Leben und Tod geht, besiegt.

Neben Gunther und Siegfried brechen noch Hagen von Tronje und Dankwart, zwei der tapfersten Gefolgsleute des Wormser Hofs, zu der auf Island gelegenen Burg Isenstein auf. Dort kommt es zu einem zwischen Siegfried und Gunther verabredeten Betrug an Brünhild: Siegfried, in dem Brünhild zunächst den eigentlichen Herausforderer sieht, gibt sich zum einen wahrheitswidrig als Lehnsmann Gunthers aus – also als hierarchisch unter Gunther stehend. Zum anderen gelingt es Gunther, der Brünhild an Stärke eindeutig unterlegen ist und somit ohne den Betrug sein Leben verloren hätte, nur deshalb, Brünhild im Kampf zu bezwingen, weil tatsächlich Siegfried, der durch einen Tarnmantel für alle unsichtbar ist, unter Aufbietung aller Kräfte Brünhild besiegt, während Gunther nur die entsprechenden Bewegungen ausführt.

DOPPELHOCHZEIT IN WORMS

In Worms kommt es zwischen Gunther und Brünhild sowie zwischen Siegfried und Kriemhild zur Doppelhochzeit. Im Rahmen der Hochzeitsfeierlichkeiten ereignen sich zwei entscheidende Vorfälle: Zum einen bricht Brün-

**Anfangsinitiale der Handschrift C.
Karlsruhe, Badische Landesbibliothek**

hild an der Festtafel in Tränen aus und beklagt sich bei Gunther über die aus ihrer Sicht nicht standesgemäße Hochzeit der Königstochter Kriemhild mit Siegfried, der ja nur ein Gefolgsmann Gunthers und somit kein ebenbürtiger Partner für Kriemhild sei. Zum anderen verweigert sich Brünhild, die ahnt, dass da etwas nicht stimmen kann, Gunther in der Hochzeitsnacht. Da Gunther keine Ruhe gibt, fesselt sie ihn an Händen und Füßen und hängt ihn so an einem Wandhaken die ganze Nacht lang auf.

Als Siegfried und Gunther am darauf folgenden Tag einander über ihre äußerst unterschiedlich verlaufenen Hochzeitsnächte berichten, kommen sie überein, dass sich Siegfried in der nächsten Nacht mit seinem Tarnmantel in das Schlafzimmer Gunthers und Brünhilds schleichen soll. Dort soll Siegfried die immer noch jungfräuliche Brünhild, unter der Bedingung, dass er nicht mit ihr schläft, gefügig machen. Nur nach einem längeren Kampf und unter Aufbietung der äußersten Kräfte gelingt es Siegfried, der dabei kein Wort spricht und von Brünhild für Gunther gehalten wird, die Widerstandskraft Brünhilds endgültig zu brechen und ihr damit ihre bisherige körperliche Stärke zu nehmen. Dadurch kann nun auch Gunther, der wieder an die Stelle Siegfrieds getreten ist, die Ehe vollziehen. Siegfried aber hat, ohne dass Brünhild dies in der Situation der Nacht bemerkt hat, einen goldenen Ring sowie den seidenen Gürtel Brünhilds an sich genommen.

Nach Abschluss der Hochzeitsfeierlichkeiten in Worms begeben sich Siegfried und Kriemhild nach Xanten, wo sie für lange Zeit leben und dort auch als König und Königin die Herrschaft übernehmen. Auf Drängen Brünhilds, deren Zweifel an der genaueren lehnsrechtlichen Stellung zwischen Siegfried und Gunther nie nachgelassen haben, lässt Gunther Siegfried und Kriemhild eine Einladung zu einem Fest in Worms überbringen, der beide zusammen mit Siegmund, dem Vater Siegfrieds, Folge leisten.

Die Festlichkeiten in Worms verlaufen zunächst ungetrübt, und man ist sich gegenseitig sehr gewogen, bis es, als Kriemhild und Brünhild gerade als Zuschauerinnen ritterlichen Kampfspielen beiwohnen, zwischen den beiden Königinnen zu einem erbitterten Streit darüber kommt, welcher der beiden Ehemänner rangmäßig die höhere Stellung einnimmt. Der Streit eskaliert schließlich vor dem Wormser Dom, als es darum geht, wer von den beiden Königinnen mit ihrem herausgeputzten Hofstaat vor versammelter Öffentlichkeit als ranghöhere zuerst den Dom betreten darf. Dabei schleudert Kriemhild Brünhild entgegen, dass erst Siegfried ihr die Jungfräulichkeit genommen habe und dass Brünhild somit, wenn sie mit ihrer Sicht Recht hätte, die Geliebte eines Lehnsmanns gewesen sei. Brünhild bricht daraufhin in Tränen aus, und Kriemhild betritt mit ihrem Gefolge als Erste den Dom. Nach der Messe verlangt Brünhild von Kriemhild Beweise für ihre Aussage. Kriemhild präsentiert ihr den Ring und den Gürtel, die Siegfried Brünhild in jener Nacht abgenommen und später Kriemhild geschenkt hat. Der nun unüberbrückbare Streit zwischen Brünhild und Kriemhild führt schließlich zum Plan der Ermordung Siegfrieds, der insbesondere von Hagen betrieben wird, der seiner Königin Rache für die durch Kriemhild erfahrene Beleidigung und Erniedrigung verspricht.

ERMORDUNG SIEGFRIEDS

Mit Billigung Gunthers wird der Mordplan umgesetzt. Durch die Vortäuschung eines bevorstehenden Kriegszugs kann Hagen Kriemhild dazu bringen, zum vermeintlichen Schutz Siegfrieds durch ein – ohne Wissen Siegfrieds – auf die Kleidung genähtes Kreuz die einzige Stelle zu markieren, an der Siegfried überhaupt tödlich verwundbar ist. Es ist die Stelle, an der ihm, als er in seiner Jugend einen Drachen getötet und seine Haut beim Bad in dessen Blut durch eine Hornschicht unverletzbar ge-

Schauplätze und Reisestationen im ,Nibelungenlied'
zwischen Xanten und Gran

macht hat, ein Lindenblatt zwischen die Schulterblätter gefallen ist. Der vorgetäuschte Kriegszug wird jedoch abgesagt, und stattdessen wird eine Jagd angesetzt, von der in einem Teil der Handschriften behauptet wird, sie habe in den Vogesen, von einem anderen Teil aber, sie habe im Odenwald stattgefunden. Im Verlauf dieser Jagd wird Siegfried dann an einer Quelle, über die er sich zum Trinken beugt, von Hagen mit einem Speer an der von Kriemhild gekennzeichneten Stelle hinterrücks ermordet.

Hagen lässt den Leichnam Siegfrieds nach Worms bringen und heimlich so vor der Kemenate Kriemhilds ablegen, dass er dort von ihr und ihrem Gefolge aufgefunden werden muss. Die Leiche Siegfrieds wird im Wormser Dom aufgebahrt. Als auch Hagen an den toten Siegfried herantritt, beginnen die Wunden Siegfrieds erneut zu bluten, was Hagen als dessen Mörder ausweist. Gunther bestreitet jedoch, dass Hagen der Mörder Siegfrieds gewesen sei. Siegfried wird schließlich nach einem äußerst aufwändigen mehrtägigen Trauerzeremoniell in Worms bestattet.

Nach dem Tod Siegfrieds reist Siegmund nach Xanten zurück, die untröstliche und auf Rache sinnende Kriemhild aber bleibt in Worms. Auf Betreiben Hagens wird Kriemhild später veranlasst, den unermesslich großen Hort der Nibelungen, den Siegfried einst erbeutet und ihr als Morgengabe geschenkt hatte, nach Worms holen zu lassen. Da Hagen aber die Macht, die Kriemhild durch diesen Schatz dauerhaft hätte erwerben können, und – damit verbunden – die Rache Kriemhilds wegen des Mords an Siegfried fürchtet, bringt er den Hort der Nibelungen an sich und versenkt ihn im Rhein. Zuvor hatten Hagen und seine Mitwisser einander geschworen, dass keiner etwas über den genaueren Verbleib des Hortes sagen dürfe, solange einer von ihnen noch am Leben sei.

KRIEMHILDS RACHE

Nach langen Jahren größter Trauer über den Tod Siegfrieds willigt Kriemhild in die Hochzeit mit Etzel, dem König der Hunnen, ein. Dieser hatte nach dem Tod seiner Frau Helche durch den Markgrafen Rüdiger von Bechelaren um die Hand Kriemhilds anhalten lassen, von deren außerordentlicher Schönheit und höchstem Ansehen Etzel gehört hat. Das – niemandem gegenüber ausgesprochene – entscheidende Motiv für Kriemhild, die Verbindung mit Etzel einzugehen, liegt dabei darin, dass Kriemhild endlich die Möglichkeit gegeben sieht, den Tod Siegfrieds rächen zu können. Doch zunächst begibt sich Kriemhild von Worms aus auf den Weg zur Etzelburg nach Gran (Esztergom in Ungarn). Auf dieser Reise ziehen Kriemhild und ihr umfangreicher Begleittross unter anderem über Pförring an der Donau nach Passau, dem Bischofssitz von Kriemhilds Onkel Pilgrim, donauabwärts nach Pöchlarn und Wien. In Wien feiern Kriemhild und Etzel, der Kriemhild freudig donauaufwärts entgegengekommen ist, mit einem 17 Tage währenden Fest ihre Hochzeit, ehe das Paar schließlich die Etzelburg erreicht.

In Gran lebt das Herrscherpaar zwölf Jahre in Eintracht zusammen, wobei im siebten Jahr der einzige Sohn Ortlieb geboren wird. Kriemhild aber hat den Tod Siegfrieds und das ihr – insbesondere von Hagen – zugefügte Leid nie verwinden können. Sie bittet deshalb Etzel, er möge doch ihre Verwandten aus Worms nach Gran zu einem großen Fest einladen, da sie diese endlich einmal wiedersehen möchte. Ihre wahren Gründe verschweigt sie Etzel gegenüber jedoch. Etzel sendet erfreut sogleich Boten aus, die die Einladung in Worms überbringen. Gegen den Rat Hagens, der deutlich vor der Reise in das Land der Hunnen warnt, entschließt man sich in Worms, die von Etzel in guter Absicht ausgesprochene Einladung anzunehmen. Man greift jedoch den Vorschlag Hagens auf, sehr gut bewaffnet und mit großem Gefolge nach Gran aufzubrechen.

Auf dem Zug von Worms zur Etzelburg spielen aber nicht die drei Könige Gunther, Gernot und Giselher die entscheidende Rolle, sondern vor allem dem kenntnisreichen und kampferprobten Hagen fällt immer wieder die Aufgabe zu, die nun mehr und mehr auch als Nibelungen bezeichneten Burgunden sicher nach Gran zu führen. Hagen ist sich dabei spätestens seit seiner Begegnung mit zwei ‚Meerfrauen' am Donauübergang bei Großmehring, die ihm den Untergang der Nibelungen voraussagen, durchaus bewusst, dass dies für alle eine Reise ohne Wiederkehr sein wird. Zunächst aber wird man in Passau von Bischof Pilgrim und in Pöchlarn vom Markgrafen Rüdiger überaus freundschaftlich aufgenommen und bewirtet. In Pöchlarn kommt es zur Verbindung Giselhers mit der Tochter Rüdigers. In überreichem Maße beschenkt zieht man unter dem Geleit Rüdigers und seiner Gefolgsleute gemeinsam frohgemut zum Fest in Gran.

DER UNTERGANG DER NIBELUNGEN

Noch vor den Toren der Etzelburg warnt Dietrich von Bern, der als Gast am Hof der Hunnen Etzel verbunden ist, den ihm bekannten Hagen und die Nibelungen eindringlich vor der Rache Kriemhilds. Am Ende des langen Wegs von Worms nach Gran halten die Nibelungen dennoch prunkvoll Einzug in die Etzelburg. Die Stimmung Kriemhilds und ihrer engeren Umgebung ist dabei gegenüber den Nibelungen, insbesondere gegenüber Hagen, dem Kriemhild sofort die Frage nach dem Verbleib des Hortes der Nibelungen gestellt hat, von Anfang an feindselig. Zunächst aber lässt sich Kriemhild ihre Rachegedanken, besonders auch Etzel gegenüber, nach außen hin noch nicht unbedingt anmerken. Etzel, der von den Plänen Kriemhilds nichts ahnt, begrüßt deshalb die Nibelungen herzlich. Aber die von Kriemhild geschürten Feindseligkeiten, die den Nibelungen, insbesondere Hagen nach dem Leben trachtet, eskalieren schließlich unaufhaltsam. Während eines großen Festmahls werden alle Knappen der Nibelungen, die getrennt von ihren Herren untergebracht sind und bewirtet werden, auf Veranlassung Kriemhilds von den Hunnen überfallen und getötet. Als Hagen im großen Festsaal von der vollständigen Vernichtung der Knappen der Nibelungen erfährt, erschlägt er vor aller Augen zunächst Ortlieb, den Sohn Etzels und Kriemhilds, der gerade noch von Etzel als die künftige Hoffnung vorgestellt und den Nibelungen zur Erziehung in Worms anempfohlen worden war. Damit beginnt der große Saalkampf, in dessen langem und grauenhaften Verlauf auf Seiten der Gefolgschaft Etzels zahlreiche Hunnen, alle Gefolgsleute Rüdigers von Bechelaren und auch Rüdiger selbst sowie alle Gefolgsleute Dietrichs von Bern fallen. Von den Nibelungen überleben zunächst nur Gunther und Hagen, die von Dietrich von Bern überwältigt und Kriemhild übergeben werden. Dabei fordert Dietrich von Bern von Kriemhild, dass sie das Leben der beiden Gefangenen schont, was Kriemhild ihm auch zusagt.

Kriemhild, die Gunther und Hagen getrennt voneinander hat festsetzen lassen, geht zu Hagen und verlangt von ihm den Hort der Nibelungen. Hagen erklärt ihr, dass er einen Eid geschworen habe, nichts über den Verbleib des Hortes zu sagen, solange einer seiner Herren noch lebt. Daraufhin lässt Kriemhild ihrem eigenen Bruder Gunther den Kopf abschlagen und zeigt ihn Hagen. Der aber entgegnet ihr, jetzt, da Gunther, Gernot und Giselher tot seien, wüssten nur noch Gott und er, wo der Hort sei. Er aber werde ihr nichts sagen. Daraufhin schlägt Kriemhild mit dem Schwert Siegfrieds, das Hagen nach dessen Ermordung an sich genommen hatte und mit dem er bis zuletzt gegen die Hunnen gekämpft hat, dem gefesselten Hagen den Kopf ab. Etzel und Dietrich von Bern sind, obwohl Hagen ihnen zum Feind geworden war, entsetzt. Hildebrand aber, der Waffenmeister Dietrichs, der selbst gegen Hagen gekämpft hat und durch ihn in Lebensgefahr geraten ist, ist über die Tat Kriemhilds so empört, dass er sie erschlägt. Damit findet die Einladung der Nibelungen zur Etzelburg ihren Abschluss. So endet, wie der ‚Nibelungenlied'-Dichter feststellt, das Fest des Königs im Leid.

Von der Sage zum Epos

Joachim Heinzle

**Ez wuohs in Buregonden   ein vil edel magedîn,
daz in allen landen   niht schœners mohte sîn,
Kriemhilt geheizen: diu wart ein schœne wîp.
dar umbe muosen degene   vil verliesen den lîp.**

(C 2) In Burgund wuchs ein hochgeborenes Mädchen heran,
so schön, dass nirgendwo ein schöneres sein konnte,
Kriemhild genannt. Sie wurde eine schöne Frau.
Deshalb mussten viele Helden das Leben verlieren.

Das ‚Nibelungenlied' ist an der Wende vom 12. zum 13. Jahrhundert von einem unbekannten Autor zu Pergament gebracht worden, wahrscheinlich von einem Kleriker, der im Auftrag Bischof Wolfgers von Passau (1191–1204) tätig war. Es ist keine Originaldichtung, sondern die Bearbeitung eines Erzählkomplexes, der damals schon Jahrhunderte alt war. Möglich ist, dass ihm eine ältere Buchfassung zumindest des zweiten Teils – der Erzählung vom Burgundenuntergang – vorausging, die vielleicht um 1160 entstanden ist. Bis zu seiner Verschriftlichung in dieser Dichtung bzw. im ‚Nibelungenlied' ist der Stoff ausschließlich mündlich tradiert worden.

DIE WURZELN DER ÜBERLIEFERUNG

Die Wurzeln der Überlieferung liegen im frühen Mittelalter. In der Erzählung vom Untergang der Burgunden am Hof des Hunnenkönigs wirkt die Erinnerung an eine katastrophale Niederlage des ostgermanischen Volksstammes der Burgunden nach. Diese hatten, von Nordosten kommend, zu Beginn des 5. Jahrhunderts den Rhein überschritten und sich auf beiden Seiten des Flusses einen Herrschaftsbereich gesichert, dessen Zentrum – wie im ‚Nibelungenlied' – Worms gewesen sein könnte. Als sie von dort aus unter ihrem König Gundaharius – dem Gunther des ‚Nibelungenlieds' – gegen das römische Gallien vordrangen, wurden sie um das Jahr 436 von dem römischen Feldherrn Aëtius und von hunnischen Truppen, die wohl in dessen Dienst standen, vernichtend geschlagen. Mit dem König soll der größte Teil des Volkes den Tod gefunden haben. Die älteste Sagenform dieses Ereignisses meint man in einem Text zu fassen, der gegen Ende des 9. Jahrhunderts entstanden sein soll: in der ‚Atlakviða', dem ‚Alten Atlilied' aus der berühmten ‚Edda', einer Sammlung von Liedern, die im 13. Jahrhundert in Island zusammengestellt wurde. Dort lädt der Hunnenkönig Atli – das ist der historische Attila/Etzel – seine Schwäger Gunnar (Gunther) und Högni (Hagen) in verräterischer Absicht ein, um ihnen ihren berühmten Schatz, den Nibelungenhort, abzunehmen. Er lässt beide töten und wird seinerseits von seiner Frau erschlagen, die sich damit für die Ermordung der Brüder rächt. Auch für den Tod des Hunnenkönigs durch die Hand seiner Frau gibt es einen historischen Anhalt: Im Jahre 453 soll Attila in der Nacht seiner Hochzeit mit dem Germanenmädchen Hildico gestorben sein – *Hildico* ist vielleicht die Koseform von *Hilde*, dem zweiten Teil des Namens *Kriemhild*. Als Todesursache wird ein Blutsturz genannt, aber schon früh ging das Gerücht, das Mädchen habe ihn getötet. Offenbar ist die Burgundensage aus der Verbindung der Überlieferung vom Ende des Burgundenkönigs Gundaharius und vom Ende des Hunnenkönigs Attila gebildet worden. Die Germanin wurde zur Schwester und Rächerin des Burgundenkönigs gemacht, der durch die Hunnen Reich und Leben verloren hatte.

Eine folgenschwere Wende in der Entwicklung der Sage brachte dann ihre Verbindung mit der ursprünglich selbständigen Überlieferung von Siegfried, dem

Drachentöter, deren historische Wurzeln in der merowingischen Geschichte des 6. Jahrhunderts liegen dürften, im einzelnen aber nicht zu ermitteln sind. Nun ging die verräterische Einladung von der Schwester der Burgundenkönige aus, die sich an den Brüdern für die Ermordung ihres ersten Mannes Siegfried rächt. Das ist die Fassung der Sage, wie sie uns im ‚Nibelungenlied' begegnet.

So offenkundig wie der Sachverhalt, dass sich die Sage auf historische Wirklichkeit bezieht, ist die Tatsache, dass sie diese Wirklichkeit nicht faktengetreu wiedererzählt. Schon dass die Sage Gundaharius/Gunther, der um 436 fiel, und Attila/Etzel, der erst von 441 bis 453 als Alleinherrscher die Hunnen regierte, zu Zeitgenossen macht, spricht den Fakten Hohn. Aber die Sage lügt nicht. Sie hat nur einen eigentümlichen Begriff von Geschichtswissen. Vergleicht man, was sie berichtet, mit den Ereignissen, wie sie geschehen sind, dann bemerkt man rasch, dass sie die Fakten in einer Weise umerzählt, die bestimmten Mustern folgt.

Zum einen führt sie die verwickelten historischen Ereigniszusammenhänge auf elementare menschliche Affekte und Konflikte wie Goldgier und Hybris, Eifersucht und Rache zurück. So werden die machtpolitischen und militärischen Verwicklungen, die zur Vernichtung des burgundischen Reichs unter König Gundaharius führten, aus der Goldgier eines Gewaltherrschers oder aus der persönlichen Rache einer beleidigten Frau an ihren Verwandten erklärt.

Zum anderen passt die Sage die historischen Fakten an traditionelle Erzählschemata und Erzählmotive an. Solche Schemata sind in der Nibelungensage etwa das der verräterischen Einladung – Kriemhild lädt ihre Brüder und Hagen ein, um sich an ihnen zu rächen – oder das der Brautwerbung, über das im ‚Nibelungenlied' in kettenartiger Verknüpfung die Handlung vorangetrieben wird – Siegfried wirbt um Kriemhild, Gunther wirbt um Brünhild, Etzel wirbt um Kriemhild.

Schließlich verknüpft die Sage die verschiedenen Helden-Geschichten zyklisch zu einer Art Gesamterzählung, in der alles mit allem zusammenhängt und jeder irgendwie mit jedem zu tun hat. So wurde der Sagenkreis um Dietrich von Bern, hinter dem der historische Ostgotenkönig Theoderich der Große (451?–526) steht, mit der Nibelungen-Sage verbunden, indem man Dietrich zum Exilanten am Hunnenhof machte und ihn dort

in den Burgundenuntergang verwickelte. Dadurch entstand – um den Preis grober Anachronismen – das Bild eines geschlossenen Heldenzeitalters.

ABARBEITUNG KOLLEKTIVER TRAUMATA

Man hat dieses Umerzählen früher als einen Akt der Enthistorisierung und künstlerischen Emanzipation interpretiert. Die historischen Fakten wären demnach nur der Rohstoff gewesen, aus dem Dichter, in freier Willkür nach rein ästhetischen Erwägungen verfahrend, die Sage in Form von Heldengedichten gestaltet hätten. Heute versteht man es als einen Akt der „Formulierung historischer Erfahrung aufgrund von bereitstehenden Motivationsmustern"[1], der darauf zielt, mit Hilfe vertrauter Modelle zu begreifen, was geschehen ist. Indem das Schreckliche erzählbar und wiedererzählbar gemacht wird, lässt es sich bewältigen. In diesem Sinne

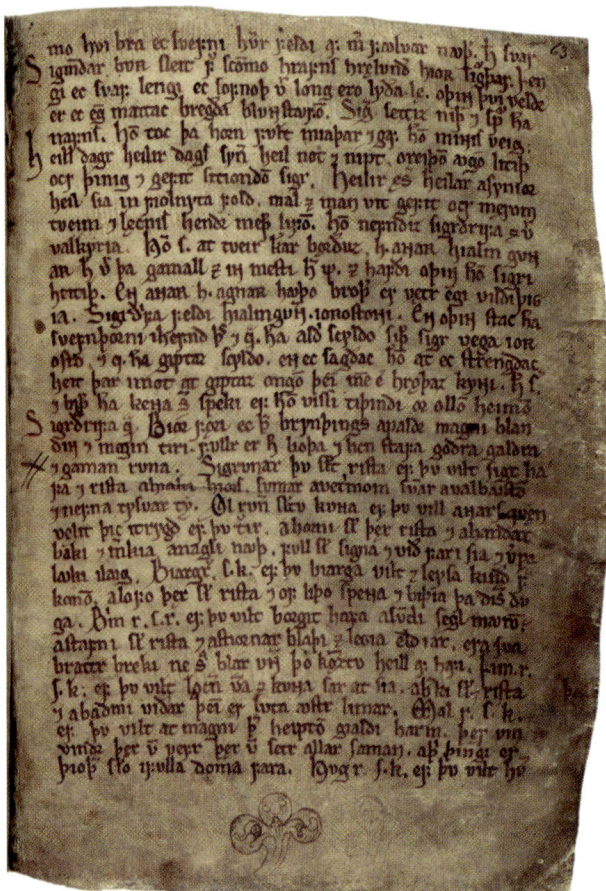

Blatt aus der ‚Lieder-Edda', Island, 13. Jh.
Reykjavík, Stofnun Árna Magnússonar á Íslandi, Gks 2365 4°

Überlieferung an ein und dieselbe Trägerschaft gebunden war. Sonst hätte die germanische Heldensage mit dem Ende der alten Stammesverbände schon im frühen Mittelalter erlöschen müssen. Die Überlieferungen konnten von immer neuen „Zurechnungssubjekten"[4] übernommen werden. Ein schönes Beispiel liefert die norwegische ‚Völsunga ok Ragnars saga' aus der Mitte des 13. Jahrhunderts: Sie macht Sigurd (Siegfried) und Brünhild zu Vorfahren der norwegischen Könige. So ist die Geschichte der Heldensagen eine Geschichte immer neuer Aneignungen, und zwar in dem strikten Sinn, dass das je und je Angeeignete als „Vorzeitkunde"[5] für verbindlich und bedeutsam genommen wurde. Daraus erklärt sich auch die Anonymität des Nibelungendichters. Er verstand sich nicht als schöpferischen Künstler, sondern als Glied in der Kette derer, die die ehrwürdige alte Wahrheit tradierten, als bloßen Vermittler einer überindividuellen Materie. Solche Anonymität ist fast so etwas wie ein Gattungsgesetz der Heldendichtung. So nennen auch Homer oder der Dichter des französischen ‚Rolandsliedes' und selbst Vergil in der ‚Aeneis' ihren Namen nicht.

Verbindlichkeit ist die Bedingung, unter der die mündliche Weitergabe von Erzählstoffen über lange Zeiträume allein möglich ist. In mündlichen Traditionen herrscht das Gesetz der „strukturellen Amnesie"[6]. Es besagt, dass Traditions-Inhalte unweigerlich dem Vergessen anheimfallen, wenn sie keinen Bezug zur jeweiligen Gegenwart mehr haben. Solange die Inhalte verbindlich sind, solange man sie braucht, werden sie tradiert – und umgekehrt: Solange sie tradiert werden, sind sie verbindlich, werden sie gebraucht. Noch in den entferntesten Verästelungen der Rezeption ist dieser Verbindlichkeitsanspruch der Heldensage virulent. Zum zentralen Bestand des „Kulturellen Gedächtnisses" gehörig, konstruiert sie Vergangenheiten, „deren Beschaffenheit sich aus den Sinnbedürfnissen und Bezugsrahmen der jeweiligen Gegenwarten her ergibt"[7].

BURGUNDEN ODER NIBELUNGEN

Wie sich die Nibelungensage entwickelt hat, lässt sich über die oben skizzierten groben Linien hinaus nicht sicher ermitteln. Unklar ist nicht zuletzt, wann und warum die Burgunden den Namen Nibelungen erhalten haben und was dieser Name bedeutet. Im ‚Nibelungen-

kann man die germanische Heldensage in ihrer blutigen Düsterheit als Produkt der Abarbeitung kollektiver Traumata verstehen, die das grauenvolle Geschehen der Völkerwanderungszeit bei den Betroffenen hervorrufen musste. Wesentlich ist, dass es sich bei der heroischen Überlieferung um eine Form der kollektiven Erinnerung handelt, in der sich eine Gemeinschaft – ein Stamm, ein Volk, eine Nation – zu der Zeit in Beziehung setzt, in der sie sich formiert hat. Ihre Pflege dient „der Selbstdefinition und Identitätsvergewisserung" und hat, insofern sie „den Weg zum rechten Handeln"[2] weist, auch eine normative Funktion: Die Helden sind zugleich Vorgänger und Vorbilder.

Dass die Heldensage das Bedürfnis der Menschen stillte, ihr „Herkommen"[3] zu erinnern und sich dadurch ihrer Identität zu vergewissern, bedeutet nicht, dass die

lied' sind die Nibelungen die ersten Besitzer des Schatzes, zuerst ein König namens Nibelung, dann dessen zwei Söhne, denen Siegfried den Schatz abnimmt. Einer dieser Söhne heißt wiederum Nibelung, und auch die Mannen des alten Königs und seiner Söhne werden Nibelungen genannt („Leute aus dem Geschlecht/dem Herrschaftsverband des Nibelung"). Der Name geht dann auf die Burgunden über, die ihn bei ihrem Zug an den Etzelhof neben dem Burgundennamen führen. Die zweifache Benennung der Helden des Burgundenuntergangs dürfte altüberliefert sein. In der ‚Atlakviða' wird Gunnar als „Burgundenfreund", das heißt als Herrscher der Burgunden, bezeichnet, der Schatz aber heißt „Erbe der Nibelungen". Das legt die Annahme nahe, dass den Burgunden der Nibelungenname in ihrer Eigenschaft als Besitzer des Hortes zugewachsen ist. Dass Siegfried, obwohl auch er den Schatz besitzt, niemals Nibelung genannt wird, mag sich daraus erklären, dass der Name ein spezifisches Traditionselement der Sage vom Burgundenuntergang war. In historischen Quellen ist der Personenname Nibelung(us) seit dem 8. Jahrhundert reich bezeugt. Ob ein Zusammenhang zwischen diesen Zeugnissen und der Nibelungensage besteht und wie er gegebenenfalls zu verstehen wäre, ist umstritten. Ganz unsicher bleibt auch die Etymologie des Namens. Die oft vertretene Herleitung von „Nebel" im Sinne von „Finsternis, Unterwelt" ist ohne Gewähr.

ÜBER DEN GERMANISCHEN KULTURRAUM HINAUS BEKANNT

Die ersten Zeugnisse der Nibelungensage stammen aus dem frühen 9. Jahrhundert: chiffrenartige Darstellungen von Gunnars Tod im Schlangenhof, in den ihn Atli hatte werfen lassen, auf gotländischen Bildsteinen (vgl. Kat. Nr. 12) und auf einem Wagen aus dem berühmten Oseberg-Grab. Die einigermaßen sicher datierbaren Textzeugnisse setzen in der zweiten Hälfte des 9. Jahrhunderts ein. Am Anfang steht ein Gedicht des norwegischen Skalden Bragi Boddason, das eine sehr dichte Reihe von Anspielungen auf die Nibelungensage in skaldischen Gedichten eröffnet, insbesondere Wendungen wie „Sand des Rheins" oder „Streitobjekt der Nibelungen" als Umschreibungen für „Gold". In der Folgezeit häufen sich die Zeugnisse. Spektakulär ist ein Bildmonument aus der ersten Hälfte des 11. Jahrhunderts,

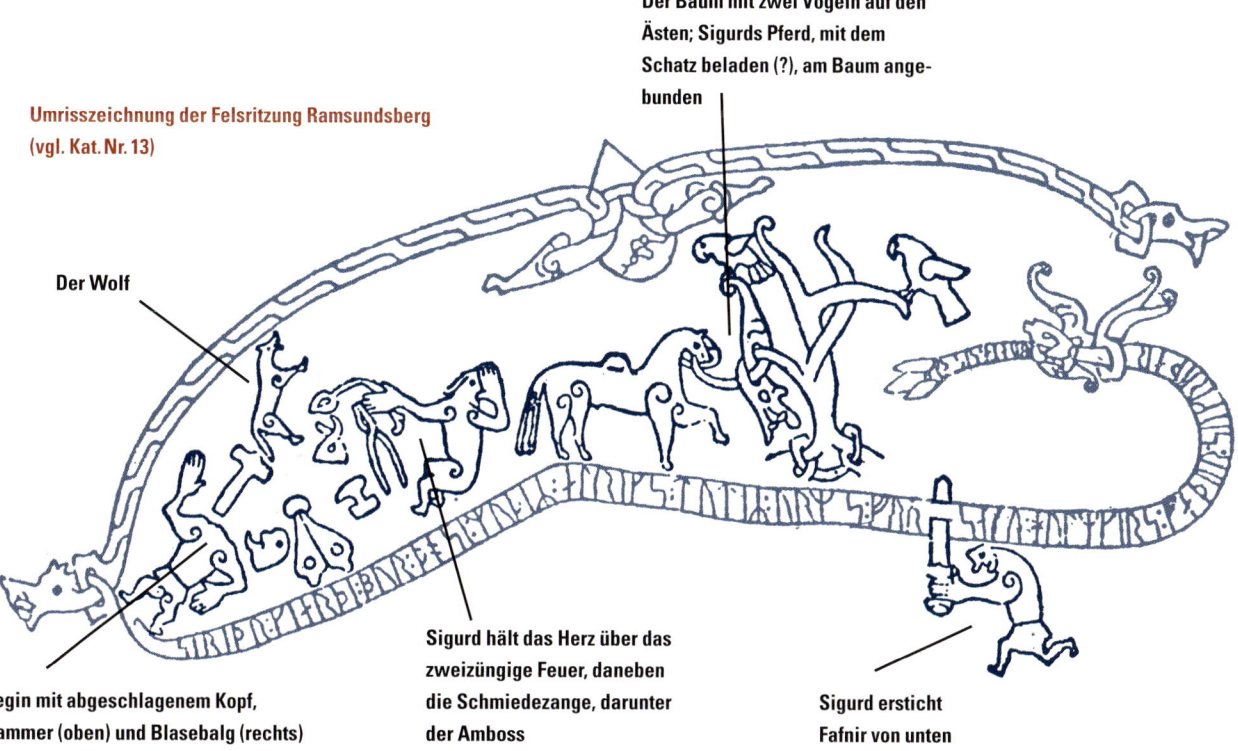

Umrisszeichnung der Felsritzung Ramsundsberg (vgl. Kat. Nr. 13)

Der Baum mit zwei Vögeln auf den Ästen; Sigurds Pferd, mit dem Schatz beladen (?), am Baum angebunden

Der Wolf

Regin mit abgeschlagenem Kopf, Hammer (oben) und Blasebalg (rechts)

Sigurd hält das Herz über das zweizüngige Feuer, daneben die Schmiedezange, darunter der Amboss

Sigurd ersticht Fafnir von unten

die Steinritzung von Ramsundsberg in Schweden, die in Comicstrip-Manier wiederum chiffrenhaft Szenen der Sage von Sigurd zeigt (vgl. Kat. Nr. 13). Unter den schriftlichen Zeugnissen ist ein Bericht des isländischen Abtes Nikulás Bergsson besonders aufschlussreich: Auf einer Reise nach Deutschland und Italien, von der er 1154 zurückkehrte, will er die Stätten gesehen haben, wo Sigurd den Drachen Fafnir tötete – auf der „Gnitaheide" (bei Kaldern an der Lahn?) und Gunnar von Atli den Schlangen vorgeworfen wurde – bei der italieni-

schen Stadt Luni in Ligurien. Das Zeugnis unterstreicht nicht nur, dass die Überlieferung auch von gelehrten Leuten für wahr gehalten wurde, es gibt auch einen wertvollen Hinweis auf die Verbreitung der Nibelungensage. Wie sie nach Italien gekommen ist, bleibt unklar – Luni ist zwischen dem 7. und 9. Jahrhundert nacheinander von Langobarden, Franken und Normannen erobert worden –, doch gibt es ein weiteres Zeugnis des 12. Jahrhunderts, das belegt, wie weit die Sage über den germanischen Kulturraum hinaus verbreitet wor-

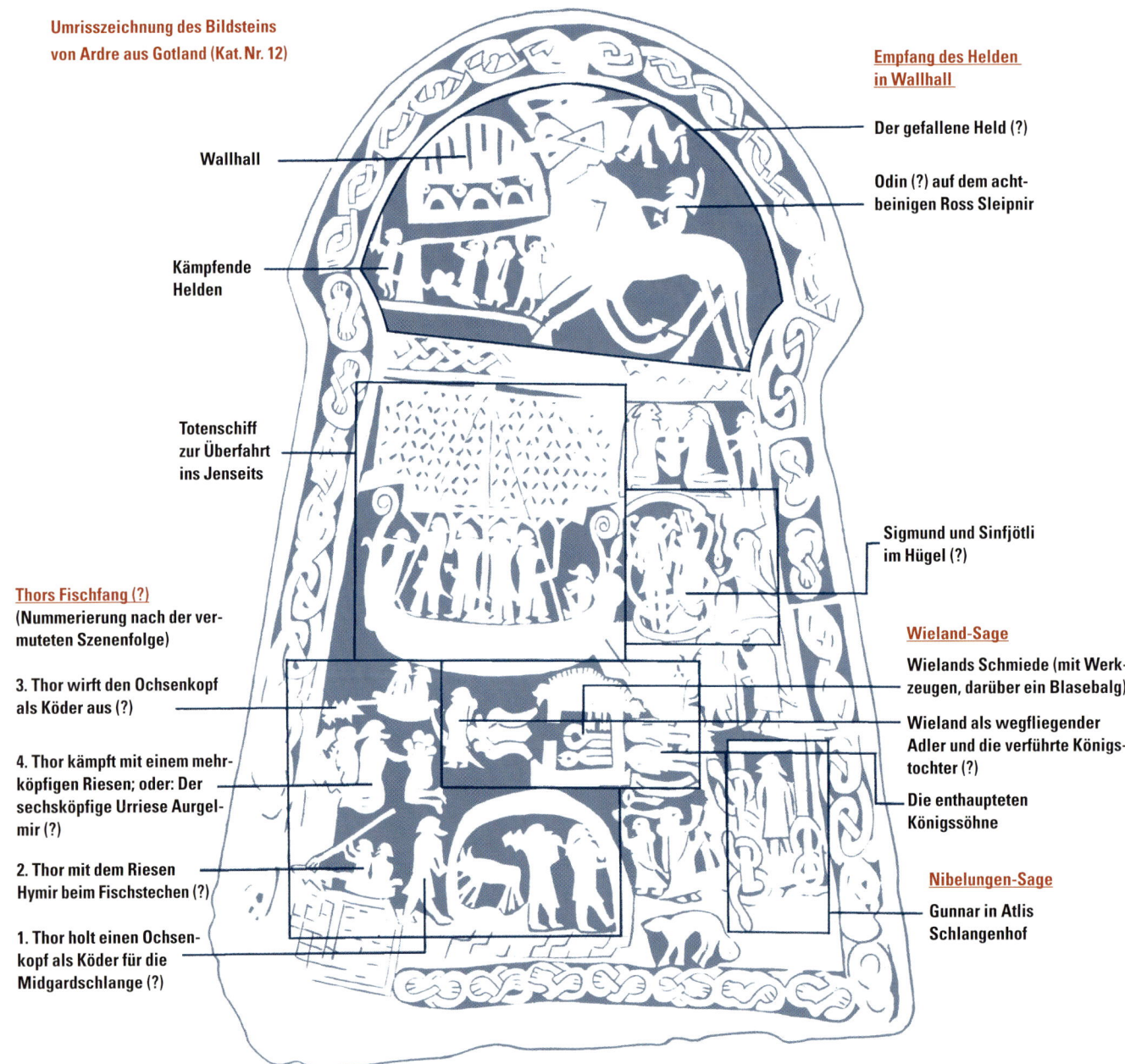

Umrisszeichnung des Bildsteins von Ardre aus Gotland (Kat. Nr. 12)

Empfang des Helden in Wallhall

Der gefallene Held (?)

Odin (?) auf dem achtbeinigen Ross Sleipnir

Wallhall

Kämpfende Helden

Totenschiff zur Überfahrt ins Jenseits

Sigmund und Sinfjötli im Hügel (?)

Thors Fischfang (?)
(Nummerierung nach der vermuteten Szenenfolge)

Wieland-Sage

Wielands Schmiede (mit Werkzeugen, darüber ein Blasebalg)

3. Thor wirft den Ochsenkopf als Köder aus (?)

Wieland als wegfliegender Adler und die verführte Königstochter (?)

4. Thor kämpft mit einem mehrköpfigen Riesen; oder: Der sechsköpfige Urriese Aurgelmir (?)

Die enthaupteten Königssöhne

2. Thor mit dem Riesen Hymir beim Fischstechen (?)

Nibelungen-Sage

Gunnar in Atlis Schlangenhof

1. Thor holt einen Ochsenkopf als Köder für die Midgardschlange (?)

den ist: Im Portaltympanon der Kirche Santa María la Real im spanischen Sangüesa, in Navarra an der Pilgerstraße nach Santiago gelegen, sind Regin beim Schmieden des Schwerts und Siegfried beim Töten des Drachen dargestellt. Im Verbund zeigt die beiden Sagen von Siegfried und vom Burgundenuntergang eine Serie von geschnitzten Medaillons auf den Portalplanken der Kirche im norwegischen Hylestad, die um 1200 errichtet wurde (vgl. Kat. Nr. 11). Zur selben Zeit arbeitet in Passau der Nibelungendichter an seinem Werk, dem ersten Buch, das wir kennen, in dem die beiden Sagen narrativ verknüpft und in epischer Breite auserzählt werden.

FORMELHAFTE SPRACHE

Das ,Nibelungenlied' wurde schriftlich konzipiert, aber es zeigt deutliche Spuren seiner Herkunft aus der Mündlichkeit. Am auffälligsten ist die Formelhaftigkeit der Sprache. Gleiche oder ähnliche Sachverhalte werden immer wieder mit denselben oder beinahe denselben Worten ausgedrückt. In monotoner Stereotypie werden die Helden *ûz erwelte recken* („auserwählte, exquisite Kämpfer"), wird Siegfried *der helt ûz Niderlant* genannt, wird versichert, viele Helden müssten *verliesen den lîp* („das Leben verlieren") etc. Der Wiederholungsstil verweist auf eine bestimmte Art von mündlicher Tradierung, bei der die Texte nicht auswendig gelernt, sondern bei jedem Vortrag neu entwickelt wurden. Konstant war an diesen Texten nur der „Grundgedanke oder eine Reihe von wesentlichen Gedanken", während „äußere Form und spezifischer Inhalt" erheblich variieren konnten.[8] Um die Texte rasch und kontinuierlich im Augenblick des Vortrags vor den Zuhörern aufbauen zu können, bedienten sich die Sänger eines Fundus von sprachlichen und gedanklichen Fertigteilen: Formeln und formelhaften Wendungen, stereotypen Handlungselementen. Der Fundus war in einer langen Tradition entwickelt und von Sängergeneration zu Sängergeneration weitergegeben worden. Diese Technik machte es möglich, dass Lieder oder Epen ohne die Stütze der Schrift über große Zeiträume hinweg tradiert wurden. Der Formelstil hatte aber auch eine kommunikative Funktion. Als konventionalisiertes Rede-System schloss er Sänger und Publikum zu einer Traditionsgemeinschaft zusammen, in der man sich über die Bedeutsamkeit der Überlieferung immer schon verständigt hatte.

Der schriftliche Text bietet kein direktes Abbild dieser mündlichen Praxis, er imitiert sie, um die Aura der Mündlichkeit zu evozieren. Damit wird die Tradition ins neue Medium hinein verlängert. Der Stilgestus reklamiert auch für das Buch die historisch-soziale Verbindlichkeit des Tradierten, dessen Authentizität in der Mündlichkeit verbürgt war.

LANGZEILEN MIT ANVERS UND ABVERS

Die Formeln sind in der Regel zugleich als metrische Einheiten konzipiert und ermöglichen so die reibungslose Produktion korrekter Verse im improvisierenden Vortrag. Wie die Verse der mündlichen Tradition aussahen, die im ,Nibelungenlied' bzw. seiner Vorgängerdichtung verschriftlicht wurde, wissen wir nicht. Doch darf man vermuten, dass der Verstypus verwendet wurde, der auch den Strophen des ,Nibelungenlieds' zugrunde liegt. Es handelt sich um so genannte Langzeilen, die aus zwei Gliedern bestehen, dem Anvers und dem Abvers, die durch eine Pause getrennt sind. Die Nibelungenstrophe besteht aus vier Langzeilen. In den ersten drei hat der Anvers jeweils vier, der Abvers drei betonte und eine nicht streng begrenzte Anzahl unbetonter Silben – tendenziell wechseln betonte und unbetonte Silben in alternierendem Rhythmus ab. Die Anverse enden in der Regel mit einer Abfolge von langer voll betonter und schwach betonter Silbe, die Abverse mit einer voll betonten Silbe. Auf diese drei Langzeilen folgt eine vierte und letzte, die mit einem Unterschied genauso gebaut ist: Sie misst auch dem Abvers vier statt drei betonte Silben zu. Die erste Langzeile ist mit der zweiten, die dritte mit der vierten durch Reim verbunden (C 6):

Ze Wórmze bí dem Rínè   si wónten mít ir kráft,
in díenten vón ir lándèn   vil stólziu rítterscháft
mit lóbelíchen érèn   unz án ir éndes zít.
si stúrben jǽmerlíchè   sît von zwéier fróuwen nít.

Das Besondere an dieser Strophenform ist die Längung des letzten Abverses. Sie gibt der Strophe Kontur, lässt sie den Hörer als blockhaft geschlossene Einheit wahrnehmen. Die Strophenform, die um 1150/60 auch vom Kürenberger, dem vielleicht ältesten bekannten Minnesänger, verwendet wurde, ist vermutlich im Akt der Verschriftlichung eingeführt worden, wahrscheinlich schon in der mutmaßlichen Vorgängerdichtung des ‚Nibelungenlieds'. Der Kürenberger könnte der Erfinder der Strophenform sein. Wie alle Strophen war sie als sangbares Gebilde konzipiert, und so darf es als sicher gelten, dass auch das ‚Nibelungenlied' für Gesangsvortrag bestimmt war. Eine Melodie ist allerdings nicht erhalten; Versuche, sie zu rekonstruieren, sind rein spekulativ.

DIE NOT-FASSUNG

Die Existenz der Vorgängerdichtung des ‚Nibelungenlieds' können wir nur vermuten. Das ‚Nibelungenlied' besitzen wir, aber wir kennen nicht seinen ursprünglichen Text. Soweit wir sehen, überliefern die Handschriften sekundäre Fassungen, hinter die wir nicht zurückkommen. Wir müssen davon ausgehen, dass ein erster, nicht erhaltener Text – wir nennen ihn den Grundtext – in rascher Abfolge zweimal überarbeitet wurde. Die erste Überarbeitung, die dem Grundtext wohl noch relativ nahe stand, wird durch die Jahrzehnte später geschriebenen Handschriften B (aus dem zweiten Drittel des 13. Jahrhunderts) und A (aus dem letzten Viertel des 13. Jahrhunderts) repräsentiert, die ihrerseits z.T. nicht unerheblich voneinander abweichen (vgl. Kat. Nr. 171 und 170). Man nennt diese Fassung nach den beiden Handschriften die *AB- oder nach dem Wortlaut des letzten Verses die Not-Fassung (*daz ist der Nibelunge nôt* – „das ist der Untergang der Nibelungen"). Soweit die Not-Fassung einen Eindruck von dem Grundtext vermittelt, war in diesem die buchmäßige Integration der mündlichen Tradition nur bis zu einem gewissen Grad vollzogen. Die mündliche Tradition kannte mehrere Versionen der Sage, die in Details wie in zentralen Zügen teilweise weit auseinander gingen. Der uns vorliegende Not-Text lässt erkennen, dass der Dichter des Grundtextes sich nicht ohne Geschick bemüht hat, die divergierende Überlieferung in einen buchgemäßen Motivationszusammenhang zu bringen, aber nicht frei genug war, dies konsequent zu tun, weil die Überlieferung eben als verbindlich galt und sich nicht beliebig manipulieren ließ. So war sein Werk durchsetzt von Ungereimtheiten und Widersprüchen. Man kann sagen, dass es – wie auch der Not-Text selbst – noch kein „richtiges" Buch war.

DIE LIED-FASSUNG

Hier setzte die zweite Überarbeitung des Grundtextes an, die zuerst in der Karlsruher (früher Donaueschinger) Handschrift C (zweites Viertel des 13. Jahrhunderts) überliefert ist (Kat. Nr. 172). Man nennt sie nach dieser Handschrift die *C-Bearbeitung oder nach dem Wortlaut des letzten Verses die Lied-Fassung (*daz ist der Nibelunge liet* – „das ist die Dichtung/das Epos von den Nibelungen"). Auf dem Weg voranschreitend, den der Verfasser des Grundtextes betreten hatte, hat der *C-Bearbeiter die Entwicklung der mündlichen Nibelungen-Sage zur Nibelungen-Schrift weitergetrieben. Der fortgeschrittene Buchstatus von *C zeigt sich zunächst darin, dass der Bearbeiter die Unstimmigkeiten und Motivationsdefizite weitgehend beseitigt oder entschärft hat. Das betrifft zum einen die Mikrostruktur des Textes, einzelne Wendungen oder Strophen, die er durch Umformulierung, Streichung oder Ergänzung retuschierte.

Es betrifft vor allem aber die Makrostruktur. Im Grundtext bzw. in der Not-Fassung stimmen das Hagen- und das Kriemhild-Bild des ersten und des zweiten Teils nicht zusammen. Das ist eine Folge des Umstands, dass die beiden Teile auf eine je eigenständige Sage zurückgehen. Im ersten Teil, der die Siegfried-Sage behandelt, erscheint Hagen als der treulose Mörder und Kriemhild als sein bedauernswertes Opfer; der zweite Teil, dem die Sage vom Burgundenuntergang zugrunde liegt, zeigt Hagen dagegen als den großen Helden und selbstlosen Beschützer der Burgunden, Kriemhild als entmenschte Mörderin. Der *C-Bearbeiter hat das Geschehen von der Konstellation des ersten Teils her gedeutet. Er hat Hagen als den *ungetriuwen* („treulosen") Urheber allen Übels hingestellt, Kriemhild aber als eine Leidende und Liebende, deren Handeln, so furchtbare Folgen es auch hat, von *triuwe* geleitet ist: der treuen Liebe zu Siegfried über dessen Tod hinaus. Buchgemäß ist an diesen Eingriffen sowohl die Sorge um handlungslogische Stimmigkeit als auch die christlich moralische Bewertung des Geschehens mit den Kategorien von Schuld und Sünde, Unschuld und Tugend. Diese Bewertung bedeutet zugleich eine Distanznahme gegenüber der Tradition.

In der mündlichen Überlieferung erscheint das Erzählte als unmittelbar vergegenwärtigte Vergangenheit, in der Schrift hingegen als konserviertes Altertum. Erst hier wird die Kategorie „alt" bedeutsam, bezieht das Erzählte aus seinem Alter Wert und Autorität, kann aber auch Gegenstand von Reflexion und Kritik werden. So hat der Bearbeiter in einer von ihm hinzugefügten Prolog-Strophe das Schlüsselwort „alt" an den Beginn der Erzählung gestellt, in einer Wendung, die das Pathos der Distanz zum Grundton des Erzählens macht (C 1): *Uns ist in alten mæren wunders vil geseit* … „Uns wird in alten Geschichten viel Staunenswertes erzählt …" Diese Distanz äußert sich nicht zuletzt darin, dass die Historizität des Überlieferten, die die mündliche Tradition selbstverständlich voraussetzt, zum Problem wird. Wiederholt sah sich der Bearbeiter veranlasst, sie zu beglaubigen oder erläuternd gegen mögliche Zweifel abzusichern. An den Fakten der äußeren Handlung hat er so gut wie nichts geändert. Doch fand er sich leichter bereit, störende Züge zu streichen und verfügte über eine größere Fertigkeit in der Herstellung von Motivierungszusammenhängen. Keineswegs war er, wie man immer wieder lesen kann, einer anderen Weltsicht oder Poetik verpflichtet als der Verfasser seiner Vorlage. Er wich von der Linie seines Vorgängers nicht ab, sondern verfolgte sie konsequent weiter. Dabei ging es ihm weder um die Durchsetzung eines Moralstandpunkts mit erhobenem Zeigefinger noch um ästhetische Fragen im Sinne einer modernen Kunstauffassung, sondern um die sachgemäße Vermittlung von Vorzeitkunde.

DIE ‚KLAGE'

Sowohl die Not-Fassung als auch die Lied-Fassung müssen sehr früh entstanden sein, in direktem Anschluss an die Abfassung des Grundtextes und im selben Umkreis. Mit der Lied-Fassung steht die ‚Klage' in Verbindung, ein Anhang in Reimpaarversen, der die Interpretationstendenz der Lied-Fassung teilt und mit seiner robusten Sinndeutung das Bild geprägt hat, das man sich im Mittelalter von dem schrecklichen Geschehen machte. Die ‚Klage' ist bei zwei späten Ausnahmen in allen (vollständigen) Handschriften des ‚Nibelungenlieds' gewissermaßen als Leseanleitung an dieses angehängt. Umstritten ist, ob die ‚Klage' auf der Lied-Fassung oder umgekehrt die Lied-Fassung auf der ‚Klage' beruht. Das stärkste Argument für die zweite Möglichkeit ist die feste Verkoppelung der ‚Klage' mit dem ‚Nibelungenlied' in der Überlieferung. Sie legt die Annahme nahe, dass die beiden Texte schon vor der Ausbildung der Fassungen zusammengefügt wurden. Es ist sogar mit der Möglichkeit zu rechnen, dass die ‚Klage' im Projekt der Verschriftlichung der Nibelungensage von vornherein vorgesehen war, das heißt zusammen mit dem ‚Nibelungenlied' konzipiert und verfasst worden ist. Die beiden Texte wären dann als integrale Teile eines Werk-Komplexes anzusehen, eines Nibelungen-Buchs, das die Erzählung des heroischen Geschehens mit einer christlichen Sinndeutung im Geist des zeitgenössischen Weltbildes verband. In jedem Fall drängt sich der Gedanke auf, dass es in den Jahren um 1200 am Passauer Bischofshof eine Art „Nibelungenwerkstatt"[9] gegeben hat, in der unter der Leitung eines „Meisters" – eben des Nibelungendichters – in kurzer Zeit der Grundtext, die Not- und die Lied-Fassung sowie die verschiedenen Fassungen der ‚Klage' angefertigt wurden.

LITERARISCHE PROFESSIONALITÄT

Die Autoren oder Redaktoren dieser Texte, allen voran der Nibelungendichter, verfügten über eine erstaunliche literarische Professionalität. Die Verschriftlichung der Sage zum Großepos setzte profunde poetologische Kenntnisse und erhebliche poetische Fähigkeiten voraus. Als Modelle kamen in erster Linie Vergils ‚Aeneis' und der zeitgenössische höfische Roman in Frage, vielleicht auch – das ist umstritten – die französische Heldenepik der „Chansons de geste". Erzähltechniken wie die Rückblende (Siegfrieds Jugendabenteuer werden retrospektiv von Hagen erzählt) sind bei Vergil abgeschaut, Handlungsmuster und Szenenarrangements wie das Mutter-Tochter-Gespräch über die Liebe in der 1. Aventiure stammen aus dem höfischen Roman. Prägend ist eine virtuos gehandhabte Schaubildtechnik, die die Personen nicht nur verbal miteinander kommunizieren lässt, sondern immer wieder auch durch Gebärden, die Zeichencharakter haben.

Vor allem an den Hauptstationen der Handlung werden die entscheidenden Momente mit Hilfe einer ausgefeilten Szenenregie vergegenwärtigt, die Fiktion von Siegfrieds Unterordnung unter Gunther in der Steigbügel-Pantomime auf Isenstein etwa oder der Rangstreit der Königinnen vor dem Münster in Worms. Die Schaubildtechnik steht auch im Dienst einer pathetischen Verinnerlichung des Geschehens, die ein Interesse am „inneren Menschen" erkennen lässt, wie es für die höfische Kultur des 12. Jahrhunderts charakteristisch ist. Wenn Hagen in einer demonstrativen Geste vor Kriemhild sitzen bleibt und dabei Siegfrieds Schwert provokativ über die Knie gelegt hat, dann wird deutlich, dass und wie er bemüht ist, die Integrität seiner Person zu behaupten; wenn uns Hagen und Volker gezeigt werden, wie sie miteinander über den weiten Hof der Etzelburg gehen, wird unmittelbar sinnfällig, dass die beiden eine unverbrüchliche Freundschaft verbindet, die ihr Handeln bestimmt.

Wichtig für den Zusammenhalt der großepischen Struktur ist, dass die Schaubilder, die spektakulären Auftritte und Konfrontationsszenen, nicht isoliert bleiben, sondern über weite Spannungsbögen miteinander verknüpft sind. So verbindet das Motiv von Siegfrieds Schwert die Szene, wie Hagen nicht vor Kriemhild aufsteht, mit der Schlussszene, in der sie ihn mit diesem Schwert tötet. Die „Schaffung eines Großepos"[10] aus der mündlichen Tradition ist das große poetologische Problem der abendländischen Heldendichtung seit Homer. Die Lösung, die in Passau gefunden wurde, hat der Nibelungensage zu weltliterarischem Rang verholfen.

BISCHOF PILGRIM VON PASSAU

Warum gerade Passau zum Zentrum der Verschriftlichung der Nibelungensage geworden ist, kann man nur vermuten. Einen Hinweis gibt der Umstand, dass im ‚Nibelungenlied' die Gestalt eines Bischofs von Passau eine herausgehobene Rolle spielt, obwohl sie für den Handlungszusammenhang ohne Bedeutung ist: Bischof Pilgrim, der Onkel Kriemhilds und ihrer Brüder. Auf der Reise ins Hunnenland machen Kriemhild und dann die Burgunden bei ihm Station, ebenso, auf der Hin- und auf der Rückreise, die Boten, die Etzels Einladung überbringen. Die ‚Klage' berichtet, dass Pilgrim aus Liebe zu seinen Neffen die Geschichte in lateinischer Sprache aufschreiben ließ. Es gab tatsächlich einen Bischof Pilgrim von Passau, der von 971 bis 991 amtierte. Als einer der großen Kirchenfürsten seiner Zeit hatte er das Bistum zu politischer, wirtschaftlicher und kultureller Blüte gebracht. Wenn dieser Bischof in ‚Nibelungenlied' und ‚Klage' auftritt, dann bedeutet das, dass man um 1200 am Passauer Bischofshof die Nibelungensage als Teil der eigenen Geschichte auffasste. Offen bleiben muss,

Johann Jacob Bodmer; Gemälde von Johann Heinrich Wilhelm Tischbein, 1779/1799. Halberstadt, Museen der Stadt Halberstadt

ob es sich um eine schon ältere Tradition handelt. Das Verschriftlichungsprojekt jedenfalls dürfte mit der kultischen Verehrung des Bischofs zusammenhängen, die Ende des 12. Jahrhunderts aufkam (1181 sollen sich Wunder an seinem Grab ereignet haben). Das Nibelungen-Buch konnte helfen, den Kult des Bischofs populär zu machen und Pilger nach Passau zu ziehen.

VOM 13. JAHRHUNDERT BIS HEUTE

Die ältesten erhaltenen Handschriften des Nibelungen-Buchs, die Karlsruher Handschrift C (Kat. Nr. 172) und die nur in Fragmenten erhaltene Prager Handschrift S (Kat. Nr. 188), stammen aus dem zweiten Viertel des 13. Jahrhunderts, die jüngste Handschrift d, das berühmte ‚Ambraser Heldenbuch' Kaiser Maximilians (Kat. Nr. 200),

CHRIEMHILDEN
RACHE,
UND
DIE KLAGE;
ZWEY HELDENGEDICHTE
Aus dem schwæbischen Zeitpunæte.

SAMT
FRAGMENTEN
aus dem Gedichte von den NIBELUNGEN
und aus dem JOSAPHAT.

Darzu kommt ein GLOSSARIUM.

Z Y R I C H,
Verlegens ORELL und Comp. 1 7 5 7.

Titelblatt von Bodmers erster Edition (vgl. Kat. Nr. 136)

wurde zu Beginn des 16. Jahrhunderts geschrieben. Insgesamt sind derzeit 37 Handschriften bekannt. Dominiert wird die Überlieferung, wie nicht anders zu erwarten, von der Lied-Fassung. Neben der Tradierung des Nibelungen-Buchs blieb die alte mündliche Tradition bis zum Ende des Mittelalters ungebrochen lebendig. Einzelne Motive aus ihr sind im 14. und 15. Jahrhundert gewissermaßen nachträglich in Bearbeitungen des ‚Nibelungenlieds' aufgenommen worden.

Vom frühen 16. bis in die Mitte des 18. Jahrhunderts war das Nibelungen-Buch im Dunkel der Archive und Bibliotheken verschwunden. Wiederentdeckt wurde es von dem Arzt Jakob Hermann Obereit, dem am 29. Juni 1755 in der Bibliothek des Grafen von Hohenems die Handschrift C in die Hände fiel. Obereit teilte seinen Fund dem Zürcher Gelehrten Johann Jakob Bodmer mit, der bei der Lektüre spontan an die ‚Ilias' dachte. Die „Homerisierung" des ‚Nibelungenlieds', seine Auffassung als „Deutsche Ilias", die Bodmer in den folgenden Jahren in einer langen Reihe von Publikationen entwickelte, prägte die Wahrnehmung und das Verständnis des Textes sowohl in der frühen germanistischen Forschung als auch in der populären Rezeption seit dem frühen 19. Jahrhundert, in der es zum Nationalepos der Deutschen gemacht wurde (s. S. 163ff.).

Lit.: Ausgaben: Hennig 1977. – de Boor 1988. – Bumke 1999. – Einführungen: Heinzle 1996. – Schulze 1997. – Handbücher: McConnell 1998. – Nibelungen encyclopedia 2002. – Heinzle/Klein/Obhof 2003.

Anmerkungen: 1 Haug 1975, S. 281. – 2 Assmann 1992, S. 142. – 3 Graf 1993. – 4 Graf 1993, S. 46. – 5 Höfler 1961, S. 387. – 6 Schaefer 1994, S. 362. – 7 Assmann 1992, S. 48. – 8 Lord 1965, S. 149. – 9 Bumke 1996, S. 590. – 10 Wolf 1995, S. 269.

Politik, Wirtschaft und Gesellschaft um 1200

Hansmartin Schwarzmaier

Von des hoves êre   und von ir wîten kraft,
von ir vil hôhen werdekeit   und von ir ritterschaft,
der die herren pflâgen   mit freuden al ir leben,
des enkunde iu ze wâre   niemen gar ein ende geben.

(C11) **Vom Ansehen dieses Hofes und von ihrer weitreichenden Macht,**
von ihrer höchsten Wertschätzung und von ihrem ritterlichen Leben,
das die Fürsten Tag für Tag in Freuden führten,
davon könnte euch wirklich niemand alles erzählen.

Uns ist in alten mæren wunders vil geseit. So beginnt die Donaueschinger, jetzt Karlsruher Handschrift C des ‚Nibelungenlieds' die Erzählung, die am Wormser Hof der Könige Gunther, Gernot und Giselher und ihrer Schwester Kriemhild einsetzt. Es ist eine zeitlose Geschichte, aus der nur einzelne Namen an geschichtliche Persönlichkeiten erinnern, so jener König Etzels, des Hunnenkönigs Attila, den der römische Feldherr Aëtius in der Schlacht auf den Katalaunischen Feldern (August 451) entscheidend besiegte und damit sein Ende einleitete. Attila war damals entlang der Donau bis zum Rhein, nach Gallien und Oberitalien vorgedrungen. Er bedrohte Rom, und an der ihm entgegentretenden Koalition aus römischen und germanischen Völkergruppen waren auch Westgoten, Burgunden und Franken beteiligt. Nicht nur die Geschichtsschreiber, sondern auch viele Gedichte und Epen, so das ‚Walthariuslied', haben diese Ereignisse festgehalten, Dichter haben es zum Heldenlied geformt. Dies sind die alten Mären, von denen hier die Rede ist. Sie haben den Zeitraum von fast 800 Jahren übersprungen und wurden mit vielerlei Erzählgut angereichert, das in andere geschichtliche Perioden gehört. So erscheint im ‚Nibelungenlied' Bischof Pilgrim von Passau (C 1668), der die Burgunden in seiner Bischofsresidenz gastlich aufnahm und der später, so sagt es die ‚Nibelungenklage', diese Märe auf Lateinisch habe aufzeichnen lassen. Auch Pilgrim ist eine geschichtliche Persönlichkeit, er war von 971 bis 991 Bischof in Passau.

Doch diese wenigen Anklänge an Historisches, zudem aus ganz verschiedenen Zeiten, dürfen nicht zu der Annahme führen, der Nibelungendichter habe geschichtliche Ereignisse aufgezeichnet. Er, der die Schlussredaktion in der uns heute erhaltenen Form niederschrieb, tat dies um das Jahr 1200, vielleicht ein paar Jahre früher, kaum sehr viel später. Stets hat man darauf geachtet, was denn aus seiner eigenen Zeit, seinem Wissen und Erleben, in das Lied einging, das damals an den fürstlichen Höfen vorgetragen wurde und ein aufmerksames Publikum fand. Dass er Burg und Pfalz, dass er Waffen und Gewänder so schilderte, wie er sie vor Augen hatte, also im Kolorit des 12. Jahrhunderts, daran ist nicht zu zweifeln. Umstritten hingegen ist die Frage, ob er das Zeitgeschehen, sozusagen die Tagesereignisse, die ihm ebenso bewusst waren wie seinen Zuhörern, in seine Darstellung einbezog, ob er also „Zeitgeschichte" im Gewand eines alten Heldenlieds gestaltete in der Annahme, er werde durchaus verstanden und jeder wisse, worauf er anspielte. Dazu gibt es viele Meinungen, und man ist so weit gegangen, im ‚Nibelungenlied' geradezu politische Aussagen wiederzufinden, so wie sie in den Spruchdichtungen Walthers von der Vogelweide enthalten sind, die der gleichen Zeit zugehören.

Hier soll ein anderer Weg beschritten werden. Wir beschreiben geschichtliche Vorgänge aus dem letzten halben Jahrhundert vor der Niederschrift des ‚Nibelungenlieds', also dem Zeitraum, den der Dichter selbst überblicken konnte, zuletzt aus eigenem Erleben. Die Darstellung führt uns in die erste Hälfte der Stauferzeit, in die Regierungszeit Kaiser Friedrich Barbarossas und

**Palas der Pfalz Friedrich Barbarossas in Gelnhausen,
Hofseite, 1170/80**

seiner Söhne. Wie weit dies für die Betrachtung des ‚Nibelungenlieds' nützlich, vielleicht sogar unerlässlich ist, dies mag der Leser beurteilen.

DER CHRONIST SEINER ZEIT UND SEINES HAUSES

Die Anfänge dieser Zeit lässt man sich am besten von jenem Gelehrten, Theologen und Kirchenfürsten beschreiben, der zugleich der bedeutendste Historiker des Hochmittelalters war: Bischof Otto von Freising. Dies passt sehr gut in den geographischen Bereich unseres Themas. Otto war einer der jüngeren Söhne Herzog Leopolds III. von Österreich. Seine Mutter war jene Agnes, die Tochter Kaiser Heinrichs IV., die in erster Ehe den Stauferherzog Friedrich I. von Schwaben heiratete (†1106). Ihre Söhne aus dieser Verbindung waren Herzog Friedrich II. von Schwaben und Konrad, sein jüngerer Bruder, den wir als König Konrad III. kennen (1138–1152). Sein Nachfolger im Königtum wurde sein

Neffe Friedrich Barbarossa, der Sohn Herzog Friedrichs II. Agnes ist also die Stammmutter der königlichen Stauferdynastie, zugleich aber auch der Herzöge von Österreich aus dem Haus der Babenberger. Ihr Sohn Otto, der wohl von Kindheit an zum Geistlichen bestimmt war, hat von ihr alles über die Anfänge der Staufer erfahren, und er hat dieses Wissen in das Geschichtswerk eingebracht, das er seinem Neffen Friedrich Barbarossa widmete. So wurde Otto zum Geschichtsschreiber des staufischen Königshauses. Er studierte, um dies zu ergänzen, in Paris, ehe er in den Zisterzienserorden eintrat, wo er noch in jungen Jahren, seinem hohen Adel entsprechend, Abt von Morimond wurde, im gleichen Jahr 1138 dann auch Bischof in Freising. Begraben liegt Otto in Morimond, doch zugleich ist er der Stifter des Zisterzienserklosters Heiligenkreuz bei Wien.

Bischof Otto nahm an dem unglücklichen Kreuzzug seines Halbbruders Konrad III. teil (1146/47), der auf halbem Weg abgebrochen werden musste, als ein Sturm die Zeltstadt der deutschen Ritter verwüstete und ihre mitgeführte Habe vernichtete. Otto sah dies als ein untrügliches Zeichen Gottes an, der sich von dem deutschen König abgewandt habe, obwohl dieser, wie er meinte, doch dabei war, ein gottgefälliges Werk zu tun, sodass man annehmen musste, sein Zug zur Befreiung der heiligen Stätten könne gar nicht scheitern. Die Weltchronik, die Otto vollendete, ehe er zum Kreuzzug aufbrach, ist ein tief pessimistisches Werk, getragen von der grüblerischen Frage nach dem Willen Gottes, den er, der Theologe, so gar nicht zu ergründen vermochte. Entweder, so folgerte er nach dem gescheiterten Unternehmen, habe sich Gott von König Konrad abgewandt, habe ihm seine Gnade entzogen, oder man musste noch Schlimmeres befürchten und das Ende der Welt stand bevor. Denn Otto verstand die chaotischen Ereignisse des Bürgerkrieges im Investiturstreit, die Adels- und Bruderkämpfe der Staufer und Welfen, die der Wahl Konrads III. vorausgegangen waren, als Zeichen einer Endzeit, und er war nicht der Einzige, den die politischen Ereignisse mit Angst erfüllten, weil sie das Ordnungsgefüge der vorausgegangenen Periode in Frage stellten.

Dies blieb auch in Zukunft so, und je weniger man die Dinge verstand, die sich abspielten, umso mehr schossen die Spekulationen ins Kraut, die sich in dem Glauben verdichteten, der Weltuntergang lasse nicht mehr lange auf sich warten. Auch die Ereignisse nach dem Tod Barbarossas (1190) und Heinrichs VI. (1197), nach der Doppelwahl von 1198, die sich mit zahlenmystischen Spielereien um das bevorstehende Jahr 1200 verbanden, steigerten die Ängste der Menschen, die keinen Ausweg mehr sahen. Auch die Niederschrift des ‚Nibelungenlieds' fällt in diese Endzeitpsychose.

DER FRIEDENSBRINGER: FRIEDRICH BARBAROSSA

Otto von Freising freilich erlebte einen Stimmungswandel. 1152 starb Konrad III., dem das Odium des Unheils, der Niederlage bis zu seinem Ende anhaftete. Sein Nachfolger wurde nicht, wie man es hätte erwarten können, sein noch im Kindesalter stehender Sohn Friedrich, auch nicht Heinrich der Löwe als Vertreter der Welfenpartei, sondern der damals 30-jährige Schwabenherzog Friedrich Barbarossa, Neffe Konrads und natürlich auch Neffe Bischof Ottos. Er hatte seine Tüchtigkeit in vielen militärischen Unternehmungen unter Beweis gestellt, besaß auch das Glück des Tüchtigen, und dass er seinerzeit auf dem Kreuzzug König Konrads, an

dem er als Herzog von Schwaben teilnahm, als Einziger vom Unheil verschont wurde, war für Otto ein sichtbarer Beweis seiner Eignung, ja seiner Sendung. Als Sohn eines Staufers und einer Welfin würde er, so formuliert es der Chronist, wie der Eckstein das neue Haus stützen, das nun fest gefügt sei und in dem eine neue Ordnung einkehren werde. Ehe er 1157 starb, hat Otto die Taten des neuen Königs und Kaisers beschrieben, die ihm seine kühnsten Erwartungen zu rechtfertigen schienen.

Wer dies als die Spintisierereien eines adels- und familienbewussten Fürstensohns und Bischofs ansieht, der sollte sich den Werdegang Ottos vor Augen halten. In seinen Mönchsjahren hat er die traditionelle lateinische Gelehrsamkeit in sich aufgenommen, hat aber zugleich im Geiste der aufkommenden neuen Theologie die Anfänge der Pariser Universität und ihrer großen Lehrer wahrgenommen: Er war ein Kind seiner Zeit. Dass er die Entwicklung der geschichtlichen Abläufe in ein kompliziertes welthistorisches System zu fassen versuchte, war nicht neu. Sein Denken war beherrscht von der quälenden Frage nach der von Gott gewollten, seinem Schöpfungsakt zugrunde liegenden Ordnung der Welt; dies entsprach aber auch einem politischen Denken, das dem deutschen König und Kaiser die entscheidende Rolle in diesem Weltgeschehen beimaß. Denn der König allein, sofern er in der Gnade Gottes stand, würde seinen Willen in die Tat umsetzen, der Welt zu Frieden und Ordnung verhelfen können.

In der Tat hat der neue König Friedrich I., nachdem er von den deutschen Fürsten einhellig zum König gewählt und danach in Aachen gekrönt worden war, in kürzester Zeit sein politisches Programm verwirklicht. Seine Wahl am 5. März 1152 in Frankfurt war nicht nur gut vorbereitet und abgesichert, sie leitete auch eine Fülle von Maßnahmen ein, mit denen der staufische König Ruhe und Frieden im Reich schuf. Sie galten dem sächsischen Herzog Heinrich dem Löwen, seinem Vetter, dem er große Zugeständnisse in Sachsen machte, ihn bald darauf auch in Bayern wieder als Herzog einsetzte und ihn so für sich gewann. In ähnlicher Weise wurde noch in seinem ersten Regierungsjahr der Vertrag mit dem Zähringerherzog Berthold, das „Pactum cum duce Bertolfo" geschlossen. Und im selben Jahr 1153 wurde der „Konstanzer Vertrag" mit Papst Eugen III. ausgefertigt, in einem aufwändigen, doppelseitigen Vertragstext, der bereits auf Friedrichs Kaiserkrönung hinzielte. Doch damals willigte der Papst auch ein, die Scheidung der einige Jahre zuvor geschlossenen Ehe Friedrichs mit der Grafentochter Adela von Vohburg zu gestatten, die offenbar kinderlos geblieben war. Sie machte den Weg für Eheverhandlungen mit dem byzantinischen Kaiserhaus frei, die jedoch scheiterten. 1156 kam es dann zur Eheschließung des Kaisers mit Beatrix, der Tochter des Grafen Rainald von Hochburgund. Diese wurde, nach Agnes, die eigentliche „Stammmutter" der späteren Staufer. Die zahlreichen Kinder aus dieser Eheverbindung sollten es Friedrich ermöglichen, eine dauerhafte Hausordnung zu errichten, um in allen Teilen des staufischen Reichs präsent zu sein.

Dies sind Dinge, die wir heute „Innenpolitik" nennen, die Aussöhnung und der territoriale Ausgleich mit den nächsten Verwandten. Dies betraf natürlich auch den als König nicht zum Zuge gekommenen Friedrich, der, als er erwachsen geworden war, dem kaiserlichen Vetter als schwäbischer Herzog auf seinen Kriegszügen folgte. Die Abgrenzung der Herrschaftsbereiche und Familienbesitzungen, die jedoch mit einer geschickten Erwerbs- und Erbschaftspolitik gepaart war, machten dem König die Hände für neue Unternehmungen frei. Dass sie durchweg mit vertraglichen Mitteln geschahen, nicht mit militärischen, kennzeichnet die auf Ausgleich bedachte Politik des Staufers.

Schon 1154 folgte der erste Italienzug, der Friedrich im Juni des darauf folgenden Jahres (1155) die Kaiserkrone brachte. Im gleichen Jahr noch wurde die „bayerische Frage" gelöst. Das Herzogtum hatte bis dahin der Babenberger Heinrich inne, Heinrich „Jasomirgott", wie man ihn nach seinem Lieblingsausspruch nannte. Als Heinrich der Löwe in sein angestammtes väterliches Erbe zurückdrängte, fand man eine Kompromisslösung, die dann 1156 in Regensburg in feierlicher Form vollzogen wurde. Auch darüber gab es eine Urkunde, ein Staatsdokument, das „Privilegium minus". Der Löwe erhielt Bayern zurück, doch den östlichen Teil des Landes, die bisherige Markgrafschaft Österreich, trat er an Heinrich Jasomirgott ab, der nun zum Herzog von Österreich wurde. Die damit vollzogene Trennung von Bayern und Österreich war folgenschwer im Sinne der weiteren geschichtlichen Entwicklung. Österreich bildete einen neuen Schwerpunkt im Südosten des Reichs, Grenz- und Verbindungsland zum Königreich Ungarn. Otto von Freising, um ihn noch einmal zu zitieren, war davon unmittelbar betroffen. Sein Bistum gehörte zu Bayern, während seine Familie der Babenberger fortan die Geschicke Österreichs bestimmte. Dort, bei Wien, liegt ihr Hauskloster Heiligenkreuz, das von Ottos Zisterzienserkloster Morimond aus mit Mönchen besiedelt wurde. Was Otto in seinen letzten Jahren erlebte, bestärkte ihn in seinem Vertrauen in das Glück des staufischen Kaisers. In diese Phase gehört schließlich auch, wie erwähnt, Friedrichs Ehe mit Beatrix von Burgund. Sie brachte ihm nicht nur ihr väterliches Erbe ein, die kleine Grafschaft Burgund um Besançon, sondern auch den Anspruch auf das Königreich Hochburgund, das Arelat, das Friedrich in seinen Herrschaftsbereich einbezog (Krönung in Arles 1178). Der Name „Burgund" war in seiner Zeit mit politischen Vorstellungen verbunden, die sich auf die verschiedensten Rechte des staufischen Königshauses bezogen.

VOM FRIEDEN ZUM KRIEG: BARBAROSSA IN ITALIEN

Bis dahin, so möchte man sagen, dauerte das Glück des staufischen Königshauses, trat auch der Erfolg des Kaisers sichtbar zutage. Die Wende zeichnete sich in Italien ab, das Barbarossa in sechs langwierigen und mühsamen Feldzügen zu unterwerfen, in seine Vorstellung von der Ordnungswelt des deutschen Königs einzufügen versuchte. 14 Jahre seines Lebens, fast ein Drittel seines Königtums, hat Barbarossa in Italien zugebracht, wo nicht nur seine adeligen Dienstmannen heimisch wurden, wo auch mehrere seiner Kinder auf die Welt kamen und wo er im dortigen Adel bedingungslose Anhänger gewann. Doch in zunehmendem Maße hat er auch Krieg geführt, hat die oberitalienischen Städte belagert und sie, falls er sie einnehmen konnte, dem Erdboden gleichgemacht, ohne zunächst zu begreifen, weshalb sie ihm Widerstand leisteten. Mit geringer Sensibilität für die sozialen und wirtschaftlichen Entwicklungen in den italienischen Kommunen hat Barbarossa auf seinem Standpunkt beharrt, hat die „Ehre des Reichs" als unverletzliches Prinzip allen Selbständigkeitsbestrebungen entgegengehalten und verharrte dabei in Denkvorstellungen, die südlich der Alpen noch antiquierter waren als im deutschen Reich. Im Sommer 1167 schien sein Erfolg gesichert, als er seinen Papst, Paschalis III., in das von seinen Truppen besetzte Rom einführen konnte, aus dem sein großer Gegner, Papst Alexander III., geflohen war. Paschalis krönte die Gattin Barbarossas, die Burgunderin Beatrix, in Rom zur Kaiserin. Barbarossa schien am Ziel seiner Vorstellungen von einer universalen Herrschaft des römischen Kaisers, des Nachfolgers Karls des Großen, den er am Weihnachtstag 1165 in Aachen hatte heilig sprechen lassen.

Selten waren Höhepunkte politischen Erfolgs und jäher Abfall so nah beisammen wie damals. Eine Cholera- oder Malariaepidemie, die das Heer Barbarossas im Hochsommer 1167 dezimierte, brachte die Wende. Viele der Fürsten in der Umgebung des Kaisers starben an der Seuche, darunter auch Herzog Friedrich von Rothenburg, der Sohn Konrads III., und der Reichskanzler und Kölner Erzbischof Rainald von Dassel. Und während Barbarossa in den Norden abzog, formierten sich die lombardischen Städte im Kampf um ihre kommunalen Freiheiten, gewann Papst Alexander III. das Heft des Handelns zurück. Alessandria, die Stadt in der Poebene, die seinen Namen trug, wurde zu einem Zentrum des Widerstands gegen die Deutschen. Dem Kaiser gelang es nicht, sie einzunehmen, und schließlich ist er dem Heer der lombardischen Städte sogar in offener Feldschlacht (bei Legnano, Mai 1176) unterlegen. Zuvor hatte ihm sein Vetter Heinrich der Löwe die Gefolgschaft verweigert und war in seinem sächsischen Herzogtum eigene Wege gegangen, in enger Verbindung mit dem englischen König, an den er sich politisch anschloss. Man hat vermutet, er, der nächste Verwandte Barbarossas, habe damals selbst eine Krone angestrebt, habe sein sächsisches Reich als König regieren wollen, und manches spricht dafür, dass der Welfe hohe Ziele verfolgte, die der Kaiser nicht zu tolerieren bereit war. In den Jahren 1180 bis 1182 vollzog sich das Schicksal Heinrichs. Er büßte seine Reichslehen ein, behielt nach seiner Unterwerfung nur seinen Familienbesitz in Braunschweig und Lüneburg und musste zeitweilig nach England ins Exil gehen. Bayern, von dem die Steiermark abgetrennt wurde, fiel an den Pfalzgrafen Otto von Wittelsbach, Sachsen an den Askanier Bernhard von Anhalt, ein Teil an den Erzbischof von Köln.

Von daher könnte man Barbarossa noch einmal als den Sieger in seinem Kampf um die Herrschaft in Deutschland ansprechen, und so hat er sich selbst auch dargestellt. Der mit einem Hochfest – einer *hôchzîte* – verbundene Hoftag zu Mainz an Pfingsten 1184, wo die beiden ältesten Söhne des Kaisers, Heinrich und Friedrich, die Schwertleite erhielten, das glanzvollste Fest jener Zeit, wie die Chronisten übereinstimmend sagen, setzt einen Endpunkt in der langen Regierungszeit Kaiser Friedrichs. Dies gilt auch für den Frieden von Venedig, den Barbarossa im Juli 1177 mit dem Papst und den lombardischen Städten schloss, man möchte sagen, einem Ermüdungsfrieden nach langwierigen Kämpfen und ebenso langen, zähen Verhandlungen. Hier wurde es für den Kaiser schwer, sein Gesicht zu wahren, seine Niederlage zu verschleiern. In der Tat hatte er erkennen müssen, dass seine auf den herkömmlichen Traditionen aufgebaute Politik in Italien gescheitert war. Wie weit man in seiner Umgebung erfasste, worin die neuen Kräfte der italienischen Kommunen bestanden, wie hier Wirtschaft, Handel und Verkehr zu einer Veränderung der mittelmeerischen Welt führten, lässt sich zunächst nicht klar erkennen. Doch auch in Deutschland bahnte sich die Wende an, wurden die Verkehrswege für die Züge der Händler und Kaufleute ausgebaut, entstanden Großstädte in den alten rheinischen Bischofstädten, aber auch in Nürnberg, Frankfurt und Regensburg, die als Messeorte den Handel anzogen. Aus den Mittelmeerhäfen, vor allem aus Venedig, gelangten die Waren auch über die Alpen nach Deutschland. Umgekehrt haben die Deutschen von dort ihren Weg genommen, wenn sie auf dem Meer ins Heilige Land reisten, wenn sie ihre Pilgerfahrt nach Jerusalem antraten. Viele deutsche Fürsten und Adelige dieser Zeit taten dies, auch wenn sie sich keinem der Kreuzfahrerheere anschlossen.

DER KREUZZUG BARBAROSSAS

Dies führt in die Schlussphase Barbarossas, dessen Lebenswerk durch seinen Kreuzzug gekrönt werden sollte. Zuvor ordnete er sein Reich, das er fast 40 Jahre lang regiert hatte, als jemand, der es in allen seinen Teilen beherrschte. Seinen ältesten Sohn, Heinrich, ließ er als König zurück, dem zweiten, Herzog Friedrich von Schwaben, vertraute er ein militärisches Kommando in seinem Expeditionsheer an. Auch die jüngeren Söhne wurden in ihre Aufgaben eingewiesen, für Philipp, den jüngsten, bahnte sich eine geistliche Karriere an, die ihn auf den Würzburger Bischofstuhl, langfristig vielleicht noch weiter, nach Köln, führen sollte. Kaiser Friedrich hatte sein Haus bestellt, als er sein Heer im Mai 1189 in

Regensburg sammelte, das er persönlich durch den Balkan und Kleinasien bis nach Jerusalem führen wollte. Weshalb er den mühseligen Landweg wählte, der seinem riesigen Heer große Mühen bereitete, darüber kann man spekulieren. Für den Seeweg hätte es einer großen Anzahl von Schiffen bedurft, und man hätte sich in die Abhängigkeit der Venezianer, vielleicht auch der Genuesen und Pisaner begeben müssen, die sich diese Unternehmung hätten teuer bezahlen lassen – auch dies ein Umdenkprozess für einen Kaiser, der noch nicht gelernt hatte, finanzpolitisch zu denken. Vielleicht war es auch die Erinnerung an den gescheiterten Kreuzzug Konrads III., an dem Friedrich als junger Mann teilgenommen hatte und den er nun, nachträglich, in einen Erfolg zu verwandeln gedachte.

Ein gewaltiges Heer wälzte sich nach Osten, die Fürsten und ihre Ritter mit Tross, Pferden, aber auch mit Verpflegung für Mensch und Tier. Anders als es das ‚Nibelungenlied' erzählt war der Zug des Kaisers glänzend organisiert und vorbereitet. Man hatte Verträge mit den Machthabern geschlossen, durch deren Gebiete man ziehen wollte und die Unterkunft und Speise bereitstellten. Doch die Schwierigkeiten waren größer, als man vorausberechnet hatte. Zwar gab es prächtige Empfänge und Feste, aber auch Scharmützel mit Raubscharen und schließlich regelrechte Kämpfe, die das Fortkommen erschwerten und die Reise weit über die Planung hinauszogen. Die Katastrophe ereignete sich im Juni 1190, als man das Gebirge des Taurus überquert hatte und nicht mehr weit vom Meer entfernt war, ein Jahr nach dem Abmarsch. Der Tod des Kaisers bei einem Badeunfall an einem glutheißen Sommertag bedeutete das Ende des Unternehmens. Dabei war es eigentlich nicht verwunderlich, dass der 60-Jährige, also nach mittelalterlichen Vorstellungen ein sehr alter Mann, den Strapazen der Heerfahrt nicht gewachsen war. Doch Bestürzung erregte die Tatsache, dass er starb, ehe er sein Ziel erreicht hatte. Auch diesmal mochte man nicht glauben, dass der Kampf gegen die Muslime zur Wiedergewinnung der heiligen Stätten scheiterte, ehe er eigentlich begonnen hatte, und auch die Gegner, die der Ankunft des christlichen Kaisers an der Spitze eines Heeres mit Sorge entgegengesehen hatten, empfanden es als göttlichen Fingerzeig, dass dieses nun seines Führers beraubt war. In der Tat löste sich das Kreuzheer bald in einzelne Bestandteile auf. Viele kehrten um, das Gros der Deutschen unter Führung Herzog Friedrichs gelangte zwar nach Tarsus, nach Tyrus und schließlich nach Akkon, aber nicht an das ersehnte Ziel. Friedrich starb dort. Der französische und der englische König, die damals den Seeweg genommen hatten, stritten sich vor Akkon um die Führerrolle des Kreuzheeres, und Herzog Leopold von Österreich soll sich mit König Richard Löwenherz bitter verfeindet haben; vom Nachspiel wird gleich die Rede sein. Dass die Deutschen dies alles nicht wahrhaben wollten, dass sie die Wiederkehr des Kaisers erhofften, von dem man nicht einmal zu sagen wusste, wo er bestattet wurde, ist die eine Sache. Die andere bestand wiederum darin, dass man an Gottes Plan irre wurde, der dieses Werk scheitern ließ, bei dem man doch sicher gewesen war, dass es gelingen musste, weil es gottgewollt war.

DIE TRAGIK DES STAUFISCHEN HAUSES

Das Unglück Barbarossas setzte sich bei seinen Kindern fort. War sein zweiter Sohn Friedrich in Akkon geblieben, so starb der älteste, Kaiser Heinrich VI., nur sieben Jahre später, im September 1197 in Messina, in seinem sizilischen Reich. Er war erst 32 Jahre alt, hatte hochfliegende Pläne, die darauf hinzielten, das Kaisertum seinem Hause erblich zu sichern, und alles, was er tat, setzte er mit kluger Beharrlichkeit, aber auch mit brutaler Gewalt durch. Das Kind Friedrich, das er am sizilischen Hofe hinterließ, war damals erst drei Jahre alt – es ist der spätere Kaiser Friedrich II. Der jüngere Bruder Heinrichs VI., Herzog Konrad von Schwaben, war schon 1196 gestorben, ein weiterer Bruder, Herzog Otto von Burgund, im Jahr 1200, sodass beim Tode Kaiser Heinrichs nur Philipp für die Nachfolge in Frage kam, der für die geistliche Laufbahn bestimmte Jüngste. Ihn hatte man schon vorher in den weltlichen Stand zurückgeholt, sodass er sich 1198 der Wahl der deutschen Fürsten zum König stellen konnte: Die Rede ist von der berühmten Doppelwahl zwischen ihm und dem Welfen Otto, dem Sohn Heinrichs des Löwen. Die Zeitgenossen empfanden auch diese dynastische Katastrophe als Teil des tragischen Endes eines gescheiterten Kaisers, der vor seinem Kreuzzug eine, wie es schien, Haus- und Reichsordnung hergestellt hatte, die ewig dauern sollte. Damals, 1197, als Heinrich starb, im Jahr darauf, als Philipp zwar zum König gewählt wurde, aber in einer

Orte des ,Nibelungenlieds' im Reich des Hochmittelalters

MARK LAUSITZ

MARK MEISSEN
✝ Meißen

Zeitz

Merseburg

Elbe

Oder

POLEN

SCHLESIEN

Prag ✝

KGR. BÖHMEN

MÄHREN

...gau

Regensburg

Donau

✝ Niederalteich
✝ Passau
Plattling

Waag

March

Krems
Traismauer
Tulln
Zeiselmauer
Mautern
Melk
Pöchlarn
Wien
Hainburg
Pressburg (Bratislava)
✝ Neutra

Eferding
Enns

Steyr

Traun

Inn

Traisen

ÖSTERREICH

M. BAYERN

Wieselburg
(Mosonmagyaróvár)

Enns

Salzburg

Eppenstein

Gran
(Esztergom)

Raab
(Györ)

Budapest

Donau

MGFT. KÄRNTEN

Raab

KGR. UNGARN

Theiß

✝ Innichen

GFT. VERONA

Aquileja
✝ Grado

VENEDIG
✝ Venedig

KGR.
KROATIEN

Adriatisches
Meer

Mittelmeer

Legende:

✝ (schwarz) Sitz eines Erzbischofs

✝ ✝ Sitz eines Bischofs / im ,Nibelungenlied' erwähnt

☦ ☦ Kloster / im ,Nibelungenlied' erwähnt

● ● Ort / im ,Nibelungenlied' erwähnt

— Mittelalterliche Handelswege zwischen Mittelrhein und Donau

Main Geographischer Begriff aus dem ,Nibelungenlied'

- - - Mittelalterlicher Grenzverlauf

Die Karte enthält einerseits alle im ,Nibelungenlied' angeführten Ortsnamen (rot hervorgehoben), die zwischen Xanten und Worms im Westen und Gran (Esztergom) im Osten als Schauplätze oder Reisestationen eine Rolle spielen.
Andererseits verzeichnet sie auch die wichtigsten Herrschaften, Klöster, Städte und Handelsstraßen (letztere nur zwischen Rhein und Donau) der Zeit um 1200, der Entstehungszeit des ,Nibelungenlieds'.

0   50   100   150 km

umstrittenen Entscheidung, die ihn zwang, ein Jahrzehnt lang um sein Königtum zu kämpfen, vollzog sich die Tragik des staufischen Hauses.

BISCHOF WOLFGER VON PASSAU

Dies sind die unmittelbaren Ereignisse, die dem Nibelungendichter vor Augen standen, als er seine Verse niederschrieb. Er wusste um den mühseligen Zug eines Ritterheeres unter Führung des Kaisers, das entlang der Donau nach Konstantinopel und Kleinasien führte, wusste um die Kämpfe unterwegs und wie wenige in die Heimat zurückkehrten, unter diesen auch Herzog Leopold V. von Österreich. Auch seinen Zuhörern mögen diese Bilder vor Augen gestanden haben, die damals das Tagesgespräch bildeten. Auch ein anderes Bild mag sich ihnen aufgedrängt haben. Es hängt mit der Heimkehr des englischen Königs zusammen, der in der Nähe von Wien von Herzog Leopold V. von Österreich gefangen genommen wurde, den er, wie es hieß, auf dem Kreuzzug tödlich beleidigt hatte. Leopold lieferte Richard Löwenherz im Februar 1193 an Kaiser Heinrich VI. aus, der ihn auf den Trifels verbringen ließ und ihn dort gefangen hielt. Am 28. März 1193 beriet man auf einem Reichstag in Speyer darüber, was geschehen sollte, also über Haftbedingungen und Lösegeld, (vgl. Kat. Nr. 107), und dort waren auch Herzog Leopold V. und Bischof Wolfger von Passau, der Mäzen des Nibelungendichters, anwesend. Wahrscheinlich haben sie den Konvoi begleitet, der König Richard entlang der Donau, vielleicht auch auf der Donau, wenn auch flussaufwärts, bis nach Ulm, von dort aus an den Rhein brachte. Auf den Trifels, Schatzkammer und Reichsgefängnis in staufischer Zeit, soll Heinrich VI. übrigens wenig später den von ihm in Palermo erbeuteten Normannenschatz verbracht haben, von dessen Reichtum die Zeitgenossen wahre Wunder berichteten. In Passau, in dessen Umgebung das ‚Nibelungenlied' entstanden ist, wusste jedermann davon, und wenn vom Nibelungenhort im Rhein erzählt wurde, so konnte man sich ein Bild von seinem Reichtum machen. Der Passauer Bischof Wolfger, um auch dies hier einzufügen, ist übrigens mehrfach am Mittelrhein nachzuweisen. Im Frühjahr 1200 war Erzbischof Konrad von Mainz nach Wien gezogen, um am glanzvollen Fest anlässlich der Schwertleite Leopolds VI. von Österreich teilzunehmen; Wolfger gab ihm

bei seiner Rückkehr das Geleit, und als Konrad unterwegs starb – er hatte die große Straße von Regensburg über Nürnberg nach Würzburg gewählt – brachte Wolfger den Leichnam zurück nach Mainz: Die Wege zwischen Wien und dem Rheinland waren ihm vertraut.

Doch zurück zu Richard Löwenherz. Jedermann war sich bewusst, welch entsetzlicher Frevel, was für ein Rechtsbruch mit seiner Gefangensetzung verbunden gewesen war. Denn Richard, der Kreuzfahrer, kehrte im Zeichen des Gottesfriedens nach Hause und war in dieser Situation unverletzlich. Sowohl der österreichische Herzog, der ihn in einer Privatfehde verfolgte, als auch der Kaiser, der ihn dem Österreicher abkaufte, um ihn erst nach Bezahlung eines spektakulär hohen Lösegelds in seine Heimat zu entlassen, hatten gegen weltliches und kirchliches Recht verstoßen und büßten dafür mit hohen Kirchenstrafen. Ob auch Wolfger von Passau unmittelbar in die Transaktion verwickelt war, ist nicht ganz klar, doch Kaiser Heinrich hat ihn damals für seine treuen Dienste belohnt, und dies sicher nicht von ungefähr. Wolfger blieb auch in den nächsten Jahren eng mit den Ereignissen am deutschen Königshof verbunden, die man in seiner Umgebung verfolgte und sicherlich auch kommentierte. Der Nibelungendichter saß also „an der Quelle".

Damit sind wir bei der Jahrhundertwende angelangt, die durch die Doppelwahl von 1198 gekennzeichnet ist. Diese ist in vieler Hinsicht bemerkenswert und kennzeichnet einen markanten Einschnitt. Philipp von Schwaben, der Bruder des verstorbenen Kaisers, hatte zunächst den Auftrag gehabt, den dreijährigen Friedrich aus Sizilien nach Deutschland zu bringen, wo er zum König gewählt werden sollte, als ihn die Nachricht vom Tod des Kaisers erreichte. In dieser Situation wurde er gedrängt, selbst als Vertreter der Stauferpartei an Stelle des dreijährigen Kindes als Königskandidat aufzutreten, und so geschah es dann auch. Nach seiner Wahl hat Philipp, um dies hier einzufügen, sein erstes Osterfest in Worms „unter der Krone" gefeiert. Friedrich hingegen blieb in Apulien, im Erbreich seiner Mutter, und wuchs dort auf, während sein Onkel die staufische Herrschaft gegen den Welfen Otto IV. neu erkämpfen musste. Doch die Doppelwahl kennzeichnet auch den hohen Anspruch des Papstes Innozenz III., der damals die Rolle des Schiedsrichters über den deutschen König übernahm. In streng juristischer Deduktion entschied er über die drei Bewerber, Philipp, Otto und das Kind Friedrich, über das er selbst die Vormundschaft führte, und erklärte sich schließlich für den Welfen, den er elf Jahre danach zum Kaiser krönte.

Damals hatte sich die Situation freilich auf dramatische Weise geändert. Denn Philipp konnte sich in Deutschland durchsetzen, drängte seinen Gegner in seine Stammgebiete im Norden des Reichs zurück und konnte ihn schließlich sogar dazu bringen, auf sein Königtum zu verzichten. Da fiel er am 21. Juni 1208 in Bamberg einem Mordanschlag des Pfalzgrafen Otto von Wittelsbach zum Opfer, einer, so empfanden es die Zeitgenossen, sinnlosen Tat eines Fürsten, der sich dafür rächen wollte, dass ihm der König seine – damals noch im kindlichen Alter befindliche – Tochter verweigert hatte, die er zur Frau begehrte. Die Ermordung König Philipps, der, wie sein Bruder Heinrich, nur 32 Jahre alt wurde, beendete diesen Abschnitt der staufischen Geschichte. Es sei hinzugefügt, dass sich Otto IV. nun, nach dem Tod des Rivalen, durchsetzen konnte, ehe er seinerseits durch den aus Italien in das Reich seiner Vorfahren kommenden Friedrich II. verdrängt wurde.

WENDE DES MITTELALTERS

Die Regierungszeit König Philipps (1198–1208) bildet gleichsam die Mitte der Stauferzeit, und sie entspricht einer Zäsur, die in allen Bereichen des mittelalterlichen Lebens im ganzen Abendland erkennbar ist und die man als „Wende des Mittelalters" angesprochen hat. Die damaligen Menschen, soweit sie den Ablauf der Geschichte beobachtet und zu verstehen gesucht haben, empfanden dies zutiefst, wenn auch in einem ganz anderen Sinne als wir heute. Sie erwarteten die Jahrhundertwende in besonderem Maße mit sorgenvollen Endzeitbefürchtungen, und jedes unerwartete Ereignis gab zu Spekulationen Anlass, wie es zu deuten sei. Daran hatte es nicht gefehlt: Der unerwartete Tod der durchweg noch jungen Söhne des Kaisers hatte einen Bürgerkrieg im Reich ausgelöst, der gerade überwunden schien, als der Mord von Bamberg der staufischen Herrschaft ein Ende setzte, ohne dass damals schon abzusehen war, dass es im Zeichen Friedrichs II. eine zweite staufische Periode geben würde. Wäre Friedrich II. als König von Sizilien im Süden geblieben, so wäre der zweite Teil der „Stauferzeit" vielleicht als

„Welfenzeit" in die Geschichtsbücher eingegangen. Doch die „Heimkehr" Friedrichs II., des „Kindes aus Apulien", im Jahr 1212, sein Sieg über Otto IV., sein glanzvoller und wieder, wie bei allen Staufern, von tiefer Tragik begleiteter Kampf um die Herrschaft in allen Teilen des Reichs begründete den zweiten Teil der Stauferzeit, der mit dem Tod Konradins auf dem Blutgerüst von Neapel 1268 endete. Die italienischen Parteinamen der Ghibellinen und Guelfen, der kaiserlichen und päpstlichen Partei in der Tradition der Staufer und der Welfen, bestimmten von nun an den Machtkampf der Adelsfraktionen in den Städten Italiens. Doch dieser ging nun von völlig anderen gesellschaftlichen und wirtschaftlichen Bedingungen aus als denen, die das traditionelle und in unserer Sicht konservative politische System Barbarossas repräsentiert hatte. Diesen Wandel zur Stadtkultur, zu den Großkaufleuten und ihrem Wirtschaftssystem, aber auch zu den Fürstenstaaten des Spätmittelalters hatten wir angedeutet, ohne ihn in seinen einzelnen Erscheinungen zu beschreiben.

Die Daten um die Jahrhundertwende kennzeichnen zugleich den Höhepunkt jener Dichtung deutscher Sprache, die man stets mit der „Stauferzeit" in Verbindung gebracht hat. Das ‚Nibelungenlied', das um 1200 in seiner uns vorliegenden Sprachform entstanden ist, gehört in jene Zeit, die wir uns vor Augen geführt haben, als sich die Tragödie des staufischen Hauses vollzog. Wer wollte bezweifeln, dass der Nibelungendichter, gleichgültig, wo er sich aufhielt und welchen Standes er war, dies alles mit wachem Verstand beobachtete und in sich aufnahm, es, wie alle seine historisch und literarisch gebildeten Zeitgenossen, zu verstehen, zu deuten versuchte? Undenkbar, dass es ihn nicht bewegte, wie es Walther von der Vogelweide tief berührte, der in seinen Spruchdichtungen in bewegenden Worten das in der Welt herrschende Unrecht beklagte. Ob das ‚Nibelungenlied' als eine Parabel der traurigen Ereignisse zu verstehen ist, die das Ende der Staufer kennzeichnen, diese Frage ist hier nicht zu beantworten. Der Historiker schildert lediglich die Welt, in der es entstanden ist. Der Dichter, dessen Namen wir nicht kennen, bleibt ihm als Persönlichkeit seiner Zeit verborgen.

Lit.: Keller 1986. – Schnith 1990 (Artikel von Koch und Höflinger). – Thomas 1990a, 1990b. – Elm 1999. – Haas 2002. – Zum Reisen im Mittelalter und im ‚Nibelungenlied': Sommer 1929. – Maschke 1978. – Schönfeld 1978. – Mackensen 1984, insbes. S. 113. – Ohler 1986. – Ernst 1987.

,Nibelungenlied'
und Kunstgeschichte

Jürgen Krüger

**Sie viengen sich bî henden   unde giengen dan
In einen palas wîten,   der was vil wolgetân,
dâ diu Tuonouwe   unden hine vlôz.
si sâzen gegen dem lufte   und heten kurzewîle grôz.**

(C 1347) Sie fassten sich bei der Hand und begaben sich sodann
in einen weiträumigen Palas, der äußerst prächtig war,
wo tief unten die Donau dahinfloss.
Sie saßen an dem offenen Fenster und waren sehr vergnügt.

Das ,Nibelungenlied' ist ein wichtiges Thema der Kunstgeschichte des 19. und 20. Jahrhunderts, doch wie steht es mit dem Mittelalter? Bilderlose Handschriften und nicht existierende Bildfolgen über die dramatischen Ereignisse erfordern ein anderes Vorgehen, um trotzdem zu einigen relevanten Aussagen zu gelangen. Nach Bemerkungen zu erhaltenen Darstellungen soll das ,Nibelungenlied' auf Aussagen zur Kunst- und Architekturproduktion um 1200 hin befragt werden, und es sollen schließlich einige architektonisch-künstlerische Prinzipien jener Zeit dargestellt werden, um zu sehen, wie sich Epos und bildende Kunst der Zeit doch sinnvoll ergänzen.

Von grundlegender Bedeutung ist dabei, zwischen hohem und spätem Mittelalter (ca. 1000–1250 bzw. ca. 1250–1500) zu unterscheiden: Das späte Mittelalter ist viel reicher an Monumenten an sich und an üppigen Ausstattungen. Die Kunstobjekte der späteren Zeit sind aber nur sehr eingeschränkt mit denen des hohen Mittelalters zu vergleichen. Lediglich auf die frühere Epoche kommt es aber in unserem Zusammenhang an.

EPEN IN DER BILDENDEN KUNST DES MITTELALTERS

Nach allem, was wir bislang wissen, ist das ,Nibelungenlied' in seiner Entstehungszeit und den folgenden Jahrzehnten, solange man also von einer gewissen Aktualität des Stoffes sprechen kann, nicht illustriert worden. Erst im 15. Jahrhundert entstand der ,Hundeshagensche Codex', die einzige reich bebilderte ,Nibelungenlied'-Handschrift, die, wie sich jetzt erwiesen hat, ursprünglich mit insgesamt 40 Miniaturen versehen

wurde (vgl. Kat. Nr. 198). Alle älteren figürlichen oder szenischen Darstellungen beziehen sich auf die zeitlich sehr frühen nordischen Versionen des Nibelungenstoffes, also bevor dieser seine eigentliche Prägung – am Beginn des 13. Jahrhunderts – erhielt. Die Bildzeugnisse der skandinavischen Sagas finden sich naturgemäß vielfach in den nordischen Ländern (vgl. Kat. Nr. 11–13), aber ebenso in Italien oder am romanischen Portal des Domes von San Guesa in Navarra, auf dem Pilgerweg nach Santiago de Compostela – beredtes Zeichen für die Möglichkeit der schnellen und weiten Verbreitung von Texten und Ideen im Hochmittelalter.

Andere epische Stoffe wurden offenbar schon in ihrer Entstehungszeit vollkommen anders behandelt; Sie wurden nämlich unmittelbar nach ihrer Entstehung in Bilder gefasst. Die Illustration erfolgte dabei vor allem auf zweierlei Art: Zum einen wurden die Handschriften selbst illuminiert und zum anderen wurden ganze Räume mit Wandmalereifolgen oder entsprechenden Teppichen ausgestattet. Außerdem wurden kleine Kunstwerke und Gebrauchsgegenstände mit einzelnen Szenen oder Personen geschmückt. Für den Bereich der Handschriften sei stellvertretend auf den reichen Bildschmuck im ,Eneasroman' Heinrichs von Veldeke hingewiesen (vgl. Kat. Nr. 217).

**Apsisfresko der Burgkapelle in Hocheppan (Südtirol),
Anfang 13. Jahrhundert**

Im Bereich der Wandmalerei ist der Überlieferungsstand noch wesentlich schlechter als in den anderen monumentalen Künsten. Größere gemalte Zyklen profanen Inhalts sind nur in Burgen, Repräsentationsbauten in Städten und aufwändigen Privathäusern denkbar. Alle Gebäudetypen sind aber, gerade was ihre hochmittelalterliche Bausubstanz angeht, wenn überhaupt, dann nur in Ruinen (oder wiederaufgebaut) erhalten, so dass der Schmuck normalerweise fehlt. Ausmalungen eines Raumes wie im Hessenhof in Schmalkalden oder auf Burg Rodenegg nahe Bozen bleiben vorerst spektakuläre Einzelfälle. Aufgrund der Seltenheit erhaltener profaner Wandmalerei des 13. Jahrhunderts in Mitteleuropa sind die Funde auf der Gamburg im Taubertal, von denen diese Ausstellung eine Rekonstruktion zeigt, diesen zwar nicht ebenbürtig, bereichern unser Bild der Zeit aber ganz wesentlich (vgl. Kat. Nr. 37 und Abb. S. 42).

Es entspricht einer geläufigen Praxis, Literatur einer Epoche zu Aussagen über die gleichzeitigen bildenden Künste zu befragen. Wir erfahren beispielsweise etwas darüber, welche Gegenstände benutzt wurden, welcher Wert ihnen beigemessen wurde, wie sie ausgesehen haben. Seit über einhundert Jahren wird derartiges Auswerten der zeitgenössischen Literatur als historische bzw. kunsthistorische Quelle intensiv betrieben, teils mit wichtigen Ergebnissen.

Um nur ein Beispiel zu nennen, sei auf das Problem der Fensteröffnungen einer Burg hingewiesen, die sich in auffälliger Weise ändern. Im Laufe des 12. Jahrhunderts wurden immer größere Öffnungen geschaffen, die häufig in Arkadenreihen angeordnet wurden. Im 14. Jahrhundert wurden diese wieder aufgegeben und durch kleinere Fenster – sog. Kreuzstockfenster – ersetzt. Literarischen Quellen entnehmen wir, dass die großen Fenster tatsächlich für Seh-Erlebnisse genutzt wurden, die wir einem mittelalterlichen Menschen nicht zugetraut hätten: Sie dienten nicht nur dem Ausblick auf den eigenen Hof, sondern auch der Wahrnehmung der umgebenden Landschaft, lange bevor Landschaftsschilderungen in Literatur oder Gemälden üblich wurden (ähnlich in C 1347). Die Verkleinerung der Fenster im 14. Jahr-

ODEFRID·EPS

ChOFGODEE

**Bischof Gottfried (von Würzburg?) reitet auf eine Stadt zu.
Teilrekonstruktion der Ausmalung des Palas-Saales der Gamburg
im Taubertal (vgl. Kat. Nr. 37)**

hundert bedeutete keineswegs eine Abkehr von diesen Sehgewohnheiten, sondern stellte vielmehr eine Reaktion auf einen dramatischen Klimawandel dar, in dessen Verlauf sich das Wetter für Jahrhunderte verschlechtern sollte.

Diesem Zugriff sperrt sich das ‚Nibelungenlied' jedoch in großem Maße, andere Epen wie der ‚Parzival' oder ‚Titurel' sind in ihren Schilderungen wesentlich ergiebiger. Der Dichter des ‚Nibelungenlieds' gibt uns nur wenige Details seiner künstlerisch gestalteten Umgebung preis: Die Kirche bleibt völlig konturlos. Weder von dem Gebäude, seiner Größe etwa, noch von seiner Aus-

stattung mit Altären und Altargeräten wird eine Vorstellung wiedergegeben. Die eigentlichen Handlungsorte des Epos, die Burgen mit ihren Höfen und Sälen, Fenstern und Bänken, finden häufiger Erwähnung, jedoch fehlen auch hier Details. Die genauesten Vorstellungen können wir uns noch von Kleidung und Rüstung machen, was immerhin ein wichtiger Hinweis ist, welche Rolle diese Bereiche in früheren Zeiten eingenommen haben.

Das künstlerische Klima, in dem der Dichter des ‚Nibelungenlieds' gelebt hat, kann mit herkömmlichen Stilbegriffen am besten mit „Spätromanik" bezeichnet werden. Der romanische Rundbogenstil, der in Frankreich bereits in der Mitte des 12. Jahrhunderts von der Gotik abgelöst wurde, trieb in Mitteleuropa noch fast ein Jahrhundert lang eine reiche Spätblüte. Erst um und nach 1235 wurden hier die ersten gotischen Kirchen begonnen (Trier, Liebfrauen; Marburg, Elisabethkirche; Köln, Dom). Da diese Zeit annähernd mit der Herrschaftszeit der Staufer zusammenfällt, hat sich auch der Begriff „staufische Spätromanik" eingebürgert, obwohl die staufischen Herrscher nicht mit allen Großprojekten der Zeit in Verbindung gebracht werden können.

In die Spätblüte der Romanik fällt der Ausbau fast sämtlicher Bischofskirchen des mittelalterlichen Reichs, so dass die Romanik ein Charakteristikum mitteleuropäischer Baukunst wurde (im Gegensatz zu den *gotischen* Kathedralen Frankreichs): Speyer, Worms, Mainz; die romanischen Kirchen Kölns; Magdeburg, Naumburg usw. Besonders reiche Lösungen wurden just zu dem Zeitpunkt gefunden, als die ersten gotischen Kirchen „importiert" wurden, nämlich die Stiftskirche von Limburg an der Lahn oder die Marienkirche in Gelnhausen.

Der Bau der meisten großen Kirchen erfolgte schon vor 1200, so dass eine typische Aufgabe der ersten Jahrzehnte des 13. Jahrhunderts im Innenausbau der neuen Kathedralen bestand. Die breiten Flächen der romanischen Wände und Gewölbe boten sich für große Malereizyklen geradezu an. Der Hochchor einer Kirche wurde meist mit einer Christusdarstellung geschmückt, das Langhaus nahm erzählende Zyklen aus Altem und Neuem Testament auf. Die Altäre traten aus ihrem rein funktionalen Zusammenhang – als Tisch für die Messe zu dienen – heraus. Auf die Altarplatte wurden bronzene Leuchter und Kruzifixe gestellt, bald wurde auch der Hintergrund von einem Retabel – wörtlich: rückwärtig aufgestellte Tafel – eingenommen, das im modernen Sprachgebrauch – Altar, Altarbild – zum Synonym für den ganzen Altar geworden ist. Dazu gehörten aber auch die „Kleinarchitekturen", vor allem die Chorschranken und Lettner, die im Zuge der Gegenreformation häufig zerstört worden sind.

Im Vergleich dazu, wie jetzt im 12. Jahrhundert gebaut wurde, müssen die Bischofskirchen früherer Epochen zusammen mit den dazu gehörenden Städten ein bescheidenes, fast dörfliches Bild abgegeben haben: Die Dimensionen der Kirchen wuchsen nun gewaltig, in die Länge wie in die Höhe. Und besonders was die Städte angeht, ist die Zeit des Hochmittelalters oder der Spätromanik *die* Zeit der Städtegründungen in Mitteleuropa schlechthin. Hier gab es relativ wenige Römerstädte (Worms und Passau gehören dazu). Das überwiegende Gros der neuen Siedlungen – die Zahl geht in die Tausende – wurde planmäßig angelegt, mit großen Marktplätzen, rechtwinkligen oder geschwungenen Straßenzügen. Dagegen sind die Städte, die in Deutschland nach dieser spektakulären Gründungswelle, die bis ca. 1300 andauerte, entstanden sind, buchstäblich an einer Hand abzuzählen (Karlsruhe gehört dazu). Vielleicht erlebte der Dichter des ‚Nibelungenlieds' noch, dass sich in den Städten ab ca. 1220 gänzlich neu orientierte Orden mit eigenen Kirchenbauten niederließen: Die Bettelorden – Franziskaner, Dominikaner und zahlreiche weitere Orden – sollten das Bild der Kirchen und Städte bald verändern.

Während die Städte noch in den Kinderschuhen steckten und erst im Laufe des 13. Jahrhunderts eigene Strukturen entwickelten, die sich in öffentlichen Gebäuden wie Rathäusern äußerten, waren die Territorialherren schon etwas früher an den Ausbau ihrer Machtzentren gegangen: Das 12. Jahrhundert brachte eine Bereinigung der Herrschaftsstrukturen, in deren Verlauf sich ein relativ kleiner Kreis von Fürsten mit ihren Zentralorten durchsetzen konnte. Ihre Burgen wurden bereits Zentrum eines kleinen Territoriums mit zahlreichen Aufgaben: mit militärischen, religiösen und kulturellen.

Die Burg kann so als wichtigste profane Bauaufgabe des 12. Jahrhunderts betrachtet werden, vor dem Ausbau der Städte im 13. Jahrhundert. Dass Burgen wesentlich mehr waren als militärische Machtzentren, zeigt sich an vielen Einzelheiten ihres Baus. So wurden auf vielen Burgen kostbare Baumaterialien gefunden. Säulen aus Marmor oder Kalksinter – einem „Ersatz"-Stoff aus der römischen Eifelwasserleitung, der wegen seiner schönen Äderung geschätzt wurde – wurden oft über Hunderte von Kilometern herbeigeschafft, um dem Bau nicht nur einen Hauch von Luxus zu geben. Die Forschungen der letzten beiden Jahrzehnte an Burgen – viele von ihnen naturwissenschaftlich fundiert (Dendrochronologie) – haben zu überraschenden neuen Erkenntnissen geführt: Die Burgen, besonders mit ihren großen Saalbauten (*palas*) sind meist um mehrere Jahrzehnte älter als bislang angenommen.

Der Fall der Wartburg ist dabei von besonderer Bedeutung und auch für die Nachbardisziplinen relevant: Schwankte früher die Datierung des prächtigen Hauptbaus zwischen 1180, 1200 oder sogar 1220, weiß man heute, dass der Palas bereits kurz nach 1160 fertig gestellt wurde. Die Wartburg ist aber als Spielort mehrerer

Minnesänger und des sog. Wartburgkriegs, eines Sängerwettstreits bekannter Minnesänger, geläufig. Die Spätdatierung des Palas-Baus hatte zur Konsequenz, dass der „Sängerkrieg" entweder auf einer Wartburg ohne Palas-Gebäude oder auf einer offenen Baustelle stattfand, was beides nur schwer vorstellbar war und trotzdem halbherzig akzeptiert wurde. Dies ist heute nicht nötig, weil der Palas zur Zeit des Sängerkriegs eben schon seit Jahrzehnten bestand.

Der Ausbau der Burgen hatte im alten deutschen Reich ein konkretes Vorbild im kaiserlichen Burgen- und Pfalzenbau. Ein besonderes Bauprogramm initiierte Friedrich Barbarossa, als er 1155 begann, die Kaiserpfalzen Karls des Großen, seines Ahnen (im Amt), wieder aufzubauen. Ingelheim und Nimwegen gehörten dazu, beide in der Zwischenzeit strategisch eigentlich nicht mehr notwendig. Die Pfalz Gelnhausen bereicherte als Neubau an neuem Standort dieses Programm. Dies führt zum nächsten Punkt, dem eigentlichen „Klima" der Kunst um 1200.

DAS GEISTIG-KÜNSTLERISCHE KLIMA UM 1200

Ein tieferer Sinn auch für die Kunstgeschichte erschließt sich im ‚Nibelungenlied' nämlich vor allem dann, wenn man seinen Erzähl-Inhalt thematisch mit einigen Phänomenen der Kunstgeschichte jener Zeit vergleicht. Den gemeinsamen Nenner stellt dabei *memoria* dar, womit Begriffe wie Erinnerung oder Tradition gemeint sind.

Denn als Friedrich Barbarossa die karolingischen Pfalzen wieder aufbauen ließ, ging es weniger um ein strategisches Bauprogramm als viel mehr darum, dass der Kaiser sich in die Traditionen seines großen Vorgängers stellen wollte und dafür sichtbare Zeichen schuf. Deutlich wird dies in großen Inschriften, die er an den Pfalzen anbringen ließ, oder an Baumaterial aus den alten Pfalzen, das er an exponierten Stellen wieder einfügen ließ (z. B. in der Burgkapelle von Nimwegen). Das beste schriftliche Zeugnis dafür bietet der Lebensbericht Friedrichs von Bischof Otto von Freising, der sich seinerseits auf die ‚Vita Caroli Magni' des Karls-Biographen Einhard beruft.

Die Rückbesinnung auf Karl den Großen war für Friedrich Barbarossa Programm. Mit dem Rückgriff auf den „Urvater" des germanischen Kaisertums wollte er seine eigene Herrschaft nochmals weiter legitimieren und festigen. Mit gleicher Motivation sorgte er im Jahr 1165 für die Heiligsprechung Karls des Großen und gab den kostbaren Schrein in Auftrag, an dem 50 Jahre gearbeitet wurde, bis Friedrich II. im Jahr 1215 den letzten Nagel einschlagen und damit das Werk seines Großvaters vollenden konnte, eine Tat der doppelten *memoria* also: memoria gegenüber seinem Großvater und gegenüber dem Karolinger.

Der Rückgriff auf vergangene Zeiten hatte Konjunktur und bestimmte das Kunstgeschehen in großem Maße. Allerorten berief man sich auf Gründerpersönlichkeiten und bemühte sich darum, sie „ins Bild zu setzen". Dabei ging es jeweils darum, die Traditionslinien bis in ihren Beginn zurück zu verfolgen, wie viele Jahrzehnte oder Jahrhunderte dazwischen lagen, war sekundär.

Weltliche Dynastien, die sich eben erst herausgebildet hatten, gaben ihrem Stammvater eine neue, würdige Grablege bzw. ein Denkmal. In der Stiftskirche zu Enger, dem alten Hauptort des Sachsenreiches, erhielt Herzog Widukind im 12. Jahrhundert eine neue Grabplatte. Widukind, im Jahr 807 gestorben, wurde diese Ehre zuteil, weil er wegen seiner Bekehrung zum Christentum unter die Heiligen gerechnet wurde.

Im 13. Jahrhundert wurden derartige Grablegen noch aufwändiger. Der Gründer der Abtei Maria Laach, gleichzeitig Ahnherr der Pfalzgrafenschaft, Heinrich II. († 1095), erhielt inmitten seiner Abteikirche, die er 1093 gegründet hatte, ein freistehendes Grab, über 150 Jahre nach seinem Tod. Dieses Grabmal hat heute eine besondere Bedeutung, weil es zu den wenigen Kunstwerken des hohen Mittelalters gehört, das – mit der figürlichen und bemalten Grabplatte – seine ursprüngliche reiche Farbigkeit bewahrt hat. Das Gewand des Fürsten zeigt alle zeitgenössischen Merkmale höfischer Pracht, wie sie auch das ‚Nibelungenlied' erwähnt: goldbestickte Gewänder, Gürtel, Riemen, „aufgenagelte" Schmucksteine, dazu Fächer usw.

War das Denkmal in Form eines Grabmals die gängige Form derartiger Erinnerung an die Ahnen, so gab es doch auch andere Möglichkeiten. Der so genannte Naumburger Westchor stellt nichts anderes dar als eine Memorialstätte für die Stifter des Dombaus. Während die Statuen in der Mitte des 13. Jahrhunderts ausgeführt wurden, haben die derart Verewigten rund 200 Jah-

Ekkehard und Uta; Stifterfiguren im Naumburger Westchor, 2. Viertel 13. Jh.

Attilas Taufe; Lettnerfragment aus St. Servatius in Maastricht, Mitte 13. Jh.

ren, Bistümer also bis zu ihrem Gründerbischof bzw. bis zur Christianisierung der betreffenden Region.

In der Krypta der Quedlinburger Stiftskirche etwa ruhen die Gebeine der Äbtissinnen, deren erste, Adelheid, eine Schwester Ottos III., im Jahr 1044 gestorben war. Auch für den heutigen Besucher noch beeindruckend ist die gleichmäßige Reihe der wohl geformten Grabplatten in der Krypta, ihr Gleichmaß ein erstes Zeichen, dass sie nachträglich in einem Zug ausgeführt wurden, um am Ende des 12. Jahrhunderts die Tradition des Stifts vor Augen zu führen.

Besonders in den Bistümern der westlichen und südlichen Reichsteile, die als Teil des Römischen Reiches bereits in der Spätantike christianisiert wurden, wurden Gründungssituationen wesentlich weiter zurückverfolgt, wobei die legendenhaften Erzählungen der Frühzeit in die Geschichte mit eingewoben wurden. Die Reliquien der Märtyrer der Thebäischen Legion, die am Anfang des 4. Jahrhunderts untergegangen war, sind über alle wichtigen Städte römischen Ursprungs den Rhein entlang verteilt – bis nach Xanten, das daraus seinen mittelalterlichen Namen gewann (*Ad Santos* = Xanten).

Köln etwa war sich seiner römischen *christlichen* Vergangenheit sehr bewusst. Eine wichtige Heilige war die hl. Ursula – und ihre angeblich 11 000 Gefährtinnen, doch resultiert diese Zahl aus einem Lesefehler –, auf deren vermeintlichen Gebeine man bei der Stadterweiterung gestoßen war. Man errichtete für sie auf dem Gräberfeld vor den Toren der Stadt eine romanische Kirche, und in dieser wurden die gefundenen Gebeine in spätrömischen Sarkophagen auf Säulen aufgestellt, auf diese Weise die Heiligen im wörtlichen Sinne „zur Ehre der Altäre erhoben".

Ein wichtiges Bistum der Rhein-Maas-Gegend war außerdem Maastricht. Ein gewisser Servatius, der ca. 343 bis 384 lebte, war ursprünglich Bischof von Tongern und soll den Bischofssitz in die Maas-Metropole verlegt haben. Schon früh (Gregor von Tours, 6. Jh., berichtet bereits davon) wurde sein Kult gefördert, der mit Bistumsgründung und Heidenmission in Zusammenhang gebracht wurde. Den Höhepunkt erreichte seine Verehrung im späten 12. Jahrhundert, als Heinrich von Veldeke ihn in maasländischer Sprache in der Dichtung ‚Sente Servas' würdigte, ungefähr gleichzeitig, als die Kathedrale ein prachtvolles Ensemble von fünf Reliquiaren erhielt,

re früher gelebt. Die exakte Funktion dieses „Westchores" mag wissenschaftlich immer noch in Diskussion sein – Totendienst, Bischofsamt, genealogische Feier und Stiftergedächtnis werden genannt –, seine Bedeutung als Zeugnis der Erinnerung an Vergangenes bleibt bestehen.

Für weltliche Dynastien bedeutete *memoria* meist, über ein, zwei Jahrhunderte zurückzublicken, in die oft auch angeblichen Anfänge der Familie zurückzugehen. Ein ähnliches Verhalten, bloß einen größeren Zeitraum umfassend, trifft aber auch auf die kirchlichen Herrschaften zu, Klöster und Bistümer. Hier galt es, die Tradition des Amtes bis zu den Ursprüngen zurückzufüh-

den Schrein des Servatius und vier begleitende kleinere Reliquiare. Der goldene Schrein des Servatius wird noch heute – zum Schrecken aller Konservatoren – alljährlich einmal durch die Stadt getragen, es zu unterlassen wie während des Zweiten Weltkriegs bedeutet Unheil.

Als die Servatiuskirche in Maastricht im 13. Jahrhundert weiter ausgestattet wurde, erhielt sie wie viele andere Kirchen einen Lettner, der in diesem Falle mit einem Zyklus von Bildern aus dem Leben des Servatius geschmückt wurde. In einem Zwickelfeld der Arkadenstellungen wird die Heidenmission geschildert, und zwar mittels der ‚Taufe des Attila' (Abb. S. 46). Hier sicher auf das Gedicht des Heinrich von Veldeke zurückgehend, ist die Szene einerseits in einen Zusammenhang mit dem Thema der Heidentaufe zu sehen, einem Motiv, das gerade im 13. Jahrhundert häufiger dargestellt wurde, und andererseits beinhaltet sie einen Reflex auf das ‚Nibelungenlied', das den Konflikt zwischen Christen und Heiden ebenfalls behandelt.

Die künstlerischen Darstellungen des 12. und 13. Jahrhunderts offenbaren also eine Fülle von Situationen, in denen bewusst Geschichte dargestellt oder konstruiert wurde. Es wurden Zusammenhänge der Gegenwart mit einer Frühzeit dargestellt, die in unterschiedlicher zeitlicher Entfernung liegen konnte: Die Spanne reicht von dynastischen Urgründen des 11. Jahrhunderts bis in die Karolingerzeit, von der Heidenmission der Völkerwanderungszeit bis zurück zum römischen Kaisertum. Nicht immer, aber häufig wurde als Mittel zur Darstellung des Alters einer Geschichte kostbares bzw. historisches Material verwendet. Marmor und Gold, Spolien und altertümlicher Stil bürgen für Qualität und echtes Aussehen. Der Rückgriff der Kunst des 12. Jahrhunderts betrifft also keineswegs nur die Antike, die damals „erstmals wieder entdeckt" wurde – so die landläufige These über Historismen in der Kunst -, sondern viel mehr noch die Zeit zwischen Römern und Romanik, auf die man abzielte, darunter natürlich auch auf die Völkerwanderungszeit.

OBEN UND UNTEN

Ein weiterer Aspekt betrifft die räumliche Differenzierung der Künste und Architektur. Es wurde gezeigt, dass die Kirchenbauten neue Dimensionen annahmen, vor allem aber, dass der Profanbau eine große Dynamik

entwickelte. Die Burg muss als wichtigstes bauliches Phänomen des 12. Jahrhunderts bezeichnet werden, wobei sie aus viel mehr als aus Zinnen und Wassergräben bestand. Die Gesellschaft des 12. Jahrhunderts hat sich mit dem Ideal des Rittertums entwickelt und ausdifferenziert, das wiederum sein Spiegelbild in der Burg gefunden hat.

Nicht zufällig bilden Burgen die Handlungsräume des ‚Nibelungenlieds'. Hier können die Situationen erlebt werden, die in einem Epos benötigt werden: Turnier und Festmahl, festlicher Empfang, Herrichten der Ausrüstung für die Jagd, für Gesandtschaften und letztlich für den Krieg, Sitz der Fürsten und natürlich Ort des letzten Kampfes um die Entscheidung, denn die Burg stellt den innersten, letzten Rückzugsort eines Fürsten dar, der bis zum letzten Tropfen Blut verteidigt werden muss.

Die Burg als Ganzes ist Symbol für Herrschaft, aber auch die Burg in ihren Einzelheiten offenbart das Herrschaftssystem: Die Herrschaft sitzt *oben*, in den Fensternischen beobachten die Frauen die ankommenden Gäste. Der Fürst geht den Gästen *nach unten* entgegen. In der Burg war bereits ein gesellschaftliches Differenzierungsmittel späterer Zeit verwirklicht, das *piano nobile*, das Obergeschoss. In der Palastbaukunst der Renaissance ist das Motiv bereits geläufig und es bleibt bis in die Moderne erhalten. Wichtigster Vorläufer für den Renaissance-Palast ist aber der *palas* der Burgen, der im 12. Jahrhundert entwickelt wurde, und in ihm sind die Raumdifferenzierungen deutlich wahrnehmbar: Der große Saal, der Hauptraum des Palas, liegt immer im ersten Obergeschoss, und zu ihm führt eine relativ breite Außentreppe hinauf.

Die Treppe ist sichtbares Zeichen der Ordnung: die Herren sitzen im Obergeschoss, die Untertanen darunter. Die Treppe dient dem Empfang der Gäste oder dem Kampf gegen sie. An ihr scheiden sich *Oben* und *Unten*. Auch diese Funktion wird im ‚Nibelungenlied' deutlich.

Das ‚Nibelungenlied' zeigt somit ähnliche Strukturen wie die zeitgenössische Kunst: Helden der Vorzeit wird ein Denkmal gesetzt, in diesem Fall ein literarisches. Die Form des Denkmals ist aber ganz aus dem Geist des Hochmittelalters geprägt.

Lit.: Schultz 1880. – Esch 1969. – Bauch 1976. – Kroos 1985. – Schütz 1990. – Nürnberg 1992. – den Hartog 1993. – Sauer 1993. – Schupp/Szklenar 1996. – Zeune 1996. – Körner 1997. – Meckseper 2002b. – Ott 2002.

Katalog

Burgunden und Hunnen

Klaus Eckerle

Dô die von Burgonden   drungen in den strît,
von in wart verhouwen   vil manic wunde wît.
dô sach man über setele   vliezen daz bluot.
sus wurben nâch den êren   die ritter küen unde guot.

(C 204) **Als die Burgunden im Kampf vordrangen,**
wurden von ihnen unerhört viele tiefe Wunden geschlagen.
Da sah man über die Sättel das Blut strömen.
So rangen die tapferen und vortrefflichen Ritter um Kampfesruhm.

Ein Epos wie das ‚Nibelungenlied‘ lässt generell eine Trennung von Realität und Fiktion nicht zu. Dennoch haben die entsprechenden Versuche, Geschichtliches und Erdichtetes zu scheiden – insbesondere bei den Homer zugeschriebenen Epen, ‚Odyssee‘ und ‚Ilias‘ –, ganze Büchereien gefüllt. Die folgenden Zeilen sollen das historische Zusammentreffen von Burgunden und Hunnen im 5. Jahrhundert am Rhein im Hinblick auf das ‚Nibelungenlied‘ behandeln.

Der Stammesname Burgunden taucht im 1. und 2. Jahrhundert bei Plinius dem Älteren (23/24–79) und Ptolemaios (um 100 – um 160) auf. Sie siedelten am Unterlauf von Oder und Weichsel und zählen, wie Goten und Wandalen, zu den Ostgermanen. Eine ursprüngliche Herkunft aus Südskandinavien ist möglich, aber nicht beweisbar. Im Laufe des 3. Jahrhunderts verlegen die Burgunden ihre Wohnsitze aus dem Ostseeraum in südwestlicher Richtung. Burgundische Scharen werden zusammen mit anderen Germanen vom römischen Kaiser Probus (276–282) im Jahr 278 in der Provinz Raetien besiegt und von dort vertrieben. Im 4. Jahrhundert siedeln die Burgunden am oberen Main, östlich des ehemaligen römischen Limes in der Nachbarschaft der Alamannen. Aus der Zeit der nicht immer freundlichen Begegnung mit den Alamannen mag der Verwahrfund von Osterburken stammen (vgl. Kat. Nr. 5). Der Fund mit seinen Schwertern und Geräten – in der Ausstellung nur in kleiner Auswahl repräsentiert – zeigt, dass auch Gegenstände aus Eisen einen ausreichend hohen Wert darstellten, um sie in Krisenzeiten in der Erde zu verbergen.

Auf Kosten alamannischen Gebiets breiten die Burgunden sich bis zum Rhein aus. Im Jahr 407 schließen die Burgunden und Alamannen mit einem römischen Usurpator, Constantinus III. († 421), einen Vertrag, der sie zum militärischen Schutz der römischen Rheingrenze verpflichtet. Vier Jahre später mischen sie sich in innerrömische Angelegenheiten ein und beteiligen sich an der Kaisererhebung des Jovinus (411–413). Die Burgunden erhalten, auch wenn die Kaisererhebung nicht von langer Wirkung war, im Jahr 413 das Recht, sich auf linksrheinischem Gebiet, in der Provinz „Germania prima“ niederzulassen. Laut Verträgen mit anderen germanischen Völkern waren die Regenten – in unserem Fall Gundahar = Gunther der Sage – sowohl Könige ihrer Völker wie hohe Offiziere des römischen Heeres. Den genaueren Umfang des linksrheinischen Siedlungsgebiets kennen wir aus schriftlicher Quelle nicht. Auch die Archäologie vermag wegen des knappen Zeitrahmens keinen Beitrag zu der Frage zu leisten. Weil die römische Provinz „Germania prima“ nur einen relativ schmalen Streifen von 50 Kilometern Tiefe parallel zum Mittel- und Oberrhein einnahm, ist es schier unmöglich, selbst wenn man das rechtsrheinische Burgundengebiet hinzurechnet, von einem Burgundenreich am Rhein zu sprechen. Unsicherheit bereitet auch die Tatsache, dass kein zeitgenössischer Bericht auf Worms als Hauptstadt des „Reiches“ hinweist.

UNHEILVOLLE BEGEGNUNG
MIT DEN HUNNEN

Wie schon angedeutet, bleibt der zeitliche Rahmen sehr beschränkt: Während der Jahre 435/36 unternimmt König Gundahar mit den Burgunden den Versuch, seine Herrschaft in westliche römische Nachbarprovinzen auszudehnen. Flavius Aëtius (†454), römischer Heermeister *(magister militum)* und ein sehr tüchtiger Feldherr, blieb Sieger. In unmittelbarem Zusammenhang mit diesem Ereignis oder kurz danach fielen hunnische Verbündete des Aëtius über die Burgunden her, töteten 20 000 Kämpfer mit König Gundahar und seinem ganzen Geschlecht. Sieben Jahre später wurden die restlichen Burgunden in die Sapaudia (Savoyen) südlich des Genfer Sees mit dem Hauptort Genf umgesiedelt. Für knapp zwanzig Jahre kennen wir keinen burgundischen König. Zwei burgundische Königsnamen Gundowech (vor 456 – um 470) und Gundobad (um 480 – 516) könnten dafür sprechen, dass zumindest ein Zweig der weiteren Verwandtschaft Gundahars überlebt und seine Nachfolge angetreten hat.

Vom neuen Siedlungsgebiet aus gelang es, in der zweiten Hälfte des 5. Jahrhunderts ein ansehnliches Gebiet dazuzugewinnen, etwa den Bereich, der bis heute den Landschaftsnamen Burgund (französisch: Bourgogne) führt. Auch die Rhône abwärts breiteten die Burgunden sich zeitweise aus, Lyon wurde zur zweiten Hauptstadt. Viel eher als am Rhein kann man an der Rhône und ihren Nebenflüssen von einem Burgundenreich sprechen. Auch dessen Dauer blieb begrenzt. Auf dem Weg zur west- und mitteleuropäischen Großmacht unterwarfen drei Frankenkönige die Burgunden unter Godomar (um 524–534). Burgund lebte nun als Teil des Frankenreiches weiter. Erwähnenswert bleibt jedenfalls, dass in der unter dem bedeutendsten König des jüngeren Burgundenreiches, Gundobad, begonnenen Gesetzessammlung ‚lex Burgundionum' als königliche Vorläufer Gibica, Gundomar, Gislahar und Gundahar genannt werden. Somit tritt neben Gundahar, dem Gunther der Sage, Gislahar oder Giselher als Burgundenkönig; außer seinem Namen ist historisch nichts überliefert.

Neben den historischen Quellen und in Verbindung mit ihnen kann die Archäologie zur Kenntnis früherer Völker Beiträge leisten. Bei den Burgunden sieht sie sich vor besonders große Probleme gestellt. Lassen sich die Wohngebiete an Unterlauf von Oder und Weichsel noch einigermaßen aufgrund von Bestattungssitten und Beigaben festlegen, so bereitet das Nachvollziehen des Verlegens ihrer Wohnsitze an den Main insofern Schwierigkeiten, als nur in verschwindend kleinem Umfang burgundische Funde und Befunde nachzuweisen sind. Aufgrund von einer bestimmten Fibelform und eines Beinkammtypus können am Rhein und Main knapp 20 Frauengräber mit einiger Vorsicht den Burgunden zugewiesen werden. Vielmehr überwiegen hier Funde, die für westgermanische Völker typisch sind. Möglicherweise entstand das Volk der Burgunden, wie es sich später an Rhein und Rhône präsentiert, aus ganz unterschiedlichen Gruppen, wobei die Burgunden nur den Kern bildeten und den Heerkönig stellten. Eine Stammesbildung beispielsweise der Alamannen erst auf ihrer „Wanderung" von Mitteldeutschland nach Südwesten gilt heute als höchstwahrscheinlich. Die frühere Forschung hielt die verschiedenen Völker für viel stabilere nationale Einheiten als sie es in Wirklichkeit waren.

Die Burgunden am Rhein im 5. Jahrhundert

Rhein · Mosel · Main · Main · Burgunden · Mainz · Wolfsheim · Worms · Speyer · Dossenheim · Altlußheim · Osterburken · Neckar · Alamannen · Hochfelden · Straßburg · Donau · Donau · Iller · Bodensee · Basel

■ Römerorte
● Im Katalog behandelte Fundorte

0   50 km

Während der für historische Dimensionen kurzen Herrschaft am Rhein von nur einer Generation kann man Burgunden archäologisch unter gewissem Vorbehalt nachweisen. Einzelne reiche Grabfunde wie Wolfsheim, Altlußheim oder Hochfelden (vgl. Kat. Nr. 1–3) stammen aus der ersten Hälfte des 5. Jahrhunderts, enthalten ostgermanisches Fundgut und können mit unterschiedlich großer Wahrscheinlichkeit als burgundisch bezeichnet werden. Ein einziger sicherer archäologischer Nachweis, die Grabinschrift für einen Hariulfus „königlichen burgundischen Geschlechts", wurde bei St. Matthias in Trier gefunden. Hariulfus, Sohn des Hanhavaldus, war als Angehöriger der kaiserlichen Leibgarde im jugendlichen Alter von knapp 21 Jahren gestorben. Beide Namen erwähnt nur diese Inschrift. Sie sind ein Nachweis für hochadlige Germanen, in diesem Fall burgundische, in römischen Diensten; über die Wohngebiete der Burgunden ist damit nichts ausgesagt.

Unter den drei schon genannten Gräbern stellt der Fund von Wolfsheim am ehesten das Grab eines vornehmen Burgunden dar. Germanische Standessymbole vornehmen, wenn nicht königlichen Standes, sind der goldene Halsring mit dem Anhänger und der massive goldene Armring. Das einzeln gelegene Grab von Altlußheim enthält solche Standessymbole nicht, sei es, dass es früh beraubt oder unvollständig geborgen wurde. Die silberne Gürtelschnalle liegt jedenfalls deutlich unter dem Wert der goldenen Trachtausstattung des Wolfsheimer Fundes. Die Bestattung einer Frau aus Hochfelden lässt – bei allem Reichtum der Ausstattung – Herrschaftssymbole nicht erwarten. Auf die „östlichen" Komponenten der drei Gräber kommen wir weiter unten zurück.

In der Zeit nach der Umsiedlung in die Sapaudia und auch im Rahmen der fränkischen Herrschaft lassen sich nur wenige burgundische Funde namhaft machen. Offenbar haben sich die der Kopfzahl nach stark unterlegenen Burgunden sehr schnell den Sitten der romanischen Einwohner angepasst und nur in sehr begrenztem Umfang die Toten mit Beigaben bestattet. Grabinschriften mit germanischen Namen belegen burgundische Bewohner. Möglicherweise ist aber in diese frühe Zeit der Beginn der Sage vom Untergang der Burgunden, die erst später in der Dichtung mit den Nibelungennamen bedacht werden, zu verlegen.

Diu Etzelen hêrschaft   was sô wît erkant,
daz man zallen zîten   in sîme hofe vant
die aller besten recken,   von den ie wart vernomen
under kristen und under heiden: die wâren gein der
    briute komen.

(C 1361) Die Herrschaft Etzels war so weithin berühmt,
dass man an seinem Hof ständig
die besten Ritter antraf, von denen man unter Christen
    und Heiden
je gehört hatte: Sie alle waren der Braut entgegen
    geritten.

Eine in Mitteleuropa ganz auffällige, durch die Hunnen nach Westen getragene Sitte ist die der künstlichen Schädeldeformation. Die schon bei Kleinkindern beginnende, durch Bandagen erzielte Erhöhung des Hinterschädels scheint bei den Burgunden – im Verhältnis zur geringen Volkszahl – besonders häufig vorzukommen, und sie scheint sich wegen des kurzen Verweilens am Rhein natürlicherweise erst in den später zugewiesenen Siedlungsregionen zu dokumentieren.

Die Sitte, Schädel, oder besser Köpfe, künstlich umzugestalten, übernahmen die Germanen, wie gesagt, von den Hunnen.

HUNNEN MIT ÜBERLEGENER KRIEGSTECHNIK

Die mit ihren schnellen Reiterheeren in Europa eindringenden Hunnen stießen um das Jahr 375 zunächst mit den nördlich des Schwarzen Meeres siedelnden Goten zusammen und lösten nach entsprechenden Niederlagen deren Unterwerfung oder Wanderung nach Westen aus. In der Folge kamen die Hunnen auch mit dem oströmischen Reich in Konflikt, überzogen es mit Krieg und erpressten jährliche Tribute in Gold. Ihr Machtzentrum verlegten sie zunächst an die untere Donau, später in die Theißebene. Die zeitgenössischen Quellen ergehen sich in drastischen Darstellungen über die Grausamkeit und Rohheit der schnellen Reiter. Ihre überlegene Kriegstechnik verschaffte ihnen den Ruf der Unbesiegbarkeit.

Regiert wurden die Hunnen von Königen. Als erster Herrscher wird um 400 Uldin genannt, in der nächsten Generation regierten die Brüder Oktar und Ruga. Kurz vor oder im Jahr 435 wurden diese durch ihre Neffen

Attila (bis 453) und Bleda (†444), dem im ‚Nibelungenlied' erwähnten Blödel (C 1373,2), abgelöst. Insbesondere Attila – Etzel im ‚Nibelungenlied' – hat sich in die Erinnerung so eingegraben, dass sein hunnischer Name nicht überliefert ist.

Das sich über den weiten Raum von Asien bis nach Mitteleuropa ausbreitende Hunnenreich besaß keine straff organisierte Verwaltung wie auf der anderen Seite das spätrömische Imperium. Es verkörperte sich in einem König oder mehreren Herrschern, an deren Höfen die Großen des Reiches – unter ihnen viele germanische Könige – sich einfanden und ihre Beiträge in Form von Abgaben und Kriegern leisteten. Aber selbst unter dem bedeutendsten Herrscher Attila gab es auch hunnische Scharen, die auf eigene Faust oder in fremdem Auftrag Kriegs- und Beutezüge unternahmen. In unserem Zusammenhang ist wichtig, dass Hunnen, deren Anführer wir nicht kennen, als Verbündete des weströmischen Heermeisters und Patricius Aëtius die Burgunden am Rhein vernichteten. Aëtius hatte übrigens seine Jugend als Geisel bei den Hunnen verbracht und konnte sein römisches Amt im Jahr 433 nur mit hunnischer Unterstützung retten. Allerdings zeigte Aëtius den Hunnen auch ihre Grenzen.

Mit seinem großen Sieg von 451 auf den Katalaunischen Feldern – zwischen Troyes und Châlons-sur-Marne – machte er dem Vorstoß nach Westen ein Ende. Vermutlich haben in dieser entscheidenden Schlacht auf beiden Seiten Burgunden gekämpft: sicher auf der Seite des Aëtius Krieger der vor kurzem in der Sapaudia angesiedelten Burgunden und wahrscheinlich auf der Seite Attilas am Main und rechts des Rheins zurückgebliebene Burgunden. Nur zwei Jahre nach seiner großen Niederlage starb Attila in der Hochzeitsnacht mit einer jungen Germanin namens Hildico an einem Blutsturz. Man kann sich vorstellen, wie dieser Tod des gefürchteten und geliebten Herrschers die Gemüter und die Phantasie der Zeitgenossen bewegte. Seine zahlreichen Söhne aus früheren Ehen besaßen nicht die Energie und Durchsetzungskraft Attilas, sodass das Hunnenreich in nur wenigen Jahren zerfiel.

Dass die Sage dichterische Vorstellungen und nicht die historische Wirklichkeit, wie wir sie verstehen, widerspiegelt, haben wir schon eingangs festgestellt. So werden im ‚Nibelungenlied' Personen zusammengeführt, die historisch nicht zusammen gehandelt haben können:

Theoderich der Große (451–526) – der Dietrich von Bern in der Sage – war ein Knabe von zwei Jahren bei Attilas Tod. Auffällig ist auch, dass das römische Reich, das auch noch in der ersten Hälfte des 5. Jahrhunderts eine ordnende Funktion wahrnahm, indem es zum Schutz seiner Grenzen germanische Königsämter mit hohen römischen Militärpositionen verband, in der Dichtung überhaupt keine Rolle spielt. Für den Untergang der Burgunden am Rhein waren in erster Linie Aëtius und erst danach die hunnischen Bundesgenossen – wohl ohne Attila – verantwortlich.

BEIGABEN IN GRABFUNDEN

Archäologisch weisen die Hunnen Kulturgüter auf, die sie als Reitervolk mit früheren (und späteren) aus den Weiten der östlichen Steppen kommenden, durch ihre schnelle Reiterei charakterisierten Völkern verbinden. In antiken Quellen werden sie häufig mit dem Namen ihrer Vorläufer als Skythen bezeichnet. Bei ihrem Ausgreifen nach Westen brachten die Hunnen neben eigenem innerasiatischem auch alano-persisches Kulturgut mit. Hunnische Gräber und Niederlegungen von Schätzen ohne Bestattungen finden sich westlich des östlichen Österreich und westlich von Mähren und Schlesien nicht. Weiter nach Westen gelangten nur einzelne Gegenstände, die als typisch für die Hunnen gelten: große gegossene Bronzekessel, Holzsättel mit Metallbeschlägen, dreiflüglige eiserne Pfeilspitzen, kostbare Verzierungen von Waffen und kleine runde Metallspiegel. Die Forschung nimmt an, dass es sich bei mit solchen einzelnen östlichen Beigaben ausgestatteten Gräbern um die Grablege von germanischen Größen aus dem Umfeld oder im Kontakt mit den hunnischen Königen handelt.

Die Besprechung von Beigaben östlichen Charakters in den drei in der Ausstellung präsentierten Grabfunden haben wir schon angekündigt. Zunächst zu den Männergräbern von Wolfsheim und Altlußheim: Der in Zweitverwendung als Brustschmuck getragene Teil eines Armbands trägt auf seiner Rückseite die sassanidische Inschrift „Artachschatar", die den Namen Ardaschir enthält. Der bekannteste Träger des Namens war Ardaschir I. (224–241) als Begründer des neupersischen Reiches.

Bei der großen Bernsteinperle handelt es sich um einen so genannten magischen Schwertanhänger. Die Sitte, solch große Perlen am Schwert zu tragen, übernahmen die Germanen von den Hunnen. Da sie keine praktische Funktion besitzen, kommt ihnen wahrscheinlich nur eine symbolische Bedeutung oder magische Wirkkraft zu. Das Langschwert von Altlußheim (vgl. Kat. Nr. 3) trägt in Zweitverwendung am Ortband, am unteren Ende der Scheide, einen ursprünglich als Querstück am Griff verwendeten Lapislazuli, der auf eine innerasiatische Herkunft verweist. Auch der bronzene Schwerttragebügel mit dem aufgerissenen Raubtiermaul und mit Augen aus runden Granaten ist ein typisches, im Westen seltenes Ausstattungsstück eines östlichen Reiters.

AUSGEDEHNTE HANDELSBEZIEHUNGEN

Mit dem weiträumigen „Transfer" von Kulturgütern durch die Hunnen gelangte eine Verzierungsweise nach Westen, die über das Verschwinden der Hunnen aus Mitteleuropa eine lange Zeit anhaltende, reiche Wirkung erzielte. Das betrifft die Verzierung von Waffen und Schmuck mit einem Zellenwerk, auch Cloisonné genannt, aus (roten) Granaten, manchmal zusammen mit andersfarbigen Edelsteinen oder Glas ergänzt. Man spricht deshalb von „polychromem" Stil. Die durch historische Quellen und naturwissenschaftliche Untersuchungen gesicherte Herkunft der Granaten – eine spezielle Unterart verbirgt sich unter dem in der archäologischen Literatur häufig verwendeten Namen „Almandine" – aus Südindien und Ceylon belegt die ausgedehnten Handelsbeziehungen jener Zeit. Bei dem Handel und der Verarbeitung der Edelsteine spielte Konstantinopel eine entscheidende Rolle. Das Griffquerstück des Schwertes von Altlußheim und der Schmuck von Wolfsheim bieten Beispiele hoch spezialisierter Edelsteinverarbeitung. Das Spalten und Schleifen der Granaten erforderte höchste handwerkliche Präzision. Neben viereckigen und runden Formen fällt besonders der herzförmige Umriss bei einem Stein des Anhängers am „Pektorale" von Wolfsheim und bei zahlreichen Steinen des Altlußheimer Querstücks auf. Auch das ‚Nibelungenlied' nennt Indien als Herkunftsgebiet wertvoller Edelsteine (C 412,1). Einen ganz erhaltenen Metallspiegel enthielt das Grab einer ostgermanischen, meist für gotisch gehaltenen Frau von Hochfelden (vgl. Kat.-Nr. 1). Oft finden sich solche Spiegel – wohl aus Gründen der Symbolik – nur in absichtlich zerbrochenem Zustand in den Gräbern. Nicht mehr sicher zu klären ist die Frage, ob der Kopf der reich mit Gold- und Silberschmuck versehenen Dame – leicht – künstlich deformiert war.

DIE BURGUNDEN – HISTORISCHE MARGINALE

Kehren wir zum Schluss zu der eingangs aufgestellten These zurück, dass sich im Epos, hier dem ‚Nibelungenlied', Dichtung und Wirklichkeit gewöhnlich nicht trennen lassen, so darf man feststellen, dass das ‚Nibelungenlied' – rund 750 Jahre nach dem historischen Ereignis – die Erinnerung an den den Burgunden von den Hunnen bereiteten Untergang wach hält. Der Untergang wird vom Rhein an die Donau, an den Ort Gran, die Residenz König Etzels, verlegt. Nicht gleichzeitig lebende historische Persönlichkeiten, wie Dietrich von Bern, werden einbezogen. König Etzel selbst war an der Vernichtung der Burgunden am Rhein wohl nicht beteiligt. Überhaupt waren Burgunden und Hunnen als historische Kontrahenten ziemlich ungleich: Während die Burgunden eher eine historische Marginale darstellen, auch im Vergleich mit anderen germanischen Völkern, wie Goten oder Franken, ist das Hereinbrechen der Hunnen über Europa ein Geschehen von welthistorischer Bedeutung, das die Zeitgenossen erschütterte und – trotz ihres relativ kurzen Auftretens in Europa von nur zwei bis drei Generationen – eine andere Welt hinterließ, als sie vorher bestanden hatte. Im ‚Nibelungenlied' erhalten die Burgunden durch ihren Kampf mit den Hunnen und ihren damit verbundenen Untergang einen Rang, der ihnen in der Geschichte verwehrt bleibt.

Lit.: Werner 1956. – Nürnberg 1987, S. 69–94. – Bóna 1991. – Stuttgart 1997, S. 125–134. – Quast/Schüssler 2000. – Mannheim 2001.

chen mitgegeben. Der reiche Edelmetallschmuck lässt auf die vornehme Abkunft der Frau schließen. In der Literatur wird sie meist den Goten zugerechnet. Hochfelden dürfte zwar südlich des „Wormser Burgunderreiches" liegen, das Grab einer Burgundin von hohem gesellschaftlichem Status könnte aber ganz ähnlich ausgestattet gewesen sein.

Lit.: Hatt 1965. – Schnitzler 1997, S. 84–86. – Mannheim 2001, S. 116 mit Abb. S. 35.   K. E.

2 Grabausstattung eines burgundischen Mannes
Ostgermanisch, 1. Hälfte 5. Jh.
Bodenfund aus Wolfsheim, Kr. Mainz-Bingen
a) Dreiteiliger Halsring, Gold, Dm. 18 cm
b) Sog. Pektorale mit Inschrift, Gold mit Granaten, H. 8,25 cm
c) Massiver Armring, Gold, Dm. 7,5 cm
d) Schwertanhänger, Bernstein mit Bronzestift, Dm. 5 cm
e) Gewandspange, Gold, L. 9,6 cm

1 Grabausstattung einer ostgermanischen Frau
Ostgermanisch, 1. Hälfte 5. Jh.
Bodenfund aus Hochfelden, Dep. Bas-Rhin, Frankreich
a) Paar Ohrringe, Gold, Dm. 2 cm
b) Halskette aus geflochtenem Draht mit Anhängern, Gold, Gesamtl. 27 cm
c) Paar Gewandspangen, Silber, teilweise vergoldet, L. 8,2 cm
d) Ensemble von Goldplättchen, aufgenäht auf ein rekonstruiertes Kleidungsstück, Gold, Dm. 0,8–1,5 cm
e) Spiegel mit Öse, Silber oder Weißbronze, Dm. 5,2 cm
f) Becher, grünliches Glas, H. 7,7 cm
Strasbourg, Musée Archéologique, Inv. Nr. D. 11976.1–8

Im Grab von Hochfelden war eine 50 bis 70 Jahre alte Frau bestattet worden. Möglicherweise war ihr Schädel leicht künstlich deformiert; die Langknochen zeigen an, dass sie häufig zu Pferd gesessen hat. Die Gewandspangen und die Blechappliken sprechen nach ihrer Form und Trageweise für östliche Herkunft. Ein ganz besonderes Indiz hierfür bildet der kleine Metallspiegel mit glatter Vorderseite, Rippen und Öse auf der Rückseite, der zu dem von den Hunnen nach Westen gebrachten Kulturgut zählt. Ausnahmsweise wurde dieser Spiegel unzerbro

f) Schnalle mit rundem Beschlag, Gold mit Granaten, L. 7,8 cm

g) Schnalle mit rechteckigem Beschlag, Gold mit Granaten, L. 4,8 cm

h) Schnalle, Gold, B. 1,3 cm

i) Solidus des Kaisers Valens (364–378), prägefrisch

Wiesbaden, Museum Wiesbaden, div. Inv. Nr.

Unter den reichen germanischen Grabfunden am Rhein zu Beginn des 5. Jahrhunderts n. Chr. ist der Grabfund von Wolfsheim am ehesten einem Burgunden zuzuordnen. Obwohl das um 1870 entdeckte Grab in seinem Zusammenhang nicht gesichert und nicht vollständig überliefert ist – möglicherweise lagen noch andere ähnlich ausgestattete Gräber an der Fundstelle – weist die Ausstattung auf den hohen gesellschaftlichen Rang des Bestatteten hin. Halsring und Armring sind bei den Germanen Zeugnisse fürstlichen Standes. Das Pektorale, ohne Anhänger, war ursprünglich Teil eines breiten mehrgliedrigen Armbandes und wurde erst in Zweitverwendung, mit Anhänger, an der Brust getragen. Die Inschrift „Artachschatar" verweist auf persische Herkunft. Der bekannteste Namensträger Ardaschir I. († 241) war der Begründer des neupersischen Reiches. Die an der Schulter zum Verschließen des Mantels getragene goldene Gewandspange sowie die mit Zellenwerk aus Granaten versehenen Schnallenbeschläge unterstreichen die Kostbarkeit der Grabausstattung. Ob ursprünglich Waffen beigegeben waren, ist nicht mehr feststellbar. Die große Bernsteinperle bezeugt als magischer Schwertanhänger, dass es sich um ein Kriegergrab handelt, sei es, dass das Schwert aus Eisen nicht erhalten blieb oder die große Perle pars pro toto beigegeben wurde. Die als „Charons-

pfennig" zu deutende prägefrische Münze mag Teil einer Tributzahlung oder des Söldnerlohnes gewesen sein.

Lit.: Bernhard 1982. – Quast 1999. – Mannheim 2001, S. 118f.　　　　　　　　　　K. E.

3　Grabfund von Altlußheim

Ostgermanisch, 1. Hälfte 5. Jh.
Bodenfund aus Altlußheim, Rhein-Neckar-Kreis

a) Langschwert (Spatha), eiserne Klinge stark zerstört, B. 4,7 cm; Querstück aus Zellenwerk, Bronze vergoldet, mit Granaten unterschiedlicher Form, B. 10,9 cm

b) Beschläge der hölzernen Schwertscheide, Goldblech – Randstreifen und Ortband aus Silber und Lapislazuli

c) Schwerttragebügel, ein Ende als Tierkopf, Bronze mit Goldfolie und Granaten, L. 19,4 cm

d) Schmales Kurzschwert (Sax), Eisen, L. 61,8 cm

e) Ovale Schnalle, Silber vergoldet, gr. Dm. 4,3 cm

Karlsruhe, Badisches Landesmuseum, Inv. Nr. C 11401

Der Grabfund aus Altlußheim wurde im Bereich des Hochgestades rechts des Rheins, in geringer Entfernung von Speyer, vermutlich in der Nähe eines alten Rheinüberganges, entdeckt. Wenn es sich nicht um die Bestattung eines vornehmen Burgunden handelt, so könnte es sich doch um die eines vornehmen Germanen aus der Umgebung Attilas drehen. Zwei Objekte des im Jahr 1932 zufällig beim Kiesgraben entdeckten und unsachgemäß geborgenen Fundes fallen besonders auf. Einmal der bis heute ohne Parallelen gebliebene, in einem Tierkopf mit offenem Maul endende Schwerttragebügel; die Augen bilden rote Granaten. Zum Zweiten ist das Querstück am Griff – es handelt sich nicht um eine eigentliche

Parierstange – besonders aufwändig gestaltet. Dieses Querstück ist auf seiner Schauseite mit einem Zellenwerk aus Granaten ausgelegt.

Die ganze Machart und der überaus sorgfältige Schliff der herzförmigen Einlagen stellen an Rohmaterial und Verarbeitung so hohe Anforderungen, dass ihre Herstellung auf oströmischen Handel und Werkstätten in Konstantinopel zurückzuführen sein wird. Ganz zweifellos ist das Stück durch „hunnische Vermittlung" an den Oberrhein gelangt. Auch das in sekundärer Verwendung am Ortband der teilweise mit Goldblech belegten Scheide verwendete steinerne Querstück aus Lapislazuli verweist auf asiatische, möglicherweise persische Herkunft.

Lit.: Garscha 1936. – Werner 1956. – Mannheim 2001, S. 121–122.　　　　　　　　　K. E.

4　Grabfund aus Dossenheim

Fränkisch, 1. Hälfte 6. Jh.
Bodenfund aus Dossenheim

a) Schädel einer Frau, L. ca. 26 cm

b) Verziertes Gefäß, Keramik, H. 10 cm

c) Gürtelschnalle, Bronze, verlorener eiserner Dorn, gr. Dm. 3,3 cm

d) Messer, Eisen, L. 13,5 cm

e) Spinnwirtel, Bein, Dm. 3,2 cm

f) Blechstück, Bronze, Dm. ca. 5 cm

Heidelberg, Kurpfälzisches Museum der Stadt Heidelberg, Inv. Nr. RN-DOS 1991/6a–f

Vermutlich schon in einer Zeit ferner Erinnerung an die Burgunden am Oberrhein wurde die Frau von Dossenheim bestattet. Die am Rand oder knapp außerhalb eines fränkischen Gräberfeldes beigesetzte Tote mit extrem deformiertem Schädel verstarb als Greisin im Alter von 60 bis 70 Jahren. Während die Beigaben auf ein normal ausgestattetes Grab hinweisen, ist der Schädel der Frau der Beleg für eine im frühkindlichen Alter beginnende, viele Jahre andauernde Manipulation. Eine Bandagierung, die zirkulär von der Unter- oder Mittelstirn zum mittleren oder unteren Hinterkopf des Säuglings geführt wird, erzwingt ein unnatürliches Zusammenwachsen des Schädels. Die Stirn wird dadurch künstlich erhöht und der Hinterkopf abgeflacht. Diese gravierende Deformation entsprach einem uns heute merkwürdig erscheinenden Schönheitsideal.

Nach Mitteleuropa und zu den Germanen ist diese, häufiger bei Frauen angewand-

3a

4a

müssen die Voraussetzungen seines Entstehens jeweils erschlossen werden. Mehrere Indizien sprechen bei dem Osterburkener Hortfund für die Vergrabung durch einen germanischen Hofbesitzer. Der Fund zeigt, dass brauchbare Eisengeräte einen damals nicht unerheblichen Wert darstellten.

Lit.: Henning 1985. – Stuttgart 1997, S. 125–134.   K. E.

6 Acht völkerwanderungszeitliche Nachahmungen römischer Drittelsolidi
Ost- und westgotisch sowie unbekannter Herkunft, 5. Jh.
Gold, geprägt
Gewicht 1,4 g, Dm. 13,7–17,4 mm
Karlsruhe, Badisches Landesmuseum, Münzkabinett, Inv. Nr. 52/127; 64/150b sowie Alter Bestand

Die Vorderseite zeigt die durch barbarischen Stil mehr oder weniger entstellte Büste eines römischen Kaisers nach rechts, die dazugehörige Umschrift ist bisweilen bis zur Unkenntlichkeit verdorben, da die Stempelschneider Analphabeten waren. Auf der Rückseite erscheint eine römische Victoria, die hier durchaus schon als christlicher Engel aufgefasst werden kann, in verschiedenen Posen. In zwei Fällen ist ein Kreuz dargestellt.
Die germanischen Stämme waren schon recht früh durch den Handel mit dem römischen Geldwesen vertraut. In der späteren römischen Kaiserzeit waren es vor allen Dingen Sold- und Tributzahlungen, die römisches Gold in das Barbaricum abfließen ließen, wie Funde bis nach Skandinavien und in Osteuropa zeigen. So gehörten zu den Schätzen germanischer Könige und Fürsten neben den üblichen Pretiosen selbstverständlich auch römische Goldmünzen (Silber wurde zu dieser Zeit kaum mehr geprägt). Als der Goldzufluss aus dem römischen Reich nachließ, sei es, dass das geschwächte Kaisertum keine Tribute mehr zahlte, sei es, dass es kaum mehr Beute zu machen gab, gingen die Germanen dazu über, die ihnen vertrauten Goldmünzen in eigener Regie und im Rahmen ihrer künstlerischen Möglichkeiten nachzuahmen. Sie hielten sich dabei möglichst eng an die Vorbilder, Monogramme oder Namen ihrer Herrscher tauchen erst spät auf. Neben der wichtigsten römischen Goldmün-

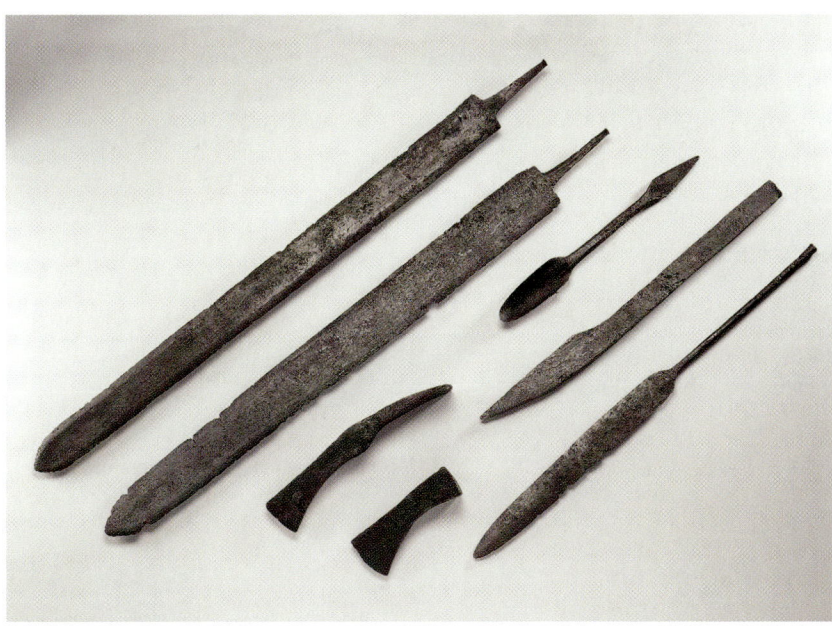

5

te, künstliche Schädeldeformation durch die Hunnen gebracht worden. Außer bei den Franken ist der Brauch auch bei Alamannen und Bajuwaren festzustellen. Besonders häufig – im Verhältnis zu der aus den Gräberfeldern erschließbaren Kopfzahl – tritt er bei den Thüringern und den Burgunden auf, bei Letzteren wegen der kurzen Dauer ihres Reiches am Rhein erst in der Sapaudia (Savoyen).

Lit.: Heukemes 1958. – Rosenheim 1988, S. 258–265. – Stuttgart 1997, S. 337–348.   K. E.

5 Hortfund von Osterburken
Germanisch, 2. Hälfte 4. Jh.
Bodenfund aus Osterburken
Eisen, geschmiedet, teilweise damasziert
a) Schwertklinge, L. 92 cm
b) Schwertklinge, L. 90,7 cm
c) Messer (Sech) eines Pfluges, L. 32 cm
d) Löffelbohrer, L. 36,9 cm
e) Kreuzhaue, L. 30,5 cm
f) Axt, L. 16,7 cm
g) Webschwert, L. 64,8 cm
Karlsruhe, Badisches Landesmuseum, Inv. Nr. C 7516ff.

Als Beispiel für einen völkerwanderungszeitlichen Hort- oder Verwahrfund mag das Fundensemble von Osterburken dienen. Die sieben – von über 50 – ausgewählten Stücke belegen die unterschiedlichen „Tätigkeiten" eines germanischen Hofeigentümers und seiner Angehörigen:

die Schwerter für den Kampf, das Pflugmesser für den Ackerbau, Bohrer, Kreuzhaue und Axt zur Holzbearbeitung und das – singuläre – Webschwert für die häusliche Tätigkeit der Textilbearbeitung. Die intakten Geräte, teilweise mit Gebrauchsspuren, wurden während einer Krisenzeit im schon weitgehend verfüllten Graben des römischen Kastells von Osterburken verborgen und konnten von dem Eigentümer – aus uns unbekannten Gründen – nicht mehr geborgen werden. Am Nicht-Wiederfinden der Vergrabungsstelle dürfte es jedenfalls nicht gelegen haben, da die noch aufrecht stehenden Kastellmauern eine deutliche Landmarke bildeten.
Wie das Beispiel zeigt, hat es auch Hortfunde gegeben, die aus Gegenständen unedlen Materials bestehen. Aus ganz unterschiedlichen Gründen haben die Menschen in früher Zeit Schätze gehortet und vergraben. Neben religiös bedingten Opfern in Gewässern, auf Bergen oder in Felsspalten gibt es Schätze, die in Notzeiten von Händlern und Handwerkern an geeignet erscheinender Stelle verborgen wurden. Während die Opfergaben „für immer" dargebracht sind, sollten die in Krisenzeiten von ihren Besitzern versteckten Objekte und Wertgegenstände wieder gehoben und genutzt werden. Von dem Ort der Verbergung und aus der genauen Analyse der Einzelobjekte eines Schatzes

ze dieser Zeit, dem Solidus zu ca. 4,5 g (= 1/72 des römischen Pfundes) wurde auch gerne deren Drittelstück, der Triens, kopiert, der später in fränkischer Zeit zur Hauptmünze wurde. Die Nachprägungen sind meist leichter als ihre Vorbilder. Germanische Goldmünzen aus dem frühen 5. Jahrhundert sind nur aufgrund stilistischer Merkmale bestimmten Stämmen zuzuordnen. Nach dem heutigen Stand der Forschung ist es nicht möglich, eine eigenständige Münzprägung der Burgunden in ihrem kurzlebigen ersten Reich am Oberrhein nachzuweisen, was eine solche allerdings auch nicht ausschließt. Sie werden sich – wie andere ihrer Zeitgenossen auch – älterer römischer Münzen sowie Nachprägungen ihrer Nachbarn bedient und sie auch ihrem sagenhaften Schatz beigefügt haben. Erhaltene Schätze der Völkerwanderungszeit enthalten jedenfalls solche Goldmünzen.

Lit.: Grierson/Blackburn 1986.   P.-H. M.

7 Westgotischer Solidus
Westfrankreich (Toulouse ?), 2. Viertel 5. Jh.
Gold, geprägt
Gewicht 4,39 g, Dm. 23 mm
Karlsruhe, Badisches Landesmuseum, Münzkabinett, Alter Bestand

Die Vorderseite zeigt die Büste des weströmischen Kaisers Valentinian III. (425–455) in barbarischem Stil nach rechts sowie seine durch einige Fehler entstellten Namen und Titel. Auf der Rückseite steht der Kaiser frontal mit einem langen Kreuzszepter, in der linken Hand einen Globus mit einer Victoriola, die ihm einen Kranz entgegenstreckt. Er hat seinen rechten

Fuß auf eine menschenköpfige Schlange gesetzt, die seine Feinde symbolisiert. Auch diese Darstellung ist barbarisch unbeholfen. Die Buchstaben R V links und rechts des Kaisers zeigen, dass die Vorlage zu dieser Goldmünze – natürlich nicht diese selbst – in Ravenna geprägt wurde. Zur Zeit der Landnahme der Burgunden am Oberrhein ließen sich die Westgoten in Westfrankreich nieder und gründeten dort ihr tolosanisches Reich mit der Hauptstadt Toulouse, das bis 507 bestand, als sie von den Franken nach Spanien vertrieben wurden. Ihre stilistisch charakteristischen Goldmünzen drangen auch nach Osten vor und liefen vereinzelt auch am Rhein um.

Lit.: Reinhart 1938. – Grierson/Blackburn 1986, S. 39–46; S. 436 Nr. 167–170.   P.-H. M.

7

8 Zwei ostgotische Solidi
Italien, 493–526
Gold, geprägt
Gewicht 4,39 g und 4,42 g, Dm. 20 mm
Karlsruhe, Badisches Landesmuseum, Münzkabinett, Inv. Nr. 57/75 und Alter Bestand
(nur einer abgebildet)

Die Vorderseite zeigt das Bild des byzantinischen Kaisers Anastasius (491–518) in Dreiviertelansicht mit Panzer, Schild, Helm und geschoulterter Lanze, dazu seinen Namen und seine Titel. Auf der Rückseite steht eine Victoria (Engel) mit einem langen Kreuzszepter nach links.
Auch die Ostgoten beschränkten sich in ihrer Goldprägung weitgehend auf die Nachahmung kaiserlicher Münzen. Diese Stücke sind allerdings von wesentlich besserem Stil als die ihrer Zeitgenossen. Vielleicht konnte man noch auf das geschulte Personal und die Tradition der alten römischen Münzstätten zurückgreifen. Die hervorstechendste Eigentümlichkeit der ostgotischen Münzen ist die häufige Verwendung von Monogrammen der Herrschernamen. So findet sich auch auf diesen Solidi am Ende der Umschrift der Rückseite das winzige (ca. 1,5 mm) Monogramm Theoderichs des Großen (493–526), der als Dietrich von Bern (Verona) in die Sage eingegangen und auch im ‚Nibelungenlied' am Hofe Etzels anwesend ist. Die Münzstättensigeln links im Feld der Rückseiten wurden bei den vorliegenden Solidi zu unbekannter Zeit aus nicht mehr nachvollziehbaren Gründen eradiert, sodass eine exakte Angabe des Prägeortes leider nicht mehr möglich ist.

Lit.: Kraus 1928. – Grierson/Blackburn 1986, S. 24 – 38.
          P.-H. M.

9 Burgundischer Solidus

Lyon oder Chalon–sur–Saône, 518–524
Gold, geprägt
Gewicht 4,32 g, Dm. 21 mm
Karlsruhe, Badisches Landesmuseum, Münz-
kabinett, Inv. Nr. 52/128

Auf der Vorderseite ist der byzantinische Kaiser Justinus I. (518–527) in Dreiviertel-ansicht mit Panzer, Schild, Helm und ge-schulterter Lanze dargestellt, umgeben von seinem Namen und seinen Titeln. Der Stil ist leicht barbarisiert. Die Rückseite zeigt eine stehende Victoria (Engel) mit lan-gem Kreuzszepter nach links. Die Umschrift VICTORIA AVCCCI endet mit einem S. Nachdem die Burgunden am Oberrhein auf Anstiftung des römischen Patricius Flavius Aetius 436 von den Hunnen ver-nichtend geschlagen worden waren, sie-delte er die Überlebenden 443 im Jura an, wo sie zunächst in der Region von Genf ein kleines Reich gründeten. Später dehnten sie ihren Herrschaftsbereich wei-ter aus, er reichte zeitweilig von Avignon bis Chalon–sur–Saône, einschließlich der wichtigen Städte Lyon und Vienne. Eine französische Landschaft trägt noch heute ihren Namen. Auch dieses Burgunden-reich war nur von kurzer Dauer, schon 532/534 wurde es von den Franken er-obert.
Während den Burgunden in ihrem ersten Reich keine Münzen zugeschrieben wer-den können (Kat. Nr. 6), sind aus dem **zw**eiten Reich einige sehr seltene Prägun-gen bekannt. So kann das S am Ende der

9

Umschrift der Rückseite als der Anfangs-buchstabe des Namens von König Sigis-mund (516–524) gedeutet werden.
Der vorliegende Solidus stammt mit größter Wahrscheinlichkeit aus dem Fund von Gourdon bei Chalon–sur–Saô-ne (Département Saône–et–Loire), der 1845 wie im Märchen von einem armen Hirtenmädchen gefunden wurde. Er ent-hielt neben einem Kelch und einer Pate-ne, beide mit Türkisen und Granaten be-setzt, auch mindestens 104 Goldmünzen, zeigte also mit Goldschmiedearbeiten und Bargeld die typische Zusammenset-zung von Schatzfunden dieser Zeit. Wäh-rend Kelch und Patene als seltene und kostbare Pretiosen des frühen Mittelalters schon 1846 vom Cabinet des Médailles et Antiques der Pariser Bibliothèque Natio-nale, wo sie heute noch ausgestellt sind, angekauft wurden, schenkte man den Münzen damals keine Beachtung. Sie wurden in alle Winde zerstreut, nur weni-ge gelangten in öffentlichen Besitz. Unter den mehr als 104 Goldmünzen des Schatzes befanden sich mindestens 20 Solidi des Sigismund. Alle waren präge-frisch erhalten und stammen aus demsel-ben Stempelpaar, sie sind nur aus diesem Fund bekannt. Vielleicht waren sie spe-ziell zur Thesaurierung geprägt worden.

Lit.: Lafaurie 1958. – Grierson/Blackburn 1986,
S. 74–77; S. 460 Nr. 340. P.-H. M.

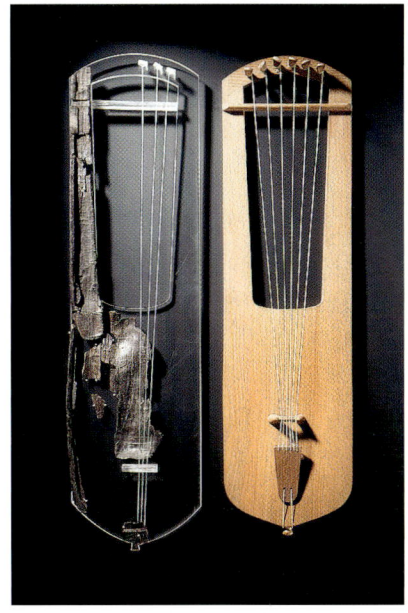

10

10 Leier

Oberflacht (Kreis Tuttlingen), frühes 7. Jh.
Eichenholz, Ahornholz
L. 80 cm, B. 16,5 cm, T. 7,5 cm
Replik
Stuttgart, Württembergisches Landesmuseum,
o. Inv. Nr.

Leiern weisen, im Gegensatz zum dreiecki-gen Grundriss der Harfen, einen vierecki-gen Grundriss auf und besitzen einen Resonanzkörper und zwei Seitenarme, die durch ein Querjoch verbunden sind. Obwohl von der Leier aus Oberflacht nur Fragmente gefunden wurden (vgl. Abb. links), war mit Hilfe von bildlichen Dar-stellungen sowie anderen Instrumenten-funden doch eine verhältnismäßig siche-re Rekonstruktion möglich (vgl. Abb. rechts). Der außerordentlich flache Schallkasten und die Jocharme sind aus ausgehöhltem Eichenholz gefertigt, die aufgeleimte Deckplatte aus Ahorn. Die Leier war mit sechs Saiten bespannt, die von den vorderständigen Wirbeln im Querjoch über einen Steg geführt wurden und in einem, am kleinen Sattelknopf be-festigten Saitenhalter, endeten. Die aus-gestellte Replik ist nach den exakten Ma-ßen des Originals in der ursprünglichen Herstellungsweise gefertigt.
Die erhaltenen Teile stammen aus einem reich ausgestatteten, alemannischen Männergrab des 7. Jahrhunderts und ge-hören zur ältesten erhaltenen Leier nörd-

8

lich der Alpen. Eine weitere, von der gleichen Fundstelle stammende Leier, die gar aus dem 6. Jh. datierte, wurde im Zweiten Weltkrieg zerstört.

Leiern sind durch Grabungsfunde seit dem 5. Jahrhundert belegt. Da Musikinstrumente als Grabbeigaben nur eine symbolische Funktion haben, sind sie oft gar nicht funktionstüchtig, weil ihnen z.B. ein so wichtiges Teil wie der Steg fehlt. Trotzdem bilden sie eine unschätzbare Quelle für Aufschlüsse über den damaligen Instrumentenbau und die Musikpraxis.

Die Leier von Oberflacht reicht in die Völkerwanderungszeit und damit in die Handlungszeit des ‚Nibelungenlieds' zurück. Zwar wird im ganzen Epos kein solches Instrument erwähnt, man kann sich jedoch vorstellen, dass Leiern mit ihrem geringen Tonumfang als Begleitinstrumente für den gesungenen Vortrag epischer Dichtung eingesetzt wurden.

Lit.: Homo-Lechner 1996, S. 87 ff.   P. Z.

11 Portalplanken der Stabkirche von Hylestad

Hylestad (Westnorwegen), 12. Jh.
Holz
H. 215 cm, B. 50–55 cm, T. 15 cm
Oslo, Universitetets kulturhistoriske museer, o. Inv. Nr.
(Reproduktion)

Die Außenseiten von norwegischen Kirchenportalen, in zwei Fällen auch Stühle im Inneren der Kirche aus der Zeit um 1200, tragen Reliefs mit Nibelungendarstellungen, insbesondere Sigurd und Gunnar. Am bekanntesten sind die Portalplanken der Stabkirche von Hylestad, die eine ganze Szenenfolge überliefern (vgl. auch Kat. Nr. 12 und 13). Die Planken zeigen (jeweils von unten nach oben): rechts Schmieden des Schwertes – Schwertprobe – Drachenstich bzw. links Braten des Drachenherzen und Finger im Mund, daneben der Schmied mit einem Schwert – zwei Vögel auf einem Ast – (mit dem Schatz?) beladenes Pferd – der Drachentöter durchbohrt den Schmied mit dem Schwert – zuoberst, durch eine Trennlinie von der Sigurddarstellung abgegrenzt, ein Gefesselter, der von Schlangen gebissen wird und mit den Zehen Harfe spielt, also eindeutig Gunnar in der Schlangengrube. Die dazwischen liegende Handlung ist ausgespart. Ist das eine Anfang

und Ende der Nibelungenhandlung andeutende Auswahl, oder sollen die Haupttaten zweier exemplarischer Helden dargestellt werden?

Gunnar im Schlangenhof erscheint auch auf Taufbecken und Weihwassergefäßen. Die Taufbecken geben uns auch den Schlüssel dafür, wie das Christentum diese Figuren bewertete: Hier ist die Analogie der noch Ungetauften zu den guten Menschen deutlich, die lebten, bevor ihr Land die Nachricht von der Heilswahrheit erhielt. Das ist freilich nur eine Seite der Erklärung; man kann auch ergänzen, dass

die Erzählungen von diesen Helden bei den Menschen beliebt waren und die Kirche diese Lösung fand, sie akzeptabel zu machen. Für das Verständnis der Nibelungensage ist dann weniger die Rolle relevant, die ihr von der Kirche zugebilligt wurde, als dass sie so verwurzelt war, dass es sinnvoll erschien, sie zu integrieren. Das Sigurd-Motiv an Kirchen ist weit gereist; vermutlich durch Pilger auf dem Weg nach Santiago de Compostela kam es bis Spanien.

Lit.: See 1981, S. 121 ff. – Düwel 1986. – Hohler 1999, Bd. 1, S. 178–180.   H. R.

11

12 Bildstein mit Szenen des ‚Alten Atlilieds'
Ardre (Gotland), ca. 1. Hälfte 9. Jh.
Felsstein mit Ritzung
H. 210 cm, B. 151 cm, T. max. 20 cm
Abguss
Mainz, Römisch-Germanisches Zentral-
museum, Inv. Nr. 40938

Bildzeugnisse der Nibelungensage gibt
es seit dem 8. Jahrhundert. Auf Gotland
begann damals die Sitte, Gedenksteine
für Verstorbene zu errichten, auf denen
Mythen und Themen aus der Heldensage
abgebildet waren. Sie sind unschätzbar
wertvolle Quellen, weil die Texte groß-
teils erst 400 Jahre später aufgeschrieben
wurden. Eine Schwierigkeit der Deutung
ist allerdings, dass die Szenen nie be-
schriftet sind, das heißt, oft ist nicht klar,
welche Sage dargestellt werden soll, insbesondere wenn der Stein beschädigt ist
und wesentliche Details nicht klar erkennbar sind. Auf dem gotländischen Bildstein „Ardre 8" – ca. 1. Hälfte 9. Jahrhundert, Original im Historiska Museet Stockholm – ist rechts unten ein Mann in
einem Rahmen von mehreren Schlangen
umgeben. Die Interpretation als „Gunnar
in der Schlangengrube" liegt nahe. Nicht
nur die Drachentötung, auch das Motiv
„Mann unter Schlangen" ist nur dann
ganz eindeutig, wenn es im Kontext anderer Motive der Nibelungensage steht.
Auf ähnlichen, zum Teil etwas älteren
Bildsteinen findet sich ebenfalls „Gunnar
in der Schlangengrube"; am deutlichsten
auf „Klinte Hunninge 1" aus dem 8. Jahrhundert.
Den Schlüssel zum Verständnis der Bild-
darstellung liefert das im 13. Jahrhundert
aufgezeichnete ,Ältere Atlilied' der ,Lie-
der-Edda': Der schatzgierige Atli lädt die
Brüder seiner Frau ein, um sie listig des
Nibelungenhortes zu berauben. Gunnar
und Högni erscheinen zu zweit, ohne
Heer, obwohl die Schwester sie zu warnen versucht. Atli lässt Högni das Herz
aus dem Leib schneiden und Gunnar in
eine Schlangengrube werfen, doch die
beiden sterben lieber als dem schatzgieri-
gen Atli das Versteck des Hortes zu verraten, den sie im Rhein versenkt hatten, an
einer Stelle, die niemand außer ihnen
kennt. Gunnar kann zunächst durch Har-
fenspiel die Schlangen einschläfern,
schließlich beißt ihn aber eine zu Tode.
Gunnar und Högni entsprechen Gunther
und Hagen des ,Nibelungenlieds'. Atli

12

entspricht dem historischen Attila und Etzel im ,Nibelungenlied'; die Namen sind
identisch, weil im Deutschen, anders als
in den anderen germanischen Sprachen,
durch die so genannte 2. Lautverschie-
bung „t" zu „tz" (englisch *cat*: deutsch
Katze) und durch den so genannten I-Um-
laut „a vor i der Folgesilbe" zu „e" wurde.
Aber die Handlung verläuft anders als im
,Nibelungenlied': Nicht die Schwester will
die Brüder morden, sondern der Schwa-
ger (vgl auch Umzeichnung S. 24).

Lit.: Lindqvist/Gustafson 1941–1942, Bd. 1, S. 96; Bd. 2,
S. 22–24. – Buisson 1976.   H. R.

13 Felsritzung mit Szenen der Sigurdsage
Ramsundsberg (Mittelschweden), 1020/1040
Felsplatte, geritzt
B. ca. 470 cm, Neigungswinkel ca. 30°
(Reproduktion)

Nordische Bild-Gedenksteine für Verstorbene zeigen mehrfach einen Ausschnitt
aus der Nibelungensage: Sigurds (so
nennen die nordischen Texte Siegfried)
Drachentötung. Drachentöter sind verschiedene Sagenhelden oder christliche
Heilige; erst wenn eine ganze Szenenfolge abgebildet ist, die nur der Nibelungensage entstammen kann, wird die Zuwei-
sung eindeutig.

13

Die bedeutendste Folge zeigt der Stein von Ramsundsberg (ca. 100 km westlich von Stockholm), der zwischen 1020 und 1040 entstand (vgl. Umzeichnung S. 23). Er trägt auch eine Runeninschrift, die aber eine Gedenkinschrift für den Verstorbenen ist und mit den Bildern nichts zu tun hat. Wir erfahren nicht die Namen der Figuren, erkennen aber den Sagenzusammenhang, den die im 13. Jahrhundert aufgezeichneten ‚Edda'-Lieder präsentieren, die daher ähnlich schon früher bestanden haben müssen.

Die ‚Lieder-Edda' erzählt die Sage so: Sigurd, Halbwaise, wächst am Hof Chilperichs (historisch: ein Merowingerkönig), des zweiten Gatten seiner Mutter, auf; dort erzieht ihn der geheimnisvolle Schmied Regin. Der ist das Bindeglied der Erzählung zwischen der (pseudo-)historischen Heldensage und dem Mythos, der sie durchzieht: Regin ist in der Zeit des Mythos, als die Götter noch auf der Erde wandeln und sich Essen und Nachtquartier suchen müssen, einer der drei Söhne des Zauberers Hreidmar. Einer von Regins Brüdern verschafft sich Nahrung, indem er sich in einen Fischotter verwandelt und in dieser Gestalt Fische fängt. Auch die Götter (Odin, Hönir und Loki) kommen nur durch Totschlag zu Nahrung; sie wollen den Otter braten, Loki tötet ihn mit einem Steinwurf. Hreid-

mar erhebt Totschlagsklage, die Götter müssen Buße zahlen. Auch das Gold dazu müssen sie sich durch Gewalt verschaffen; sie rauben es einem Zwerg, der in Hechtsgestalt seine Nahrung, andere Fische, fängt: Loki muss den Hecht fangen, der sich in seine richtige Gestalt verwandeln und seinen Hort ausliefern muss; auch einen Zauberring, der den Schatz vermehrt. Der Zwerg verflucht den Ring, er solle jedem, der ihn besitzt, den Tod bringen. Odin will den Ring für sich behalten, muss ihn aber zur Otterbuße geben. Der Fluch beginnt sofort zu wirken: Hreidmar will das Gold nicht mit seinen Söhnen teilen, Regin und Fafnir erschlagen daher den Vater. Fafnir will nicht mit Regin teilen, verwandelt sich in einen Drachen und bewacht so den Schatz. Regin will ohne Brudermord an den Schatz kommen, schmiedet für Sigurd ein wunderbares Schwert und reizt ihn auf, den Drachen zu töten, in der Hoffnung, der unwissende Sigurd würde dann nicht den Hort an sich nehmen. Regin befiehlt dann Sigurd, das Herz des Drachen für ihn zu braten; Sigurd ist gehorsam, verbrennt sich aber den Finger bei der Probe, ob es schon gar ist, und leckt ihn ab. Durch den Genuss von Drachenblut versteht man die Vogelsprache. Vögel verraten ihm, dass Regin ihn erschlagen will, den er daher töten solle, und dass er sich für den

Schatz eine Frau kaufen – in der deutschen Sage heißt sie Kriemhild, in der nordischen Gudrun – und auf dem Weg zu ihr eine schlafende Walküre erwecken könne – eine mythische Figur, die die gefallenen Krieger vom Schlachtfeld zu Odin bringt, die Brünhild der Sage. So weit das mythische Szenario, das eine Deutung für Grundtatsachen der Welt bietet: Auch die vor und neben den Menschen existierenden mythischen Wesen müssen zur Nahrungssuche Totschläge begehen, und auch der höchste Gott ist der Gold- und Machtgier verfallen. Auch ein nicht Goldgieriger (Sigurd) kann sich nicht aus dieser Verstrickung lösen: Er wird das verfluchte Gold benutzen, um sich eine Frau zu kaufen – wobei die Rolle der anderen Frau, die einer Jenseitswelt entstammt, zunächst offen bleibt.

Der Ramsundsstein stellt folgende Szenen daraus dar: Der Drache, ein langer Schlangenwurm mit zwei Köpfen und den für den nordischen Tierstil typischen gelenkartigen Verbindungen, umrahmt das Bild und dient gleichzeitig als Spruchband für die Gedenkinschrift. Sigurd tötet ihn listig von unten – in den Liedern aus dem Versteck einer Grube heraus, die er am Weg Fafnirs gegraben hat; im Norden gibt es keinen Drachenkampf, nur eine Drachentötung –, brät das Herz des Drachen am Feuer und steckt den Daumen, den er sich verbrannt hat, in den Mund. Er versteht die Vogelsprache (auf dem Baum sitzen zwei Vögel). Der enthauptete Schmied ist durch seine Werkzeuge (Zange, Blasebalg, Schmiedehammer, Amboss) bezeichnet. Charakteristisch für diese Darstellungsweise ist, dass mehrere Szenen, die nacheinander spielen, in ein Bild zusammengefasst werden; dadurch erscheint Sigurd zweimal. Das mit dem Schatz beladene Pferd, das Sigurd an den Baum gebunden hat, repräsentiert den Schluss der Szene. Der Wolf links oben im Bild findet keine Entsprechung im Lied; der Wolf ist aber in anderen ‚Edda'-Liedern das Sympathietier von Sigurds Vater.

Lit.: Brate/Wessén 1924–1936, Textbd. S. 71–73, Nr. 101; Tafelbd. Taf. 48. – Ploss 1966, bes. S. 99ff. – See 1987.   H. R.

Königtum und Herrschaft

Hansmartin Schwarzmaier

Ir pflâgen drî künige   edel unde rîch,
Gunther unde Gêrnôt,   die recken lobelîch,
und Gîselher der junge,   ein wætlîcher degen.
diu frouwe was ir swester,   die helde hetens in ir pflegen.

(C3) Sie beschützten drei vornehme und mächtige Könige:
Gunther und Gernot, beide ruhmreiche Recken,
und der junge Giselher, ein ebenfalls hervorragender Kämpfer.
Die junge Frau war ihre Schwester. Die Helden hatten sie in ihrer Obhut.

Mit diesen das ‚Nibelungenlied' einleiten-
den Strophen (C 3), die sich auf Kriemhild beziehen, sowie den Worten *Ze Wormze
bî dem Rîne si wonten mit ir kraft. in dienten
von ir landen vil stolziu ritterschaft* (C 6: In
Worms am Rhein befand sich ihr machtvoller
Hof. Die herrliche Ritterschaft ihres Landes
diente ihnen ehrenvoll) wird die Verfassungsform im Reich der Burgunden und die Gesell-
schaftsstruktur an ihrem Hofe in Worms charakterisiert.
Mehr zu sagen hält der Dichter nicht für erforderlich,
doch in der Folge werden auch die durch ihre heldenhaf-
te Erscheinung berühmten Gefolgsleute aufgeführt, die
Dienstleute. In Worms herrschen drei Könige nebeneinander, drei Brüder, unter denen der älteste, Gunther, eine
hervorgehobene Stellung als *primus inter pares* besitzt.
Doch auch seine Brüder sind Könige und dürfen sich, wie
der Älteste, verheiraten und eine eigene Familie gründen.
Sie haben alle gleichen Anteil am Erbe des Vaters, ebenso wie ihre Schwester Kriemhild, und sie bieten auch deren Ehemann Siegfried die Teilhabe am königlichen Erbe
an, was dieser allerdings ausschlägt (C 702). Die Mutter
Ute, eine Dame hohen Ansehens, ist noch am Leben,
hat sich jedoch auf ihren Witwensitz im Kloster Lorsch
zurückgezogen. Auch Siegfried ist König, doch da seine
Eltern, vor allem sein Vater Siegmund noch leben, wei-
gert er sich, als König seines eigenen Reiches in Xanten
aufzutreten. Im Gegensatz zu den Burgunden ist er der
einzige Sohn und Erbe seines Reiches. Seine Nachfolge
ist unumstritten. Von einer Königswahl ist weder hier
noch an anderer Stelle die Rede; grundsätzlich beerbt
der Sohn den Vater. Nach der Ermordung ihres Mannes
soll Kriemhild für ihren unmündigen Sohn in Siegfrieds
Reich die Krone tragen (C 1097), ebenso wie Brünhild
im Reich der Burgunden nach Gunthers Tod.

Hingegen gibt es ein Erbkönigtum im deutschen
Reich der Stauferzeit ebenso wenig wie eine gemein-
schaftliche Regierung von mehreren Geschwistern wie
in Worms. Der Dichter des ‚Nibelungenlieds' beschreibt
also eine Verfassungsform, von der er vielleicht weiß,
dass sie im fränkischen Reich der Merowinger und Karolinger gebräuchlich war, während sie in nachkarolin-
gischer Zeit in Deutschland wie in Frankreich durch das
Prinzip der Unteilbarkeit des Reiches, durch die Königswahl in Abgang gekommen war. Gerade eben hatte sich
ja, nach dem Tode Kaiser Heinrichs VI., in Deutschland
jene zwiespältige Königswahl von 1198 abgespielt, in
der Philipp von Schwaben, der Staufer, und Otto IV., der
Sohn Heinrichs des Löwen, einander gegenüberstan-
den und sich von da an bekämpften. In merkwürdigem
Kontrast dazu steht die Eintracht unter den burgundischen Brüdern, die nach gemeinsamem Rat einmütig
handeln und so auch gemeinsam untergehen werden.
Dies war, wie der Dichter wusste, nirgends die Regel,
und sicherlich kannte er auch die mörderischen Bruder-
kriege um die Macht im fränkischen Reich der Karolinger. Er schildert also so etwas wie ein Kontrastpro-
gramm zu den gegenwärtigen politischen Verhältnissen,
wo Konkurrenzdenken und Neid unter den Königsver-
wandten eher die Regel waren als Harmonie und ein-
vernehmliches Handeln.

ÜBERSCHAUBARES REICH

Das Königtum der Burgunden ist überschaubar. Anders als im staufischen Reich gab es eine Residenz des Königs, wo die diplomatischen Fäden zusammenliefen und wo sich am Hof ein üppig-festliches Gesellschaftsleben mit Sport und Spiel ereignete. Die Inhaber der Hofämter, Truchsess und Marschall, Schenk und Kämmerer (C 9, 10) und auch der Küchenmeister, ein um 1200 erstmals genanntes Reichsamt (Kat. Nr. 15), sind im ‚Nibelungenlied' namentlich aufgeführt und erinnern an die berühmten Ministerialen der staufischen Zeit. Sie sind auch an den Höfen der Fürsten des 12. Jahrhunderts, die ja stärker residenzgebunden sind als der König, nachweisbar, etwa bei den Welfen in Braunschweig oder in Ravensburg/Memmingen, beim Hof der Pfalzgrafen bei Rhein oder bei den Landgrafen von Thüringen, nicht zuletzt auf der Wartburg. Der Nibelungendichter kümmert sich auch in diesem Bereich um keine standesrechtlichen Fragen. Die Ministerialen, dies weiß er, sind aus niederem Stand aufgestiegene Hofbeamte, die gerade damals in den Adel und auch in den Ritterstand aufrücken konnten. Auch ein Sänger wie Volker von Alzey gehörte dazu. Doch daneben stehen im ‚Nibelungenlied' Männer aus altem Adel, so die Markgrafen Gero und Eckewart, und diesem Personenkreis gehören auch die Brüder Hagen und Dankwart an, die ja mit den Königen verwandt waren: Diese bezeichnen Hagen als ihren Oheim. Dies wird noch deutlicher im ‚Waltharius', wo Hagen als nächster Verwandter des Königs an Stelle von dessen unmündigem Sohn dem Hunnenkönig als Geisel gestellt wird. Doch nirgends ist die Rede davon, dass sich diese Verwandten als Konkurrenten der Könige gaben und ihre eigene Politik verfolgten. Auch Hagen gibt niemals zu erkennen, dass er selbst dem Königshaus angehörte, dem er in unverbrüchlicher Treue dient. Hält man einen Fürsten wie Otto von Wittelsbach daneben, der 1198 König Philipp im Zuge einer privaten Racheaktion ermordete, so empfindet man wiederum den Kontrast zwischen der dichterischen Welt des ‚Nibelungenlieds' und jener, in der sein Verfasser lebte.

Zur Reise an den Etzelhof wurden 1060 Männer mit 9000 Knechten aufgeboten, also ein umfangreiches ritterliches Heer mit entsprechendem Tross. Auch hier lässt sich nicht sagen, in welchem Abhängigkeitsverhältnis die Ritter zu den Königen standen. Die Selbstverständ-

Kaiser Friedrich Barbarossa mit seinen Söhnen, König Heinrich und Herzog Friedrich; Miniatur aus der ‚Historia Welforum', 1185/1191. Fulda, Hessische Landesbibliothek

lichkeit, mit der sie diese allein dem königlichen Prestige dienende Fahrt bis nach Gran mitmachten, lässt jede Art von Widerspruch vermissen. Nur der „alte Bischof von Speyer" äußert seine Bedenken der Königin Ute gegenüber und bestärkt sie in ihren Sorgen. Und im Rat der Großen ist es der Küchenmeister Rumolt, der von der Reise abrät, von den anderen, insbesondere Gernot und Hagen, jedoch überstimmt wird (C 1565).

Auffallend ist, wenn von Hof und Gesellschaft die Rede ist, das völlige Fehlen des kirchlichen Elements, das nur in der Person des Kaplans vertreten ist, einer Randfigur. Die Bischöfe des Reichs, deren Residenzen man ja auf der Reise nach Ungarn berührte – Würzburg,

Regensburg, Eichstätt, also die tragenden Stützen des staufischen Reichs – und mit ihnen die Äbte der berühmten Benediktiner- und Zisterzienserklöster sind im ‚Nibelungenlied' nicht vorhanden, sehen wir einmal von Passau und Melk ab. Anders verhält es sich im Reich Barbarossas und seiner Nachkommen: Wo sich der König aufhält, dort stehen die geistlichen Fürsten neben ihm, nicht nur bei den feierlichen Gottesdiensten an Weihnachten, Ostern, Pfingsten, sondern vor allem als Diplomaten und Ratgeber des Herrschers, manchmal auch als Heerführer.

STABILE WELT

In diesem Zusammenhang sollte man nochmals einen Blick auf die „Residenz" werfen. Worms und Xanten und auch Gran, die „Residenzen" des ‚Nibelungenlieds', entsprechen den Fürstenhöfen der späteren Stauferzeit, so auch dem Hof Herzog Leopolds von Österreich in Wien, während sich der deutsche König auf seinen Reisen durch das Reich an vielen Orten, in Bischofsstädten, Burgen und Pfalzen aufhielt, an einigen mehrere Wochen lang blieb, Feste feierte, Gericht hielt, auf die Jagd ging, vielleicht auch einmal eine Krankheit ausheilen musste. Aber nirgends entstand so etwas wie eine echte „Residenz". Wo der König einkehrte, dort befand sich seine Residenz, besuchte er die Kirche, hielt Hof, feierte und wurde gefeiert, und dort befand sich auch sein Verwaltungsapparat, soweit er sich auf dem Sattel des Pferdes mitführen ließ. Das Reisekönigtum der Staufer bildet vielleicht den größten Kontrast zur stabilen Welt der Burgunden in Worms. Denn die Reise der Burgunden an den Etzelhof entsprach gerade nicht dem Reisekönigtum Barbarossas. Wo hätte dieser in seiner Zeit ein seine gesamte Ritterschaft umfassendes Heer samt allem Zubehör in Gang gesetzt, nur um einer Einladung an den 1000 km entfernten Aufenthaltsort einer königlichen Prinzessin zu folgen, die man fern der Heimat vermählt hatte? Barbarossas Kreuzzug (1190) war eine andere Sache!

Lit.: Bosl 1950. – Berges 1952. – Brühl 1968. – Fleckenstein 1979. – Keller 1986. – Patze/Paravicini 1991. – Schulz 1993. – Leyser 1992. – Binding 1996 (aus kunstgeschichtlich-archäologischer Sicht). – Kölzer 2002. – Spieß 2002.

14 Schenkungsurkunde Heinrichs VI.
Kaiser Heinrich VI. beurkundet eine Schenkung seiner Ministerialen Gerung und Konrad von Sulgen an das Zisterzienserkloster Salem.
Mosbach, 13. Mai 1193
Pergament, Siegel des Kaisers an Seidenschnur anhängend
H. 20 cm, B. 20 cm
Karlsruhe, Generallandesarchiv, A 153

Kaiser Heinrich VI. feierte in diesem Jahr das Osterfest (28. März) in Speyer, wo ein Reichstag abgehalten wurde, und hielt sich während dieser Zeit lange am Oberrhein auf, so in Hagenau und Straßburg, und im Mai, vielleicht auf der Durchreise, auch in Mosbach, wo die vorliegende Urkunde entstand. Sie gilt dem Zisterzienserkloster Salem am Bodensee, dessen Abt sich am Königshof einfand.

In unserem Zusammenhang ist erwähnenswert, dass an Ostern in Speyer ein Privileg für Bischof Wolfger von Passau, den „Bischof des ‚Nibelungenlieds'" ausgestellt wurde, der damals am Königshof weilte. In Mosbach waren ferner Bischof Otto (II.) von Freising und Abt Manegold von Tegernsee am Rechtsakt beteiligt, vor allem aber erscheinen in der Zeugenreihe mit Kuno von Münzenberg (Wetterau) und Marquard von Annweiler führende Reichsministerialen. Marquard von Annweiler (am Trifels) stand damals am Beginn seiner großen Karriere, die ihn zeitweilig in Italien als mächtigsten Mann nach dem König nachweist. Das Rheingebiet um Worms – Speyer – Straßburg zeigt sich als eine Kernlandschaft des Reichs, wo wichtige Entscheidungen fielen.

Lit.: Böhmer/Baaken 1972, Nr. 295.   Ha.S.

14

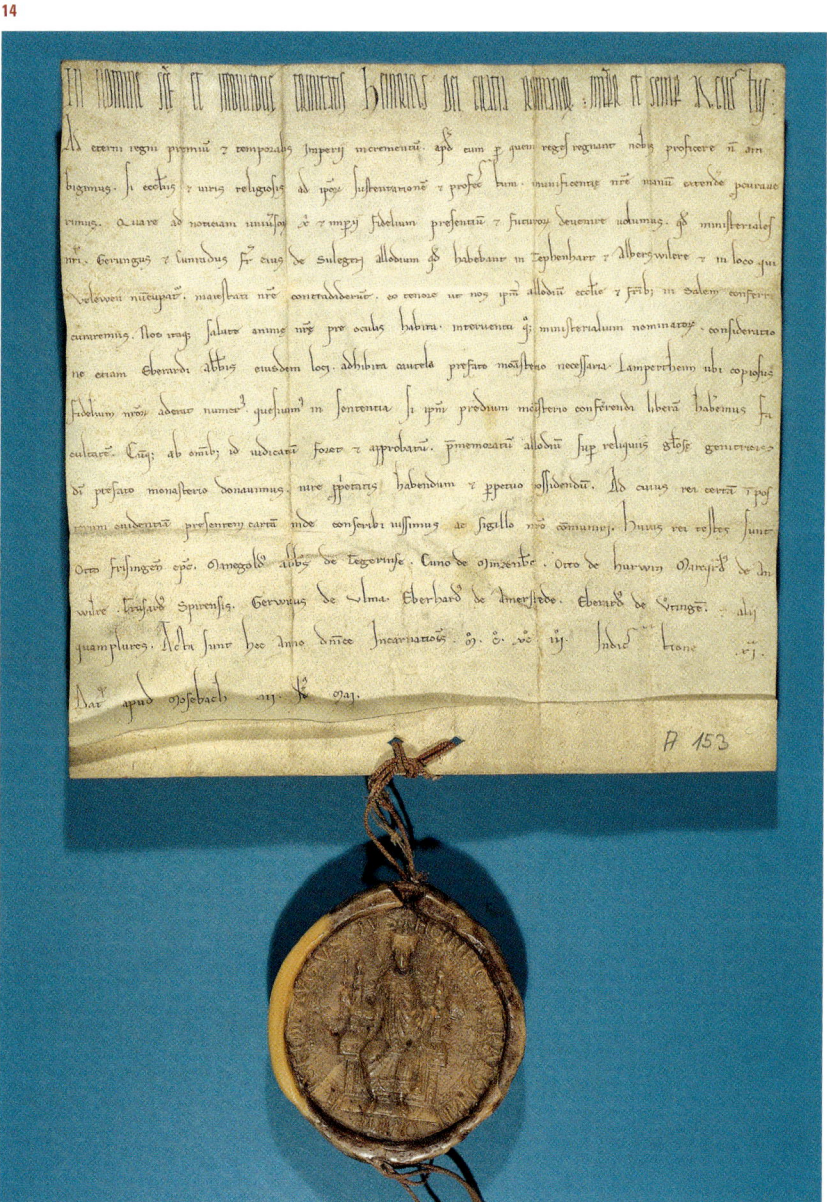

15 Schenkungsbestätigung König Philipps von Schwaben
König Philipp von Schwaben bestätigt die Schenkung, welche sein Getreuer und Vertrauter H<einrich>, Küchenmeister von Rothenburg, dem Zisterzienserkloster Bronnbach von den Gütern des verstorbenen Schultheißen Sifridus von Heidingsfeld machen will.

Ulm, 25. Juli 1205
Pergament, Siegel des Königs anhängend
H. 12,5 cm, B. 15,3 cm
Wertheim-Bronnbach, Staatsarchiv, StAWt-R, US 1205 Juli 25

Trotz ihres sehr kleinen Formates ist die vorliegende Urkunde ein – wenn auch etwas ungewöhnliches – Produkt aus der Kanzlei des 1198 zum König erhobenen Philipp von Schwaben. Ihr Inhalt spielt für die Datierung des ‚Nibelungenlieds' eine wichtige Rolle, wo ein Küchenmeister Rumolt vorkommt (C 783). In der vorliegenden Urkunde findet sich der früheste Beleg für einen staufischen Ministerialen, der das Amt des Küchenmeisters als ein Hofamt ausübte. Man nimmt an, dass es erst damals neu ins Leben gerufen wurde, sodass auch diese Passage des ‚Nibelungenlieds' erst zu diesem Zeitpunkt geschrieben worden sein kann.

Der Küchenmeister H., in der lateinischen Urkunde als *magister coquinus* bezeichnet, gehört einer in der Burg Rothenburg ob der Tauber amtierenden staufischen Dienstmannenfamilie an, deren Mitglieder in mehreren Urkunden dieser Zeit erscheinen. In der Zeugenreihe der Urkunde von 1205 sind weitere Reichsministerialen namentlich aufgeführt, die Hofämter innehatten: so Truchsess Heinrich von Waldburg, Heinrich von Schmalegg, Heinrich Kämmerer von Ravensburg sowie sein Bruder Diedo sowie Schwigger

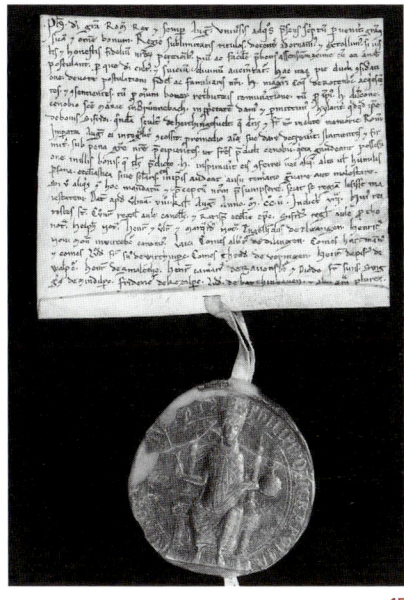

15

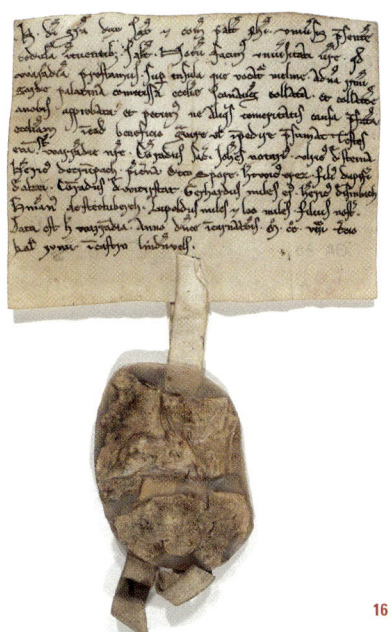

16

anderen Schenk Heinrich von Grumbach, Hartwicus Trez, der Sohn des Truchsessen von Alzey genannt, also staufische Ministerialen aus diesem Bereich, die Hofämter am pfälzischen Hof innehatten. Die Urkunde steht daher, wie auch die folgende, in enger Beziehung zur Nibelungenlandschaft um Worms und ihrer Rechtswelt.

Lit.: ZGO 7, 1856, S. 31 f. (Druck). Ha.S.

17 Sühneleistung Pfalzgraf Ludwigs

Pfalzgraf Ludwig lässt sich in die Brüderschaft des Zisterzienserklosters Schönau aufnehmen und verleiht ihm die Fischrechte in Oppau. Oberrhein, 1214

Pergament, Wachssiegel des Pfalzgrafen anhängend
H. 11 cm, B. 20 cm; Siegel Dm. 4 cm
Speyer, Landesarchiv, Gatterer-Apparat
F 7 Nr. 36

Wie die vorhergehende Urkunde entstammt auch diese der Rechtswelt im nördlichen Oberrheingebiet, wo sich damals eine entscheidende Wende vollzog. 1214 starb Pfalzgraf Heinrich aus welfischem Hause; seine Schwestern Irmgard und Agnes, Erstere mit Markgraf Hermann von Baden, Letztere mit Pfalzgraf Ludwig vermählt, sollten die Pfalz erben. König Friedrich II. hat eine Lösung des Erbschaftsstreites gefunden, wonach der Wittelsbacher Ludwig, Herzog von Bay-

---

von Mindelberg, alles Dienstmannen, die ursprünglich Ministerialen am welfischen Hof in Ravensburg gewesen waren, wo es diese Hofämter ebenfalls gegeben hatte.

Lit.: ZGO 11, 1860, S. 18 Nr. 7 (mit falsch aufgelöstem Datum 1202). – Bosl 1947. – Rösener 1989. – Murray 1998. – Schütte 2002, S. 184. Ha.S.

16 Schenkungsbestätigung Herzog Heinrichs von Sachsen

Herzog Heinrich von Sachsen, Pfalzgraf bei Rhein, bestätigt die Schenkung der Rheininsel Melme (bei Oppau/Ludwigshafen) an das Zisterzienserkloster Schönau durch die Pfalzgräfin Irmengard.

Burg Lindenfels (bei Bensheim, Bergstraße), 30. Mai 1208
Pergament, Wachssiegel des Pfalzgrafen beschädigt
H. 11 cm, B. 13 cm; Siegel H. 7 cm, B. 5 cm
Speyer, Landesarchiv, Gatterer-Apparat F 7 Nr. 30

Der Aussteller der Urkunde, Pfalzgraf Heinrich, ist der Sohn Herzog Heinrichs des Löwen, Schwiegersohn und Erbe de[s] staufischen Pfalzgrafen Konrad († 1195) und der Pfalzgräfin Irmengard († 1197). Ihr Besitz um Worms, das Gebiet des Donnersbergs (Bolanden, Alzey), und u[m] Heidelberg mit Kloster Schönau, wo Ko[n]rad begraben liegt, ist der Kern der stau[-] fischen, dann welfischen und danach wi[-]

---

telsbachischen Pfalz am Rhein. Dort entwickelte sich ein eigener fürstlicher Hof, an dem auch die deutsche, weltliche Literatur gefördert wurde.
In der vorliegenden Urkunde geht es um eine Besitztransaktion der Pfalzgräfin Irmengard zugunsten ihres Hausklosters Schönau, über die ihr Schwiegersohn Heinrich eine Garantieerklärung abgab. Die darin genannte Rheininsel ist im Bereich von Oppau-Frankenthal, südlich von Worms, zu suchen. Als Zeugen sind unter

---

17

ern, Erbe der pfälzischen Güter wurde. Seitdem ist die Pfalz mit Bayern in Personalunion verbunden.

Der neue Pfalzgraf Ludwig kehrte im Jahr 1214 von einer Heerfahrt König Friedrichs II. nach Niederdeutschland zurück und erhielt von den Schäden Kenntnis, die seine Leute in seiner Abwesenheit und ohne sein Wissen dem Zisterzienserkloster Schönau zugefügt hatten. So jedenfalls stellt es die vorliegende Urkunde dar, mit der Ludwig eine Sühneleistung beurkundet. Er ließ sich von Abt und Kapitel des Klosters in die volle Brüderschaft aufnehmen und ließ ihnen eine Entschädigung zukommen, die in der Nutzung der Fischrechte in Oppau bestand. Bemerkenswert ist auch die Zeugenreihe dieses Rechtsdokumentes, das die Auseinandersetzungen um das pfälzische Erbe widerspiegelt. Genannt sind Markgraf Diepold von Voburg, Philipp von Bolanden, sein Dienstmann (*miles*) Cranic, sein Diener (*famulus*) Hagen, Siboto *advocatus*. Letzterer ist der Vogt des Klosters Schönau, doch interessanter ist die Nennung eines pfalzgräflichen Dieners mit dem relativ seltenen Namen Hagen.

Lit.: Gudenus 1728, S. 85, Nr. XXXV (Druck). – Schaab 1988.   Ha.S.

18 Lehenurkunde
Bischof Heinrichs II. von Worms

Bischof Heinrich II. von Worms belehnt den Herzog Ludwig I. von Bayern, Pfalzgraf bei Rhein mit Burg und Stadt Heidelberg und mit der Grafschaft Stahlbühl.

Worms, 24. März 1225
Pergament, anhängendes Siegel
H. 13,5 cm; B. 16,5 cm; Siegel Dm. 8 cm
Karlsruhe, Generallandesarchiv, 43/3054

Der Wormser Bischof aus der Zeit des ‚Nibelungenlieds' ist Lupold von Scheinfeld (1196–1217). Heinrich (II.) von Saarbrücken, der Aussteller der vorliegenden Urkunde (1217–1230), ist sein Nachfolger im Bischofsamt. Beide hatten sich der zunehmenden Konkurrenz der rheinischen Pfalzgrafen zu erwehren. Pfalzgraf Konrad, der Halbbruder Kaiser Friedrichs I., konnte seine Herrschaft gerade im wormsischen Herrschaftsgebiet ausdehnen, wurde Vogt des Hochstifts Worms und des Klosters Schönau, das er sich zur Grablege erwählte. Vor allem aber ließ er

18

sich mit der wormsischen Burg Heidelberg belehnen, zu deren Füßen die Stadt Heidelberg entstand. Auch die Stauferstadt Wimpfen entstand auf wormsischem Boden.

Bischof Lupold geriet in die Auseinandersetzungen um das Erbe Pfalzgraf Konrads sowie in die welfisch-wittelsbachischen Erbstreitigkeiten und verlor auch in Worms selbst immer mehr an Einfluss gegenüber den immer selbstbewusster werdenden Wormser Bürgern, vor denen er nach Ladenburg ausweichen musste. Dieser Verlust an territorialen Positionen setzte sich unter seinem Nachfolger Heinrich fort, unter dem die Streitpunkte zwischen Bischof und Stadt vertraglich geregelt wurden. Doch die vorliegende Urkunde zeigt, dass der Ausverkauf an wormsischen Besitzrechten auch unter den pfälzischen Wittelsbachern weiterging. In ihr wird auch ein Schultheiß Siegfried von Heidelberg genannt; die Stadt hatte also inzwischen den Weg von der Burgsiedlung zur pfälzischen Stadt abgeschlossen.

Lit.: Jürgensmeier 1997, S. 44–50. – Schaab/Lenz 1998, S. 13, Nr. 12.   Ha.S.

19 Verzichtserklärung Werners von Bolanden
Werner von Bolanden, Truchsess des kaiserlichen Hofes, verzichtet auf die Gerichtsrechte in Heßloch zugunsten des Klosters Otterberg.

Ohne Ort, 15. Juli 1220 (Tagesdatum erschlossen)
Pergament, 2 Wachssiegel des Ausstellers und seines Bruders anhängend
H. 33,5 cm, B. 13 cm; Siegel H. 5 cm, B. 5,5 cm
Speyer, Landesarchiv, Gatterer-Apparat F 7 Nr. 39

Im vorliegenden Dokument geht es letztlich um eine Kapitalaufnahme eines Adeligen, der im Begriff war, eine Jerusalemreise anzutreten. Zur Beschaffung des Reisegeldes beim Zisterzienserkloster Otterberg (bei Kaiserslautern) nahm er eine Summe von 15 Talenten Wormser Währung auf und verzichtete dafür auf seine Gerichtsrechte in Heßloch (bei Alzey) zugunsten des Klosters. Werner III. von Bolanden, Truchsess des kaiserlichen Hofes, wie er sich hier nennt, gehört der Familie der Reichsministerialen von Bolanden (Kirchheimbolanden am Donnersberg) an, Verwalter des Reichsgutes im linksrheinischen Gebiet der Pfalz, reich begütert und von hohem politischem

Einfluss. Er war Vormund zur Zeit der Minderjährigkeit König Heinrichs (VII.), des Sohnes Kaiser Friedrichs II. Sein Bruder und seine Söhne Philipp und Werner mussten ihre Zustimmung zu diesem Rechtsgeschäft geben, mit dem dokumentiert wird, wie intensiv eine Reise Adeliger auch finanziell vorbereitet werden musste. Viele Zeugnisse belegen, dass eine große Reise und insbesondere eine nach Jerusalem führende Pilgerfahrt, die meist auf dem Seeweg von Venedig ausging, sehr viel Geld kostete, das man sich wie im vorliegenden Fall vor der Abreise beschaffen musste. Auch deuten Testamente und letztwillige Verfügungen darauf hin, dass man mit der Möglichkeit rechnete, nicht wieder nach Hause zu kommen.

Lit.: Baur 1979, Bd. 5, S. 10f. – Debus 1998, Taf. 15.

Ha.S.

19

20

20 Siegel des Reichshofmarschalls Heinrich von Pappenheim

Augsburg (?),1251 (Oktober), Siegel bereits früher belegt
Pergament, anhängendes Wachssiegel
H. 17 cm, B. 22 cm; Siegel Dm 6,5 cm
Wallerstein, Fürstlich Öttingisches Archiv, U I/13

Das Siegel, um das es hier geht, ein ganz ungewöhnliches Stück, hängt an einer Urkunde, die der Marschall Heinrich (VI.) von Pappenheim ausstellen ließ. Darin verkaufte er an Äbtissin Elisabeth des Zisterzienserinnenklosters Stahelsberg (Kreis Gunzenhausen, heute verschwunden) sein Gut in Lampartshofen (abgegangen; Kreis Nördlingen) um 220 Pfund Augsburger Währung. An dem Rechtsvorgang nahmen zahlreiche Adelige und ihre Dienstleute als Zeugen teil, und offenbar war der Vorgang dem Verkäufer so wichtig, dass er ihn zur gleichen Zeit durch den König, Konrad IV., in einer eigenen Urkunde bestätigen ließ, die sich ebenfalls erhalten hat. Der König hielt sich damals, ein Jahr nach dem Tod Kaiser Friedrichs II., seines Vaters, in Augsburg auf.
Heinrich von Pappenheim gehörte einer staufischen Ministerialenfamilie an (Sitz bei Nördlingen), die als Marschälle des Reichs eine hohe Bedeutung erlangten und insbesondere in Italien tätig waren. Heinrich (III.) mit dem Beinamen „Haupt",

der 1191 vor Neapel gefallen ist, nannte sich dort *Testa*, also in der italienischen Form seines Beinamens. Heinrich (VI.) war einer der engsten Vertrauten Konrads IV. und bezeichnete sich als „Marschall des kaiserlichen Hofs", so auch in der vorliegenden Urkunde.
Heinrich (VI.) ist von 1240 bis 1278 belegt, sein Siegel, ein Rundsiegel, trägt die Umschrift + S(igillum) . HEINRICI . MARSCALCI . DE BAPPENHEIM . Es zeigt einen Königskopf im Profil mit Stirnbinde nach antikem Vorbild. Um 1240 geschnitten, ahmt es eine antike Gemme mit der Darstellung eines antiken Herrscherkopfes nach. Eine solche Gemme mag einer der Marschälle in Italien vom Kaiser als Siegel erhalten und diese als Siegel- und Wappenzeichen an seine Nachkommen vererbt haben. Auch in anderen Familien kommen solche Beispiele von Antikentradition vor. Porträtähnlichkeit braucht man daraus nicht abzuleiten, auch wenn der sehr markante Kopf sich im Detail vom antiken Vorbild entfernt haben mag.

Lit.: Pappenheim 1927, Taf. VII (Abb. Urkunde). – Dertsch/Wulz 1959, S. 8, Nr. 22 (Urkundentext). – Stuttgart 1977, Bd. 1, S. 55, Nr. 83.

Ha.S.

Rittertum

Jürgen Krüger

Ritter! Wenn es eine Epoche gibt, die man meint, mit einem Wort umschreiben zu können, dann wohl „Mittelalter" mit „Rittertum". Auch das ‚Nibelungenlied' lebt in den auf uns gekommenen Fassungen ganz in der Welt des Rittertums und gibt sich damit als ein Produkt des hohen Mittelalters zu erkennen.

Der Begriff „Ritter" ist in der Tat ein schillernder. Unklar von seiner Herkunft, erstmals im 11. Jahrhundert in Quellen fassbar, bezeichnet er zunächst lediglich einen berittenen Kämpfer, mit einem

Got man zen êren eine messe sanc.
dô wart von den liuten vil michel der gedranc,
dâ si ze ritter wurden nâch ritterlîcher ê
mit alsô grôzen êren, daz wætlîch immer mê ergê.

(C 32) **Zu Ehren Gottes sang man eine Messe.**
Danach entstand unter den Leuten ein ungeheures Gedränge,
als sie nach ritterlichem Brauch mit einer solchen Pracht,
wie sie sich wohl nicht mehr wiederholen wird, zu Rittern geschlagen wurden.

Der Palas der Burg Münzenberg, rechts der Burghof; links öffnet sich der Blick in die Wetterau

Elitesoldaten oder Offizier heutiger Zeit vergleichbar, und unterscheidet sich damit grundsätzlich vom gemeinen Fußsoldaten.

Während man sich einen Ritter in schwerer Rüstung und bis an die Zähne bewaffnet vorstellt, kommen doch sogleich neue Aspekte in den Blick: Untrennbar ist der Ritter als *miles christianus* mit der Kirche verbunden, hängen mit dem Adjektiv „ritterlich" Begriffe wie „ritterliche Herkunft", „Ehre und Pflichten" zusammen. In der hierarchisch strukturierten Gesellschaft des Mittelalters, in welcher der König die Spitze ausmacht, kommt der Ritterschaft die wesentliche Rolle der oberen Führungseben zu, und alle positiv verlaufenden oder zu bewertenden Vorgänge können im ritterlichen Sinne interpretiert werden. Die ritterliche Welt bildete also ein wichtiges Ferment der mittelalterlichen Kultur, wenn auch nicht das ausschließliche, wie bisher hier vielleicht suggeriert wurde.

STREITEN FÜR DIE EHRE

Die ritterliche Welt war in sich geschlossen. Als Kämpfer stritt der Ritter für den rechten Glauben, setzte sich für Gerechtigkeit allgemein ein, verteidigte seine Gefolgschaft (ohne die er auf dem Kampfross völlig hilflos wäre); stählte seinen Kampfgeist auf der Jagd und

COGIT.ACHI·VIRES·IN·MARTIS·OPVS·   LVVENILES·

d.achif.

STVLTVS·VT·EXPLORAT·SVA·FATA·PAVORE·LABORAT·

Reiterszene aus dem Psalmenkommentar des Petrus Lombardus, um 1180. Bamberg, Staatsbibliothek

im Turnier. Im Minnesang kamen die Kunst und das weibliche Geschlecht ins Spiel: In der Minne umwarb er die Frauen, kümmerte sich wiederum ritterlich um sie, um zu guter Letzt den Nachwuchs zu dem gleichen Ritterdienst zu erziehen, der in der Schwertleite in seine neue Rolle eingeführt wurde.

VERKLÄRUNG DES RITTERLICHEN IDEALS

Das ritterliche Ideal wurde schon im Mittelalter als solches empfunden (vgl. Kat. Nr. 23), und im Nachleben schon bald immer stärker verklärt. So bezeichnete sich bereits Kaiser Maximilian I. (König 1486–1519) als „der letzte Ritter". In diesem Geist verfasste er seinen ‚Theuerdank' (vgl. Kat. Nr. 228), den wiederum Freiherr von Laßberg aufnahm, als er dieses Buch und die ‚Nibelungenlied'-Handschrift C erwarb. Idealer Ort der ritterlichen Welt war die Burg, wo all das, wovon gerade gesprochen wurde, stattfand oder von wo es seinen Ausgang nahm.

Wenn diese Rahmenbedingungen klar werden, versteht man besser, wo das ‚Nibelungenlied' nicht spielt und was es nicht darstellen kann: Selbst wenn die Handlung in die Zeit der Völkerwanderung zurück projiziert wurde, so sind die Handlungsweisen doch grundverschiedene. Und in der Welt um 1200 spielte das Rittertum zwar eine wichtige Rolle, aber keineswegs eine so beherrschende wie es erscheinen möchte. In dieser Zeit entstand zum Beispiel die mitteleuropäische Städtelandschaft mit Hunderten von neuen Städten, entstanden Handelswege, wurde technischer Fortschritt für sozialen Wandel eingesetzt.

Lit.: Bumke 2002. – Schlunk/Giersch 2003.

21 Ritter-Aquamanile

Hildesheim, 2. Häfte 13. Jh.
Bronze, gegossen, ziseliert
H. 32,5 cm, L. 29 cm
Oslo, Universitetets kulturhistoriske museer,
Inv. Nr. C 592

Aquamanile – Gießgefäße – waren im 12. Jahrhundert als neuartiger Artikel mit der Kreuzzugsbewegung aus dem islamischen Bereich eingeführt worden und erfreuten sich größter Beliebtheit. Besonders anspruchsvolle Aquamanile wurden aus Bronze gefertigt.

Aquamanilen wurden zeremoniell eingesetzt, z. B. bei der Eucharistiefeier oder bei rituellen Händewaschungen beim Festmahl, wenn Rangniedere den Ranghöheren „das Wasser reichten", denn andersherum ging es nicht, wie es heute noch sprichwörtlich heißt. So war es nur zu verständlich, dass Ritter gerade in diesen Gefäßen der neusten Orient- und Kreuzzugs-Mode ihren herausgehobenen Stand ausdrückten.

Der Ritter in voller Rüstung, bekleidet mit Kettenhemd und Topfhelm, mit Schwert in der Rechten und (verlorenem) Schild in der Linken, ist zum Kampf bereit. Die Wendung seines Körpers deutet an, dass künstlerische Vorbilder für derartige Aquamanile in Reitersiegeln zu sehen sind (vgl. Kat. Nr. 216). Der Apfelschimmel mit den charakteristischen Flecken im Fell besitzt einen kostbaren Brustriemen, an

22

21

dem einst wohl kleine Wappenschilde herabhingen, oder Schellen wie im ‚Nibelungenlied': *Ir sätele wol gesteinet, ir furbüege smal … daran sô hiengen schellen von liehtem golde rôt* (C 409: Ihre Sättel waren reich mit Edelsteinen besetzt, an den schmalen Brustriemen … hingen Schellen von glänzendem roten Gold). Das ausgestellte Ritter-Aquamanile wird aufgrund seiner Verarbeitungstechnik in Hildesheim entstanden sein. Aus Helgeland in Mittelnorwegen gelangte es über Trondheim in die Osloer Sammlungen (vgl. Kat. Nr. 43, 112).

Lit.: Falke/Meyer 1983, S. 107, Nr. 262, Taf. 114. – Hütt 1993, bes. S. 47–55. – Heggtveit 1998, bes. S. 218–219. – Keller 2002.   J. K.

24

22 Kleine Kriegerfigur

Süddeutsch (?), um 1200
Bodenfund aus Konstanz
H. 2,8 cm
Bronze, gegossen und nachgearbeitet
Konstanz, Archäologisches Landesmuseum
Baden-Württemberg, o. Inv. Nr.

Die winzige Figur war vermutlich Teil des
recht aufwändig gestalteten Fußes eines
Leuchters oder eines anderen kostbaren
Gegenstandes. Als Krieger, durch den
Schild in der linken Hand gekennzeichnet,
hielt die rechte Hand wohl ehemals einen
Speer, vielleicht auch ein Schwert. Trotz
der sitzenden Stellung, die vermutlich
durch die Konstruktion bedingt war, zeigt
das Figürchen, wie stark die Welt und ihr
Bewusstsein um 1200 von kämpferischen
Auseinandersetzungen bestimmt war.

Lit.: Zürich 1992, S. 66.   K. E.

23 Romanischer Blindstempeleinband

Paris, 1. Hälfte 12. Jh.
Rindsleder über Holz
H. 23 cm, B. 15 cm
Karlsruhe, Badische Landesbibliothek, Cod.
Reichenau Perg. CCXLII

Die in der ersten Hälfte des 12. Jahrhunderts in Frankreich geschriebene Handschrift mit den *Epistolae canonicae cum
glossis* wurde vor 1150 in Paris gebunden. Später gelangte der Codex in das
Benediktinerkloster auf der Reichenau.
Es handelt sich um einen der schönsten
romanischen Einbände überhaupt. Das
über Holzdeckel gezogene Leder wurde
mit Einzelstempeln verziert. Auf bemer-
kenswerte Art und Weise gelang dem
Buchbinder damit eine dynamische
Gestaltung des Vorderdeckels mit Kirche
und Turmzinnen im Zentrum des Geschehens.
Die Stempel zeigen Motive, die auch in
‚Nibelungenlied' und -sage vorkommen:
Krieger, Reiter, Zinnen, Kirche und Drachen.

Lit.: Holder 1970, S. 548f., 697f. – Schmidt-Künsemüller
1985, S. 57.   U. O.

23

24 Zwei Kübelhelme

Repliken
Burg Madeln (Fundort), vor 1356
Eisen
H. 31,5 cm bzw. 33 cm
Liestal, Kantonsmuseum Baselland,
Inv. Nr. 53.1.211 und 53.1.212

Zum Schutz des Ritters gehörten vor allem Rüstung und Helm, beide aus Eisen
gefertigt und von erheblichem Gewicht.
Die frühe Form des Helmes, bei dem vom
Gesicht nur die Nase geschützt wird
(„Nasalhelm", vgl. Kat. Nr. 133), wurde
um 1200 vom „Topfhelm" abgelöst, der
den Kopf besser schützte und der weniger aufwändig herzustellen war. Daraus
entwickelte sich der „Kübelhelm". Obwohl
solche Helme im Mittelalter vieltausend-
fach hergestellt worden sind, gehören sie
zu den seltensten Fundstücken: technisch
bald überholt und durch leichtere Helme
abgelöst, wurden sie schnell weggewor-
fen, und das schmucklose Eisen korrodierte im feuchten Boden.
Die Topf- oder Kübelhelme verbesserten
einerseits den Schutz des Ritters, ließen
ihm aber andererseits nur kleine Sehschlitze, so dass das Gesicht nicht mehr
zu erkennen war. Andere Erkennungszei-
chen wurden notwendig, was zu einem
Aufblühen der Wappen führen sollte.

Lit.: Schlunk/Giersch 2002, S. 50–51.   J. K.

25

25 Zwei Schwerter mit Parierstange

Süddeutsch, 12. Jh.
Bodenfunde
Eisen, geschmiedet
Parierstangen modern ergänzt
a) L. 107,2 cm, gr. Klingenbr. 5,6 cm
b) L. 90 cm, gr. Klingenbr. 6 cm
Karlsruhe, Badisches Landesmuseum,
a) o. Inv. Nr.; b) Inv. Nr. C 1914

Das eine Schwert (b) trägt auf der Klinge
beidseitig eine eingeschlagene Verzierung, die bisher nicht gedeutet ist. Ein
Krückenkreuz ist von einem Kreis umgeben, der Buchstabe „R" ist viermal, davon dreimal gespiegelt wiedergegeben.
Nicht selten finden sich Namen auf der
Klinge, die zumeist den Hersteller, als
Qualitätsmarke, bezeichnen (zu Schwertern vgl. Kat. Nr. 134).   K. E.

26 Stachelsporne

Süddeutschland, 12./13. Jh.
Eisen, vergoldete Silberplattierung, Silbernieten
L. 11,5 cm, B. 7,5 cm
Stuttgart, Württembergisches Landesmuseum,
Inv. Nr. 820 bzw. E 3393

Die lange üblichen Stachelsporne wurden
im 14. Jahrhundert durch Radsporne ersetzt. Die sprichwörtliche Redensart „je-
mandem die Sporen geben" kommt bereits in wörtlicher Übereinstimmung im
‚Nibelungenlied' vor: *ir ros si nâmen beide zen sîten mit den sporn* (C 185: Beide
gaben den Pferden seitlich die Sporen).

Lit.: Oldenburg 1995, Bd. 2, S. 468–469.   J. K.

27 Pferdegeschirr aus Bad Urach

Schwaben, Anfang 14. Jh.
Ca. 100 Einzelteile aus Bronze (Trense aus
Eisen), gegossen, getrieben, vergoldet
Stuttgart, Württembergisches Landesmuseum,
Inv. Nr. 1996-460

Das Zaumzeug besteht aus einer Hebelstangentrense mit starrem Baum und
einem Kinnbügel als Widerlager, das
Geschirr aus einer Brustbaumel mit auf-
gesetzten Schellen und Schmucksteinen
aus Bergkristall, zwei länglichen Be-
schlagstücken mit dem Württembergischen Wappen sowie über 60 Appliken
mit jeweils in eigenem Rahmen frei auf-
gehängten Wappenschilden. Die Appliken waren ursprünglich auf – nicht erhaltenen – Lederriemen aufgenietet, wie
auch Brustbaumel und Kinnbügel mit
Leder unterlegt waren.

Die ziemlich grausame Art des Zaums
war im Mittelalter beim schwer gerüste-
ten Ritter für den Notfall eine gebotene
Vorsichtsmaßnahme, hatte er für die
Zügel – da die Rechte bei Turnier und
Kampf die Waffe führte – doch nur die
linke Hand zur Verfügung, die zugleich
den Schild halten musste. Die spezielle
Form der Hebelstangentrense mit festem
Baum kommt im frühen 14. Jahrhundert
auf und begegnet vor allem bei Beispielen aus Ungarn. Auf Ungarn könnte auch
die auffallend schmale Gebissweite der
Trense weisen, was auf ein hochblütiges,
d. h. aus Ungarn oder dem Orient im-
portiertes Ross und einen entsprechend
hochrangigen Besitzer schließen lässt.
Der Ritter der Stauferzeit machte nicht

nur optisch mit Wappen auf der Sattel-
decke und anderswo, sondern auch akus-
tisch auf sich aufmerksam: *ir furbüege*
(Brustriemen) *smal … daran sô hiengen
schellen von liehtem golde rôt* (C 400,1–3)
bzw. *ûf den wegen gie mit klingenden
zöumen die mære wolgetân* (C 1332,3)
heißt es im ‚Nibelungenlied'. Schellen,
vor allem aber klappernde Anhänger findet man auf vielen Abbildungen z. B. in
der Manesse-Handschrift, aber auch zahlreich als Einzelstücke, meist Bodenfunde,
in den Museen.
Der 1996 aus Privatbesitz erworbene
Bodenfund stammt angeblich vom Rand
der Schwäbischen Alb oberhalb von Bad
Urach. An dieser Stelle stand das Kloster
Güterstein, wo die Grafen von Württemberg um 1370 (vielleicht schon 1279) eine
Propstei und 1439 eine Kartause mit ihrer
Grabstätte anlegten. Schon vorher bewohnten sie das Uracher Stadtschloss
und besaßen die Burg Hohenurach. Die
Riemenanhänger haben das Württembergische Wappen in der Form mit drei gleichen Geweihstangen, was dem Siegelbild Graf Eberhards I. (des Erlauchten)
von Württemberg (1265–1325) entspricht;
für dieselbe Zeit sprechen auch der Typus
der Trense, die Form der Wappenschilde
und die Ornamentik.

Lit. Meurer 2003.   H. M.

26

27

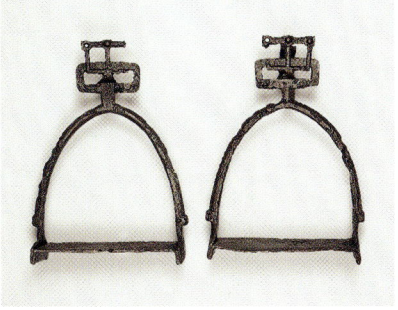

28

28 Steigbügelpaar

Ziefern, Kilchberg (Fundort), 10./ 11. Jh.
Eisen
H. 17,6 cm, B. 14,6 cm
Liestal, Kantonsmuseum Baselland,
Inv. Nr. 74.6.1

Steigbügel als Hilfe sowohl beim Aufsteigen als auch beim Reiten waren erstmals bei den östlichen Steppenvölkern und in China aufgekommen und bestanden ursprünglich aus Lederschlingen. Die Awaren brachten sie im 6. und 7. Jahrhundert nach Europa. Als die Lederschlingen durch Eisen ersetzt wurden, wurde zunächst die Form übernommen. Erst später entwickelte sich die Bügelform mit einem eigenen Trittsteg.
Bei Hofe war es üblich, Gästen in den Sattel zu helfen. Es ist also nicht unbedingt ein Zeichen der „sklavischen" Unterordnung, als Siegfried auf Burg Isenstein König Gunther in den Sattel half: *er hete solhen dienest selten ê getân, daz er den stegereif gehabt ie helede mêr* (C 407: Solchen Dienst hat er bisher noch nie verrichtet, dass er einem berühmten Helden den Steigbügel hielt).

Lit.: Littauer 1981. – Oldenburg 1995, Bd. 2,
S. 472–474.   J. K.

Burg

Jürgen Krüger

Sehs und ahzec türne   si sâhen drinne stân,
drî palas wîte   und einen sal wol getân,
von edelm marmelsteine   grüen alsam ein gras,
dar inne diu küniginne   mit ir ingesinde was.

(C 413) **Sechsundachtzig Türme sahen sie sich dort erheben;**
drei große Hauptgebäude und einen wunderschönen Saal
aus kostbarem, grasgrünen Marmor,
in dem sich die Königin mit ihrem Gefolge aufhielt.

Das natürliche Umfeld des Herrschers um 1200 stellen Burgen dar. Sie sind die einzigen Gebäude, die im ‚Nibelungenlied‘ etwas Kontur gewinnen.

Epen und Erzählungen, Minnelieder und Gedichte des 12. und 13. Jahrhunderts bilden einen reichen Fundus, um daraus Vorstellungen vom Aussehen einer Burg oder eines Hauses zu gewinnen, doch schnell stellt sich heraus, dass der Blick der Dichter ein anderer ist als der der Burgenforscher. Nach wie vor fällt es schwer, beides zusammenzubringen, doch ist der Blick über die Grenzen der eigenen Disziplin durchaus auch nützlich.

An allen wichtigen Handlungsorten des ‚Nibelungenlieds‘ – außer Szenen im Odenwald oder an der Donau – sind Burgen vorhanden, sie bilden den architektonischen Rahmen für die Handlung: Worms, Xanten, Isenstein, Pöchlarn oder Gran. Ausdrücklich wird jedes Mal auch eine Kirche erwähnt, nicht jedoch so etwas wie eine städtische Siedlung, selbst dann nicht, wenn von Orten wie Worms oder Passau die Rede ist: sowohl Römerzeit als auch Gegenwart, beides Epochen intensiven städtischen Lebens, bleiben ausgeblendet.

KERN DER SIEDLUNGEN

Burg – besser „Pfalz" oder „Palast" – und Kirche bilden den Kern der Herrschaft, auch im Verständnis der damaligen Zeit, und bilden mitunter den Kern der jeweiligen Siedlungen. Häufig ist dies heute noch erlebbar: auf dem Bamberger Domberg zum Beispiel, wo neben dem Dom die „Alte Hofhaltung" direkt anschließt, oder in Braunschweig, wo das Ensemble von Dom und Burg Dankwarderode den Platz mit dem Löwenmonument Heinrichs des Löwen in der Mitte einrahmt, zwei architektonische Ensembles, die in der Zeit um 1200 schon ganz ähnlich existiert haben.

Die Burg selbst wird im ‚Nibelungenlied‘ weniger von ihrer fortifikatorischen Seite her gesehen als vielmehr als Herrschaftsmittelpunkt (die Beschreibung der türmereichen Silhouette Isensteins bleibt eine Ausnahme). Türme, Laufgänge und Zinnen als Elemente der Verteidigung und des Kampfes werden vernachlässigt. Im Mittelpunkt steht das große Hauptgebäude einer Burg, der *Palas*. Dieser Gebäudetyp, durchaus als eine frühe Vorform des Palastes zu charakterisieren, entwickelte sich im Laufe des 12. Jahrhunderts und wurde als regelmäßiger, rechteckiger Gebäudekörper innerhalb eines großen Mauerrunds, das schon Jahrzehnte, manchmal Jahrhunderte bestand, angelegt. Das „Steinenschloss" in der Pfalz (Kat. Nr. 30) stellt ein außerordentlich frühes Beispiel dieses Typs dar.

Im Obergeschoss des Palas befand sich normalerweise ein großer Saal, der das gesamte Stockwerk einnahm. Hier befand sich der Thron des Herrschers (C 1209, 1849), hier fanden die Empfänge von Gesandtschaften und Gästen statt. Die Ausstattung mit Fensterarkaden, Nischen, Wandmalereien, Wandteppichen und Kaminen machte den Palas zum repräsentativen Zentrum der Burg.

Die Lage im Obergeschoss bedingte eine Treppe, die zu ihm hinaufführte: Sie lag im Normalfall außen, und das Portal im Obergeschoss bildete den einzigen Zugang zum Saal. Portal und Treppe kamen dadurch eine besondere Bedeutung zu: Augenfällig wurde dem nahenden und heraufsteigenden Gast durch „Oben" und „Unten" die Position des Herrschers demonstriert (C 631), nicht zufällig fand der Kampf der Nibelungen an der Treppe zum Palas statt.

Im Gegensatz zu Kirchen des 12. Jahrhunderts wurden die Palasgebäude nicht eingewölbt; Zwischenböden und Dachstuhl wurden als Zimmermannsarbeit mit mächtigen Holzbalken gebildet. Die Tiefe des Gebäudes bedingte dabei, dass der große Saal durch eine Stützenreihe in der Mitte unterteilt wurde, wie es ganz typisch die einzige erhaltene Burg dieser Zeit, die Wartburg, noch zeigt. Das trockene Holz der Balken, die auf großen Konsolsteinen der Wände aufliegen, war durch Feuer leicht zu entzünden, eine Situation, die im Kampf gegen die Nibelungen sogleich ausgenutzt wurde.

Eine Abteilung für sich bildete die Kemenate. Als *camera caminata* mit einem Kamin versehen, also heizbar, war es kein so großer, aber ein sehr wichtiger Raum, der in der Folgezeit für die Entwicklung der Einrichtung Bedeutung gewann. Im ‚Nibelungenlied' wird der Ausdruck noch im Sinne für Frauengemach verwendet, was nur bedingt mit den historischen Quellen übereinstimmt. Doch kennt man zum Beispiel auch auf der Wartburg eine „Elisabethkemenate".

KOMPLIZIERTE, UMFANGREICHE AUSSTATTUNG

Die zahlreichen Ausstattungsdetails, die man gerade von Palas-Gebäuden kennt, täuschen über unseren wirklichen Kenntnisstand hinweg: Burgen gerade des frühen und hohen Mittelalters sind sehr schlecht erhalten, und die Forschung hat sich mit ihnen längst nicht so intensiv beschäftigt wie mit dem Kirchenbau. Dabei war eine Burg von ihrer Struktur her eher wesentlich komplizierter aufgebaut als ein zeitgleiches Kloster, etwa ein Zisterzienserkloster des 12. Jahrhunderts. Vielen verschiedenen Funktionen hatte eine Burg zu dienen, die auch teilweise im ‚Nibelungenlied' erwähnt werden: Wohnen, haushalten, kochen, Gäste empfangen, Klei-

dung herstellen, jeweils verbunden mit entsprechenden Techniken der Vorratshaltung (Ställe, Scheunen, Weinkeller), Verteidigung (Waffenkammer), Schatzkammer, Gästehaus, Herberge, Hospiz. Nicht alle Bereiche waren allen zugänglich, wie schon das Beispiel des großen Saals deutlich machte. Es gab Schatzkammern, Truhen und Räume, die speziell mit eigenen Schlössern gesichert wurden. Daneben wurden für große Feste – Schwertleiten, Gesandtenempfänge – provisorische Gebäude oder Zeltstädte errichtet, Räume für Gelage immer wieder neu hergerichtet. Die neuzeitliche Ordnung, wie sie auch uns noch durch Tischsitten oder Zeremoniell bekannt ist, ist daher nur teilweise auf die früheren Zeiten übertragbar.

Im ‚Nibelungenlied' wird von all' dem nur eine Kulisse aufgebaut: Die Burgen stellen die Orte dar, an denen die Handlung abläuft, genauso wie man sich vorzustellen hat, dass das ‚Nibelungenlied' als Endprodukt wieder auf eine „Bühne" gebracht wurde: in einer Burg wurde es vor höfischem Publikum vorgetragen und ergötzte die Ritter durch Erzählungen aus ihrer Vorzeit. Wie die Wartburg als Schauplatz eines Sängerwettstreits schon früh Berühmtheit erlangte, wurden auch andere Burgen Zentren der deutschen Literatur und des Minnesangs: Burg Wildenberg im Odenwald als möglicher Aufenthaltsort von Wolfram von Eschenbach, auf der Neuenburg bei Naumburg vollendete Heinrich von Veldeke seinen ‚Eneasroman', nachdem dem Dichter das unfertige Manuskript bei der Fürstenhochzeit zu Kleve entwendet worden war.

An der Wende zum 13. Jahrhundert wurden oberhalb des Neckars rund um die Kaiserpfalz Wimpfen eine Reihe von Burgen angelegt: Ehrenburg, Guttenberg, Minneberg – mit der Bezeichnung nach *êre – güete – minne* wurden die Burgen mit den Tugendbegriffen benannt, die der Dichterkreis im Zentrum der Anlage, in Wimpfen, entwickelt hatte. Die Burg als Ort, wo mittelalterliche Kultur eine ihrer wesentlichsten Ausprägungen erhielt, wird im ‚Nibelungenlied' direkt nicht dargestellt; es ist aber selbst Teil davon.

Lit.: Schultz 1880. – Knappe 1974. – Biller 1993. – Zeune 1996. – Andermann 1998. – Krüger 1998. – Meckseper 2002.

29 **Idealmodell einer stauferzeitlichen Burg**
Modell Maßstab ca. 1:50
Modellbauer:
Jürgen K. Schillinger, München, 2002
L. 75 cm, B. 55 cm, H. ca. 60 cm
Koblenz, Burgen, Schlösser, Altertümer Rhein-
land-Pfalz, o. Inv. Nr.

Für die Ausstellung „Die Ritter" im Historischen Museum Speyer wurde eine
fiktive Burganlage der Zeitstellung um
1220/30 entworfen und im Modell nach-
gebaut. Ziel war, eine für die damalige
Zeit recht „typische" Burganlage zu präsentieren. Daher wurde eine kleine, kom-
pakte Ministerialenburg mit den obliga-
ten Baukomponenten Bergfried, Palas,
Ringmauer und Torbau gewählt.
Der Großteil unserer stauferzeitlichen
Burganlagen erhebt sich in Sporn- oder
Gipfellagen. Gewählt wurde daher eine
Spornburg mit frontseitigem Bergfried –
eine sog. „Frontturmburg", die sich der
Kontur des Felsens anpasst, folglich einen
polygonalen Grundriss aufweist. Vor dem
Burgtor erstreckte sich quer über den Nacken des Felssporns ein kurzer, aber breiter Halsgraben. Ein Torbau muss an einer
solchen Burg nicht zwingend vorhanden
sein, oft bestand das Tor lediglich aus
einem Mauerdurchbruch. Da es offenbar
erst ab ca. 1250 Zugbrücken gab, führt
eine hölzerne Brücke bis direkt vor das

Burgtor. Verzichtet wurde auf einen Wurferker (der Begriff „Gusserker" wird bewusst vermieden, denn heißes Pech,
siedendes Öl, kochendes Wasser sind
eine reine Erfindung der Burgenrezeption
des 19. Jahrhunderts), da diese im frühen
13. Jahrhundert noch relativ selten waren.
Erst im 14. und 15. Jahrhundert mehren
sich die Verteidigungseinrichtungen an
den Toren.
Der *Bergfried* erhebt sich tornah zur opti-
malen Machtdemonstration. Gewählt wurde die häufige Grundrissform des Qua-
drates. Unser Turm steht ungewölbt, was
im frühen 13. Jahrhundert durchaus öfters
vorkam. Auf ein Verlies im Untergeschoss
wurde bewusst verzichtet, da diese in
Wirklichkeit die Ausnahme darstellten.
Tatsächlich diente der hohe Turmsockel
als Lagerraum, falls er überhaupt einen
Zweck erfüllte. Da Bergfriede in der Regel
kaum verteidigungsfähige Bauten waren,
eher der Veranschaulichung von Herr-
schaftsansprüchen dienten, wurde hier
bewusst auf aufwändige Wehreinrichtun-
gen verzichtet (Wurferker, s.o.).
Gegenüber steht talseitig der *Palas* mit
seinem repräsentativen Saal im 1. Obergeschoss. Das Raumende, an dem der
Burgherr saß, weist einen dekorativen
Haubenkamin und größere Fenster auf.
Der halb eingetiefte Keller enthält die

Lagerräume, das 2. Obergeschoss beher-
bergt die Wohn-, Schlaf- und Arbeitsräu-
me. Der *Palas* ist sparsam möbliert, die
Wände sind mit Malereien verziert. Die
sanitäre Entsorgung der beiden Oberge-
schosse erfolgt über Aborterker, die sich
rückseitig zum Hang entleeren. In den
Palas integriert, dem Tor zugewandt und
vom Saal her direkt erreichbar, liegt die
Kapelle (erkennbar an ihrer Halbrundap-
sis bzw. ihrem Chorerker nach Osten), die
den Schutz Gottes für das Burgtor herbei-
führen sollte.
Die Ringmauer zeigt noch einen offenen
Wehrgang, die Zinnen sind gegenüber
den Zinnenlücken sehr breit. Schießschar-
ten kommen exakt in diesen Jahren um
1220/30 bei uns erst auf und fehlen daher
an unserer Modellburg.
Das Mauerwerk zeigt zumindest an den
Ecken die zeittypischen Buckelquader
und ist verputzt (mit Ausnahme der Buckelquader, die sich bei einem naturna-
hen, kolorierten Modell farbig abheben
würden).

Lit.: Zeune 1996. J. Ze.

30 **Der Palas des „Steinenschlosses"**
bei Pirmasens
Thaleischweiler-Fröschen (Rheinland-Pfalz),
um 1100
Modell Maßstab 1:30
Modellbauer: M. Wittköpper, Mainz 1991
L. 125 cm, B. 125 cm, H. 70 cm
Mainz, Römisch-Germanisches Zentral-
museum, o. Inv. Nr.

Das „Steinenschloss", dessen mittelalterlicher Name genau so unbekannt ist wie
sein Erbauer, liegt im Pfälzer Wald nahe
Pirmasens hoch über dem Zusammen-
fluss von Rodalbe und Schwarzbach. Das
Hauptgebäude der Burg – der *Palas* –
wurde bereits um 1100 aufgeführt, wie
aus der typisch salischen Mauertechnik
zu schließen ist.
Der dreistöckige Palas wurde auf sym-
metrischem Grundriss errichtet, was für
diese Zeit noch ungewöhnlich war. Weiter
verfügte er im Sockelgeschoss über (erhaltene) Abortanlagen sowie in der Küche über zwei Herdstellen. Im geräumi-
gen, reich durchfensterten Saal darüber
befanden sich Kamin und Kachelöfen.
Mit seiner symmetrischen und großzügigen Anlage, die im Modell mit weiteren
Details rekonstruiert wurde, weist der

Palas auf die Palasbauten des späten 12. Jahrhunderts, zum Beispiel der Wartburg, voraus.

Bereits im Verlauf des 12. Jahrhunderts beeinträchtigten Umbauten in der Burg ihr Erscheinungsbild, so vor allem durch den Einbau eines mächtigen Rundturms vor der Fassade des Palasgebäudes. Um 1200 wurde die Burg endgültig aufgelassen und verfiel.

Lit.: Böhme 1991, Bd. 2, S. 55–59. – Speyer 1992, S. 212.   J. K.

31   Das „Graue Haus" in Winkel
Winkel (Rheingau), 1075/78
Modell Maßstab 1:30
Modellbauer: S. Martins, Mainz
L. 58 cm, B. 41 cm, H. 39 cm
Mainz, Römisch-Germanisches Zentralmuseum, o. Inv. Nr.

Das zweigeschossige Haus mit einem Satteldach gilt seit langem als das älteste deutsche Wohnhaus. Vermutlich wurde es für die Geistlichkeit errichtet (sog. Immunitätsbau).

Während das Erdgeschoss nur vergitterte oder schmale Schlitzfenster besaß und die Türen von innen durch schwere Bal-

ken gesichert werden konnten, war das Obergeschoss repräsentativ ausgestaltet. Hier befand sich ein Kamin, und eine Reihe von sechs Arkadenfenstern in der Mitte der Front vermittelte einen großzügigen Eindruck.

Erd- und Obergeschoss besitzen keine innere Verbindung. Nur eine ursprünglich hölzerne Außentreppe, die im Gefahrenfall leicht abgerissen werden konnte, führte hinauf. Dadurch werden die beiden Funktionsbereiche – massiv gesichertes Erdgeschoss, repräsentatives Obergeschoss – deutlich geschieden.

Das obere Geschoss war durch eine Längsmauer in einen schmaleren Raum mit den Arkaden und einen breiteren Saal mit Kamin getrennt, eine Raumfolge, die für Immunitätsbauten typisch wurde. Als ein „stattliches Haus" könnte man es bezeichnen, und dabei an den Witwensitz nahe des Wormser Domes denken, der für Kriemhild nach dem Tod Siegfrieds errichtet wurde (C 1113).

Das „Graue Haus" brannte 1964 durch Brandstiftung aus. In der Ruine konnten noch genügend Holzreste gefunden werden, welche die sichere Datierung 1075/78 gestatteten, d. h. dass das Haus rund 100 Jahre älter ist als bislang immer angenommen worden war. Unter den Holzresten fand sich sogar ein Holzriegel als Fensterverschluss, der 900 Jahre lang intakt geblieben war. Nach dem Wiederaufbau in historisch getreuen Formen dient das „Graue Haus" heute als Gaststätte.

Lit.: Hollstein 1980, S. 176f. – Wiedenau 1984, S. 290–294. – Speyer 1992, S. 55f.   J. K.

30

31

32 Doppelfenster

Burg Schweinberg bei Hardheim (Neckar-Odenwald-Kreis), um 1100
Roter Sandstein
H. 120 cm, B. oben 104 cm, B. Sohlbank 97 cm
Karlsruhe, Badisches Landesmuseum,
Inv. Nr. C 6970

In den Palasbauten wurden im Lauf des 12. Jahrhunderts die Fenster zum bestimmenden Fassadenelement. Über ihre eigentliche Funktion hinaus – als Belichtung des Inneren – dienten sie der Auflockerung und Gliederung des Gebäudes. Im Obergeschoss gelegen und mit Sitznischen ausgestattet, erlaubten sie den Bewohnern außerdem einen Blick in den Burghof und in die Weite, wie es im ‚Nibelungenlied' an zahlreichen Stellen erwähnt wird: *In diu venster sâzen diu hêrlîchen wîp, ... si sâhen kurzewîle von manigem küenem man* (C 817: In den Fenstern saßen die herrlichen Frauen... sie sahen den Unterhaltungsspielen der tapferen Männer zu).

Das Fenster der Burg Schweinberg (vgl. Kat. Nr. 33) gehört zu den frühen und fein ausgearbeiteten Exemplaren dieses neuen Details der Burgenbaukunst. Bauskulptur vergleichbarer Qualität ist in der Zeit um 1100 nur in wichtigen Kirchen wie Schaffhausen oder Straßburg anzutreffen. Die Fenster waren zu dieser Zeit natürlich noch unverglast. Sie wurden mit Holzläden von innen verschlossen.

Lit.: Zimmermann 1985, S. 23–25, Nr. 1. – Frank 1995 (allgemein). J. K.

33 Kapitell

Burg Schweinberg bei Hardheim (Neckar-Odenwald-Kreis), um 1100
Roter Sandstein
H. 29,5 cm, Deckplatte L. 25 cm, B. 25 cm
Karlsruhe, Badisches Landesmuseum,
Inv. Nr. C 6974

Auch in seinem ruinösen Zustand vermittelt das Kapitell noch eine Ahnung von dem hohen Aufwand, mit dem Säulen und Kapitelle für Portale und Fenster hergestellt wurden.

Von der Burg stehen heute nur noch Teile des Bergfrieds aufrecht. Der erste wissenschaftliche Bearbeiter der Burg fand um 1900 Bauteile in einem nahe gelegenen Schweinestall, von wo sie ins Museum überwiesen wurden. Im Zweiten Weltkrieg wurden sie nochmals beschädigt.

Lit.: Zimmermann 1985, S. 25f., Nr. 2. J. K.

34 Wandpfeiler

Burg Schüpf bei Oberschüpf (Main-Tauber-Kreis), um 1200
Gelber Keupersandstein
H. 115 cm, B. Sockel 26 cm, Deckplatte Kapitell L. 20 cm, T. 12 cm
Karlsruhe, Badisches Landesmuseum,
Inv. Nr. C 6391/92

Der Wandpfeiler mit dem sehr präzis bearbeiteten Kapitell mit Palmettendekor diente vermutlich als eine von zwei Wandstützen für den Kamin des großen Saals der Burg Schüpf.

Burg Schüpf, nahe des Taubertals gelegen, wurde von den Herren von Schüpf errichtet und bewohnt, die in staufischer Zeit immer häufiger am Königshof genannt werden. Mehr als ein Jahrhundert lang verwalteten sie das Amt des Schenken am staufischen Hof. Schenk Konrad war in der Umgebung Friedrich Barbarossas tätig, sein Sohn Walter diente den Königen Philipp, Otto IV. und Friedrich II. Um 1230 verlegten die Schenken ihren Sitz nach Limpurg bei Schwäbisch Hall. Als „Schenken von Limpurg" wurden sie in die Manessesche Liederhandschrift (vgl. Kat. Nr. 225) aufgenommen.

Burg Schüpf erlebte daher seine Blüte am Ende des 12. und in den ersten Jahrzehnten des 13. Jahrhunderts.

Lt.: Zimmermann 1985, S. 40, Nr. 6. – Leistikow 2002. J. K.

32

33

turen der Gesichter sind hart gezeichnet, Bart, Ohren und Haarkappe ins Ornamentale stilisiert. Sie stellen keine Porträts dar, sondern verkörpern idealtypisch den ernsten Charakter des Ritterstandes. Zusammen mit den Kapitellen gehören die Köpfe zu den wichtigsten Zeugnissen der romanischen Bauskulptur im mitteleuropäischen Raum. Sie spiegeln die herausragende Stellung, welche die Reichsschenken im Herrschaftsgefüge ihrer Zeit innehatten.

Lit.: Zimmermann 1985, S. 40f., Nr. 7. – Leistikow 2002.
J. K.

35

35 Sattelstein mit Rittermasken
Burg Schüpf bei Oberschüpf (Main-Tauber-Kreis), Anfang 13. Jh.
Gelber Stubensandstein
H. 31 cm, B. 60 cm, T. 26,5 cm
Karlsruhe, Badisches Landesmuseum,
Inv. Nr. C 6100/01

Zusammen mit einer ganzen Reihe von Kapitellen gehörte dieser Sattelstein wohl zu einer längeren Fensterreihe des Hauptsaales der Burg Schüpf. In staufischer Zeit wurde eine solche Fensterbogenreihe abwechselnd von Einzel- und von Doppelsäulen getragen. Über Einzelsäulen benötigte man einen so genannten Sattelstein, ein vermittelndes Bauglied zwischen der relativ schmalen Säule und der größeren Mauerstärke.
Die Schrägen des Sattelsteins werden für zwei männliche Masken genutzt. Die Kon-

36 Kaminplatten der Pfalz Gelnhausen
Aufgenommen von Georg Moller für die Publikation: Denkmäler deutscher Baukunst;
Darmstadt 1844
Lithographie
H. 33 cm, B. 51 cm
Heidelberg, Universitätsbibliothek, C 6515-10
GRO:3

Der Kamin im Palasgebäude der Pfalz Gelnhausen ist selbst nicht erhalten. An die Kragsteine anschließend befinden sich zu beiden Seiten zwei Schmuckplatten mit Flechtwerkmotiven. Der ganze Kamin wird dadurch als kostbarer Raumschmuck charakterisiert.
Die Pfalz Gelnhausen ließ Kaiser Friedrich Barbarossa um 1170/80 errichten. Sie ge-

hörte zu seinen bevorzugten Bauten und gilt nach wie vor als die besterhaltene staufische Pfalz.
Früher stellte man sich aufgrund der aufwändigen Kaminplatten vor, dass unter ihnen einst die Throne des Kaiserpaars standen. Doch gehörte der Raum im Sockelgeschoss nicht zu den zeremoniell wichtigen Räumen.
Gelnhausen erregte früh die Aufmerksamkeit der „vaterländischen" Denkmal-

34

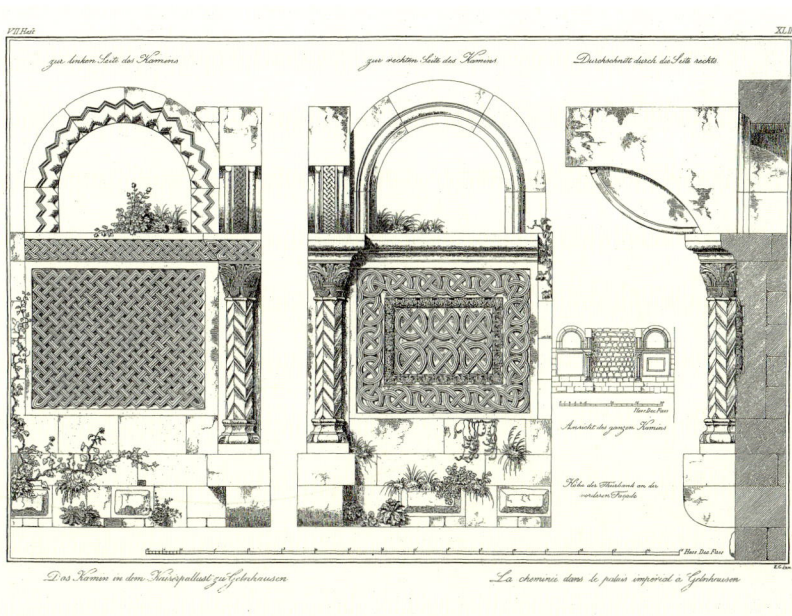

36

pflege, weswegen gerade Architekten des 19. Jahrhunderts sich mit ihr beschäftigten und sie in ihre Kompendien der mittelalterlichen Baudenkmäler aufnahmen.

Lit.: Moller 1844, S. 9f. – Binding 1965. – Biller 2000, S. 16f.
J. K.

37 Teile der Ausmalung des Palas-Saales der Gamburg
Gamburg (Taubertal), 1. Drittel 13. Jh. (?)
Seccomalerei, in geringen Resten erhalten
a) H. bis zu 174 cm, B. ca. 300 cm
b) H. bis zu 197 cm, B. ca. 123 cm
Zeichnerische Rekonstruktion Helga Fabritius, Heidelberg 2003

Mit der Entdeckung mittelalterlicher Wandmalerei auf der Gamburg gelang 1986 ein besonderer Fund, nämlich die bislang einzige Ausmalung eines Palas-Saales in Mitteleuropa. Den ergänzten Zeichnungen liegen zwei Fragmente an der Nord- und Ostwand zu Grunde. Sie gehören zu einem Zyklus, der in mehreren Bildstreifen übereinander angelegt war.
Auf dem Bild der Nordwand (a; Abb. S. 42) reitet von links eine Gruppe von Rittern auf eine Stadt zu. Ein gerüsteter Bischof – durch den Schriftzug über seinem Kopf als Bischof Gottfried identifiziert – führt die Reiter an. Das Malereifragment der Ostwand (b) zeigt eine Gruppe von Rittern, die von einer Stadt wegreiten. Nicht nur die Reiter sind wohl gerüstet, sogar die Pferde schützt ein Kettenpanzer. Ein Kampf scheint stattgefunden zu haben, worauf

ein gefallener Ritter hindeutet. Möglicherweise wurde hier der dritte Kreuzzug (1189) dargestellt, an dem sowohl Beringer III. von Gamburg als auch Bischof Gottfried I. von Würzburg teilnahmen. Die Datierung der Malerei erweist sich als schwierig. Historische Gegebenheiten weisen auf den Anfang des 13. Jahrhunderts als Entstehungszeit, zeichnerische Details wie das außergewöhnliche Stadtbild und die Pferderüstung legen eine jüngere Datierung nahe.
Die Gamburger Malerei ist ein beredtes Beispiel für die Vorliebe erzählerischer Sujets bei der Ausgestaltung repräsentativer Räume im Mittelalter. Dabei dienten auch epische Stoffe als Vorlage. So rezipieren die Malereien auf Schloss Rodenegg (Südtirol) und im Hessenhof in Schmalkalden den ,Iwein', ein weiteres kleines Malereifragment im Palas-Saal der Gamburg kann mit dem ,Lanzelot' in Verbindung gebracht werden.

Lit.: Schupp/Szklenar 1996 (zu Rodenegg). – Fabritius 2000.
H. F.

38 Thronartiger Stuhl
Rekonstruktion nach einem norddeutschen Vorbild, um 1200
Nachbau: Badisches Landesmuseum, Christoph Adler, 2003
H. 142,5 cm, B. 100 cm, T. 77 cm
Eiche, Ahorn, Buche, größtenteils gedrechselt
Karlsruhe, Badisches Landesmuseum

Die Wohnräume waren im Hochmittelalter nur spärlich mit Möbeln ausgestattet. Außer einer Anzahl von Truhen und wenigen Schränken haben auch einige Sitzgelegenheiten, Faltstühle und thronartige Sessel, den langen Zeitraum bis heute überdauert.
Eine solcher Sessel ist uns im Kloster Isenhagen überliefert. Allerdings wurde im Laufe der Zeit der herrschaftliche Stuhl in ein Chorpult umgewandelt, so dass nur der moderne Nachbau eine Vorstellung von seinem ursprünglichen Aussehen geben kann. Bis auf die Sitzfläche und die Vorderfront bestand der Stuhl aus gedrechselten Teilen, die ihm durch teilweise Einfärbung seinen starren Charakter nehmen. Vergleichbar sind Sessel in Skandinavien und eine lange Chorbank im Kloster Alpirsbach des 12.–14. Jahrhunderts. Das im Kloster Isenhagen erhaltene Möbelstück befand

37 b

sich ursprünglich in weltlichem Gebrauch. Sehr wahrscheinlich ist es durch Herzogin Agnes, Witwe Heinrichs, Pfalzgraf am Rhein († 1227), in Klosterbesitz gekommen. Herrschaftliche Sitzgelegenheiten werden im ,Nibelungenlied' nicht näher beschrieben.

Lit.: Appuhn 1986. – Pfeil/Westhoff 2001 (Alpirsbach)
K. E.

39 Truhe
Wartburg, um 1380
Holz, Eisen
H. 66 cm, L. 131 cm, T. 58 cm
Eisenach, Wartburg-Stiftung, Inv. Nr. KM 220

Truhen gehörten durch das ganze Mittelalter hindurch zu den wichtigsten Möbeln, um Hausrat aller Art aufzubewahren. Die Kastentruhe wurde – ähnlich wie eine Zigarrenschachtel – aus mehreren Brettern zusammengefügt, die mit schweren Eisenbändern zusammengehalten werden. Der Vorteil gegenüber den Einbaumtruhen (vgl. Kat. Nr. 91) liegt darin, dass mit dünneren Brettern größere Ausmaße und ein wesentlich vergrößertes Volumen hergestellt werden konnte. Im Mittelalter wurden alle Herstellungstechniken für Truhen nebeneinander verwendet.

Lit.: Albrecht 1997, S. 31–35.
J. K.

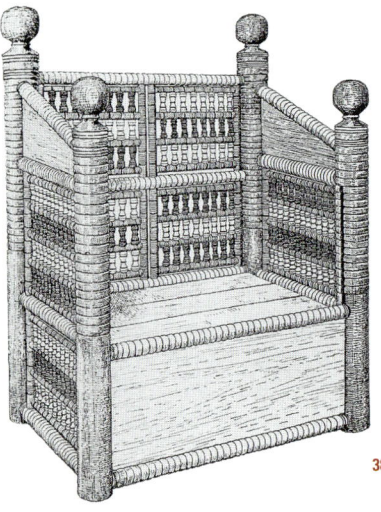

38

40 Vorhängeschloss

Süddeutsch (?), 12./13. Jh.
Bodenfund aus Dietenheim, Alb-Donau-Kreis
Bronze
H. 4,3 cm, B. 3,9 cm
Ulm, Ulmer Museum, Archäologische Sammlung (Leihgabe aus Privatbesitz)

Einer größeren Zahl von Schlüsseln entsprechen nur eine kleine Zahl von Schlössern des Hochmittelalters. Insbesondere Vorhängeschlösser gehören zu den Raritäten unter den mittelalterlichen Funden. Das Schließsystem ist in Mitteleuropa schon aus spätkeltischer Zeit bekannt. Das Schloss besteht aus zwei trennbaren Teilen: einem Teil mit Spreizfeder und einem Kastenteil mit Dorn, Öffnung für die Spreizfeder und dem Schlüsselloch. In zusammengeschobenem Zustand sind die beiden Teile nur mit einem durch das Schlüsselloch eingeführten Schlüssel und durch entsprechenden Druck auf die Spreizfeder zu trennen. Die rückseitige Abdeckung des Schlosskastens durch ein Blech fehlt heute. Das kleine Schloss wird wohl einer kleinen Lade oder Truhe mit wertvollem Inhalt – wie etwa der im ‚Nibelungenlied' häufiger erwähnte Schmuck – als Verschluss gedient haben. Dabei sollte die abschreckende Wirkung der auf der Schlossvorderseite befindlichen Maske den leicht zu überlistenden Mechanismus zusätzlich vor Dieben bewahren.

Lit.: Wehrberger 2001.   K. E.

41 Schlüssel

Herkunft unbekannt, 11.–12. Jh.
Bronze, gegossen
H. 6,2 cm, B. 3,5 cm
Stuttgart, Württembergisches Landesmuseum,
Inv. Nr. E 386

Bei dem Schlüssel geht die figürlich gestaltete Reide in den Schaft über: Eine bekleidete Gestalt, die mit erhobenen Armen einen durchbrochenen Dreierbogen hält. Am hohlen Dorn hängt ein einfacher, gewellter Bart. Bis ins 12. Jahrhundert wurden Schlüssel selten figürlich gestaltet. Bis dahin wurden sie vor allem aus Bronze gegossen, später durchweg aus Eisen geschmiedet.
Die Verfügungsgewalt, die der Schlüssel seinem Besitzer verleiht, wird im Mittelalter stets auch symbolisch gedeutet. Im frühen Mittelalter galten Schlüssel und Schlüsselbund als Abzeichen häuslicher Gewalt der Frau und wurden ihr oft als Grabbeigaben mitgegeben. Wie heute noch wurde mit dem Schlüssel auch die Gewalt über ein Gebäude oder eine Stadt übergeben. Entsprechend häufig ist der Schlüssel eine Wappenfigur deutscher Städte. Die Schlüsselübergabe an Petrus nach dem Bibelwort Matthäus 16,19, die sog. Schlüsselgewalt, diente als Begründung für den Machtanspruch der Kirche.

Lit.: Unveröffentlicht; vgl. Brunner 1988.   H. M.

40

41

39

Von Lindwürmern und Drachen

Babette Stadie

Noch weiz ich an im mêre,   daz mir ist bekant.
einen lintrachen   sluoc des heledes hant.
dô badet er in dem bluote;   des ist der helt gemeit
von alsô vester hiute,   daz in nie wâfen sît versneit.

(C 100) Übrigens habe ich noch eine weitere Geschichte über Siegfried gehört:
Einen Drachen hat der Held erschlagen.
Danach badete er sich in dessen Blut. Deshalb hat der kühne Held
eine so harte Haut, dass ihn seitdem keine Waffe hat verwunden können.

Lindwurm und Drachenblut kommen nur an zwei Stellen im ‚Nibelungenlied' vor. Gunther, König der Burgunden, fragt Hagen von Tronje, ob er die gerade angekommenen fremden Reiter kenne. Hagen berichtet daraufhin, was er über Siegfrieds Leben und Taten weiß (C 87–99). Er erinnert damit an Nibelungenerschlagung, Nibelungenhort und Drachenkampf, die in der nordischen Überlieferung – der ‚Lieder-Edda', der ‚Snorra-Edda', der ‚Völsungasaga' und der ‚norwegischen Thidrekssaga' – präsent sind. In C 100 berichtet er schließlich, dass Siegfried durch ein Bad in Drachenblut unverwundbar geworden ist.

Viele Aventiuren später klagt Kriemhild Hagen ihre Sorge, dass Siegfried in einem Kampf getötet werden könnte (C 899, 902). Hagen verspricht dies zu verhindern und entlockt der Beunruhigten das Geheimnis um Siegfrieds verwundbare Stelle zwischen den Schulterblättern. Dieses Wissen nutzt er und wie ein Tier tötet er Siegfried im Wald während der Jagd beim Wassertrinken (C 982ff.).

ZU BEKÄMPFENDES ELEMENT

Die in Urmythen, Sagen, Märchen und Erzählungen geschaffenen Bilder des Fabeltieres leben seit ewigen Zeiten bis heute in den Kulturen aller Völker der Erde und beleben die Phantasie. Vom Kosmos über das Urchaos auf Erden, von den Naturgewalten bis hin in die innerste, unbewusste Menschennatur hinein begegnet man dem Drachen.

Im östlichen Kulturkreis wird er als gefährliches, aber in Hochachtung zu befragendes Wesen positiv in das Leben integriert, im Westen hingegen verkörpert der Drache das zu bekämpfende Element, welches die Ord-

nung stört. Der Drache kann als Schuldträger für alles zur Verantwortung gezogen werden.

Als wichtiger Bestandteil des Urchaos beziehungsweise des Urmeeres existiert er – neben Rahab und Leviathan – in babylonischen und hebräischen Weltschöpfungsmythen. Im islamischen Orient hat er astrologische Bedeutung.

In der Apokalyptik, der frühjüdischen Daniel-Apokalypse, ca. 165 v. Chr. entstanden (Dan 7), der christlichen Apokalypse des Johannes, die gegen Ende des ersten nachchristlichen Jahrhunderts geschrieben wurde, sind fundamentale Chaosdrachen und deren Kämpfe beschrieben. Der jüdische Mythos (slHenoch 18,3; 31,4) kann als Grundlage der Johannesvision „Die Frau und der Drache" gelten (Ap 12). Die Ordnung des Kosmos ist bedroht. Erzengel Michael kämpft mit seinen Engeln im Himmel gegen Satanael und dessen Engel. Der Drache, „die alte Schlange, die Teufel oder Satan heißt", wird vom Erzengel auf die Erde geschleudert und lebt hier seine Wut aus.

FEUER SPEIENDER HÜTER VON SCHÄTZEN

Antike und germanische Sagenwelt lassen den Drachen in Höhlen, an unzugänglichen, oft kühlen Orten le-

Randzeichnung eines Drachens, 13. Jh.,
Karlsruhe, Badische Landesbibliothek, Aug. perg. 63

ben. Er ist Hüter von Heiligtümern, heiligen Quellen und Schätzen. Er vernichtet Land und Menschen und stillt seinen Hunger an Jungfrauen. Junge, starke Helden stellen sich ihm mutig und listig entgegen. Stellvertretend seien für die Antike genannt: Python, der Menschen und Tiere verschlingt, wird von Apoll getötet; Typhon, das hundertköpfige Ungeheuer, wird vom Blitz des Zeus zerschmettert und in den Tartaros geworfen; die lernäische Hydra, der Höllendrache Cerberus und der die goldenen Äpfel der Hesperiden bewachende Drache – sie alle werden von Herkules bekämpft. Der zuletzt Genannte wird von Juno als Sternbild an den Himmel versetzt. In der germanischen Sagenwelt bekämpft Thor die Midgard-Schlange, einen Wasserdrachen, der die Erde umschlossen hält.

Das mittelalterliche Drachenbild war durch die Bildwelt der Bibel, ihre bildliche und sprachliche Vermittlung in narrativen und expressiven Bildern bestimmt.

Die Drachengestalt kombiniert Furcht erregende Tierelemente: eine riesige geschuppte Schlange mit Augen, die das Fürchten lehren, ein Feuer speiender Rachen mit pfeilspitzer Zunge und giftigem Atem, ein geringelter Schwanz, große, oft fledermausartige Flügel, zwei oder vier eidechsen- oder raubtierartige Krallenfüße. Von der Gattung der Schlangen, zu der der Drache seit der Antike gezählt wird, unterscheidet er sich durch die Flügel, Füße und den Feuer speienden Rachen.

Im Christentum werden die Drachenkämpfe zum Bestandteil von Heiligenlegenden. Dem kosmischen Vorbild des Erzengels Michael folgend, wird im Drachen der Teufel, Satan, das Böse und Gottlose nun auf der Erde bekämpft. Christus widersteht den Versuchungen des Teufels während seines vierzigtägigen Aufenthalts in der Wüste und überwindet ihn endgültig am Kreuz. Die spätmittelalterliche Tafelmalerei vermittelt uns den Kampf gegen den Widersacher. Christi Beispiel folgend, bekämpfen Gläubige – Heilige, Märtyrer – das Böse, auch wenn es sie das irdische Leben kostet. Ihre geistige Kraft in Wort und Gebet ist stärker als die körperliche Gewalt und die Versuchungen, denen sie ausgesetzt sind. Heiligen, die symbolisch oder real einen Drachen bekämpften, kann er als Attribut beigegeben sein. Genannt seien hier stellvertretend für deren große Schar die Heiligen Georg, Margarethe, Martha und Silvester. Bei den personifizierten Sieben Todsünden, aber auch der Klugheit, die durch tugendhaften Lebenswandel das Böse überwindet, findet man den Drachen als Attribut. In Umkehrung wird das Drachenabbild zur realen Abwehr von Feinden auf Feldzeichen und Fahnen drohend genutzt, Stärke demonstrierend für Wappen und Orden.

Jede Zeit assoziiert mit Drachen reale Tiere. Dinosaurier oder Riesenechsen, insbesondere Warane, stehen heute vor dem geistigen Auge, obwohl der Drache zoologisch keiner Spezies zuzuordnen ist. Wurde das mittelalterliche Drachenbild hauptsächlich von der Bilderwelt der Bibel geprägt, so ist das heutige bestimmt von paläontologischen Forschungen der letzten 200 Jahre und der Filmwelt, wie z.B. der Drachenvorstellung von Fritz Lang in seinem Film „Die Nibelungen".

Lit.: Karlsruhe 1980. – Schubart-Stumpfe 1999. – Bamberg 2002.

42 Doppelkapitell

Schwarzach, um 1220/30
Grauroter Sandstein
H. 26 cm, Deckplatte B. 55 cm, T. 23,3 cm
Karlsruhe, Badisches Landesmuseum, Inv. Nr.
V 19599

Ein Drache mit zwei kurzen Beinen, auf-
gerichtetem Flügel am ovalen Körper,
nach rückwärts gewandtem Kopf mit Zie-
genbart treten uns aus dem Kapitell entgegen. Spiegelbildlich auf der Längsseite
des Doppelkapitells in Stein gehauen,
schauen zwei Drachen – einer Zähne flet-
schend, einer züngelnd – zur Mitte auf ein
übergroßes Gesicht mit weit geöffneten
Augen und ebensolchem Mund. Die beiden segmentartig geschuppten Schwänze sind halb im Schlund verschwunden.
Diese klappsymmetrische Anordnung der
Drachen hat ornamentalen Charakter. Die
gebogenen Hälse geben die Außenkontur
des Kapitells, die ovalen Körper die Innen-
flächen, die zur Mitte hin diagonal verlaufenden Flügel und in gleicher Richtung
gedrehten Schwänze weisen auf das Gesicht – das Zentrum des Geschehens. Unbeweglich, geradeaus starrend, im Mund
die Schwänze festhaltend, hat diese Macht
die Furcht erregenden Drachen in eine
lebensbedrohliche Position gebracht.
Das Doppelkapitell gehört zu den Überresten des Kreuzgangs des Benediktinerklosters Schwarzach (Ortenaukreis), der

42

nach Vollendung der Klosterkirche begonnen worden war. Die farbig gefassten
Doppelkapitelle im spätromanischen und
teilweise frühgotischen Stil zeigen Szenen
der Jahresarbeit sowie Pflanzen- und Tierdarstellungen. Im ersten Drittel des 18.
Jahrhunderts fiel der Kreuzgang einer
Modernisierung zum Opfer. Die im Karlsruher Schloss gesammelten Bauteile
wurden 1944 beim Schlossbrand stark beschädigt. Die Abbildung gibt den Zustand
vor 1939 wieder.

Lit.: Zimmermann 1985, Nr. 27.　　　B. St.

43 Aquamanile in Drachenform

Lothringen, Ende 12. Jh.
Bronze und Silber, teilweise vergoldet
H. 13,7 cm, B. 8 cm, L. 15 cm
Stuttgart, Württembergisches Landesmuseum,
Inv. Nr. 1960/350

Das Aquamanile ist als Körper eines ge-
flügelten Drachen geformt. Er erscheint
korpulent mit dickem, kurzem Hals. Aufmerksam schaut er nach vorne, seine
Ohren stehen nach hinten und sein
Maul ist leicht geöffnet. Der Körper
sitzt sicher auf zwei Pranken und einem
kurzen, nach innen und außen gerollten
Schwanz. Über dem Körperende befindet
sich das Eingussrohr. Darüber, am Rücken,
ist ein sich teilender Henkel angebracht,
dessen zwei Ausläufer über den Schwingen enden. Sie sind in der Mittelpartie
durch ein geometrisches Muster vom

Tierkörper gestalterisch abgehoben. Das
Gefäß hat durch seine geringe Größe nur
ein kleines Fassungsvermögen.
Aquamanile (zusammengesetzt aus lat.
aqua = Wasser und *manus* = Hand) sind
Gießgefäße, die zur Handwaschung im
sakralen und profanen, öffentlichen und
privaten Bereich zwischen dem 12. und
15. Jahrhundert benutzt wurden. Bis ins
19. Jahrhundert bezeichnete man allerdings nur die Wasserauffangbecken so,
bis der Begriff von der Forschung ausschließlich auf die Gießgefäße übertragen
wurde. Gemäß dem höfischen Zeremoniell wurde bei Tisch dem Ranghöchsten
Wasser aus dem Aquamanile zum Händewaschen gereicht. Im sakralen Bereich
vollzog man während der Liturgie mehrmals die symbolische äußere Reinigung
der Hände mit Bitte um die innere, see-
lische Reinheit und zu deren Demonstration.

Lit.: Jahrbuch der Staatlichen Kunstsammlungen in
Baden-Württemberg 1, 1964, S. 125. – Falke/Meyer
1983, S. 40. – Hütt 1993. – Keller 2002.　　　B. St.

43

44 Drachenleuchter

Niedersachsen, 1. Hälfte 13. Jh.
Bronze, vergoldet
H. 27,5 cm (ohne Dorn), B. 28 cm
Stuttgart, Württembergisches Landesmuseum,
Inv. Nr. 9462

Der Drache steht stabil auf seinem
Schwanz, den nach unten gesenkten
Flügeln und zwei kräftigen Pfoten. Sein
Gefieder ist zeichenhaft in die Bronze
eingraviert. Der wuchtige Körper läuft in
einem schmalen Hals aus und mit nach
hinten gedrehtem Kopf, das Maul weit
aufgesperrt, ist der Drache im Begriff,
einen Ritter mit Kettenhemd und Kegel-
helm zu verschlingen. Der Bedrohte wird
im Rücken von einer Ranke gestützt und
streckt seine Hände gefaltet nach vorne.
Auf der Mitte des hochgewölbten Dra-
chenrückens ragt die Lichtschale mit
gezacktem Rand auf. Vom Schaft bzw.
Stängel dieser „Blüte" aus ranken sich
Ableger dem Rücken folgend bis zum
Schwanz des Drachens und seitlich über
die Flügel hinunter.

Menschen- und Tiergestalten wurden
gerne als Trägerfiguren für Leuchter verwendet. Dem Drachen könnte dabei eine
spezielle Bedeutung zugekommen sein.
Man glaubte im Mittelalter, dass die Luft
zu leuchten anfinge, wenn der Drache
aus seiner Höhle führe.
Der halb verschlungene, betende Ritter
kann christlich interpretiert werden. Im
schweren Kampf gegen das Böse gibt
ihm das Gebet die geistige Kraft zu dessen Überwindung; es könnte sich um einen Märtyrer handeln.
Der Drachenleuchter wurde 1877 bei Grabungen in der Ruine Waldenburg, gegenüber Schloss Neuenbürg gefunden. Die
Forschung ordnet ihn einer Gruppe von
Leuchtern zu, deren Entstehungsgebiet
an der Maas liegt. Er wird der Hildeshei-
mer Werkstatt des Domtaufbeckens zugeschrieben.

Lit.: Stauch 1958, Sp. 364. – Stuttgart 1977, Bd. 1, S. 524.
– Falke/Meyer 1983, S. 105.   **B. St.**

45

44

45 Dracheninitiale

Psalterium, Oberrhein, um 1260/70
Pergament
H. 11,4 cm, B. 8 cm
Karlsruhe, Badische Landesbibliothek, Hs.
Schwarzach 8, Bl. 98v

Die ornamental gestaltete Prachtinitiale
„S" wird durch den Körper eines nach
rückwärts sich wendenden Drachens gebildet. Ein Quadrat mit Goldgrund, doppelter Rahmung, innen in Magenta und
außen in Dunkelblau, dessen Ecken mit
goldenen Quadraten akzentuiert sind,
bildet den Hintergrund für den Drachen,
der seine Ohren spitzt. Für seinen Körper
wurde die Farbe Grün, für die zwei Pfoten
sowie die am Körper anliegenden Flügel
und die aus dem weit geöffneten Maul
hinausgestreckte Zunge Rot verwendet.
Die Spitze der Zunge endet in einer Kugel,
auf der eine dreiblättrige Blüte steht.
Ebenso sitzt auf dem Ende des Schwan-
zes, dem seitlich zwei blaue Flossen ent-
wachsen, eine Kugel, aus der sich Rankenwerk über die Schriftspalte hinaus
entwickelt.
Der Eingangsvers des Messgesangs, der
so genannte *Introitus*, beginnt mit der
Initiale „S", dem Anfangsbuchstaben des
zweiten Verses aus Psalm 68 (Vulgatazäh-
lung), der hier von der üblichen Fassung

Körperform eines Drachen gebildet, der seinen Kopf rückwärts zum Text gewandt hat. Die Zwischenräume des Körpers sind mit floralem Goldmuster auf rotem Grund ausgemalt. Der Drache wird von roten vegetabilen Elementen ohne Binnenausmalung gerahmt. Er ist in Grün mit leichten Gelbhöhungen gestaltet, seine Mimik ist grimmig, aber das Maul geschlossen, kleine Hörner sitzen zwischen den spitz zulaufenden Ohren. Die Flügel sind in Ruhe an den Leib angelegt und aus dem über die Schriftspalte hinausragenden Schwanz – mit zwei kleinen bewegt erscheinenden Fischflossen besetzt – entwickelt sich Rankenwerk.

Die Initiale „S" ist der erste Buchstabe des Einzugsliedes zu Pfingsten (Sap 1.7): *[quoniam] spiritus Domini replevit orbem terrarum alleluia et hoc quod continet omnia scientiam habet vocis alleluia, alleluia, alleluia.* (Der Erdkreis ist erfüllt vom Geist des Herrn, und der das All umfasst, hat Kenntnis von jedem Wort.)

Das Missale gehörte dem 1803 säkularisierten Benediktinerkloster Schuttern (Ortenaukreis), gemäß einem Besitzvermerk aus dem 16. Jahrhundert: „Monastery Schutterani in Brisgoja". Als Entstehungsort der Handschrift wird Straßburg vermutet.

Lit.: Schlechter/Stamm 2000, S. 258–260.   B. St.

abweicht: *Salvum me fac, Dominus, quoniam intraverunt aquae usque ad animam meam.* (Du machst mich heil Herr, weil Du wie Wasser in meine Seele dringst.) Die Handschrift stammt aus dem Besitz des 1803 säkularisierten Benediktinerklosters Schwarzach (Ortenaukreis). Allerdings sind Entstehungsort und Geschichte unbekannt. Kunsthistorisch kann die Handschrift einer Gruppe südwestdeutscher Psalterien des letzten Drittels des 13. Jahrhunderts zugeordnet werden.

Lit.: Karlsruhe 1992 b, S. 80 f. – Schlechter/Stamm 2000, S. 258–260.   B. St.

46 Dracheninitiale

Missale, Diözese Straßburg, 15. Jh.
Pergament
H. 34 cm, B. 25,5 cm
Karlsruhe, Badische Landesbibliothek,
Hs. Schuttern 2, Bl. 118r b

Das Missale – oder Messbuch – enthält die gesprochenen und gesungenen Teile des römisch-katholischen Gottesdienstes. In den Gesängen des christlichen Jahreskreises ‚Proprium de tempore' findet sich auf Bl. 118r in der zweiten Spalte eine Prachtinitiale mit Distelblatt- und Blütenranken. Der Buchstabe „S" ist durch die

Das Weltbild um 1200

Johannes Zahlten

Ez was ein küneginne   gesezzen über sêi;
ir gelîche enheine   man wesse ninder mê:
diu was unmâzen schœne,   vil michel was ir kraft.
si schôz mit snellen degenen   umbe minne den schaft.

(C 329) **Es herrschte eine Königin jenseits des Meeres;**
nirgendwo sonst kannte man eine, die ihr gleichkam.
Die war schön über alles Maß, sehr groß war ihre Kraft.
Sie schleuderte mit starken Helden den Speer um den Preis der Liebe.

In das unbekannte Land „jenseits des Meeres" (C 329) – Isenstein, am Rand der mittelalterlichen Welt – macht sich König Gunther in Begleitung Siegfrieds, Hagens und Dankwarts mit dem Schiff rheinabwärts auf den Weg, um Brünhild zur Frau zu gewinnen.

„Am zwölften Morgen" – so hören wir berichten – „hatten die Winde sie weit weg nach Isenstein, in das Land Brünhilds, getrieben, das von ihnen keiner außer Siegfried kannte." Die Lage ihres Reiches wird nicht näher beschrieben, doch spricht einiges dafür, dass Island gemeint ist, das um 800 von iroschottischen Mönchen entdeckt, seit 847 von Norwegen aus besiedelt wurde und seit 930 als freier Staat existierte. Doch kommt es im ‚Nibelungenlied' nicht auf geographisch exakte Angaben an, sondern wichtig ist dem Dichter die Vorstellung eines fernen, gefährlichen Ortes jenseits der vertrauten Welt.

DREI KONTINENTE

Diese Aussagen regen dazu an, einen Blick auf das Weltbild des mittelalterlichen Menschen um 1200 zu werfen, jener Epoche, in der das ‚Nibelungenlied' entstand. Einen guten Einstieg in diese Thematik bieten die großen, kreisförmigen Weltkarten des Mittelalters, von denen die der Kathedrale von Hereford/England (Ende 13. Jahrhundert) und die Ebstorfer Weltkarte (um 1235) genannt seien (vgl. Kat. Nr. 47), Letztere mit einem Durchmesser von ca. 360 cm. Beiden ist gemeinsam, dass die bewohnte Erde in einen Kreis eingezeichnet ist, der ringförmig von Wasser umgeben wird. Sie ist geostet und durch ein eingeschriebenes T in drei Kontinente gegliedert: Die obere Hälfte nimmt Asien ein, geteilt durch Don und Nil von Europa und Afrika, die wiederum als

Kreisviertel durch das Mittelmeer voneinander geschieden werden. Dieses antike Schema des ‚Orbis tripartitus' fand durch Isidor von Sevilla (570–636) Eingang in die Kartographie des christlichen Westens. Asien galt von den drei Kontinenten als der bedeutendste, zum einen wegen seiner Größe, zum anderen, da sich auf ihm die wichtigsten Orte der Heilsgeschichte befinden: das Paradies, das Heilige Land mit den Lebensstationen Christi und zumeist im Zentrum des Kreisschemas Jerusalem. Verstärkt wurde die Bedeutung dieses Erdteils durch die Pilgerfahrten, die Kreuzzüge und den ausgedehnten Handel.

ANSCHAULICHE WELTKARTEN

Mittelalterliche Weltkarten hatten eine andere Intention als moderne Karten. Sie waren weniger vom praktischen Gebrauch – etwa als Hilfsmittel für Reisende – bestimmt, sondern wollten die bekannte Erdoberfläche schematisch darstellen und gleichzeitig durch ihre Kreisform die Rundung der Erdkugel zweidimensional wiedergeben. Festzuhalten ist, dass es sich hier um eine Projektionsform handelt und nicht etwa, dass im Mittelalter die Erde als Scheibe gedacht wurde, wie heute noch immer zu hören ist. Die Kugelform der Erde galt in der Antike seit Aristoteles als bewiesen und zählte bereits in der Karolingerzeit zum Wissen der Gelehrten. Dies geht auch aus den frühmittelalterlichen Enzyklopädien und Kompendien, den astronomischen Handbüchern des Hochmittelalters und literarischen Werken hervor, trotz gegenteiliger Meinungen einiger spätantiker Kirchenväter.

Die großen Weltkarten sind von einer besonderen Anschaulichkeit geprägt. Sie beschränken sich nicht auf geographische oder topographische Angaben, sondern enthalten Illustrationen zur zeitgenössischen Sachliteratur wie zur Ethnographie, der Naturkunde, der heilsgeschichtlichen Historiographie, der Literatur- und Sagengeschichte. Damit sind sie wichtige Darstellungen des mittelalterlichen Weltbildes.

FABELWESEN

Eine starke Faszination am Fremdartigen und Exotischen und eine Neugier auf die bisher unerreichbaren Randzonen der bewohnbaren Welt belegen schon antike Reiseberichte und Wundererzählungen. In die mittelalterliche Kartographie fanden solche Vorstellungen ebenfalls Eingang, wie die Ebstorfer Weltkarte zeigt. So ist als Insel im Nordatlantik, wo nach damaliger Meinung die bewohnte Erde endgültig zu Ende war, auch Island zu finden. Interessanter aber noch als der öde und gefährliche Norden waren für die Gelehrten des Mittelalters die zwischen Äthiopien und Indien angesiedelten Wundervölker, die seit dem Handbuch des Solinus ‚Collectanea rerum memorabilium' (Mitte 3. Jahrhundert) oder Isidors ‚Etymologiae' (um 600) in den berühmten Enzyklopädien bis hin zu Hrabanus Maurus und Honorius Augustodunensis (12. Jahrhundert) zu finden sind und von ihnen angeregt, an den südlichen Rändern der großformatigen Weltkarten dargestellt wurden. Zu dieser Gruppe der Fabelwesen und Monstren, die noch in jüngster Zeit Umberto Eco in seinem Roman ‚Baudolino' zu neuem Leben erweckte, gehören die schnellfüßigen und stummen Troglodyten, die Antipoden mit nach innen gekehrten Füßen, die zweigeschlechtlichen Hermaphroditen, Furcht erregende Giganten, hundköpfige Cynocephali, einäugige Zyklopen, kopflose Blemmyae mit Augen und Mund auf dem Körper, Panotios mit riesigen Schlappohren, gehörnte, bocksbeinige Satyrn und

Faune, die Skiopoden mit einem einzigen riesigen Fuß, Pygmäen und andere deformierte Phantasiegeburten. Diese fremdartigen, zum Teil Furcht erregenden Gestalten gehören zum festen Inventar der mittelalterlichen Sammelschriften, Chroniken und der Reiseliteratur und konnten als Ergänzung zur Schöpfungsvielfalt angesehen werden.

DIE ERDE IM ZENTRUM

Der Begriff „Weltbild" ist im Mittelalter umfassender zu sehen, als ihn eine nur geographische Beschreibung der Erde wiedergeben kann. Schon Isidor von Sevilla hat in seiner Schrift ‚Von der Natur der Dinge' formuliert: „Die Welt ist das All insgesamt. Sie besteht aus Himmel und Erde". Hinter dieser Aussage verbirgt sich ein geozentrisches Weltbild, das die kugelförmige Erde als Mittelpunkt eines sphärischen Planetensystems sieht. Mittelalterliche naturwissenschaftliche Traktate und Kommentare zum biblischen Schöpfungsbericht haben dieses kosmologische Modell mehrfach beschrieben, Buchmalereien es immer wieder dargestellt. Der ‚Lucidarius', die erste deutsche, für Laien gedachte Enzyklopädie vom Ende des 12. Jahrhunderts, berichtet, dass am Anfang Finsternis herrschte, *die hiez kaoz, Wan do waren die uier elemente sament*. Aus diesen noch im Chaos verborgenen Grundbestandteilen der Welt – aus Feuer, Wasser, Luft und Erde – bildete Gott die gesamte Schöpfung, Erde und Himmel (vgl. Kat. Nr. 48). Auf sieben kreisförmigen, konzentrischen Bahnen bewegten sich die Planeten (vgl. Kat. Nr. 51) um die Erde: Mond, Merkur, Venus, Sonne, Mars, Jupiter und Saturn, auf einer achten der Fixsternhimmel, das Firmament. Jenseits von ihm lag der durchsichtige Kristallhimmel und schließlich das Empyreum, der Sitz Gottes.

Die der gesamten Schöpfung innewohnende Harmonie spiegelt auch der Mensch wieder, dessen körperliche Substanz aus den vier Elementen bestehe, daher würde er auch „Mikrokosmos, das heißt kleine Welt genannt", wie es im 12. Jahrhundert bei Honorius im ‚Elucidarium' heißt, der hier Isidor folgt.

Lit.: Wittkower 1942. – Brincken 1968. – Brincken 1975. – Zahlten 1979. – Gurjewitsch 1980. – Simek 1992. – Zahlten 1995. – Pochat 1997.

Kosmologische Darstellung im ‚Liber Scivias' der Hildegard von Bingen, 1. Viertel 13. Jh. Heidelberg, Universitätsbibliothek (Kat. Nr. 49)

47 Ebstorfer Weltkarte
Ebstorf (?), 1208/18 (?)
Original verbrannt
Dm. des Originals ca. 360 cm
(Reproduktion)

Die aus dem ehemaligen Benediktinerinnenkloster Ebstorf südlich von Lüneburg
stammende Weltkarte fiel 1943 in der
Landesbibliothek Hannover den Bomben
zum Opfer. Doch glücklicherweise waren
zuvor Kopien dieses einmaligen kartographischen Werks angefertigt worden. Die
aus 30 zusammengenähten Ziegenhaut-
Pergamentblättern bestehende Karte vertritt den Typus der mittelalterlichen Radkarte, deren größtes Exemplar sie darstellt: Dem quadratischen Grund ist die
kreisförmige Weltkarte von 3,60 m Durchmesser eingeschrieben, die von einem
Wasserring umschlossen wird. Die nach
Osten (oben) ausgerichtete Karte ist nach
dem üblichen T-Schema angelegt. Die
obere Hälfte nimmt der Erdteil Asien ein,
das untere linke Viertel Europa – dort liegt
am Rand die Insel Island –, das rechte
Afrika. Oben erscheint der Kopf Christi,
am Rand seine Hände und Füße. Damit
ist er als Schöpfer und Träger der Welt
charakterisiert und deren heilsgeschichtliche Orientierung ausgedrückt. Im Zentrum der Karte liegt Jerusalem.
Die umfangreichen Illustrationen gehen
zum großen Teil auf eine Textsammlung
des englischen Gelehrten Gervasius von
Tilbury (1160–1235) zurück. Sie zeigen
534 Städte, Klöster und Bauwerke, 162
Flüsse, Seen und Meere, über 120 Inseln
und Berge, dazu eine Fülle exotischer
Tiere sowie Gestalten aus Mythologie
und Sage. Von besonderem Interesse
sind die Wundervölker und Fabelwesen,
die am südlichen, rechten Rand der bewohnten Erde angesiedelt sind und das
geographische Weltbild der Zeit um 1200
abrunden.

Lit.: Andechs 1993, S. 29, 209. – Pochat 1997, S. 112–116.
– Popp 1987. – Simek 1992, S. 86, 111f., 117, 153.   J. Z.

48

49

48 Schöpfungsminiatur
Psalterium, 13. Jh.
Pergament
H. 21,5 cm, B. 15,5 cm
Karlsruhe, Badische Landesbibliothek,
Cod. Lichtenthal 25, Bl. 8v

Der Psalter vom Anfang des 13. Jahrhunderts aus dem Zisterzienserinnenkloster
Lichtenthal bei Baden-Baden zeigt einen
großformatigen Initialbuchstaben B zu
Beginn des 1. Psalms *Beatus vir…* („Selig
der Mann, der nicht im Rat der Frevler
weilt…"), der die Werke mehrerer Schöpfungstage zusammenfasst. In der oberen
Hälfte des aus Flechtbändern geformten
B erscheint die Dreiviertelfigur des durch
den Kreuznimbus als Verkörperung der
Trinität erkennbaren Schöpfergottes. Die
untere Hälfte des Zierbuchstaben enthält
die Kosmosscheibe mit bildlichen Verweisen auf den 3. und 4. Tag der Schöpfung
(Trennung von Land und Wasser/Erschaffung der Pflanzen und Erschaffung von
Sonne, Mond und Sternen). Erde, Wasser, die feurigen Gestirne und die sie umgebende Luft sind zugleich als Zeichen
für die vier Elemente zu deuten, die nach
mittelalterlicher Vorstellung die Grundbestandteile der geschaffenen Welt bilden.
Aus ihnen besteht auch der am 6. Tag
nach dem Ebenbild Gottes gebildete
Mensch, dem dieser die Welt zu Füßen
legt. Der heilsgeschichtliche Hintergrund

dieser Vorstellung wird darin sichtbar,
dass der Schöpfer Adam in die göttliche
Sphäre erhebt und so dessen Erlösung
andeutet, wie sie der Psalm verspricht.
Tauchen im 13. und 14. Jahrhundert in
liturgischen Handschriften Schöpfungsminiaturen relativ selten auf, so sind
I-Initialen, die Szenen des Sechstagewerks
enthalten, am Beginn des Genesistextes
sehr beliebt. Aus ihnen lassen sich vielfach Aussagen zum naturwissenschaftlichen Weltbild des Mittelalters ablesen.

Lit.: Swarzenski 1936, S. 42, 117 – Zahlen 1979, S. 64. –
Heinzer/Stamm 1987, S. 108–110.   J. Z.

49 Erschaffung der Welt
‚Liber Scivias' der Hildegard von Bingen,
1. Viertel 13. Jh.
H. 41,5 cm, B. 29 cm
Heidelberg, Universitätsbibliothek,
Cod. Sal. X. 16, Bl. 2
(Reproduktion)

Darstellungen des biblischen Sechstagewerks enthalten vielfach Aussagen zum
naturwissenschaftlichen Weltbild des
Mittelalters. Dies gilt auch für die ganzseitige Miniatur im ‚Liber Scivias' (Wisse
die Wege) der berühmten Visionärin und
Naturwissenschaftlerin Hildegard von
Bingen. Die aus dem Kloster Salem stammende Handschrift zeigt zu Beginn eine
Buchmalerei, die sich an einer Darstel

50

lung aus der Zwiefaltener Sammelschrift (Kat. Nr. 50) orientiert. Zwischen einer Kreiskomposition mit dem ruhenden Schöpfer in der oberen Hälfte des Blattes und Szenen des Sündenfalls und der Vertreibung aus dem Paradies sind Kreismedaillons mit Symbolen der sechs Schöpfungstage eingefügt. Deren erstes lässt ein eiförmiges Gebilde erkennen, das kosmologisch zu deuten ist, wie aus dem Zwiefaltener Codex und Hildegards Text hervorgeht. Petrus Abaelard (12. Jh.) hat in antiker Tradition die Bestandteile des Welteis mit den vier Elementen gleichgesetzt, aus denen die Welt geschaffen wurde: Das Dotter bedeutet die Erde, das Eiweiß das Wasser, das Häutchen die Luft und die Schale das Feuer. Über der dinglichen Welt, deren Erschaffung die anderen Medaillons schildern, thront der Schöpfer inmitten der neun Chöre der Engel, deren Orte man sich in Sphären jenseits der Planetenbahnen (vgl. Kat.-Nr. 51) vorstellte, welche die Welt umgeben. Ihre hierarchische Anordnung hat ausführlich der franziskanische Gelehrte Bonaventura beschrieben.

Lit.: Oechelhäuser 1887, S. 75–86. – Zahlten 1979, S. 51, 82, 111f., 181f. Simek 1992, S. 32–35. – Zahlten 1995, S. 31. – Zahlten 2002, S. 358f.　　　　J. Z.

50　Allegorische Darstellung des Jahres
Sammelhandschrift aus Kloster Zwiefalten, um 1162
H. 31,8 cm, B. 21,8 cm
Stuttgart, Württembergische Landesbibliothek, Cod. hist. 2° 415, Bl. 17v
(Reproduktion)

Die mittelalterliche Vorstellung von der Erschaffung von Raum und Zeit ist auf Vorder- und Rückseite eines Blattes aus der Zwiefaltener Sammelhandschrift anschaulich zusammengefasst. Während die Vorderseite den Schöpfer inmitten des Sechstagewerks zeigt, umgeben von Medaillons mit Symbolen der einzelnen Schöpfungstage, ergänzt die Darstellung auf der Rückseite die Erschaffung der dinglichen Welt durch ein allegorisches Bild der Zeit. Ebenfalls in einer großformatigen Kreiskomposition wird der Zeitbegriff am Beispiel des Jahreskreises veranschaulicht. Die bärtige Personifikation des Jahres (Annus) thront im Zentrum, Sonne und Mond in den Händen tragend, unter denen die Symbole von Tag und Nacht erscheinen. Ein zwölfteiliger Ring mit den Tierkreiszeichen umgibt den inneren Kreis. Ein zweiter Ring verbindet mit dem Zodiakus die bäuerlichen Monatstätigkeiten, über denen außen die Köpfe der zwölf Winde wiedergegeben sind. In den vier Ecken der ornamental gerahmten Buchseite komplettieren die Allegorien von Frühling, Sommer, Herbst und Winter das Schema des Jahres und zugleich zusammen mit den ebenfalls personifizierten vier Tageszeiten die Visualisierung des Zeitbegriffs.

Lit.: Zahlten 1979, S. 51, 82, 84, 116, 177. – Borries-Schulten 1987, Nr. 64. – Zahlten 1998. – Karlsruhe 1999, S. 84, Nr. 27.　　　　J. Z.

51　Planetenbahnen im Sphärenmodell der Welt
Sammelhandschrift aus Kloster Zwiefalten, um 1196
H. 23,8 cm, B. 18,5 cm
Stuttgart, Württembergische Landesbibliothek, Cod. theol. et phil. 4° 141, Bl. 30
(Reproduktion)

Im Zusammenhang mit Texten zur Astronomie und Zeitrechnung (Komputistik), die zum Weltbild des Mittelalters gehören, zeigt die Zwiefaltener Handschrift ein Diagramm mit Planetenbahnen, das als Schnitt durch den Kosmos zu inter-

pretieren ist. Seit der griechischen Antike (4. Jh. v.Chr.) galt die kugelförmige Erde als Mittelpunkt eines Planetensystems, innerhalb dessen sich auf sieben Sphären zwischen Erde und Firmament die Planeten bewegen. Die Federzeichnung enthält im Zentrum die kreisförmige Erde (TERRA), umgeben von einem Luftraum, in dem sich Wolken und Winde bewegen, wie die Inschrift besagt, und der bis zum Mond reicht. Auf konzentrischen Kreisbahnen ist der Lauf der Planeten veranschaulicht. Von innen nach außen folgen dem Mond Merkur, Venus, Sonne, Mars, Jupiter und Saturn. Während die meisten Planeten nur durch Köpfe gekennzeichnet sind, erscheinen Mond und Sonne in antiker Tradition als menschliche Figuren mit Fackeln in den Händen in unterschiedlich großen Kreisen, die auf ihre Bedeutung hinweisen. Auf den Bahnen ist ihre Umlaufgeschwindigkeit angegeben, so für den Mond 27 Tage und 8 Stunden, für die Sonne 365 Tage und 6 Stunden. Der äußere Ring mit den kleinen Köpfen symbolisiert den Fixsternhimmel, das Firmament, außerhalb dessen der Kristallhimmel und der Feuerhimmel (Empyreum) vermutet wurden. Auf sie wird nur durch eine der kreuzförmigen Inschriften verwiesen, die das Weltallbild ergänzen.

Lit.: Zahlten 1979, S. 179–187. – Simek 1992, S. 16–31. – Zahlten 1995, S. 29–32.　　　　J. Z.

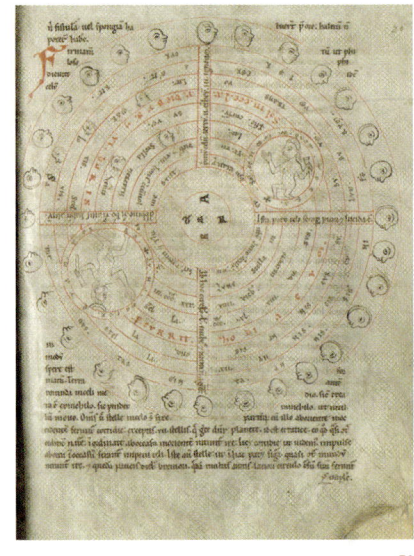

51

Das ritterliche Turnier in staufischer Zeit

Hansmartin Schwarzmaier

**Von wîzen und von tumben   man hôrte manigen stôz,
daz der schefte brechen   gein dem lufte dôz.
trunzûne sach man vliegen   für den palas dan.
dâ sâhen kurzewîle   beidiu wîp und ouch die man.**

(C 34) **Von Erfahrenen hörte man Stoß um Stoß,
so dass das Brechen der Lanzen die Luft erbeben ließ.
Lanzensplitter sah man bis zum Palast hin fliegen.
Dort erlebten Frauen und Männer spannende Unterhaltung.**

Das Zitat (C 34) stammt aus dem Beginn der Siegfriederzählung. Der starke, aber in seiner Jugend ungebärdige Königssohn war am Hofe des Vaters in Xanten zum Ritter herangereift, hatte also, an Stelle wilden Draufgängertums, die ritterlichen Tugenden in sich aufgenommen. Seine ganz auf kriegerische Betätigung ausgerichtete Erziehung wurde in das normative Verhalten einer ritterlichen Lebensweise eingewiesen. Diese Erziehung endete mit der Schwertleite: *ze einen sunewenden, dâ Sifrît ritters namen gewan.* Dies war verbunden mit einem großen höfischen Fest, einer *hôchgezîte*, die auch im ‚Nibelungenlied‘ mit dem feierlichen Gottesdienst begann.

Doch dann folgt der ganze Initiationsritus für die angehenden Ritter, und er ist verbunden mit Gastmählern und nicht zuletzt mit Ritterspielen, mit sportlichen Wettbewerben. Insbesondere vom Buhurt ist die Rede, dem Reiterspiel, bei dem in Formationen mit stumpfen Waffen gekämpft wird, – im Gegensatz zum Tjost, dem Einzelkampf mit Lanzen. Besonderes Merkmal des Kampfes sind die brechenden Schäfte, die *trunzune*, die Lanzensplitter, die auf dem Kampfplatz vor dem Palas herumfliegen. Die Spielregeln braucht der Nibelungendichter nicht zu erläutern. Sie waren jedermann bekannt, und auch heute besitzen wir bildliche Darstellungen, die uns die Spiele vor Augen führen.

Das Turnier, wie es hier – und auch in weiteren Szenen des ‚Nibelungenlieds‘ – beschrieben wird, ist ein keineswegs ungefährlicher sportlicher Wettkampf, der jedoch an strenge Regeln in Bewaffnung und Kampfverhalten gebunden war. Ein Bruch dieser Regeln hätte von vornherein den Ausschluss aus der Ritterkaste bedeutet, und auch Siegfried beweist durch ihre Befolgung, dass seine höfische Erziehung abgeschlossen ist. Auch als Königssohn steht er nicht über den ritterlichen Gesetzen, selbst wenn er stärker ist als alle anderen. Was der Nibelungendichter hier erzählt, entspricht der Welt des 12. und 13. Jahrhunderts, entstammt also keineswegs den alten Mären, die seinem Lied zugrunde liegen, sondern ist Wirklichkeit, ebenso wie die Waffen, die Gewänder, die er beschreibt. Alles spielt sich in der staufischen Welt ab. Das Turnier war hier in der ersten Hälfte des 12. Jahrhunderts in dieser Form aufgekommen, in Frankreich schon etwas früher, und es ist aufs Engste mit dem Rittertum verknüpft. In der Kampftechnik hatte es übrigens eine Art von Revolution gegeben. Sie bestand in den Steigbügeln und den Sätteln mit hoher Rückenlehne, die dem Reiter einen starken Halt verliehen.

In der höfischen Welt des Königs und der Fürsten gibt es also die militärischen Kontingente hoch trainierter junger Leute aus vornehmer, nicht bäuerlicher Familie, die als Knappen in den Hofdienst eintraten und mit dem Erwerb des Rittergürtels in den Ritterstand aufgenommen wurden. Natürlich fühlt man sich erinnert an das große Fest, das Kaiser Friedrich I. an Pfingsten 1184 in Mainz inszenieren ließ und das genau in den schon beschriebenen Formen ablief. Es stand im Zusammenhang mit der Schwertleite der beiden ältesten Königssöhne Heinrich und Friedrich, des späteren Kaisers Heinrich VI. und Herzog Friedrichs V. von Schwaben (Abb. S. 64), die

Turnier- und Ritterszene aus dem ‚Eneasroman‘ Heinrichs von Veldeke, 1220/30. Berlin, Staatsbibliothek (vgl. Kat. Nr. 217)

und eine riesige Anzahl weltlicher adeliger Herren. Aus allen Teilen der damaligen Welt kamen sie angereist, und ihre Verpflegung stellte ein großes logistisches Problem dar. Für ihre Unterbringung musste in aller Eile eine eigene Stadt aus Holz errichtet werden, zu der auch eine Pfalz des Königs gehörte, also nicht nur eine Zeltstadt wie bisher bei solchen Anlässen. Bei Ingelheim entstand der Turnierplatz, auch dies eine kostspielige Sache. Dass dann ein Wirbelsturm einen Teil dieser Anlage zerstörte und dem frohen Treiben ein jähes Ende bereitete, dies war für die Chronisten, meist Kleriker und Mönche, ein schlimmes Vorzeichen, eine sichtbare Strafe Gottes für allzu großen Hochmut. Die Geistlichen waren der neuen Mode, die ihnen zu aufwändig schien, und dem Treiben bei Turnier und Spiel nicht wohl gesonnen. Sie bemängelten, dass sich die Kämpfer bei ihren Pferdespielen Gefahr für Leib und Leben aussetzten und nannten es ein selbstmörderisches, ja gottloses Tun. Vielfach schloss sich, wie es auch im ‚Nibelungenlied‘ der Fall ist, an ein solches Hoffest eine Jagd an, wiederum ein adeliges Vergnügen, das freilich nicht erst im 12. Jahrhundert aufkam.

Zwei Dinge bleiben bei diesem Problemkreis um das staufische Rittertum bemerkenswert: Es führt in eine neue, farbenfrohe, von glanzvoller Hofkultur bestimmte Welt. Die Dame, die am Hofe befindliche Frau, spielte darin eine wichtige Rolle, auch wenn sie selbst an Sport und Spiel nicht aktiv beteiligt war. Doch ihr zu Ehren vollbrachte der Ritter seine spektakulären Taten. Dem Frauendienst war das Leben des Ritters geweiht, der sich seine eigenen Standesregeln schuf und mit ihrer Anwendung am Hof des Königs und der Fürsten jene verfeinerte Kultur repräsentierte, von der uns viele Zeugnisse in Dichtung und Architektur erhalten sind. Der Nibelungendichter lebt in dieser Welt und hat Teil an ihrem Glanz. Aber er sieht auch das politische Unheil, das daraus entstehen kann. Und indem er die Helden seines Gedichts an einen Hof im fernen Osten ziehen lässt, schildert er ihren Untergang, die totale Vernichtung des burgundischen Heeres in einem brutalen Kampf, in dem die ritterlichen Normen ihre Gültigkeit verloren haben – man kämpft nicht mehr zu Pferde, sondern im Gemetzel einer mörderischen Saalschlacht. Dem Nibelungendichter wird dieser Kontrast bewusst gewesen sein.

Lit.: Wolter 1991. – Rösener 1997 b. – Zotz 2002. – Schlunk/Giersch 2003, S. 66 ff.

nun in die politische Welt des Vaters eintraten. Die Quellen, die darüber berichten, sind voll des Rühmens über den pompösen Glanz dieses Hoftags zu Mainz, bei dem alles anwesend war, was Rang und Namen hatte. Auch der Dichter des ‚Nibelungenlieds‘ muss davon gehört haben, war selbst dabei oder kannte Leute seines Standes, die dabei gewesen waren. Heinrich von Veldeke, der Dichter des ‚Eneas-Romans‘, der Aeneassage, erwähnt es in seinem Gedicht, und die dazugehörigen Bilder zeigen Szenen, die sich in Mainz abgespielt haben könnten.

Wir wissen im Einzelnen, wie viele Ritter die Fürsten mitbrachten, die nach Mainz kamen, 500 der Herzog Leopold von Österreich, 1000 der Landgraf Ludwig von Thüringen, der Pfalzgraf und der Erzbischof von Mainz; der Erzbischof Philipp von Köln hatte sogar 1700 Ritter im Gefolge und der Böhmenkönig 2000. Insgesamt zählte man mehr als 70 Fürsten, 20 Erzbischöfe und Bischöfe

52 Topfhelm

Mitteleuropa, 13. Jh.
Eisen
H. 35 cm, B. 27 cm
Altena, Museen Burg Altena, Museum der
Grafschaft Mark, Inv. Nr. 4010

Die Turniergegner wappneten sich prinzi-
piell mit den gleichen Utensilien, wie sie
für eine feindliche Auseinandersetzung
auch gebraucht wurden. Handschriften
wie die Manessische Liederhandschrift
(Kat. Nr. 225) zeigen den Topfhelm als
den am meisten verwendeten Helm des
13. Jahrhunderts. Schmale Sehschlitze –
venster – boten dem Ritter nur eine ein-
geschränkte Sicht. Noch problematischer
war das Atmen; mancher Ritter ist unter
einem solchen Helm erstickt. Kleine Luft-
löcher konnten das Problem nur teilweise
lösen.
Als Siegfried sich auf den Weg nach
Worms machte, stattete sein Vater ihn
und seine Mannen mit einer kostbaren
Rüstung aus: *die ir vil liehten brünne die
wurden ouch bereit, und ir vil guoten helme, ir schilde scœn und breit* (C 66: ihre
glänzenden Rüstungen, die festen Helme
und die schönen und breiten Schilde wurden bereitgelegt).

Lit.: Heidelberg 1988, S. 71-73. – Braunschweig 1995,
Bd. 1, S. 602f.   J.K.

53

52

53 Turnierkrönlein

Gesslerburg bei Küssnacht (Fundort), 14. Jh.
Replik
Eisen
L. 8 cm
Zürich, Schweizerisches Landesmuseum,
Inv. Nr. LM-13346

Die Stoßlanze gehörte zu den wichtigsten
Waffen der Ritterturniere. Auf einem Holzschaft, der im Laufe der Zeit immer länger – anfänglich 2,5 m, später über 4 m! –
wurde, wurde statt einer scharfen Spitze
ein stumpfer Dreispitz gesetzt, der mit
seinen drei Zacken einer Krone ähnelte.
Damit war die Lanze zwar entschärft,
entfaltete aber doch eine große Wirkung. Ziel war es, den Gegner aus dem
Sattel zu heben oder die Lanze am Schild
des Gegners zu brechen.

Lit.: Heidelberg 1988, S. 80-82.   J.K.

54 Speerspitze

Süddeutsch, mittelalterlich
Bodenfund
Eisen, geschmiedet
L. 32,6 cm, größte Klingendicke 1,2 cm
Karlsruhe, Badisches Landesmuseum,
o. Inv. Nr.

Speerspitzen aus Metall hatten schon in
vorgeschichtlicher Zeit zweckdienliche
Formen erreicht, die sie für Kampf und
Jagd gleichermaßen geeignet machten.

54

Wie die Schwerter besaßen auch die so
genannten Stangenwaffen Symbolwert.
Man denke etwa an die Heilige Lanze der
deutschen Reichsinsignien.
Die in der Ausstellung gezeigten beiden
Speerspitzen (vgl. Kat. Nr. 77) stellen
schlichte, chronologisch unempfindliche
Formen dar, die als Wurfspieße mit einem
etwas über zwei Meter langen Holzschaft
als „Fernwaffen" zu benutzen waren und
als Lanze mit bis zu doppelt so langem
Holzschaft unter dem rechten Arm des
Reiters eingelegt werden konnten. Bei
der Reiterlanze ging man im Griffbereich
des Schaftes vom runden zum sechs-
oder achtkantigem Querschnitt über, um
das Drehen der Lanze in der Hand zu verhindern.
Im ‚Nibelungenlied' ist die gewichtigste
Stelle mit der tödlichen Anwendung eines Speers – ger – die Ermordung Siegfrieds durch Hagen (C 980–983). Der Holzschaft wird als „gerstange" bezeichnet.

Lit.: Seitz 1965, Bd. 1, S. 116–120. – Speyer 1992,
S. 92–95.   K.E.

Die Frau als Mittelpunkt von Hof und Gesellschaft

Hansmartin Schwarzmaier
Brigitte Herrbach-Schmidt

**Ir sult ouch haben, frouwe,   allen den gewalt,
den iu ê tet kunde   der küene degen balt;
daz lant und ouch diu krône   daz sî iu undertân.
iu suln gerne dienen   alle Sîvrides man.**

(C 1086) „Auch sollt ihr, Herrin, über alle Macht verfügen,
die Euch der mutige und tapfere Held zu seinen Lebzeiten übertragen hat.
Das Land und auch die Krone bleiben in Eurer Hand.
Alle Gefolgsleute Siegfrieds werden Euch weiterhin gern untertan sein."

DIE FRAU ALS HERRSCHERIN

Nach der Ermordung Siegfrieds sagt König Siegmund zu Kriemhild: *daz lant und ouch diu krône daz sî iu undertân* (C 1086). Er hatte schon seinem Sohn angetragen, das Königtum mit ihm zu teilen, was Siegfried freilich zurückwies, und nun möchte er gerne, dass Kriemhild mit ihrem Kind zu den Nibelungen zieht und dort die Krone trägt. Mit anderen Worten, Kriemhild ist nach dem Tod ihres Mannes Königin bei den Nibelungen, und zugleich soll sie die Vormundschaft für ihren Sohn führen, der freilich im ‚Nibelungenlied' nur beiläufig erwähnt wird. Genauso wird Brünhild nach dem Tod Gunthers als Königin der Burgunden die Vormundschaft für ihr Kind führen, dessen Name ebenfalls ungenannt bleibt. Weshalb sich Kriemhild dann anders verhält, weshalb sie in Worms bleibt, wo sie immerhin über den Nibelungenschatz frei verfügt, der ihre Morgengabe gewesen war, weshalb sie schließlich nach 13 Jahren der Werbung des Hunnenkönigs nachgibt und an den Etzelhof zieht, darin muss man dem Erzähler folgen.

Die Welt der fürstlichen Frau und vor allem der Gemahlin des mittelalterlichen Königs ist von einem merkwürdigen Gegensatz der Pflichten bestimmt. Sie war ihrem Mann schon von Kindheit an verlobt und wurde ihm zum frühestmöglichen Zeitpunkt zugeführt und mit ihm vermählt. Schon mit 14 oder 15 Jahren, also selbst noch ein Kind, sollte sie Kinder gebären, und so erfahren wir immer wieder von Früh- und Totgeburten in den ersten Jahren einer königlichen Ehe. Überstand sie diesen Stress der frühen Schwangerschaften, so kamen viele Kinder nach, bei Barbarossas Gemahlin Beatrix nach mehreren früh verstorbenen Kindern zumindest acht weitere. Barbarossas Großmutter Agnes hatte aus erster Ehe zwei Söhne, in zweiter Ehe soll sie 17 weitere Kinder geboren haben. Gebären war die dynastische Aufgabe jeder fürstlichen Dame und vollzog sich ohne jegliche Rücksicht auf Leib und Leben auch der Königin.

Die Königin war zugleich *consors regni*, Teilhaberin des Reichs, Begleiterin des Königs auf seinen Reisen und Kriegszügen, Repräsentantin des Reichs und Trägerin der Krone bei allen Hochfesten, anwesend bei Reichs- und Hoftagen, Mittelpunkt des Hofes, dem sie Glanz verlieh und der eigentlich erst in ihrer Anwesenheit seine volle Ausstrahlungskraft entfaltete. Dass sie den König in Staatssachen beriet, zeigen die „Interventionen" der Königin in seinen Urkunden, also die Angaben darüber, dass sich die Königin als Mittelsperson für einen Bittsteller beim König einsetzte. Überlebte sie den König, so übernahm sie die Vormundschaft für den unmündigen künftigen König, also die Regierung des Reichs. Die Kaiserinnen Adelheid und Theophanu in ottonischer Zeit, Gisela und Agnes unter den Saliern, kurze Zeit lang auch Konstanze für Friedrich II. haben dies getan. Sie besaßen eigenen Besitz, über den sie verfügen konnten, insbesondere die Morgengabe, die ihr der Ehemann für den Fall der Witwenschaft überschrieben hatte. Kriemhild war in diesem Sinn hoch privilegiert, denn ihre Morgengabe war der Nibelungenhort, den sie

Herzog Heinrich der Löwe und Herzogin Mathilde von Braunschweig; Widmungsbild im Evangeliar Heinrichs des Löwen, 1185/88. Wolfenbüttel, Herzog August Bibliothek

eintreten, übernahm seine Lehen, verwaltete seinen Besitz, führte unter Umständen auch seine militärischen Unternehmungen. Als Witwe war sie Treuhänderin ihrer Kinder, und ihre ferneren Schicksale hingen ab von den Regelungen, die diese trafen. Dass eine Frau Urkunden ausstellt, ein Siegel führt, Verwaltungsgeschäfte leitet, ist Teil dieser Rechtsstellung, die freilich auch unter dem Zwang der realen politischen und dynastischen Verhältnisse in das Gegenteil umschlagen konnte, nämlich die völlige Entrechtung und Verarmung einer vornehmen Dame, deren Leben dann meist im Kloster endete. Das Ende der Königin Ute im ‚Nibelungenlied‘ zeigt diesen Rückzug in die Einsamkeit des Witwenstandes.

Ha. S.

DIE HERRSCHERIN ALS HAUSHERRIN

Wir wellen, liebiu swester,   tragen guot gewant;
daz sol helfen prüeven   iuwer wîziu hant;
des volzíehen iuwer mägede,   daz ez uns rehte stât,
wand ich dirre verte   hân deheiner slahte rât.

(C365) „Wir wollen, liebe Schwester, allerbestens
      gekleidet sein,
dazu möge uns eure edle Hand verhelfen.
Eure Mädchen sollen die Ausführung übernehmen,
      so dass uns alles richtig passt.
Denn ich will auf diese Reise keinesfalls verzichten.“

freizügig einsetzte, um Freunde zu gewinnen und mit deren Hilfe ihre Feinde zu bestrafen.

Was hier für die Königin gesagt wurde, gilt auch für die Fürstin, die adelige Dame, gleichgültig, ob sie an der Spitze eines eigenen Hofes stand oder ob sie am Hofe eines Mächtigeren verkehrte. Völlig unberührt von dieser gesellschaftlichen Situation ist ihre Rechtsposition. Solange sie unvermählt war, stand sie unter der Munt (Vormundschaft) des Vaters, nach seinem Tode der Brüder wie im Falle Kriemhilds, die ihr eine recht privilegierte Rechtsposition einräumten, ihr sogar die Teilhabe am Königtum zubilligten. Nach der Verheiratung trat die Frau in den Rechtsbereich des Mannes ein, war jedoch im Bezug auf ihren Eigenbesitz voll handlungsfähig. Dies blieb so, wenn der Mann vor ihr starb, ehe ihre Söhne mündig waren. Auch die fürstliche Dame konnte in diesem Fall in alle Rechtsbereiche des Ehemannes

Als König Gunther beschlossen hat, mit Siegfrieds Hilfe um Brünhild zu freien, beauftragt er seine Schwester, dafür angemessene Kleidung zu entwerfen: *Wir wellen, liebiu swester, tragen guot gewant; daz sol helfen prüeven iuwer wîziu hant* (C 365). In diesen Zeilen sind die beiden Aspekte enthalten, die im Hinblick auf Textilien im ‚Nibelungenlied‘ wichtig sind – wobei deren Rolle im Leben einfacher Menschen, etwa von Bauern, gar nicht in den Blick kommt.

König Gunther wendet sich an seine Schwester persönlich – verständlich, denn alles, was mit Textilien zu tun hat, ist in Alteuropa Frauensache. Das beginnt mit der Aufzucht der Schafe und dem gärtnerischen Anbau von Lein, geht weiter mit der Verarbeitung der Rohmaterialien zu Fäden und Geweben, nicht zu vergessen das

Färben, und schließt mit der Herstellung der Gewänder. Das war im Prinzip bereits genau so in den großen, völlig autarken *Villae* der Römer in Gallien und Germanien und lässt sich z. B. auch bei den Alamannen nachweisen. Zur Zeit Karls des Großen wird also nichts Neues eingeführt, wenn im ‚Capitulare de villis' die *genicia* genannt werden, die Frauenhäuser der Krongüter, die für die Textilproduktion verantwortlich sind. Erst in der Zeit vom 11. bis 13. Jahrhundert, mit der Auflösung der Fronverfassung, wandert die Verarbeitung der Rohmaterialien, soweit sie den Eigenbedarf übersteigt, vom Land in die Stadt. Dem Dichter des ‚Nibelungenlieds' war diese Wirtschaftsform aber noch gegenwärtig.

Die sehr zeitaufwändigen textilen Arbeiten, die von großer wirtschaftlicher Bedeutung waren, wurden sogar von den Königinnen ausgeführt – oder zumindest wurde deren Herstellung von ihnen selbst überwacht. Besonders die feineren Arbeiten, über das Spinnen und Weben einfacher Stoffe hinaus, wurden am Hof ausgeführt. Das zeigt zum Beispiel der so genannte „Osebergfund", das Schiffsbegräbnis der Wikinger-Königin Asa von 834, der ein Satz von 52 Webbrettchen zusammen mit der angefangenen Borte mit ins Grab gegeben worden war. Solche Borten, die auch im ‚Nibelungenlied' mehrfach erwähnt werden, wurden zum Schmuck der Kleidung verwendet. Die wenigen farbigen Garne, die man zur Verfügung hatte, konnten auf diese Weise am effektivsten zur Ausschmückung der Kleidung eingesetzt werden.

Aber auch Waid, ein wichtiges Färbemittel, wurde in dem Oseberg-Grab gefunden. Bis im 12. und 13. Jahrhundert Waid in größeren Mengen angebaut wurde, blieb auch das Färben geheimnisumwitterte Arbeit der Frauen. Im ‚Capitulare' steht der Waid (Blau) vor Scharlach und Krapp (beide Rot) als weiteren Färbemitteln, mit denen die *genicia* ausreichend zu versorgen sind.

Die helfende Hand der Schwester Kriemhild wird auch für den Zuschnitt benötigt: eine Aufgabe, die um 1200 anspruchsvoller war als in den Jahrhunderten zuvor. Seit der fränkischen Zeit trugen Männer und Frauen Kleider, in denen sich römische und germanische Elemente mischten: Tuniken, in unterschiedlicher Länge und von bequemer Weite, waren der wichtigste Bestandteil. Doch im 12./13. Jahrhundert kamen am französischen Hof, zuerst bei den Frauen, Änderungen auf, die sich von dort über ganz Europa verbreiteten: Das Oberteil wurde immer enger – und musste daher genau passen –, der angeschnittene Rock der Frauen immer weiter und mit einer Schleppe verlängert, ihre Ärmel so lang, dass sie den Boden berührten. Zugleich nahm die Farbenfreude der Kleidung und der Gebrauch kostbarer Stoffe deutlich zu.

Im Zusammenhang mit dem eingangs genannten Auftrag spielt dies jedoch keine Rolle. Nur an wenigen Nebenstellen wurde, wohl erst bei der Niederschrift, das ‚Nibelungenlied' mit solchen Hinweisen ausgeschmückt: ein Bote Rüdigers trägt z. B. ein „kunstvoll geschnittenes" Kleid, während bei der Anprobe der bestellten Kleider nur die Länge kontrolliert wird. Auch der neue, in der höfischen Dichtung eines ‚Parzival' oder ‚Erec' schon benutzte Wortschatz zur Beschreibung neuer Moden wie *fourrieren* oder *vîolât* etc. fehlt im ‚Nibelungenlied' vollständig.

Nur das Gebände – mittelhochdeutsch *gebende*, anfangs nur der Kopfschmuck der adeligen Frau – wird bei Kriemhild im Zusammenhang mit ihrer formvollendeten Begrüßung Brünhilds genannt, denn das um Kinn und Wange geschlungene weiße Band, durch ein steifes breites Band auf dem Kopf ergänzt, behinderte den Begrüßungskuss. Hier ist die Aktualisierung durch die Schreiber, der Hinweis auf ein hochmodisches Detail mit Händen zu greifen: Das Gebände setzte sich erst im 13. Jahrhundert durch.

Die Nutzung von Textilien beschränkt sich aber nicht alleine auf die Kleidung, auch der Bereich der Wohntextilien wird an verschiedenen Stellen des ‚Nibelungenlieds' gestreift. Die Damen benützen kostbare Satteldecken (C 805), und damit sie ihre Füße nicht beschmutzen, werden ihnen beim Absteigen vom Pferd Tücher zu Füßen gelegt (C 570); eine Sitzgelegenheit ist mit Bildern geziert (B 352, nicht in C): Ob diese gestickt oder gewirkt wurden, bleibt dabei offen, möglich ist beides, man denke an den Teppich von Bayeux (gestickt) oder an den im Halberstädter Domschatz erhaltenen Abraham-Engel-Teppich (Mitte 12. Jahrhundert; gewirkt; diese Technik lässt sich auch an Stücken aus dem ‚Osebergfund' nachweisen).

Ansonsten sind die Betten mit Fellen und gesteppten Decken ausgestattet. Auch deren Herstellung fiel sicher in den Arbeitsbereich der Frauen am Hof, auch wenn am Hof Etzels hervorgehoben wird, dass die gesteppten Decken aus Arras (C 1869) stammten. Nicht erwähnt werden dagegen Tischdecken und Servietten, wie sie für den apulischen, langobardischen Hochadel schon im Zeitraum zwischen 800 und 1050 nachgewiesen sind und vermutlich auch an anderen Höfen Verwendung fanden.

Es ist nicht verwunderlich, wenn der Hofstaat der Königinnen sehr umfangreich ist. Am Hofe Siegmunds und Sieglindes arbeiten viele Mädchen an der Kleidung für die 400 Ritter, die mit Siegfried die Schwertleite erhalten, die Damen fassen die Edelsteine und nähen sie mit Borten auf die Kleider. Die Gewänder für die Brautfahrt Gunthers beschäftigen 30 Mädchen sechs (C 374) bzw. sieben Wochen (B 366).

Ein *guot gewand* soll es sein, im Hinblick auf die Stellung Gunthers als König eines bedeutenden Reiches. Nur wenn über den ersten Eindruck seine Stellung sofort deutlich wird, hat er Chancen, von Königin Brünhild als ebenbürtig empfangen zu werden. Um dem Hörer die Erfüllung dieser wichtigen Vorbedingung deutlich zu machen, folgt die Aufzählung der Herkunftsorte der Stoffe, die Kriemhild vorrätig hat (C 370): Ein Luxus ohnegleichen wird da entfaltet. Mehr Seide als je irgendeine Königsfamilie erworben hatte, gab es bei den Frauen des Wormser Hofes. Stoffe aus Arabien, Marokko und Libyen werden hervorgehoben – das waren in Spätantike und Frühmittelalter die Herkunftsländer von Seidengeweben, zumindest als Handelsstationen, zum Teil aber auch schon als Produktionsstätten.

Während die byzantinische Seidenproduktion im 4. Jahrhundert beginnt, aber erst ab 552 verstärkt betrieben wird, fängt die europäische Seidenproduktion in Spanien und Sizilien erst im 11. Jahrhundert an. Seidenstoff lässt sich zwar archäologisch erstmals im 6. Jahrhundert in Mitteleuropa nachweisen, doch spricht z. B. der Hinweis von Gregor von Tours auf die Anwesenheit zahlreicher levantinischer Händler dafür, dass diese Seide importiert haben. Nach dem Zusammenbruch der alten Handelsrouten durch die Eroberungen der Wikinger entstanden neue Handelswege über die Alpen, entlang der Nordseeküste oder über die Ruß nach Byzanz und in den Orient: Reliquien, in Seiden der 2. Hälfte des 8. und des 9. Jahrhunderts gewickelt, belegen das eindeutig.

Auch andere exotische Materialien wie die Häute fremder Fische werden verarbeitet. Die Farbenpracht der Stoffe, weiße und grüne Seide sowie schwarzer Samt, „wertvoller als Hermelin" ist für Zuhörer tief beeindruckend, deren Gewänder in der Regel Grau in

Alba der Krönungsgewänder, 1181 mit späteren Ergänzungen. Wien, Kunsthistorisches Museum

unterschiedlichen Schattierungen zeigen, da selbst das Bleichen der naturfarbenen Stoffe ein mühsamer und kostspieliger Vorgang war. Auch bei der Vorbereitung des ganzen Hofes für die Ankunft Brünhilds werden solche besonderen Materialien (C 582) noch einmal hervorgehoben. Dass die Nachricht, die Gewänder seien mit golddurchwirkten Borten und mit Edelsteinen besetzt worden, kein Phantasieprodukt, keine dichterische Freiheit ist, belegt heute noch die perlenbestickte Albe des kaiserlichen Krönungsornats, die 1181 als Tunika für die Krönung Rogers II. in der Hofwerkstatt der normannischen Könige in Palermo angefertigt worden war (Abb. S. 101), aber auch zahlreiche bildliche Darstellungen byzantinischer und westlicher Herrscher auf Mosaiken, auf Elfenbeinen oder in der Buchmalerei. Bestätigt wird diese Mode auch durch die Lebensbeschreibung des heiligen Eligius durch einen Zeitgenossen (vor 700):

Als Münzmeister und damit hoher Beamter am merowingischen Hof trug er an seinen Gewändern Gold und Edelsteine, auch Leinenkleider mit Goldstickerei. Die Säume seiner Kleidungsstücke glänzten von Gold. Einige seiner Kleider waren sogar von Seide.

KLEIDUNG ALS STANDESSYMBOL

All dieser Aufwand – nicht nur für ein Kleid, sondern für drei pro Tag bei vier Aufenthaltstagen, also für zwölf Kleider für jeden der vier Beteiligten an der Islandfahrt – erscheint König Gunther nötig, um *âne schande* zu bestehen. Dieser Begriff fällt auch, als Kriemhild ihre Mädchen auffordert, die schönsten Gewänder zum Kirchgang anzuziehen, als sie vorhat, Brünhild den Vortritt zu nehmen.

Macht und Vermögen müssen sichtbar sein oder sie existieren nicht – diese ständig nötige Demonstration des Reichtums zeigt sich auch an den regelmäßig erwähnten Geschenken von Kleidern: Die Schwertleite Siegfrieds erhält ihr Gepränge auch durch die 400 von seiner Mutter eingekleideten Gefährten; Boten, die kommen oder gehen, werden mit Gewändern bedacht, sowohl vom Auftraggeber als auch vom Adressaten der Botschaft. Da diese in dieser Qualität nur an den Höfen hergestellt werden, sind die Gewänder mindestens so viel wert wie das Gold, das oft, aber nicht immer, ebenfalls geschenkt wird.

König Etzel verbietet seinen Boten, Geschenke anzunehmen, aber sie werden gezwungen es doch zu tun. Geben und Nehmen schafft Abhängigkeit, was hier deutlich zu fassen ist. Wer das Gewand eines Königs trägt, ist ihm verpflichtet – je wertvoller das Gewand, umso mehr. Deshalb ist es auch einleuchtend, wenn die Vorbildlichkeit Helches, der ersten Frau Etzels, damit belegt wird, dass sie sehr großzügig im Austeilen von Gewändern und anderen Geschenken gewesen sei (C 1359). Das hob das Ansehen des Herrschers und war nur möglich, wenn die Königin selbst auch ihren Teil zur Herstellung und Vermehrung des Kleiderschatzes getan hatte.

Lit.: Fürstin: Vogelsang 1954. – Schnith 1997. – Fößel 2000. – Kleidung: Brühl 1971. – Heine 1985. – Brüggen 1989. – Wilckens 1991. – Christensen/Ingstad/Myhre 1992.

B. H.-S.

55 „Totenmaske" einer vornehmen Dame
aus staufischem Hause

Schlettstadt, St. Fides, um 1094
Ausguss der Hohlform eines weiblichen
Körpers aus einem Grab
Original: Münsterbauhütte Straßburg
Gipsabguss
H. 56 cm, B. 47 cm
Göppingen, Städtisches Museum im Storchen,
o. Inv. Nr.

Im Jahr 1892 fand man bei Restaurie-
rungsarbeiten unter dem Chor der Kirche
St. Fides in Schlettstadt ältere Mauer-
reste, die man dem Gründungsbau der
1094 geweihten Klosterkirche zurechnete.
Dort stieß man auf ein Grab und darin auf
die Hohlform eines weiblichen Körpers,
den man bei der Bestattung mit einer
Kalkschicht überdeckt und danach mit
Mörtel übergossen hatte. Als man die
Hohlform, in der sich noch Reste der ver-
westen Leiche befanden, mit Gips ausge-
gossen hatte, trat der Abguss eines weiblichen Körpers hervor, wobei insbesondere das Gesicht in erstaunlicher Plastizität
und Wirklichkeitsnähe zutage trat.
Das lebensnahe Frauenporträt hat seit
seiner Auffindung zu einer bis heute an-
dauernden Diskussion über ihre Identität
geführt. Die Lage der Bestattung am
Übergang vom Chor zur Vierung, also an
vornehmer Stelle der Klosterkirche, legte
den Gedanken nahe, es handle sich um
ein Mitglied der Gründerfamilie des Klosters Schlettstadt, wenn nicht gar um die
Gründerin selbst, die aus vornehmem
Hause stammende Hildegard, Gemahlin
Friedrichs von Büren, Mutter des ersten
Stauferherzogs Friedrich von Schwaben,
Urgroßmutter Kaiser Friedrichs I. Sie hatte, zusammen mit ihren Kindern, unter
ihnen Bischof Otto von Straßburg, ihre
Gründung mit Gütern ausgestattet, hatte
es dem Kloster St. Fides in Conques
unterstellt und hatte es zu ihrem Grab-
kloster bestimmt. Doch Hildegard war
bei ihrem Tode eine für mittelalterliche
Verhältnisse sehr alte Dame von nahezu
70 Jahren gewesen, während die Totenmaske eher auf eine Frau in mittleren
Jahren deutet.
Die Bestattung brachte man mit einer
Pestepidemie in Verbindung, die für das
Jahr 1094 bezeugt ist, und ging davon
aus, dass die an der Seuche Verstorbene
zur Desinfektion mit einer Kalkschicht bedeckt wurde. Man verwies dann auf eine

55

Tochter Hildegards namens Adelheid, von der man jedoch zu wissen glaubt, dass sie in einer Eigenkirche auf dem Albuch, zwischen Göppingen und Heidenheim, begraben ist. Eine neuere These vermutet in der Toten die Gemahlin eines der Söhne der Gründerin Hildegard. Auf jeden Fall wird man die Zeit des ausgehenden 11. Jahrhunderts festhalten dürfen, als dieses einem Zufallsfund zu verdankende einzigartige Zeugnis eines aller Standeszeichen, Schmuckformen und adeligen Insignien entkleideten Abbildes einer Dame aus staufischem Hause entstand.

Es zeigt das nackte Antlitz einer vielleicht 30- bis 40-jährigen Frau, mit kräftiger Nase, stark hervortretenden Backenknochen, dünnlippigem Mund, hoher Stirn, fast wie dasjenige einer Schlafenden wirkend. Wir empfinden es auch dann noch als herb und abweisend, wenn der Tod die harten Konturen des Gesichts herausgearbeitet und alle weibliche Weichheit der Züge zerstört haben sollte. Als Werk eines Bildhauers wäre es für diese Zeit einmalig, der Zufallscharakter der Entstehung verleiht ihm eine Ausdruckstärke und Unmittelbarkeit, die nichts Vergleichbares hat.

Lit.: Schwarzmaier 1977, S. 88. – Hlawitschka 1991, S. 65.
Ha.S.

56

56 Reitersiegel der Landgräfin Sophie von Thüringen

Siegel seit 1248 belegt; Urkunde Langsdorf, 11. September 1263
Pergament, 2 anhängende Wachssiegel
H. 16 cm, B. 21 cm; Dm. Siegel der Landgräfin 8 cm
Würzburg, Staatsarchiv, Mainzer Urk. 3349

In dem nach dem Ausstellungsort genannten „Vergleich von Langsdorf" ging es um die Burgen und Orte Grünberg (Kreis Gießen) und Frankenberg (an der Eder), die in den Streitigkeiten um das Erbe der Landgrafen von Thüringen unter die Oberlehensherrschaft des Hochstifts Mainz gestellt wurden. An der Urkunde von 1263, die darüber ausgestellt wurde, hängen die Siegel der Herzogin Sophie von Brabant (mit Rücksiegel) sowie ihres Sohnes Heinrich.

Das erste Siegel (Abb.) ist dem Reitersiegel des Mannes nachgebildet, das diesen in ritterlicher Rüstung mit Schild und Fahne zeigt. Die fürstliche Dame hingegen wird – so auch hier – auf der Falkenjagd dargestellt. Sie sitzt im Damensitz, dem Beschauer zugewandt, auf dem Zelter, hier wohl einem Maultier. Sie trägt ein langes Kleid, anstelle eines Sattels reicht eine Decke mit Fransen fast bis auf den Boden. Den Falken trägt sie auf der linken Hand, während die Rechte den Zügel führt. Vor ihr fliegt der gejagte Vogel, vor dem Pferd läuft ein Jagdhund.
Die Umschrift des Siegels lautet:
+ S(igillum) . SOPHIE : FILIE : S(an)C(t)E : ELIZABET(e) : DUCISSE : BRABANCIE.
Das Rücksiegel ergänzt: ET DOMINE HASSIE.
Die Umschrift enthält ein familienpolitisches Programm. Sophie war die Tochter der Landgräfin Elisabeth von Thüringen, der heiligen Elisabeth, und war vermählt mit Herzog Heinrich II. von Lothringen-Brabant. Bald nach dessen Tod (1248) kehrte sie in ihre Heimat zurück, um für ihren Sohn Heinrich um ihr väterliches Erbe zu kämpfen.
Nachdem die Landgrafen von Thüringen im Mannesstamm ausgestorben waren, bemühte sich Sophie mit allen Mitteln, ihren Erbanspruch durchzusetzen. Die Berufung auf ihre Mutter, die hoch verehrte und zur Ehre der Altäre erhobene Elisabeth, diente ihr als zusätzliches Argument, sodass es ihr schließlich gelang, die Landgrafschaft Hessen (mit Marburg) aus dem thüringischen Erbe (mit der Wartburg)

57

herauszubrechen, das an Heinrich den Erlauchten aus dem wettinischen Haus der Markgrafen von Meißen überging.
Das an der gleichen Urkunde hängende zweite Siegel Heinrichs (I. Landgrafen von Hessen) ist ein antikes Gemmensiegel mit der Umschrift:
+ S(igillum) SEC(re)TV(m) . DE . TORI(ng)IA . FR(atr)IS . B(ra)BA(n)TIE .
Die Gemme zeigt einen Löwen, den man als Anspielung auf das thüringische Löwenwappen ansehen kann. Die Urkunde und ihre Siegel bilden den Abschluss eines erbitterten Erbstreites in einer fürstlichen Familie, durchgeführt von einer selbstbewussten Fürstin in spätstaufischer Zeit, die sich mit den Emblemen ihres Standes darstellen ließ.

Lit.: Grotefend/Rosenfeld 1929, Nr. 79 und Nr. 14 (zum Siegel). – Stuttgart 1977, Bd. 1, S. 56f. – Marburg 1992, S. 195.
Ha.S.

57 Zwei Ringe

West- bzw. Mitteleuropa, Mitte 13. Jh.
Gold mit Saphir (a) bzw. Smaragd (?) (b)
H. 2,7 bzw. 2,1 cm, B. 2,3 bzw. 2,0 cm
Solingen, Sammlung Hanns-Ulrich Haedeke, Inv. Nr. MR 85 (a); MR 182 (b)

Die beiden Ringe entsprechen in ihrer unregelmäßigen Form einem in der Mitte des 13. Jahrhunderts aufkommenden Ringtypus. Charakteristisch ist die unregelmäßige Kontur der Fassung, welche sich der natürlichen Form des Steines anpasst. Edelsteine galten schon damals als äußerst kostbar und das Material sollte nicht durch Abschleifen oder zu starkes Polieren für den Erhalt einer regelmäßigen Form an Substanz verlieren. Als Material dominierte Gold, das die leuchtende Farbigkeit der Steine wie Saphire, Smaragade oder Rubine gut zur Geltung kommen lässt.

Im ,Nibelungenlied' fällt dem Ring eine Schlüsselrolle zu: Siegfried streift Brünhild nach erfolgreicher Bezwingung der Widerspenstigen in der Hochzeitsnacht einen Ring ab: *er nam ir ê ein vingerlîn von golde wol getân* (C 688). Später schenkt er ihn seiner Gattin Kriemhild. Beim Streit der Königinnen vor dem Domportal präsentiert Kriemhild dies *golde, daz ich án der hende hân* (C 855) als Beweisstück für die vollzogene Liebesnacht zwischen Siegfried und Brünhild. Brünhild erkennt den ihr gestohlenen Ring und wird sich des Betrugs der beiden Männer an ihr bewusst. Der Ring, eigentlich Ausdruck von Liebe, Verbundenheit und Treue, wird hier seiner positiven Bewertung entledigt und als Symbol für Verrat missbraucht.

Aufgrund des hohen Materialwerts fanden Ringe häufig als Zahlungsmittel Verwendung. Auch als Geschenke waren sie beliebt. Als hoch geschätzte Schmuckstücke wurden goldene Armreifen verschenkt, was einer besonderen Auszeichnung gleichkam.

Lit.: Haedeke 2000, S. 97–110.　　H. J.

58　Klappspiegel

Süddeutsch, 2. Hälfte 12. Jh.
Bodenfund auf dem Bussen (Oberschwaben)
Bronze, gegossen und nachgearbeitet
H. 8,8 cm
Frankfurt a. M., Museum für Angewandte Kunst, Inv. Nr. 6744

Der kleine Spiegel trug am oberen Griffende eine Öse, durch die er, etwa mit einem Band, am Gürtel befestigt und ständig mitgeführt werden konnte. Bemerkenswert ist die bildnerische Gestaltung des bis heute singulären Stückes. Der Griff ist als sich umarmendes Liebespaar – mit stark gelängten Figuren – gegeben. Auf der Rückseite der runden Spiegelfläche liegt ein Paar unter der Bettdecke, unterhalten von einem Harfenspieler. Die schon umfassend erörterte Frage, ob es sich um ein bestimmtes prominentes

Liebespaar handelt, lässt sich bisher nicht beantworten. So ist auch die Wiedergabe von Paaren des ,Nibelungenlieds' möglich.

Erst eine genauere Untersuchung des Spiegels ergab, dass es sich nicht um einen Metallspiegel im eigentlichen Sinne handelt, bei dem – wie bei den bekannten antiken Spiegeln – die silbrig glänzende Oberfläche des Metalls als Spiegelfläche diente, sondern dass unter der beweglichen Klappe, in der festen Rückplatte vertieft, ein gläserner Spiegel eingelassen war. Bei den winzigen Dimensionen des gesamten Stückes blieb nur eine Spiegelfläche mit dem Durchmesser von knapp drei Zentimetern übrig.

Lit.: Stuttgart 1977, Bd. 1, S. 219. – Krueger 1990, bes. S. 279–281, Abb. 19a-c.　　K. E.

59　Knochengriff

Weißensee (Thüringen), Runneburg (Fundort), Mitte 13. Jh.
Knochen, geschnitzt; Reste einer geschäfteten Klinge, bzw. eines Griffels
H. 8,1 cm, B. 0,7 cm, T. 1,1 cm
Weimar, Thüringisches Landesamt für archäologische Denkmalpflege, Inv. Nr. 4734/04

Der kleine, qualitätsvoll geschnitzte Knochengriff eines Messerchens oder eines Griffels wird an seinem oberen Ende von einem Postament mit einer stilisierten Löwenfigur gekrönt. Die Beine des sitzenden Tieres durchdringt eine schmale, seitliche Bohrung, die offenbar der Befestigung einer Schlaufe diente und zugleich auch die plastische Wirkung der Löwen-

59

figur hervorhob. Der politurartige Schimmer der Oberflächen, der so genannte „Gebrauchsglanz", bildet ein typisches Charakteristikum von häufig berührten Knochengegenständen und belegt den vielfachen Gebrauch des Griffes.

Seine Funktion ist umstritten, da der geschäftete, eiserne Teil im feuchten Brunnen-Milieu nahezu vollständig korrodierte. Hierbei kann es sich um eine feine Messerklinge gehandelt haben – figürlich geschnitzte Messergriffe aus Knochen sind in einiger Zahl bekannt –, doch ist ebenso ein Griffel denkbar, der dem Beschreiben von Wachstafeln diente. Derartige Holztafeln mit einer Wachsbeschichtung wurden für Notizen und andere nur temporär festzuhaltende Fakten verwendet, vornehmlich im gewerblichen Bereich. Die mit Griffeln in die Wachsschicht geritzten Texte konnten zu einem späteren Zeitpunkt auf kostspieliges Pergament oder Papier übertragen werden, das Wachs wurde dann geglättet und konnte wieder beschrieben werden. Die genaue Verwendung des kleinen Knochenhefts bleibt somit offen, doch verweist die aufwändige Gestaltung auf seinen Gebrauch im höfischen Umfeld der landesherrlichen Burganlage.

Lit.: Stolle 1993. – Oldenburg 1995, S. 267, Abb. 5.1/2. – Lohmann/Stolle 1998, S. 110f., Abb. 81f.　　B. L.

58

60 Seidengewebe mit Streifen
Spanien (?), 13./14. Jh.
Rautenköper; Streifen aus Seide (blau, rosen-
holzfarben, weißlich, grasgrün) und Metall-
faden (Häutchensilber? (S) um Leinenseele)
Fragment, L. 25,5 cm, B. 20,5 cm
Karlsruhe, Badisches Landesmuseum,
Inv. Nr. T 294

Stoffe gehören zu den vergänglichsten
Dingen überhaupt, sodass von mittelalterlicher Kleidung fast nur erhalten ist,
was in kirchlichem Gebrauch stand: Ka-
seln, die erhalten wurden, weil sie einst
von einem Heiligen getragen wurden,
oder Stofffragmente, in die einst Reliquien eingehüllt waren, wie es in diesem
Falle zu vermuten ist.

Die leichte Qualität des Stoffes und die
dünnen Kettfäden sprechen dafür, dass
es sich um eine frühe spanische Seide
handelt.

Das gewebte Muster, Rautenköper, hat
eine sehr lange Tradition; es konnte schon
auf dem vertikalen Gewichtswebstuhl der
Bronzezeit hergestellt werden. Für Seidengewebe kann allerdings seit dem 11.
Jahrhundert davon ausgegangen werden,
dass sie auf dem technisch weiter entwickelten horizontalen Webstuhl gearbeitet
wurden. Streifen sind, wie andere einfache Muster, keiner bestimmten Zeit
oder Region zuzuweisen, da sie sich von
alleine einstellen, wenn unterschiedliche
Garnpartien verwendet werden.

Lit.: Wilckens 1991, S. 10f. **B. H.-S.**

61 Purpurfarbenes Gewebe
Süd- oder Mitteleuropa, 12./13. Jh.
Samit; Seide (dunkelviolett) und Leinen (natur-
farben)
Fragment, L. 26 cm, B. 35 cm
Karlsruhe, Badisches Landesmuseum,
Inv. Nr. T 362

Die Webtechnik des Samit verwendet
zwei Kett- und zwei oder mehr Schuss-
systeme. Die Hauptkette bleibt unsichtbar, nur Bindekette und Schuss sind zu
sehen (Köperbindung). So erhält hier das
dünne purpurfarbene Gewebe eine feste
Unterlage aus Leinen. Das ermöglicht einen sparsameren Verbrauch an rot ge-
färbtem Seidengarn.

Die kostbarste Rotfärbung wurde schon
in der Antike unter Verwendung der Pur-
purschnecke erstellt, doch war diese dem
byzantinischen Hof vorbehalten. In Europa bediente man sich dafür der Kermes-
schildlaus bzw. der polnischen Cochenil-
lelaus (*Kermes vermillio* PLANCHON bzw.
Porphyrophor apolonica L.). Kermes gehörte zu den Materialien, die gemäß dem
‚Capitulare de villis' Karls des Großen in
den Frauenhäusern immer vorhanden
sein sollten. Der aus den Läusen gewon-
nene Farbstoff enthält Karmesin und wird
heute noch Lippenstiften zugesetzt.
Durch zusätzliche Blaufärbung mit Wau

(*Reseda luteola*) konnte der Farbton noch
vertieft werden. Preiswertere Rotfärbung
erfolgte auf rein pflanzlicher Basis, mit
Krapp (*Rubia tinctorum*).

Lit.: Brühl 1971, S. 20. – Wilckens 1991, S. 18–23. –
Sandberg 1997. **B. H.-S.**

**62 Seidenbrokat mit Streifen, Punkten
und Rosetten**
Spanien, 13./14. Jh.
Samit; Seide (rötlich, lachsrosa, dunkelblau,
weiß, gelb, blaugrün), Häutchengold oder
-silber (S) um helle Leinenseele
Fragment, L.11 cm, B. 20,5 cm
Karlsruhe, Badisches Landesmuseum,
Inv. Nr. T 262

Die Abfolge unterschiedlich gemusterter
Streifen scheint überwiegend in Spanien
beliebt gewesen zu sein. Aufgrund der
arabischen Herrschaft in Spanien sind
vermutlich die Muster der Seiden orien-
talischen Vorbildern recht nahe, also den
immer wieder genannten Seiden aus
„Arabî", oder sogar genauer aus Libyen
und Marokko. **B. H.-S.**

65

63 Seidenbrokat mit Rosetten und Karos
Italien oder Spanien, 12./13. Jh.
Rautenköper; Seide (rötlich, blau, lindgrün,
orange) und Metallfaden (Häutchensilber (S)
um weiße Seele, broschiert
Fragment, L. 13 cm, B. 17 cm
Karlsruhe, Badisches Landesmuseum,
Inv. Nr. T 266

Seidenbrokat ist wohl der kostbarste
Stoff überhaupt. Er zeichnet sich dadurch
aus, dass Metallfäden über die ganze
Webbreite oder wie hier innerhalb eines
Musters verwendet werden. Damit bekommt der Stoff neben Glanz und Schimmer ein hohes Gewicht, was zu einem
schönen Fall des Gewandes führt. Zeitweilig wurden massive Metallfäden verwendet, die um einen Faden (die Seele)
gewickelt wurden.
Seit dem 10. Jahrhundert lernte man
Tierdärme sehr dünn zu vergolden, die
man dann in feinste Streifen schnitt und
ebenfalls um eine Seele wickelte. Leider
scheuerte sich die feine Vergoldung (oder
Versilberung) der Häute im Lauf der Zeit
ab bzw. die Metalle und ihre Beimischun-
gen oxidierten, sodass sie sich heute
kaum von dem übrigen Gewebe abheben.
Für das Muster ist vielleicht ein byzantini-
sches Vorbild vorauszusetzen, recht ähnlich ist der Stoff eines Pontifikalschuhs
von Bischof Otto III. von Bamberg
(† 1192).

Lit.: München 1955, Nr. 47.   B. H.-S.

64 Brokatstoff mit Streifen
Spanien (?), 12./13. Jh.
Rautenköper; Seide (lachsrosa, blau, gelb) und
Metallfaden (Häutchengold? (S) um gelbe Sei-
denseele)
Fragmente, L. 13,7 cm, B. 10 cm, bzw. L. 3,5 cm,
B. 2,5 cm
Karlsruhe, Badisches Landesmuseum,
Inv. Nr. T 327

Das geometrische Webmuster mit doppelt gerahmten Rauten, die weitere Rauten einschließen, in denen noch einmal
vier Rauten eingeschrieben sind, hat eine
enge Parallele in einer Reliquienhülle in
Beromünster. Diese wird in das 13. Jahrhundert datiert, obwohl die Cedula (Be-
schriftung der Reliquie), die damit verbunden war, von der Schrift her in das
12. Jahrhundert gesetzt werden kann. In
dem durch Schüsse mit Metallfäden ab-
getrennten Streifen wechselt das Muster
und damit die Struktur des Stoffes. Hier
sind es Blöcke von Kettköper, die jeweils
die Breite einer Raute haben.

Lit.: Schmedding 1978, S. 442f.   B. H.-S.

65 Taft mit Streifen und Rhombenmuster
Spanien (?), 12./13. Jh. (?)
Leinenbindung, Rautenköper, geometrische
Muster durch Schussflottierung; Seide (rosen-
holzfarben, weiß, gelb, dunkelgrün, hellgrün,
schwarz)
Fragment, L. 31,5 cm, B. 20,3 cm
Karlsruhe, Badisches Landesmuseum,
Inv. Nr. T 330 c

Ein reiches Repertoire an verschiedenen
geometrischen Mustern belebt diesen
Stoff, der zum Teil in Leinenbindung mit
flottierenden Schüssen, zum Teil aber
auch wieder als Rautenköper gewebt ist.

B. H.-S.

66 Karierter Taft
Europa, hohes bis spätes Mittelalter
Leinenbindung, Rhombenmuster durch
Schussflottierung; Seide (grün, weiß, violett,
gelb, rosa)
Fragment, L. 32,5 cm, B.10 cm
Karlsruhe, Badisches Landesmuseum,
Inv. Nr. T 325

Auch Karos zählen zu den weit verbreiteten Mustern, die sich beim Weben quasi
von selbst ergeben: In entlegenen Regio-
nen wie den schottischen Highlands hatte
man sich z.B. lange Zeit auf die Ausbil-

dung dieser Muster beschränkt. Eine Datierung lässt sich daraus nicht ableiten.
Auch die einfache Leinenbindung, bei der
das Rautenmuster durch Flottieren der
Schüsse (Überspringen von Kettfäden)
gearbeitet ist, lässt einen weiten Spiel-
raum für die Datierung offen.   B. H.-S.

67 Seidenbrokat mit Adlern in Medaillons
Italien, 13. Jh.
Samit, Seide (rot), Häutchengold (S)
um weiße Seidenseele
Fragment, H. 15,7 cm, B. 13 cm
Karlsruhe, Badisches Landesmuseum,
Inv. Nr. T 238

Mit einer Rapporthöhe (Musterhöhe) von
6,6 cm ist dieser Stoff ein schwacher Ab-
glanz byzantinischer und orientalischer

66

67

Seiden mit Rapporthöhen bis zu 80 cm mit ornamentalen und figürlichen Darstellungen: An solche großflächigen Muster wird man wohl denken müssen, wenn im ‚Nibelungenlied' (B 1294) von *gemâlet rîchen pfellen* (reicher, bemalter Seide) die Rede ist. Da alle im ‚Nibelungenlied' geschilderten Seiden bunt waren, ist die bei Brüggen hier angegebene Übersetzung mit „gefärbt" nicht einleuchtend. Eher könnte jemand, dem die Technik des Bildwebens nicht vertraut war, sich selbst ein so einfaches Muster nur dadurch erklären, dass er meinte, es sei aufgemalt. In der Handschrift C lautet die entsprechende Stelle „genagelt richer pfellel" (C 1320). Auf den ersten Blick eine unsinnige Angabe, die aber verständlich wird, wenn man weiß, dass parallel zu der Verwendung reicher Borten zum Schmücken der Gewänder gerne gestanzte Metallplättchen (entfernt an Nagelköpfe erinnernd) auf die Kleidung aufgenäht wurden, die damit an Wert und Pracht gewann.

Lit.: Brüggen 1989, S. 233f. – Wilckens 1992, Nr. 214 mit weiteren Nachweisen zu diesem Stoff. **B. H.-S.**

68 Gewandspange

Weißensee (Thüringen), Runneburg (Fundort), Mitte 13. Jh.
Silberlegierung, gegossen
L. 5,1 cm, B. 4,6 cm, Stärke 0,3 cm
Weimar, Thüringisches Landesamt für archäologische Denkmalpflege, Inv. Nr. 4739/04

Diese silberne Gewandspange stellt eines der wenigen gut erhaltenen Metallobjekte aus dem Brunnen A der Runneburg dar und dürfte dem adligen Umfeld der Burgbesatzung oder der landgräflichen Hofge-

68

sellschaft entstammen. Die gleichschenklige Dreiecksform nähert sich dem Umriss eines Schildes, einer häufigen Form solcher Schmuckstücke. Einige Details seines Dekors scheinen einen Edelsteinbesatz zu imitieren: Die Eckpunkte besetzen betont große, ovale Buckel, zwischen denen auf den Schenkeln des Dreiecks in alternierender Folge runde beerenartige Objekte mit rechteckigen, facettierten Objekten wechseln. Die äußere Kontur umzieht eine dichte, wie Perldraht wirkende Punktreihe. Der Dorn ist verloren, drei Dorn-Ösen sind auszumachen. Der Guss ist nur unzureichend gelungen, sodass etliche Materialfehlstellen das Erscheinungsbild des prächtigen Stücks beeinträchtigen. Erhaltene Beispiele derartiger Fibeln finden sich in einiger Zahl. Ein besonders gut vergleichbares Objekt stellt eine Ringfibel des 12./13. Jahrhunderts von der niedersächsischen Burg Elmendorf dar, die zudem noch gleiche Unzulänglichkeiten des Gussvorganges zeigt. Die Formenvielfalt solcher Schmuckstücke und modischen Accessoires führt auf sehr anschauliche Weise die zeitgenössische Plastik des mittleren 13. Jahrhunderts und der nachfolgenden Jahrzehnte mit ihrer detaillierten Wiedergabe von Gewändern und anderen Realien vor Augen.

Lit.: Oldenburg 1995, S. 568, Kat. Nr. 291. – Lohmann/Stolle 1998. **B. L.**

69 Leder-Stirnband

Weißensee (Thüringen), Runneburg (Fundort), Mitte 13. Jh.
Ziegenleder, gestanzt und geprägt, Rollrädchen-Verzierungen
L. ca. 45 cm, B. um 2,5–3 cm
Weimar, Thüringisches Landesamt für archäologische Denkmalpflege, Inv. Nr. 4726/04

Wie kaum ein anderes Objekt aus dem Brunnen A der Runneburg spiegelt das elegante Stirnband den sozial exponierten, höfischen Aspekt des Weißenseer Burg-Alltags in der Mitte des 13. Jahrhunderts wider. Unmittelbare Vergleichsstücke dieses exzeptionellen modischen Accessoires sind bislang nicht bekannt geworden. Insgesamt 48 filigrane Lilien besetzen in dichter Reihung den oberen Rand eines schmalen Lederstreifens, der im getragenen Zustand dem herrschaftlichen Motiv einer Lilienkrone gleichkam. Seine Verarbeitung ist von außerordent-

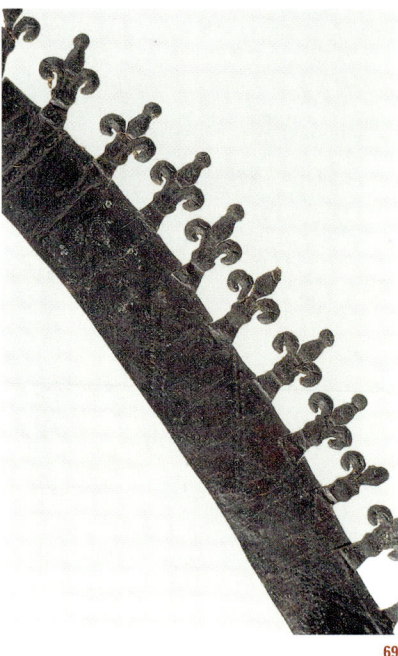

69

licher handwerklicher Qualität, was speziell in den ausgestanzten und plastisch geprägten Lilien deutlich wird. Zudem überzieht den unteren Teil des Bandes rautenförmig gekreuzter Rollrädchen-Dekor. Beide Enden wurden als Handhaben zum Binden des Bandes schmucklos belassen, im unmittelbaren Zustand der Auffindung zeigten sie noch deutliche Knickspuren ihrer vormaligen Verknotung. Im Hinblick auf die geringe Länge des Bandes käme als Träger allein ein Kind in Frage, was im Umkreis der landgräflichen Hofgesellschaft ohne weiteres vorstellbar erscheint. Die detailreichen Darstellungen höfischer Szenerien in der Buchmalerei des 13. und 14. Jahrhunderts bilden in zahlreichen Beispielen derart getragene Lilien-Stirnbänder bzw. tatsächliche Kronen ab.

Lit.: Stolle 1993. – Lohmann/Stolle 1998, S. 110f., Abb. 79. **B. L.**

70 Schuhfragmente

Weißensee (Thüringen), Runneburg (Fundort), Mitte 13. Jh.
unbestimmte Lederart, geschnitten, gestanzt und geprägt
Weimar, Thüringisches Landesamt für archäologische Denkmalpflege, Inv. Nr. 4733/04

Neben der Vielfalt hölzernen Sachgutes entstammt der Weißenseer Brunnengrabung auch eine Fülle von hochwertigen

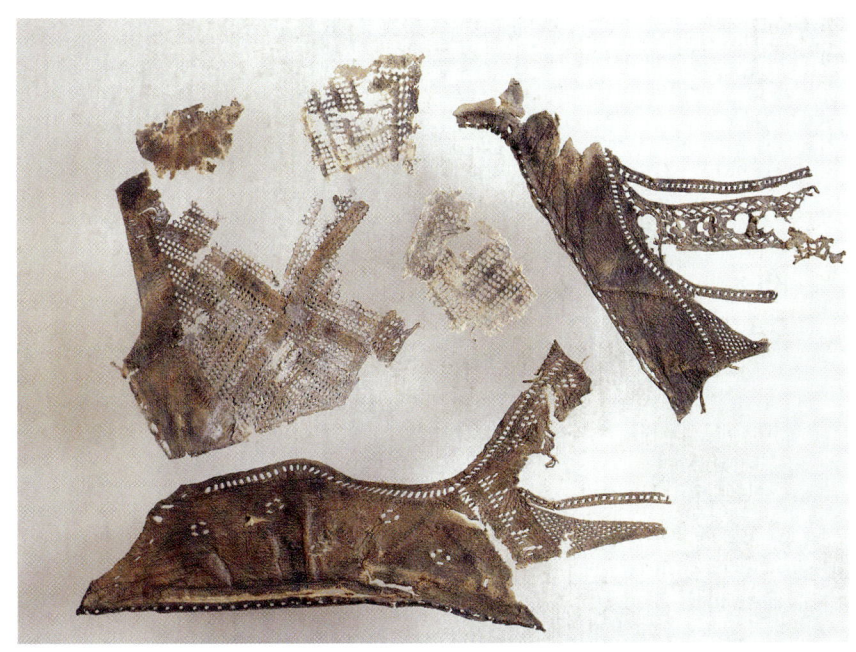

70

71

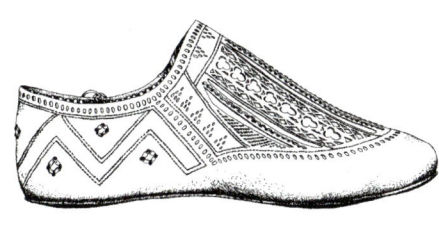

71 Gürteltasche mit ursprünglichem Inhalt
Weißensee (Thüringen), Runneburg (Fundort),
Mitte 13. Jh. (1239–63)
Ziegenleder, geschnitzte Schnallen und Rie-
menzungen aus Knochen, Silbernieten
L. ca. 18 cm, H. 10 cm
Inhalt: Würfel aus Knochen, Brakteaten
Weimar, Thüringisches Landesamt für archäo-
logische Denkmalpflege, Inv. Nr. 4727/04 bis
4732/04

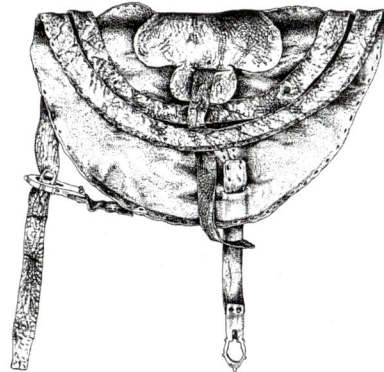

Ledergegenständen des 13. Jahrhunderts. Zahlreich sind hierbei Fragmente
von Schuhen meist schlichter Machart,
doch finden sich ebenso Teile von Dolch-
und Messerscheiden, von Handschuhen
sowie zuweilen reich gestaltete Lederap-
plikationen, die als Bestandteil repräsentativer Bekleidung denkbar sind. Nächst
dem Lilien-Stirnband (Kat.Nr. 69) und der
Gürteltasche (Kat.Nr. 71) sind es wohl die
Reste eines aufwändig verzierten Leder-
schuhes, die den höfischen Gesichtspunkt innerhalb der Sachkultur der Weißenseer Burganlage am augenfälligsten
bestätigen. Diese überreich durchbrochenen Oberleder-Fragmente eines Halb-
schuhs führen mit der Vielfalt des Dekors
den hoch stehenden sozialen Status des
Trägers vor Augen, der zweifelsohne im
adligen Milieu der Hofgesellschaft, wenn
nicht an deren Spitze, zu suchen wäre.

Lit.: Stolle 1993. – Lohmann/Stolle 1998, S. 110f.,
Abb. 80. B. L.

Mitsamt dem Inhalt ging diese einzigartige Tasche in einem Brunnen der Runneburg verloren – mit ihr liegt ein ebenso
seltenes wie individuelles Zeugnis zur
Sachkultur einer Burganlage vor. Direkte
Vergleichsfunde fehlen bislang, doch stellen zeitgenössische Abbildungen derartige Gürteltaschen, die dem Mitführen von
Geld und wichtigen Kleingegenständen
dienten, exakt in dieser Form dar. Das
qualitätsvolle Stück – speziell auf die fili-
granen Schnallen ist zu verweisen – wurde mit zwei Riemen am Gürtel getragen.
Ein dritter Riemen sicherte den kleeblatt-
förmigen Überwurf, der die Tasche ver-
schloss.
In ihren zwei Fächern enthielt sie vier
Spielwürfel sowie die recht stattliche Bar-
schaft von ca. 20 silbernen Hohlpfenni-
gen. Falls sich noch weitere Dinge darin
befanden, so sind diese im feuchten
Brunnen-Milieu vergangen. Der schlechte
Erhaltungszustand der Brakteaten machte

deren Duplizierung nötig – die Originale
konnten nicht konserviert werden. Sie
wurden ausnahmslos zwischen 1239 und
1263 in der Münzstätte der sächsischen
Benediktiner-Abtei Pegau geprägt und
stellen mit ihrer gewöhnlich kurzen Lauf-
zeit ein präzises Datierungskriterium dar,
das für die zeitliche Einordnung des gesamten Fundkomplexes der Brunnensoh-
le gilt. Vier Spielwürfel in der Tasche eines
höherrangigen Angehörigen der Burg-
mannschaft oder Hofgesellschaft (?) weisen scheinbar auf eine persönliche Vorliebe des Besitzers und belegen zugleich
den enormen Stellenwert des Spielens in
der Alltagswelt des 13. Jahrhunderts.

Lit.: Posern-Klett 1846, S. 284–295, Taf. XXXIX, XLI. –
Stolle 1993. – Lohmann/Stolle 1998, S. 107f., Abb. 67, 68.
B. L.

Höfische Jagd

Sigrid Schwenk

Nu wir der hereverte   ledic worden sîn,
sô will ich jagen rîten   von Wormez über den Rîn,
und wil kurzewîle   zem Otenwalde hân,
jagen mit den hunden,   als ich vil dicke hân getân.

(C 919) **Da wir jetzt keinen Kriegszug mehr antreten müssen,**
will ich nun zum Jagen von Worms über den Rhein reiten
und will im Odenwald das Vergnügen genießen,
mit den Hunden auf Jagd zu gehen, wie ich es schon oft getan habe.

Mit Gunthers Einladung zur Jagd (C 919) beginnt einer der dramatischen Höhepunkte des ‚Nibelungenlieds', die heimtückische Ermordung Siegfrieds. Auf Hagens listigen Rat hin lud Gunther alle, die mit ihm auszogen, um sein Land gegen den vorgetäuschten Angriff Liudegasts und Liudegers zu verteidigen, ein, nach der angeblichen Absage des Angriffs statt zur Verteidigung des Landes mit ihm auf die Jagd auszureiten.

Nur durch die List, einen Kriegszug vorzutäuschen, konnte Hagen Kriemhild das Geheimnis von Siegfrieds verwundbarer Stelle entlocken (C 905–909) – doch dann fand bezeichnenderweise kein Kriegszug, sondern eine Jagd statt. Der Fehler, der sich dabei einschlich, dass nämlich das auf Siegfrieds Kriegsgewand zur Kennzeichnung der verwundbaren Stelle genähte Kreuz (C 910–916) plötzlich auf dem Jagdgewand auftauchte (C 989f.), wird in vielen Kommentaren kritisch vermerkt. Eine Jagd hatte den Vorteil, dass sich in der Abgeschiedenheit des Waldes leicht ein Mordanschlag verbergen oder anderen, etwa Räubern, in die Schuhe schieben ließ (C 1011) – woran Hagen aber gar nicht gelegen war (C 1012).

JAGD UND KRIEG

Wer sich mit alter Jagdliteratur und jagdlicher Überlieferung auskennt, dem fällt sofort die Verknüpfung von Jagd und Krieg auf, die auf einer Kulturen übergreifenden Tradition beruht: Jagd gab Gelegenheit, zu erlernen, was für den Kriegsdienst wie zur charakterlichen Schulung wichtig war: Körperliche Kraft und Geschicklichkeit wurden gestärkt, das aufeinander abgestimmte Handeln in einer Gruppe (modern gesagt: Teamwork), Kenntnis des Geländes in der näheren und weiteren Um-gebung, das schnelle Erfassen und die richtige Einschätzung einer komplexen Situation, das rasche Fällen und sofortige Durchführen angemessener Entscheidungen wurden geübt. Mut und Unerschrockenheit mussten bei vielen „Jagdabenteuern" hinzukommen, um jagdlichen Erfolg zu erringen – gravierende Fehler konnten nicht nur zu Misserfolg, sondern auch zum Tod des Jägers oder seiner Helfer führen.

Schon der älteste Jagdschriftsteller, den wir in unserem Kulturbereich kennen, der zu Beginn des vierten vorchristlichen Jahrhunderts lebende Xenophon, schrieb in seinem ‚Kynegetikos', nachdem er weitschweifig die göttliche Herkunft der Jagd begründet hatte: „Ich ermahne die Jungen, die Jagd nicht zu vernachlässigen, denn durch sie werden sie tüchtig sowohl für den Krieg als auch für alles andere, was zwangsläufig dazu führt, recht zu denken, zu reden und zu handeln."

Im höfischen Leben spielten Krieg und Jagd eine herausragende Rolle – konnten dabei doch männliche Tugenden besonders gut unter Beweis gestellt werden: Tapferkeit, Unerschrockenheit, Körperkraft, Geschicklichkeit, Beherrschung der Kriegstechnik wie der Jagdtechnik, aber auch Treue und Sich-aufeinander-verlassen-Können. So auch im ‚Nibelungenlied' – und desto verabscheuungswürdiger und gegen alle Regeln des höfischen Lebens wie gegen die höfischen Tugenden verstoßend war Gunthers und Hagens hinterhältiger Plan (C 924: *lobten mit untriuwen ein pirsen in den walt*; C 980: *sîne triuwe … an Sîvride brach*) und ihr feiger Mord an Siegfried (C 989–992). Dies umso mehr, als gerade die Einhaltung der höfischen Regeln durch Siegfried den Mordplan erleichterten (C 986–989).

Bemerkenswert ist auch, dass die Helden zum Kriegszug gleich fröhlich und frohgemut ausritten (C 914: *was allez wol gemuot*; C 915: *reit der herre Sîvrit vrœlîche dan*), wie sie es zur Jagd taten, die ja ein willkommener Zeitvertreib, ein Vergnügen war (C 934: *Dô riten si von dannen in einen tiefen walt durch kurzewîle willen*).

Von der Jagd selbst hören wir zunächst einmal – im Gespräch zwischen Siegfried und Kriemhild –, dass sie mehrere Tage dauern sollte (C 931: *ich kum in kurzen tagen*), dann, dass viele Ritter daran teilnahmen (C 934: *vil manic degen balt riten mit dem wirte*), dass viele Pferde, beladen mit Ausrüstung und vor allem mit köstlichen Speisen mitgeführt oder vorausgeschickt wurden (C 934 f.: *vil der edeln spîse … vil der rosse …, die den jegeren truogen brôt unde wîn, vleisch unde vische und anders manigen rât, den ein künic sô rîche harte billîchen hât*) – kurz, dass ein höfisches Jagdvergnügen, ein – um es modern auszudrücken – „Jagdevent" seinen Anfang nahm.

Großer Wert wird auf Siegfrieds Kleidung (C 926: *sîn edel pirsgewant*) und seine Ausstattung zur Jagd gelegt, deren Beschreibung breiten Raum einnimmt (C 959–964): ein großer, starker und breiter Speer, ein starkes Schwert, das bis zu den Sporen herunterreicht, ein herrliches Horn ganz aus rotem Gold, ein Rock aus glänzendem schwarzem Tuch, ein sehr kostbarer Hut aus Zobel, ein verzierter Köcher, überzogen mit einem Pantherfell, weil dieses einen angenehmen, süßen Duft verströmte, ein Bogen, der nur von Siegfried ohne Hilfe gezogen werden konnte – Zeichen seiner ungeheuren Kraft –, sein Gewand aus dem Fell oder der Haut eines unbekannten Tieres (C 962: *von einer ludemes hiute* – bisher ist nicht eindeutig geklärt, um welches Tier es sich handelt, in den Kommentaren wird teils ein Otter, teils ein Seehund dahinter vermutet), von Kopf bis Fuß mit andersfarbigem Pelz besetzt, mit vielen goldenen Spangen verziert, die auf beiden Seiten des kühnen meisterlichen Jägers glänzten. So nimmt die Behauptung *Von bezzerm birsgewæte gehôrt ir nie gesagen* (C 960: von

einem besseren Jagdgewand habt ihr noch nie berichten gehört) nicht wunder – sollte damit doch in aller Ausführlichkeit und Bildhaftigkeit bewiesen werden, dass Siegfried in höfischem Sinn der Unübertreffliche, der Bestausgerüstete, der Edelste war. Ob diese Ausstattung bei einer Jagd auch zweckmäßig oder wenigstens einigermaßen funktional war, interessierte nicht. Die Jagdausrüstung war – wie das Jagdgeschehen – dazu da, die Großartigkeit des Helden in höfischer Hinsicht zu zeigen. Dazu passten auch *Balmung*, ein kostbares, breites, starkes und scharfes Schwert mit tadellosen Schneiden, dem kein Helm widerstehen konnte, also ein Kampfschwert, und die vielen guten Pfeile mit goldenen Tüllen und spannbreiten Schneiden: *ez muose bald ersterben, swaz er mit schiezen versneit* (C 964: Alles, was er damit schießend verletzte, musste gleich sterben). So sah das Idealbild eines edlen Ritters aus, wenn er zur Jagd ritt (C 965)!

VIELFALT DER JAGDBEUTE

Gleich zu Beginn des Jagens ließ Hagen die Jäger sich aufteilen, damit er und Gunther erkennen könnten, wer das Beste zur Strecke gebracht hätte (C 939) und somit der beste Jäger wäre. Selbstverständlich war es Siegfried, der das erste Stück Wild bei dieser Jagd erlegte, einen starken Überläufer, ein zweijähriges Schwein also (C 943). Danach traf er auf *einen grimmen lewen* (C 943), den er mit dem Bogen und einem scharfen Pfeil schoss, und zwar so, dass er nur noch drei Sprünge machte, bevor er verendete (C 944). Dann erlegte Siegfried einen Wisent, einen Elch, vier starke Auerochsen und *einen grimmen schelch* (C 945; ein bis heute trotz ausführlicher Diskussionen nicht eindeutig identifiziertes Tier). Nachdem er so gut wie alle aufgespürten Hirsche und Hinden, das heißt männliches und weibliches Rotwild, gestreckt hatte (C 945), verfolgte er einen vom Hund hochgemachten starken Keiler und erlegte ihn mit dem Schwert, als er ihn voll Wut attackierte, was einem anderen Jäger wohl nicht so leicht gelungen wäre (C 946 f.). Damit beendete Siegfried seine Jagd. Als sein großer Jagderfolg bekannt wurde, baten ihn die Jäger, einen Teil des Wildes zu schonen, da er ihnen sonst Berg und Wald ganz wildleer machen würde (C 940).

Eindeutig war Siegfried der beste Jäger, dem man deswegen hohe Ehrerbietung entgegenbrachte (C 942:

daz lop an dem gejägede er vor in allen dâ gewan; C 980, auch C 950). Interessant ist die Liste des von Siegfried erlegten Wildes dadurch, dass zumindest mit dem erlegten Löwen die Realität verlassen wurde: Der Löwe als König der Tiere stellte sich dem Besten der Jagdgesellschaft. Ebenfalls symbolisch, allerdings auch realistisch, ist, dass das erste und letzte Stück Wild, das Siegfried erlegte, ein männliches Stück Schwarzwild war: erst ein starkes, noch nicht ausgewachsenes Stück, dann ein mächtiger Keiler. Sauen nahmen in der Jagdtradition unseres Kulturraumes immer eine herausgehobene Stellung ein: Das Schwein galt als „ritterlich" – der Hirsch als „edel" –, seine Jagd, vor allem die auf ausgewachsene männliche Stücke (Keiler), aber auch die auf starke alte weibliche Stücke (Bachen), war gefährlich und forderte, da Schwarzwild sehr behände und reaktionsschnell ist und in Bedrängnis äußerst gefährlich werden kann, kühne, tapfere und versierte Jäger (ausführlich bei Schwenk 1999b). Dies wird auch deutlich bei Kriemhilds Traum (C 929), in dem sie Siegfried von zwei wilden Schweinen über die Wiese gejagt und die Blumen rot geworden sah – eine Vorausschau des späteren Mordes. Auch die anderen erlegten Tiere spiegeln die besondere Stellung ihres Erlegers wider.

Eine Besonderheit stellt Siegfrieds Jagen auf den Bären dar. Auf der einen Seite wird dabei erneut gezeigt, wie stark, geschickt und mutig, um nicht zu sagen verwegen, Siegfried ist: Auf dem Weg zurück zum Jagdlager wurde mit Hilfe des Suchhunds, einer Bracke, ein Bär aufgemüdet, von Siegfried allein zu Pferd und – als das Gelände für das Pferd unpassierbar wurde – zu Fuß verfolgt, mit bloßen Händen gefangen, gefesselt, am Sattel festgebunden und zum Lagerfeuer mitgenommen. Auch hier erwies sich die „Übermenschlichkeit" Siegfrieds, der bei all diesem Tun unverwundet blieb – wobei die Gefährlichkeit des Bären zu Recht hervorgehoben wurde (C 954–958). Auf der anderen Seite wird dadurch Siegfrieds „höfische Seite" betont: Er tat dies alles, um seine Jagdfreunde unterhalten zu können (C 955, auch C 958). Und der Spaß gelang vollkommen: Die Hunde bellten, der durch den Lärm erschreckte Bär geriet in die Küche, richtete dort Verwirrung und Schaden an, begann zu rasen, wurde von den Tapferen unter den Jägern verfolgt und begann zu fliehen. Allein Siegfried konnte ihm folgen, ihn einholen und mit dem Schwert töten (C 966–970).

ABLAUF DER JAGD

Manche Details erfahren wir auch über die praktische Durchführung der Jagd. Wir lesen von lautem Lärm der Jagdteilnehmer und der Hunde, der so groß war, dass er als Echo von den Bergen und dem Wald zurückschallte (C 949), von durchdringenden Hornsignalen, die das Ende der Jagd verkündeten und die Jäger zurück ins Lager riefen (C 952, 953) – wie überhaupt Lärm und Getöse, Rufe der Jäger, Bellen der Hunde, Klang der Hörner, Kennzeichen eines gelungenen Jagdevents gewesen zu sein scheinen.

24 (in anderen Handschriften auch 34) Hundemeuten (C 949) wurden ins Jagen geschickt. Dass die Handschriften in der Zahlenangabe der Meuten stark differieren, scheint ein weiteres Indiz dafür zu sein, dass die genaue Zahl keine große Rolle spielte, sondern dass einfach durch eine ungeheuer große Anzahl von Hunden die Bedeutung der Jagd, die Besonderheit des Jagdvergnügens signalisiert werden sollte.

Ein wenig von der Jagdtechnik erfahren wir auch durch Siegfried, der insgesamt eine Ausnahme bildete: Er erbat nur einen einzigen Spürhund, eine gut ausgebildete, fährtengerechte Bracke. Interessant ist die Formulierung *einen bracken, der sô genozzen hât, daz er die verte erkenne* (C 940) – „genossen gemacht" wurden die Hunde, indem sie bei Hörnerklang vom erlegten Wild gefüttert wurden, das heißt genießen durften, weil dadurch ihr Jagdeifer angestachelt wurde. *Dô nam ein jägermeister einen guoten spürhunt: er brahte den herren in einer kurzen stunt dâ si vil tiere funden* (C 941). Wie wir sehen, brauchte ein geübter mutiger Jäger relativ wenig, um zum Jagderfolg zu kommen: einen guten Spürhund, einen erfahrenen Berufsjäger, ein schnelles, mutiges Pferd (C 942, 945, 954), Pfeil und Bogen, ein Schwert.

Insgesamt ist der Text unter jagdtechnischem Aspekt nicht sehr ergiebig, vielmehr zielt er darauf ab, die höfischen Seiten der Jagd sowie die Bedeutung der Jagdereignisse für das höfische Leben zu zeigen: Jagd bietet Gelegenheit, seine Kräfte zu messen und den Besten zu ermitteln – wie Turniere oder Wettkämpfe aller Art (vgl. den Schnelllauf C 981f.) und wie letztendlich auch der Krieg –, die Pracht und Organisationskraft des Hofes zu zeigen und der höfischen Gesellschaft vergnüglichen Zeitvertreib zu schaffen – abgesehen vom Wildbret für die Hofküche.

**Jagdszene aus dem ‚Livre de la chasse' von Gaston Phébus,
2. Hälfte 14. Jh. Paris, Bibliothèque Nationale (Kat. Nr. 72)**

In diesem Zusammenhang ist auch die Bärenszene
zu sehen: Jagd sollte neben dem Sich-Beweisen der Helden und dem Erwerb von Jagdbeute vor allem auch
Spaß bereiten. In der Bärenepisode hören wir von einer
Art höfischer Vergnügungen, die im Barock ihre Blütezeit
erlebte: Tiere wurden zur Belustigung der höfischen Gesellschaft auf verschiedenste Weisen „benutzt" und ge-

quält – etwa bei Abarten des „Eingestellten Jagens"
oder beim „Fuchsprellen" –, ohne dabei auf ihre Eigenart und ihre Bedürfnisse zu achten; ihre Leiden und ihr
oft qualvoller Tod wurden gedankenlos in Kauf genommen. Hauptsache, die höfische Gesellschaft amüsierte
sich. Wir können dies heute nicht mehr verstehen oder
gar akzeptieren, da seit der Aufklärung mehr und mehr
ins öffentliche Bewusstsein gedrungen ist, dass es sich
bei Tieren um schmerzempfindende Lebewesen handelt, nicht um Dinge – wie Holz oder Stein –, mit denen

beliebig umgegangen werden darf. Doch dies ist eine moderne Sichtweise (vgl. Schwenk 1999a).

Siegfrieds heftige Reaktion (C 974ff.), als beim gemeinsamen Mahl am Ende des Jagdtages der Wein fehlte (C 974: „Wenn man die Jäger nicht besser behandelt, will ich kein Jagdgeselle sein"), lässt sich auch nur damit erklären, dass dieses Verhalten der Gastgeber gegen die höfischen Sitten verstößt und aus höfischer Sicht unentschuldbar ist.

Die reiche Jagdbeute, die in die Hofküche des Königs geliefert wurde (C 951, C 980), unterstrich das in höfischem Sinn gute Gelingen der Jagd – welcher Kontrast zum schändlichen und alle belastenden Ausgang der Jagd (C 1011: *uns ist übele geschehen*)!

SIEGFRIED – STRAHLENDER HELD DER JAGDSZENE

Dass Überhöhungen und Übertreibungen im ‚Nibelungenlied' ein beliebtes Stilmittel sind, um die Zuhörer zum Staunen zu bringen, zeigt sich an vielen Stellen, besonders auch bei der Jagdszene. Sie dient insgesamt als willkommene Gelegenheit, Siegfried vor seinem Tod noch einmal als strahlenden Helden zu zeigen, besser, kühner, gewandter, höfischer als alle anderen, ein Ritter, der die höfischen Tugenden in sich vereint, sich ganz an die höfischen Regeln hält, ein für andere nahezu unerreichbares Beispiel für höfische Lebensart gibt. Dadurch wird der gegen alle höfischen Regeln verstoßende, auf Untreue und Falschheit basierende hinterlistige Meuchelmord an Siegfried noch schändlicher, noch verwerflicher. Um Siegfried als leuchtendes Vorbild zu zeichnen, wird in der Jagdszene vieles übersteigert dargestellt, ohne dass es auf die Realität des Jagens besonders anzukommen scheint. Dies sehen wir bei dem Wild, das er erlegt (etwa den Löwen), bei der Art, wie er es erlegt oder fängt (etwa den Bären), bei seiner Jagdkleidung und seiner Ausrüstung. Nur um ein Beispiel zu nennen: Spannbreite Schneiden und goldene Tüllen bei den Pfeilen waren auf der Jagd gewiss nicht gebräuchlich, und auch der Bogen, der so stark war, dass nur Siegfried ihn ohne Hilfsmittel ziehen konnte, sollte zeigen, dass Siegfried mehr Kraft und Geschicklichkeit als jeder andere besaß. Aus jagdtechnischer Sicht ist anzumerken, dass der Handbogen eben gerade ohne Hilfsmittel gezogen wurde. Es könnte sich höch-

stens um eine zu dieser Zeit in Mitteleuropa durchaus bekannte Armbrust gehandelt haben, bei der Hilfsmittel zum Spannen nötig waren (vgl. Egon Harmuth, Die Armbrust, Graz 1986). Dass das Kampfschwert – hier Balmung – auch auf der Jagd gebraucht wurde, entspricht hingegen der damaligen Jagdtechnik – erst ab dem 14. Jahrhundert (Gaston Phébus) werden besondere Jagdschwerter entwickelt. So bedarf es eines gediegenen jagdhistorischen Wissens, um Realität und dichterische Freiheit voneinander zu scheiden.

TRADITIONSLINIEN

Eine ähnliche Intention – durch Taten auf der Jagd die besondere Größe, Macht und Einmaligkeit zu zeigen – lag auch den überlieferten Schilderungen von karolingischen Jagden zugrunde, in denen wir bereits 400 Jahre vor dem ‚Nibelungenlied' verblüffende Parallelen und ähnliche Elemente des höfischen Jagens finden. Angilbert, ein um 750 bis 814 lebender fränkischer Geistlicher und Dichter, schildert in einem 536 Hexameter umfassenden Gedicht mit dem Titel ‚Carolus Magnus et Leo Papa', das an eine Begegnung zwischen Karl dem Großen und Papst Leo in der Nähe von Paderborn im Jahre 799 anknüpft, eine Jagd auf Schwarzwild im Brühl bei Aachen: Am Morgen des Jagdtags sammelte sich mit viel Lärm das Gefolge beim Kaiserpalast; das Schreien des Fußvolkes und das Wiehern der Pferde erhöhten den Geräuschpegel. Dann ritt Karl der Große auf einem reich mit Gold und anderem Metall geschmückten Pferd an der Spitze eines ansehnlichen Jagdzugs unter Trommel- und Hörnerklang zur Jagd. Zu Beginn des Jagens wurde ein Keiler hochgemacht, durch Hörnerklang ermunterten die Jäger die Hunde zur Verfolgung des Keilers, mit lautem Bellen und freudig lärmend folgten die Hunde dem Keiler, der von Karl selbst erlegt wurde, er „durchbohrt mit dem Schwert des Wildes Brust und taucht ihm den eisigen Stahl hinein in das Herz". Die Jagdbeute des Tages waren „unzählige Rotten von Sauen"; „überall sinken gefällt zur Erde viel Leiber der Tiere" (im ‚Nibelungenlied', C 950, heißt es: *Dô muose vil der tiere verliesen dâ daz leben*). Am Ende des Jagens begab sich die Jagdgesellschaft zum Festmahl an einen schattigen Platz in der Nähe einer Quelle, an dem reich geschmückte Zelte aufgestellt worden waren. Wie im ‚Nibelungenlied' sind auch bei dieser Jagdschilderung viel Wild, eine dementsprechend reiche Jagdbeute, großer Lärm, der Herrscher auf einem prächtigen Pferd als kühner und erfolgreicher Jäger von entscheidender Bedeutung – die Jagdtechnik ist nicht so wichtig wie das höfische Beiwerk.

Auch bei den bejagten Wildarten gibt es Parallelen: Neben Schwarz- und Rotwild sind es Wisente, Auerochsen und Bären. Nach Einhards Jahrbüchern jagte Karl der Große 803 im Hirkanischen Wald Auerochsen und anderes Wild; der Mönch von St. Gallen berichtet von einer Jagd auf Wisente und Auerochsen nahe Aachen, Ermoldus Nigellus schildert eine Hofjagd Ludwigs des Frommen, bei der neben „Hirschen zu Tausenden" und Sauen auch Bären erlegt wurden.

Während sich hier eine 400-jährige Tradition in der Art der Hofjagdschilderung feststellen lässt, finden sich erhebliche Unterschiede im Vergleich zwischen ‚Nibelungenlied' und dem zeitgleich im ersten Jahrzehnt des 13. Jahrhunderts entstandenen ‚Tristan' Gottfrieds von Straßburg. Im ‚Tristan' erfahren wir detailliert von höfischen Jagdtechniken, etwa dem *bast*, der *furkie*, der *curie*, die zeigen, welch große Bedeutung die Jagd bei der höfischen Erziehung besaß und wie vorbildhaft französische Jagdtechniken und Jagdgebräuche im deutschsprachigen Gebiet waren. Hier führt eine Linie zu den beiden herausragenden jagddidaktischen Werken aus dem 14. Jahrhundert, dem ‚Livre du Roy Modus et de la Royne Ratio' des Henri de Ferrières und dem ‚Livre de la Chasse' des Gaston Phébus, die anschauliche und detailgetreue Anweisungen zur Jagdausübung in Verbindung zu höfischer Lebensart setzen und dadurch Synthesen von großer Faszination schaffen, in die auch die religiöse Dimension durchaus eingebunden ist.

Jagdhistorisch zeichnen sich dabei bereits die beiden unterschiedlichen Auffassungen der Schwarzwild- und Rotwildjagd im französischen und im deutschen Kulturbereich ab: In der französischen Jagd war besonders die „sportliche" und „faire", nach allen Regeln der Kunst in Szene gesetzte Verfolgung eines einzelnen ausgewählten, besonders starken Stückes Wild hoch angesehen – man denke an die *chasse à courre*, zu deutsch „Parforcejagd", bei der ein besonderes Stück Wild vorgesucht, das heißt ausfindig gemacht, dann von Hundemeuten und Jägern zu Pferd verfolgt und

schließlich kunstvoll abgefangen, also getötet wird, wobei Hornfanfaren zur gegenseitigen Verständigung wie zur festlichen Ausgestaltung eine große Rolle spielen.

Beim „Deutschen oder Eingestellten Jagen" hingegen wurde besonderer Wert darauf gelegt, eine möglichst große Menge von Wild zusammenzutreiben und dann durch einige wenige Jäger – den Jagdherrn und seine Gäste – bis auf das letzte Stück erlegen zu lassen. Was bei den Jagdbeschreibungen der karolingischen Zeit und im ‚Nibelungenlied' noch ein Topos ist und zumindest zum Teil die reale Situation überhöht darstellt, wird in den späteren Jahrhunderten durch die Kunst des eingesetzten Jagd- und Forstpersonals wie ihrer Helfer zur Realität: So beweisen genau geführte Schusslisten etwa, dass Herzog Johann Georg I. (1585–1656), Kurfürst von Sachsen, zwischen 1611 und 1655, also in 44 Jahren, 116906 Stück Wild erlegt hat, wobei Federwild unberücksichtigt blieb.

Die Jagd spielte im höfischen Leben und dementsprechend auch in den Schilderungen dieses höfischen Lebens in literarischen Zeugnissen unterschiedlicher Art eine große Rolle, wobei der Vollständigkeit halber noch auf ‚De arte venandi cum avibus', das Werk Friedrichs II. von Hohenstaufen aus dem Beginn des 13. Jahrhunderts, hinzuweisen ist. Die genaue Analyse des ‚Nibelungenlied'-Textes vor dem Hintergrund der Jagdgeschichte zeigt, welch großes Traditionspotenzial in diesem Werk liegt und welche Zäsur in der deutschsprachigen Literatur zwischen alter Tradition und neuen Impulsen zu Beginn des 13. Jahrhunderts verläuft. Derartige, für den Jagdhistoriker aufregende Erkenntnisse setzen aber eine genaue Kenntnis nicht nur der literarischen, sondern auch der jagdgeschichtlichen Situation in dieser Zeit voraus, wie es auch eine durchaus lohnende Aufgabe wäre, die aus Unkenntnis der jagdlichen Materie in neuhochdeutschen Übertragungen nicht selten entstandenen Übersetzungsfehler auszumerzen, etwa: den Spürhund nach der Jagd „einzufangen", statt – richtig – ihn ans Seil zu nehmen bzw. anzuleinen.

Lit.: Abel 1850, S. 41 (Einhard). – Wattenbach 1850, S. 47 (Mönch von St. Gallen). – Pfund 1856, S. 83 (Ludwig d. Fromme). – Althof 1888, S. 45f. (zu Karl d. Gr.). – Schwenk 1997. – Schwenk 1999a. – Schwenk 1999b.

72 Gaston Phébus: Le Livre de la Chasse
Frankreich, Ende 14. Jh.
Faksimileausgabe Graz 1976
Heidelberg, Universitätsbibliothek, Re 1071, 1
Bl. 73r.: Wie man Wildschweine jagt

Die französische Jagdliteratur erlebte im 14. Jahrhundert einen Höhepunkt durch zwei heute als Klassiker der spätmittelalterlichen Jagd zu bezeichnende Werke: ‚Le livre de Chasse' von Henri de Ferrières und ‚Le livre de la Chasse' von Gaston Phébus, die beide dadurch zusammengehören, dass Gaston Phébus zweifelsfrei

das Werk Henri de Ferrières' gekannt und benutzt hat.

‚Le livre de Chasse' findet sich im ‚Livre du Roy Modus et de la Royne Ratio' (Buch des Königs Maß und der Königin Vernunft), einem großen, von Henri de Ferrières in der zweiten Hälfte des 14. Jahrhunderts verfertigten Werk in Prosa mit eingestreuten Verspassagen, das im Mittelalter weite Verbreitung erfuhr. Als ‚Livre de Chasse' werden traditionsgemäß die Passagen des ersten Teils zusammengefasst, die sich mit der Jagd-

technik beschäftigen und in denen Roy Modus seine Schüler auf alles hinweist, was sie – im Hinblick auf ein Leben ohne verderblichen Müßiggang – von der Jagd wissen sollen.

Gaston III., Graf von Foix und Béarn, genannt Phébus, geboren am 30. April 1331, gestorben am 1. August 1391 am Ende eines Jagdtags nach erfolgreicher Bärenjagd, verfasste nach einem abenteuerlichen Leben, das ihn durch ganz Europa von den Pyrenäen bis nach Skandinavien führte, zwischen dem 1. Mai 1378 (so im

Prolog verzeichnet) und wahrscheinlich 1389 sein ‚Livre de la Chasse'. Es ist die Frucht eines reichen Jägerlebens und wurde von Gaston Phébus dem Herzog von Burgund, Philippe le Hardi, einem Onkel König Charles' VI. gewidmet. Wie Henri de Ferrières wollte Gaston Phébus ein lehrhaftes Buch schreiben, was ihm dank methodischer Arbeit und einer klaren Konzeption hervorragend gelang. Wie beliebt das Werk gewesen sein muss, lässt sich an der Vielzahl von Handschriften erkennen, die bis ins 16. Jahrhundert angefertigt wurden und von denen 44 erhalten geblieben sind. Noch größere Verbreitung erfuhr es nach der Einführung des Buchdrucks: Um 1507 wurde es bei Vérard, zwischen 1507 und 1511 bei Trepperel und um 1525 bei Le Noir verlegt. Die heute maßgebliche Ausgabe von Gunnar Tilander erschien 1971, ein hervorragender Faksimiledruck 1976.

Lit.: Tucoo-Chala 1959. – Tilander 1971. – Thomas/Schlag 1976.   S. S.

73 Jagdhorn (Olifant)
Süditalien, 11. Jh.
Elefantenstoßzahn, geschnitzt
L. 49,2 cm, Dm. oben ca. 7,85 cm,
unten ca. 3 cm
Hannover, Kestner-Museum, Inv. Nr. 418 Cul.

Signalhörner spielten bei der mittelalterlichen Hetzjagd zu Fuß und vor allem zu Pferd eine wichtige Rolle. Für die großen Herren wurden sie aus Gold (C 959: *von vil rôtem golde fuorter ein hêrlîchez horn*) und vor allem aus Elfenbein hergestellt. Dieses immer beliebter werdende Material führte auch zum Namen Olifant (altfranzösisch für Elefant). Der Olifant gehörte zu den höchsten Wertstücken des Ritters, dessen Verlust als schimpflich galt, und war ein spezifisch königsjagdliches (kein volksjagdliches) Element. Im frühen Mittelalter noch selten, wurden Olifanten namentlich um die Wende des 11. Jahrhunderts – wohl infolge der Kreuzzüge – häufiger. Sie sind aus dem unteren Teil eines Elefantenstoßzahnes

gefertigt und mit Motiven vorwiegend aus der Tierwelt verziert.
Beim vorliegenden, im 11. Jahrhundert in Süditalien gefertigten Exemplar gleichen die flächig-rund und fast gedrungen modellierten Tiere eher Fabelwesen – ein typisches Kennzeichen islamischer Darstellungsweise. Pfau, Greif, Steinbock, Affe und Hirsch stehen in miteinander verschlungenen Kreisen. Insgesamt sind es sieben Reihen mit Tierdarstellungen, wobei nach der ersten und sechsten Reihe je ein vertiefter unbearbeiteter Streifen liegt, an dem wohl Metallringe angebracht waren, um die Kette zum Umhängen des Horns zu befestigen.

Lit.: Buhle 1903, S. 20ff. – Sachs 1930, S. 252f. – Niewöhner 1991, S. 12.   S. S.

74 Zwei Jagdpfeifen
Pößneck (Thüringen), Wasserburg Schlettwein (Fundort), 13. Jh.
Knochen
a) L. 6 cm, Dm. 1 cm
b) L. 4 cm, Dm. 1 cm
Weimar, Thüringisches Landesamt für archäologische Denkmalpflege, Inv. Nr. a) 89/6; b) 89/64

In der mittelalterlichen Jagd spielte die Lockjagd eine bedeutende Rolle, da sie den Jäger in die Lage versetzte, Wild in eine Entfernung zu bringen, die erfolgreiches Fangen oder Erlegen ermöglichte. Gezähmtes und zur Jagd abgerichtetes Wild (etwa ein *cervus domesticus*, Pact. Leg. Sal. Art. 33,2) kam dabei genauso zum Einsatz wie Instrumente zur Tierstimmenimitation. Systematisch wird dabei zwischen „Brunftrufen" und „Klagelauten" unterschieden: Zur ersten Kategorie werden die Lautimitationen gezählt, durch die Artgenossen angelockt wurden, zur zweiten die, die Raubtiere anlocken sollten, da sie eine verwundete oder kranke Beute erwarteten.

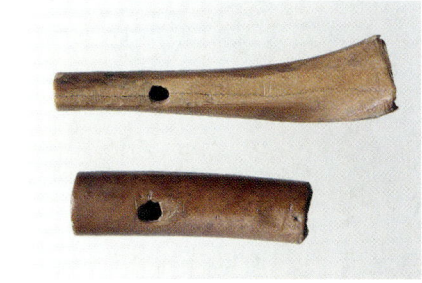

74

75

Einfache Pfeifen aus Horn- oder Knochenmaterial zum Anlocken von Wild sind insbesondere auch Elemente der Volksjagd, da sie ohne großen Aufwand herzustellen waren, allerdings dann im Gebrauch viel Übung und Geschicklichkeit erforderten. Kleine aus Röhrenknochen gefertigte kernspaltlose Pfeifen wurden besonders zum Anlocken von Vögeln und Wildgeflügel verwendet.

Lit.: Hakelberg 1994, S. 258f.   S. S.

75 Grifflochhorn
Pößneck (Thüringen), Wasserburg Schlettwein (Fundort), 13. Jh.
Horn
L. ca. 28 cm, Dm. 1,6–3 cm
Weimar, Thüringisches Landesamt für archäologische Denkmalpflege, Inv. Nr. 111/64

Das linksgebogene Grifflochhorn besitzt drei kreisrunde Grifflöcher an der Vorderseite und ein gleichartiges Griffloch für den Daumen an der Hinterseite, die sämtlich sorgsam eingeschnitten und dann an den Rändern geglättet wurden. Es ist aus der Sprosse eines Hirschgeweihs, bei der die *Spongiosa* – das schwammartige Innengewebe des Knochens – entfernt wurde, kunstvoll gearbeitet und weist an den Enden deutliche Spuren der Bearbeitung auf, wodurch ausgeschlossen werden kann, dass es sich um ein Fragment handelt. Eine 4,5 mm große Lochung im Innenbogenbereich der Stürze dürfte dazu gedient haben, eine Hornfessel anzubringen. Das Grifflochhorn wurde 1964

73

76

77

das Heft loszulassen. Ist der Keiler stärker als man selber, muss man sich von einer Seite zur anderen drehen, so gut man kann, ohne den Schaft loszulassen, bis Gott zu Hilfe kommt oder anderer Beistand heran ist." S. S.

77 Speerspitze
Süddeutschland, mittelalterlich
Eisen
L. 32,6 cm
Karlsruhe, Badisches Landesmuseum,
o. Inv. Nr.

Beim Speer handelt es sich um eine der ältesten Waffen, die sowohl im Krieg als auch bei der Jagd zum Einsatz kamen. Er wurde zum Stoßen und zum Werfen benutzt und bestand aus einer oft blattförmigen oder rhombischen Klinge und einem Holzschaft von unterschiedlicher Länge, je nachdem, von wem – Krieger oder Jäger zu Fuß oder zu Pferd – und wofür er gebraucht wurde.
Bei der Jagd wurde er vor allem auf größeres Wild, besonders auf Auerochsen, Wisente, Bären, Elche, Schwarz- und Rotwild, als Stoß- und Wurfgerät – „Wurfspeer" – verwendet. Besonders wichtig war die Benutzung des Speers beim Abfangen, das heißt Töten, des von Hunden gehetzten und dann von der Meute oder einem einzelnen Hund gestellten Wildes. Wie wir aus den Germanenrechten wissen, spielte der Speer in Form der „Speerfalle" als Waffenfalle – als selbst auslösende Einrichtung zum Fangen von Wild – wohl bei allen germanischen Stämmen eine Rolle. In der nordgermanischen Kultur ist die Speerfalle auf Bären und Elche altes Allgemeingut (vgl. etwa ‚Älteres Westgötalag', ‚Älteres Westmanalag').
S. S.

im verfüllten Wassergraben der Burg Schlettwein zusammen mit Keramik des 13. Jahrhunderts gefunden, was zur Annahme der gleichen Datierung für das Instrument führte.
Wahrscheinlich ist eine Verwendung derartiger Grifflochhörner mit maximal vier Stimmlöchern bei der Jagd zur Kommunikation der Jäger untereinander und zur Verständigung mit den Hunden, wobei von besonderer Bedeutung war, dass sie mit einer Hand gespielt werden konnten. Ähnlich den seit dem 16. Jahrhundert bekannten Jagdzinken dürften sie etwa auch bei der Zeremonie des Genossenmachens der Hunde – wie wir sie aus dem ‚Jüngeren Jagdbuch' Wolfgang Birkners (1. Hälfte 17. Jh.) kennen – zum Einsatz gekommen sein (C 940: … *einen bracken, der so genozzen hat, daz er die verte erkenne*). Bei dem hier ausgestellten Grifflochhorn liegt der Gebrauch im jagdlichen Umfeld besonders nahe, da es aus einem Material – der Geweihstange eines Hirsches – hergestellt wurde, das in den Bereich der höfischen Jagd gehörte: Hirsch und Keiler waren die bevorzugte Jagdbeute adeliger Jäger.
Das Grifflochhorn ist nach Hakelberg als derart gut datiertes Sachgut ein Unikat, das sonst nur über bildliche Darstellungen zu fassen ist. Mit diesem Stück liegt das bisher nachweislich älteste zuverlässig datierte Grifflochhorn Europas vor.

Lit. Buhle 1903, S. 20 ff. – Hakelberg 1994, bes. S. 259.
S. S.

76 Knebelspieß
Burg Bischofstein (Fundort), vor 1356
Eisen
L. 53,5 cm, B. am Knebel 12 cm
Liestal, Kantonsmuseum Baselland,
Inv. Nr. 63.1.626

Der Spieß wurde bei der Jagd auf größeres Wild, etwa auf Rotwild, Bären und vornehmlich auf Schwarzwild, verwendet und bestand aus einer meist breiten Stoßklinge und einem langen Holzschaft. In mittelalterlichen Texten wird er auch als *jage-, jeger-, tier-, weide-, wiltspiez,* speziell zur Saujagd als *eber-, sau-* und *swinspiez* bezeichnet; der Terminus „Sauspieß" wird später durch „Saufeder" abgelöst.
Um zu verhindern, dass die Klinge und der Schaft beim Stoß oder beim Auflaufen des Wildes zu weit in den Tierkörper drang und somit der Jäger dem Wild gefährlich nahe kam und von diesem verletzt werden konnte, wurde hinter der Klinge ein „Knebel", ein meist aus Horn oder Holz gefertigtes Querstück, befestigt. Der Schaft wurde in der Regel mit Noppen versehen oder mit Riemen umwickelt, um ihn griffig zu gestalten. Dass trotz dieser Ausrüstung der Gebrauch des Knebelspießes bei der Schwarzwildjagd nicht ungefährlich war, zeigt eine Textstelle bei Gaston Phébus, ‚Le livre de la chasse': „Sobald die Spitze (des Sauspießes) in den Körper des Keilers eingedrungen ist, muss man den Schaft unter die Achselhöhle klemmen und so kräftig wie nur möglich schieben, ohne jemals

Bestattung

Lothar Voetz

Dô man in zem münster brâhte,   vil der glocken klanc.
man hôrte von den pfaffen   vil michel gesanc.
dô kom der künic Gunther   mit den sînen man,
mit im der grimme Hagene,   zuo dem wuofe gegân.

(C 1052) Als man ihn zum Dom trug, läuteten viele Glocken.
Man vernahm den großartig-feierlichen Gesang der Geistlichen.
Da begab sich auch König Gunther mit seinen Gefolgsleuten,
darunter auch der Furcht erregende Hagen, zur Trauerklage.

Der Tod durch Waffengewalt trifft im ‚Nibelungenlied' – wie auch in einer Reihe anderer Werke der mittelhochdeutschen Epik – eine große Zahl namentlich benannter Protagonisten und eine überaus große Zahl namentlich nicht benannter Personen. Kampf und Tod sind im ‚Nibelungenlied' fast ständig präsent. Über die Bestattung dieser Menschen und das damit verbundene Beerdigungsbrauchtum erfährt man jedoch in der Regel nichts. Die einzige Ausnahme findet sich in der 17. Aventiure. In diesem vielschichtigen Kapitel stehen die Klage über den toten Siegfried, der sogleich aufkommende Rachegedanke Kriemhilds und die Bestattung Siegfrieds im Mittelpunkt der Darstellung. Die beiden Hauptschauplätze des aufwändigen und kostspieligen Begräbnisses Siegfrieds sind der *palas* Kriemhilds als Trauerhaus und der im ‚Nibelungenlied' meist als *münster* bezeichnete Wormser Dom, in dem die kirchlichen Totenfeierlichkeiten stattfinden.

Obwohl das ‚Nibelungenlied' stoffgeschichtlich in eine vorchristliche Zeit zurückführt, spiegelt die 17. Aventiure des ‚Nibelungenlieds' doch in weiten Teilen die christlich geprägten Bestattungsrituale eines fürstlichen Begräbnisses der Zeit um 1200 wider. So lassen sich neben ständig gegenwärtiger Totenklage und Totenwache direkt oder indirekt unter anderem die folgenden größeren Elemente und Abläufe des einem Fürsten angemessenen Beerdigungsbrauchtums deutlich erkennen: die Entkleidung, Waschung, Einkleidung und Aufbahrung des Leichnams; die feierliche Leichenprozession vom Totenhaus zur Kirche; die insbesondere von Geistlichen und Mönchen (*pfaffen unde müniche* [C 1067,2]) in der Kirche selbst durchgeführten umfangreichen Rituale, die der abschließenden Totenmesse

vorausgehen – dieser Teil nimmt im ‚Nibelungenlied' den bei weitem größten Zeitraum ein –; das Requiem selbst; die feierliche Leichenprozession von der Kirche zum Grabplatz und schließlich das Begräbnis im engeren Sinne.

Ein nicht im Totenbrauchtum verankertes Element, das im ‚Nibelungenlied' in Verbindung mit den Bestattungsritualen um Siegfried erscheint, ist das der ‚Bahrprobe' (C 1055–1058). Als Hagen an die – wohl im Mittelschiff des Wormser Doms – aufgestellte Bahre des toten Siegfrieds tritt, fangen dessen Wunden erneut zu bluten an, was einem Gottesurteil gleichkommt, das den Mörder entlarvt. In der deutschsprachigen Literatur ist die ‚Bahrprobe' erstmalig in dem dem ‚Nibelungenlied' zeitlich unmittelbar vorausgehenden ‚Iwein' Hartmanns von Aue anzutreffen, der das Motiv seinerseits aus dem altfranzösischen ‚Yvain' Chrétiens de Troyes übernommen hat.

SIEGFRIEDS LETZTE RUHESTÄTTE

Die Lage der Grabstätte Siegfrieds wird im ‚Nibelungenlied' nicht genauer bezeichnet, doch lässt sich aus den Gesamtzusammenhängen erschließen, dass er seine letzte Ruhestatt auf dem Kirchhof des Wormser Doms gefunden hat. Das im Mittelalter häufiger anzu-

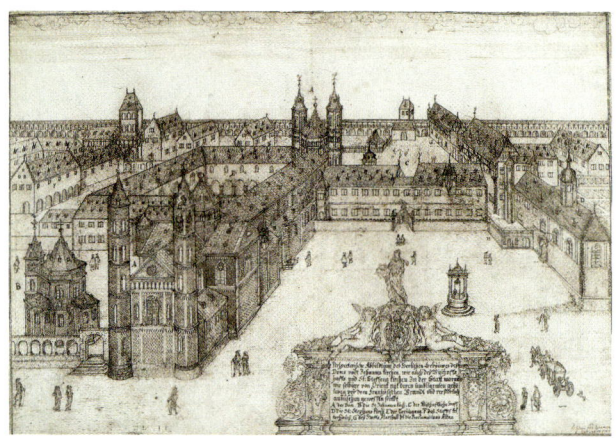

Worms: Dom- und Bischofshofbezirk, Zustand vor 1689;
Zeichnung von Peter und Johann Friedrich Hamman, 1692.
London, British Library

treffende Faktum, hochgestellte geistliche und weltliche
Würdenträger im Raum der Kirche selbst zu bestatten,
ist mit dem Vers *man hiez in ûz dem münster zuo dem
grabe tragen* (C 1073,3) für die Grabstätte Siegfrieds sicher auszuschließen. In einem gewissen Widerspruch
dazu scheint allerdings die Aussage zu stehen, dass
man für den toten Siegfried sogleich einen überaus kostbaren Sarg hat herstellen lassen, der nach der *C-Bearbeitung vom Material her aus feinstem Marmor (*von
edelm märmelsteine* [C 1050,2]) bestand. Da man im Mittelalter aber bei einer Erdbestattung einen Sarg in der Regel nur als Transportmittel vom Totenhaus zur Kirche
und von der Kirche zur Grabstätte benutzte und den vollständig in Tücher gehüllten Leichnam meist ohne Sarg
der Erde überantwortete, macht ein aufwändig gestalte-
ter Prunksarg bei einem Erdgrab keinen rechten Sinn.

ÜBERFÜHRUNG DES LEICHNAMS

Alle erhaltenen Handschriften zum ‚Nibelungenlied'
stimmen darin überein, dass Siegfried in Worms seine
letzte Ruhestätte gefunden hat. Allerdings ist in drei –
der *C-Bearbeitung angehörenden – Handschriften darüber hinaus noch von einer weiteren ‚allerletzten' Ruhestätte Siegfrieds die Rede. Diese Handschriften weisen
am Ende der 19. Aventiure insgesamt acht Zusatzstro-

phen (C 1158–1165) auf, die das rechtsrheinisch – un-
weit von Worms – gelegene Kloster Lorsch (Hessen) betreffen. In diesen Strophen wird unter anderem Folgen-
des berichtet: Ute, die Mutter Kriemhilds, habe das
Kloster Lorsch gestiftet und dort ihren Witwensitz genommen. Auch die zur Witwe gewordene Kriemhild
plant, durch die Bitten ihrer Mutter veranlasst, von
Worms nach Lorsch umzuziehen, was dann allerdings
durch die Brautwerbung Etzels um Kriemhild verhindert
wird. Zuvor aber hat Kriemhild schon den Leichnam
Siegfrieds von Worms nach Lorsch überführen lassen.
Nach Ausweis der Strophe C 1164,3f. soll Siegfried
demnach letztlich *ze Lôrse bî dem münster* bestattet
sein, wo er angeblich *in eime langen sarke* liegt. Inhalt
und Sprache dieser Strophe erinnern dabei – wohl
durchaus gewollt – stark an eine Translatio, eine Überführung des Leichnams beziehungsweise der Reliquien
eines Heiligen. Der inhaltliche, zeitliche und funktionale
Anlass der Aufnahme der acht das Kloster Lorsch betreffenden Zusatzstrophen in einige der Handschriften
des ‚Nibelungenlieds' lässt sich bis heute nicht zufrie-
denstellend erklären.

Der im Bewusstsein des mittelalterlichen Menschen
allgegenwärtige und das irdische Leben entscheidend
bestimmende Tod hat in den unterschiedlichsten Quel-
lengruppen einen vielfältigen Niederschlag gefunden.
Einen Einblick in das mittelalterliche Beerdigungsbrauchtum geben beispielsweise eine Reihe von liturgischen Buchtypen, aber auch Statutenbücher, Rech-
nungsbücher usw. Eine unerhörte Fülle von Bildzeug-
nissen bieten die Bereiche der mittelalterlichen Plastik
und Tafelmalerei. Die wohl subtilsten bildlichen Darstellungen zum Beerdigungsbrauchtum finden sich vor allem in den für Laien bestimmten spätmittelalterlichen
Stundenbüchern.

Eine unmittelbare Quelle, aus der der ‚Nibelungenlied'- Dichter seine Kenntnisse zum Totenbrauchtum ge-
schöpft hat, ist nicht erkennbar. Soweit dieses Brauchtum kirchlich und höfisch geprägt war, war es ihm am
ehesten, wohl auch in der Sonderform eines Fürstenbe-
gräbnisses, aus eigener Anschauung genauer bekannt.

Lit.: Schönbach 1897, insbesondere S. 20–24. – Stichwort Bahrprobe in: LMA. – Illi 1992. – Greenfield 2001b. – Köln 2001.

mindestens einmal pro Woche vollständig gebetet. Nach einer bestimmten Ordnung wurden sie auf die einzelnen Tage
der Woche (daher *feriatum*) aufgeteilt.
Blatt 111r zeigt den Beginn des *Officium
defunctorum*, der Totenmesse. Auf vier
roten Notenlinien, denen der zu singende
Text unterlegt ist, erscheint die Melodie in
Quadratnotation. Größere Initialen sowie
größere und kleinere Lombarden in Rot
oder Blau strukturieren den Text und rich-
ten ihn für den Chordienst ein.

Lit.: Heinzer/Stamm 1984, S. 13f. – Haas 1989, S. 71–76.
– Karlsruhe 1992 b, S. 16–30.   E. R.

79   Totenfeier
   Stundenbuch
   Karlsruhe, Badische Landesbibliothek,
   St. Georgen 28
   Nordostfrankreich, um 1430–1440
   Pergament; 128 Bl. mit 18 ganzseitigen
   Miniaturen
   H. 15,9 cm, B. 11 cm
   Bl. 99r: Beginn des Totenoffiziums

Der französische Kalender zu Beginn des
in lateinischer Sprache verfassten Stundenbuchs enthält die Namen von zahlreichen nordfranzösischen, vor allem picar-
dischen Heiligen, die auf einen Gebrauch
dieses Andachtsbuchs im Bereich der
Diözesen Amiens, Cambrai und Tournai
deuten. Im Rahmen der Säkularisation

79

78

78   Totenmesse
   Psalter
   Karlsruhe, Badische Landesbibliothek,
   St. Peter perg. 6
   genaue Schriftheimat unbekannt
   (Dominikanerorden), um 1250
   Pergament; 144 Bl.
   H. 31,5 cm, B. 22 cm
   Bl. 111r: Beginn der Totenmesse

Die in gotischer Textura von verschiedenen Händen geschriebene liturgische
Handschrift wurde im Jahre 1754 durch
das Kloster St. Peter im Schwarzwald
erworben und kam im Zuge der Säkularisation zu Beginn des 19. Jahrhunderts
nach Karlsruhe. Es liegt hier eine Über-
gangsform vom Psalter zum Stundenbuch vor, wie sie im 13. Jahrhundert gebräuchlich war. Später verselbständigte
sich das Stundenbuch, das ursprünglich
nur einen Anhang an den Psalter gebildet
hatte.
Der Codex aus St. Peter wurde offensichtlich beim Chordienst eingesetzt. Den
mittleren Teil (Bl. 13r–111r) bildet ein *Psalterium feriatum*. Alle Psalmen wurden

80

zwei schwarz verhüllte Mönche, so genannte Pleurants, am Sarg sitzend Fürbitten halten.

Lit.: Ohler 1990, S. 85–92. – Karlsruhe 1992 b, S. 30–47, S. 94f.   E. R.

80   Grablegung

Stundenbuch
Karlsruhe, Badische Landesbibliothek,
St. Georgen 27
Nordostfrankreich, 2. Hälfte 15. Jh.
Pergament, 205 Bl. mit 11 ganzseitigen
Miniaturen
H. 15,7 cm, B. 11 cm
Bl. 136r: Beginn des Totenoffiziums

Der dem Stundenbuch vorangestellte französische Kalender enthält zahlreiche Namen von Heiligen, die in der Ile-de-France und der südlichen Picardie besonders verehrt wurden. Daher wird das Stundenbuch für den Gebrauch in den Diözesen Paris oder Senlis hergestellt worden sein. Die Miniaturen sind durch kräftige Farbgebung mit einer Vorliebe für leuchtendes Blau und kräftiges Rot gekennzeichnet.
Die Szene auf Blatt 136r zeigt eine nächtliche Grablegung auf einem Kirchhof. Links im Hintergrund erscheint die Wand einer großen Kirche, vor der sich mehrere Fackelträger befinden, außerdem betende Mönche und zwei Priester in Chormänteln. Es ist anzunehmen, dass sie die für den Moment der Grablegung vorgesehene Antiphon singen. Die Priester schauen gemeinsam in ein Buch, wobei der hintere von ihnen den Kopf neigt. Da er sich in der Mittelachse des Bildes befindet, erhält die Miniatur trotz der Unbeweglichkeit der Figuren und der Statik der Szene eine gewisse Spannung. Ein weiß gekleideter Helfer, ein so genannter Akolyth, hält in der Rechten das Vortragekreuz, in der Linken ein Weihwassergefäß. Der in Tücher eingenähte Verstorbene wird von einem Bauern und einem vornehm gekleideten Laien gerade in das hüfthohe Grab gelegt. Der leuchtend rote Hut des Bauern zieht den Blick des Betrachters auf das zentrale Geschehen, dem er sich zuneigt. An einem kleinen Mausoleum lehnt der Sarg, in dem der Tote zum Grab getragen wurde. Schwarz verhüllte Pleurants halten Fürbitten.

Lit.: Haas 1989, S. 50–71. – Karlsruhe 1992 b, S. 30–47.   E. R.

kam der Codex zu Beginn des 19. Jahrhunderts aus dem Kloster St. Georgen im Schwarzwald nach Karlsruhe. Unter den verschiedenen Gattungen geistlicher Handschriften des Mittelalters bilden die Stundenbücher die zahlenmäßig größte Gruppe. Vom französischen Königshof in Paris ausgehend ließen sich andere Fürsten, bald aber auch wohlhabende Bürger inspirieren und erstrebten den Besitz eines solchen, oft mit kostbaren Miniaturen ausgestatteten Stundenbuchs, das dem privaten Gebrauch, der stillen, persönlichen Andacht diente. Zu den festen Bestandteilen eines Stundenbuchs zählt neben verschiedenen Psalmen, dem Marienoffizium, Offizien des Heiligen Kreuzes und des Heiligen Geistes unter anderem ein langes, auf die Nachtstunden verteiltes Stundengebet zur Totenwache: das Totenoffizium.
Die Miniatur auf Blatt 99r zeigt einen Innenraum, eine Kapelle mit einem kleinen Altar, möglicherweise in der Krypta einer Ordenskirche. Zwischen vier schmiedeeisernen Kerzenleuchtern steht ein verhängter Katafalk. Die Lichter sollen als Träger der Hoffnung auf ein Weiterleben im Jenseits verweisen. Drei Mönche stehen an einem Lesepult, dem Ambo, schauen gemeinsam in dasselbe Buch und beten oder singen, während

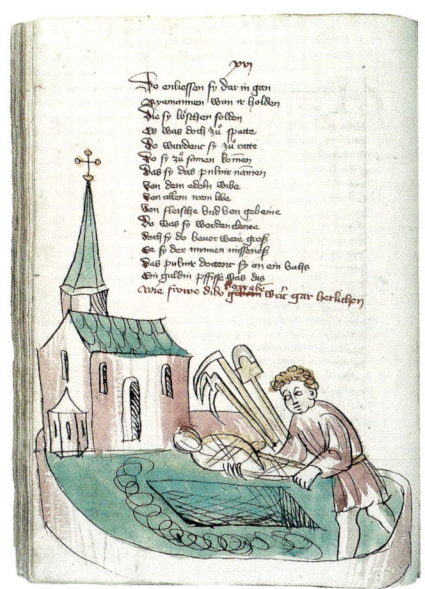

81

81 Bestattung auf einem Kirchhof

Heinrich von Veldeke: ‚Eneasroman'
Heidelberg, Universitätsbibliothek,
Cod. Pal. germ. 403
Elsass (wohl Straßburg), 1419
Papier; 260 Blätter
H. 28,5 cm, B. 21,0 cm
Bl. 54v: Dido wird auf einem Kirchhof bestattet

Der Codex Pal. germ. 403 (Sigle h) gehört, ebenso wie der Berliner Codex
(Kat. Nr. 217), zu den bebilderten Handschriften des ‚Eneasromans' Heinrichs
von Veldeke. Die insgesamt 39 kolorierten Federzeichnungen des Heidelberger
Codex haben jedoch nichts mit den sorg-
fältigen Miniaturen der rund 200 Jahre
älteren Berliner Handschrift gemeinsam.
Die Handschrift h ist eine von mindestens
17 heute noch erhaltenen Codices, die
der nur wenige Jahre bestehenden so genannten Elsässischen Werkstatt von 1418
zugerechnet werden. Diese und andere
Werkstätten – so auch die für die Zeit von
1427 bis 1470 nachweisbare Werkstatt Die-
bold Laubers in Hagenau (Elsass) – hatten
sich vor und zum Teil auch noch nach der
Erfindung des Buchdrucks darauf spe-
zialisiert, in einem möglichst rationellen
Verfahren bebilderte Handschriften vergleichsweise kostengünstig herzustellen.
Das zeigt sich auch an dem Bild auf Blatt
54v der Handschrift h, dem man nichts
davon anmerkt, dass die Königin Dido,
wie es im Bildtitel heißt, *gar herlichen*,
also mit einem Prunkbegräbnis, bestattet

wird. Vielmehr wird das Begräbnis Didos
auf die allerwichtigsten Merkmale redu-
ziert: eine Kirche, einen durch eine Mauer
abgegrenzten Kirchhof, einen Totengrä-
ber und dessen Werkzeug, ein ausgeho-
benes Grab und einen Leichnam. Die
Darstellung der ganz in Tücher gehüllten
Leiche Didos fällt hier wohl deshalb relativ klein aus, weil Dido nach ihrem Frei-
tod ins Feuer fiel und verbrannte, so dass
sie sehr *kleine* (79,32 = V. 2498) wurde.

Lit.: Henkel/Fingernagel 1992, S. 130 f. und Abb. 26–28. –
Saurma-Jeltsch 2001, Bd. 2, S. 70 f.; Bd. 1, S. 283 (Regis-
ter: Cpg 403). – Volltext-Digitalisat http://digi.ub.uni-hei-
delberg.de/cpg403 (August 2003).   L. V.

82 Kloster Lorsch

Modell
Modellbauer: Gronau & Brynecki, 1997
L. 190 cm, B. 100 cm, H. 28 cm
Bad Homburg v. d. H., Staatliche Schlösser
und Gärten Hessen

Nach Ausweis von insgesamt nur drei
Handschriften des ‚Nibelungenlieds', der
Karlsruher Handschrift C aus dem 13.
Jahrhundert und der beiden späten
Handschriften a und k aus dem 15. Jahr-
hundert (Kat. Nr. 172, 197, 204), wird der
Leichnam Siegfrieds von Worms nach
Lorsch überführt und dort *bî dem mün-
ster* (C 1164,3) ein zweites Mal feierlich

bestattet. Die Bezeichnung *münster* bezieht sich hier zweifelsfrei auf die Kirche
des Klosters Lorsch. Die Präposition mhd.
bî ist jedoch nicht zwingend mit ‚neben
der Klosterkirche' zu übersetzen, sondern
kann auch ‚in der Klosterkirche' meinen.
So wird die Stelle jedenfalls auch in der
Handschrift k aufgefasst, in der hier statt
bî die Präposition *in* erscheint.
Das Modell des Klosters Lorsch – mit den
großen Komplexen der Klosterkirche, der
Klausur mit Kreuzgang und des Atriums
nebst der berühmten Königshalle – zeigt
einen Zustand, wie er wohl im Großen
und Ganzen auch für die Zeit der Entstehung des ‚Nibelungenlieds' anzunehmen
ist. Die genaueren zeitlichen und sonstigen Hintergründe für die nur in drei
Handschriften überlieferten acht Zusatzstrophen zu Lorsch, die für die Handlung
des ‚Nibelungenlieds' funktionslos sind
und den tatsächlichen Zuständen des
Klosters Lorsch in der Zeit um und nach
1200 widersprechen, bleiben bis heute
unklar.
Das vor 764 gegründete Benediktinerkloster Lorsch, das über viele Jahrhunderte zu den bedeutendsten Reichsklös-
tern gehörte, wurde nach einem großen
Brand 1090 in mehreren Bauphasen –
1130 Neuweihe, 1141–1148 größere Er-
weiterungen – unter Hirsauer Einfluss

82

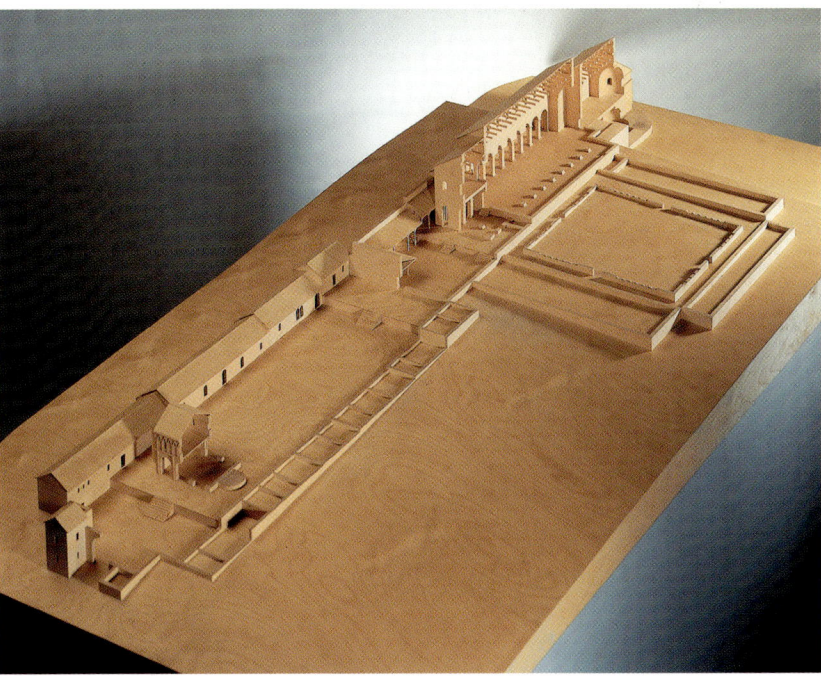

wiederhergestellt. Kurze Zeit darauf jedoch, spätestens seit dem ausgehenden
12. Jahrhundert, erfuhr es einen Nieder-
gang, der schließlich 1232 zur Einverlei-
bung des Klosters in das Erzstift Mainz
führte. Nach der Zerstörung 1621 wurden
weitere Reste abgebrochen. Aufrecht stehen heute nur noch die berühmte karolin-
gische Torhalle und Teile der so genannten Vorkirche, der Rest ist nur durch Fun-
damentmauern zu erschließen. Bei den
zurzeit laufenden Arbeiten wurden früh-
und hochmittelalterliche Architekturfrag-
mente gefunden, die wesentliche Erkenntnisse für die Baugeschichte versprechen.

Lit.: LMA Bd. 5, 1991, Sp. 2117f. („Lorsch"). – Bumke
1996, S. 502–513. – Schefers 2003.   L. V.

83   So genannter Siegfriedsarg
Buntsandstein, 2. Viertel 12. Jh.
L. 245 cm, B. 91–62 cm, H. 40 cm
Bad Homburg v. d. H., Staatliche Schlösser
und Gärten Hessen

Der Karlsruher Handschrift C zufolge findet der Leichnam Siegfrieds nach seiner
Überführung in das Kloster Lorsch *in eime langen sarke* (C 1164,4) seine letzte
Ruhestätte, womit im Übrigen nicht zwingend ein ‚langer Sarg', sondern unter
Umständen ebenso auch ein ‚großer
Schrein' gemeint sein könnte. Diese so in
der gesamten Überlieferung des ‚Nibelungenlieds' nur in der Handschrift C an-
zutreffende Aussage von *eime langen
sarke* – die späten Handschriften a und k
sprechen nur von einem *sarc*, nicht aber
von einem *langen sarke*! – war offensichtlich der Ansatzpunkt, einen der heute in
Lorsch aufbewahrten mittelalterlichen
Särge als so genannten Siegfriedsarg zu
bezeichnen, was aber wohl erst in der
ersten Hälfte des vorigen Jahrhunderts
geschah.

Es handelt sich dabei um einen trapezför-
migen Sarkophag aus Odenwälder Buntsandstein, der nach einem zeitgenössischen Protokoll im Jahre 1753 beim ehemaligen Kloster Hagen, das rund
dreieinhalb Kilometer vom ehemaligen
Reichskloster Lorsch entfernt liegt, aufgefunden worden ist. Die Innenseiten des
Sarges weisen insgesamt vier lateinische
Kreuze und sechs irminsulartige Motive
auf. Die 1753 noch vorhandene inschrift-
lose Deckplatte ist verloren gegangen.
Der Sarkophag enthielt zwei gegensätz-
lich gebettete Leichname, über deren genauere Identität man nichts weiß.
Ganz abgesehen davon, dass die Schauplätze und sonstigen Aussagen im ‚Nibelungenlied' zunächst einmal nur als literarische Fiktion und nicht per se auch als
reale Wirklichkeit aufzufassen sind, kann
der Sarkophag vom Kloster Hagen schon
allein aufgrund seines Fundortes nicht
der Sarg sein, der demjenigen, der die
Passage von *eime langen sarke* in die
Überlieferung des ‚Nibelungenlieds' eingebracht hat, vorgeschwebt haben muss.

Lit.: Weyrauch/Azzola 1992. – Steinsärge 1994.   L. V.

Schifffahrt auf Fluss und Meer

Detlev Ellmers

Schifffahrt war keine ritterliche Tätigkeit, kommt aber im ‚Nibelungenlied' an zwei Stellen vor, nämlich bei der Brautwerbung König Gunthers als Seefahrt nach Island und zurück und als Fährfahrt über die Donau beim Zug der Nibelungen zu König Etzel. Dabei teilt der Dichter so viele Details mit, dass sich eine zusammenfassende Darstellung lohnt.

Dô hôrt man ûf der verte   maniger hande spil:
aller kurzewîle   der heten si vil.
dô kom in zuo zir reise   ein rehter wazzerwint.
si fuoren von dem lande   vil harte vrœlîchen sint.

(C 535) Da hörte man auf ihrer Fahrt allerhand Spiel:
von aller Kurzweil hatten sie da viel.
Da kam ihnen zu ihrer Reise ein richtiger Fahrwind:
Sie fuhren von dem Lande seitdem mit sehr großen Freuden.

DIE ISLANDFAHRT

Nach Island segelten um 1200 vor allem Skandinavier mit ihrem besonders seetüchtigen Handelsschiff vom Typ Knarr, wie es bei Skuldelev (Dänemark) ausgegraben wurde. Dieses war in den 1030er Jahren in der Schiffbautradition der Wikingerschiffe als ein offenes, 16 Meter langes Fahrzeug mit großem Rahsegel so breit und völlig gebaut worden, dass es 20 bis 25 Tonnen laden konnte (vgl. Kat. Nr. 84). Voll abgeladen hatte es mittschiffs 1,28 Meter Tiefgang, der nach vorn auf 0,68 Meter abnahm, so dass es durch bloßes Auflaufen auf flachen Sandstrand landen konnte. Die Besatzung musste dann vom Vorschiff aus ins flache Wasser springen, das Schiff fest verankern und die Ladung durchs Wasser watend an Land tragen. Vor der Abfahrt wurde das Schiff in gleicher Weise beladen. Es dann wieder vom Strand ins tiefe Wasser zu bugsieren, war Schwerarbeit: Mit langen Stangen, die unten einen gabelförmigen Eisenbeschlag trugen (Abb. S. 126), drückte man es, unterstützt durch Rudern, vom Strand weg.

Ganz in den Kategorien der Binnenschifffahrt denkend, ließ der Dichter Gunther und seine Mannen nach Island aber nicht im Knarr, sondern mit einem bei Worms gebauten „Schiff" (C 375) segeln. So hießen tatsächlich die größten Schiffstypen des Oberrheins, die aber als reine Flussschiffe (vgl. Kat. Nr. 87) nicht seetauglich waren. Das war dem Dichter nicht bewusst. Er lag nur insofern richtig, als tatsächlich die Fahrt vom Rheindelta nach Island schon vor 1100 nachweisbar ist, ohne dass man weiß, mit welchem Schiffstyp. Glücklicherweise stimmte die Ladetechnik auf Island mit der deutscher Binnenschiffe so überein, dass der Dichter sie aus eigener Anschauung schildern konnte: Er ließ reichlich Speise und guten Wein, Schilde und Gewand über den Ufersand ins Schiff bringen (C 384–388), dazu die Rosse (Kat. Nr. 85). Bezeichnend ist, dass er deren guter Unterbringung an Bord eine ganze Langzeile widmete: *ir ross diu stuonden scône, si heten guot gemach* (B 380). Die Unterkunft der Menschen auf dem Schiff dagegen erwähnte er nur beiläufig, wenn er Hagen sagen ließ: *lât mich pflegen der kamere. belîben ûf der fluot / will ich bî den frouwen, behüeten ir gewant* (B 531: Lasst mich die Kammer pflegen. Bleiben auf dem Wasser will ich bei den Frauen, behüten ihr Gewand). Solche Kammern hatten zwar die genannten Rheinschiffe, nicht aber der nach Island segelnde Knarr, auf dem alle Mitreisenden auf dem offenen Deck übernachteten, auf dem man höchstens Zelte aufstellen konnte. Das mühsame Ablegen des beladenen Schiffs war ihm dann eine volle Strophe wert, in der er für die Stakstange die süddeutsche Bezeichnung „Schalte" verwendete:

Transport von Pferden; Szene aus dem Teppich von Bayeux, letztes Drittel 11. Jh.

Der künic von Niderlanden   eine schalten genam:
von stade begunde schieben   der helt vil lobesam.
Gunther der küene   selbe ein ruoder truoc.
si huoben sich von lande   und wâren vrœlîch genuoc.

(C 387) Der König von Niederland ergriff eine Schalte:
Vom Gestade begann der lobenswerte Held zu schieben.
Gunther, der Kühne, hielt selbst ein Ruder in der Hand.
Sie lösten sich vom Land und waren sehr froh.

Für die weitere Fahrt genügte dem Dichter der Hinweis auf den guten Wind, der die starken Segeltaue so spannte, dass das Schiff besonders schnell fuhr. Glücklicherweise herrschte so glatte See (C388: *Ir scif daz gie vil ebene*), dass das Schiff Island wohlbehalten erreichte, wo Siegfried sich wieder um das nicht ganz einfache Anlandbringen der Pferde kümmerte: *Sîfrit der starke ein ros zôch an der hant* (C 405, Kat. Nr. 85a).

Bei dieser Stelle lässt sich eine aufschlussreiche Beobachtung zum Verhältnis der Handschriften B und C machen. B 396 hat nämlich eindeutig den präziseren Text, der besagt, dass Siegfried ein Ross *auf den Sand* zog; dahinter stand die Vorstellung, dass es schwierige Arbeit war, das Pferd zum Aussteigen aus dem Schiff auf den Sandstrand zu bewegen. Der Autor von C hat diesen Vorgang nicht verstanden und daraus das nichtssagende Ziehen des Pferdes *an der Hand* gemacht.

In der Binnenschifffahrt konnte man nur bei Tageslicht fahren und musste vor Einbruch der Nacht ankern. Dementsprechend ließ der Dichter die erste Tagesstrecke nach zwanzig Meilen (= 150 km) enden, *ê daz ez wurde naht* (C 389). Tatsächlich sind die schnellsten Talfahrten von Binnenschiffen bei starker Strömung im Bereich von 100 km pro Tag überliefert. Der Dichter hat also, wie durchgängig auch bei anderen Zahlen, den Mund reichlich voll genommen. Siegfried machte er zu dem in der Binnenschifffahrt üblichen *schifmeister* (C 385), der aber gleichwohl die Hochsee-Navigation eines Schiffers (so die korrekte Bezeichnung in der Seefahrt) beherrschte, denn er kannte *die rehten wazzerstrâzen* (C 386), das heißt die richtigen Schiffsrouten, die später als „traden" überliefert sind. Für das Kurshalten war ein „guter Fahrwind" die wichtigste Voraussetzung. Der Dichter umschrieb ihn sehr gelungen als *rehten wazzerwint* (C 535), den die Wikinger nicht nur mit dem Segel als Antriebskraft dienstbar machten, sondern zugleich auch als Richtungsanzeiger nutzten. Wer nämlich die offene See ohne jede Landsicht zu überqueren hatte, fuhr erst dann los, wenn er abschätzen konnte, dass der Wind in den nächsten Tagen beständig aus der gleichen Richtung wehen würde. Sichtbar gemacht wurde die Windrichtung auf dem Schiff durch eine oben am Mast angebrachte Windfahne (Abb S. 126). Selbst die prächtigen Segel von Siegfrieds Verstärkungsflotte, „die noch weißer sind als der Schnee" (C 521), sind für kontinentale Schiffe häufig überliefert, im Gegensatz zu den bunten Wikingersegeln.

DAS LEBEN AN BORD

Vom Leben an Bord der großen von Island zurück-kehrenden Flotte schilderte der Dichter nur die Sonnen-seite: *Dô hôrt man ûf der verte maniger hande spil* (C 535: Da hörte man auf der Reise den Lärm von vielerlei Zeit-vertreib.) Dies lässt sich gut rekonstruieren, gab doch höfische Gepflogenheit auch an Bord Lieder, Instrumen-talmusik und „höfische Erzählungen" (*höfeliche mæren*) vor. Wie wir aus archäologischen Funden und bild-lichen Darstellungen wissen, wurden auf Seeschiffen Blockflöten, trompetenartige Instrumente und Maultrom-meln gespielt, Letztere sicher nur von der Mannschaft. Auch wissen wir, dass westfälische Kaufleute, die im 13. Jahrhundert zu Schiff nach Bergen fuhren, den ganzen Nibelungenstoff und viele andere Sagen ihren norwegi-schen Partnern erzählten, die alles in ihrer Sprache als ,Thidrekssaga' aufschrieben. Von der nicht hörbaren Kurzweil sind Würfel- und Brettspiele an Bord gut belegt, wobei die Mannschaft im Vorschiff das einfache Mühle-spiel, die höherrangigen Personen im Achterschiff Schach und andere anspruchsvolle Brettspiele spielten.

Zum Alltag mittelalterlicher Schifffahrt gehörte bei den Daheimgebliebenen das bange Warten auf Nach-richt, das der Dichter für Worms gut herausarbeitete. Kaum hatte die rückkehrende Flotte die Rheinmündung erreicht, mahnte der fürsorgliche Hagen, nicht zu *sûmen … mit den mæren ze Wormze an den Rîn* (C 537). Sieg-fried übernahm den Botenritt und war zu Pferd natürlich sehr viel schneller als die gegen den Strom fahrenden Schiffe. Seine Botschaft in Worms: *nu lâzet iuwer wei-nen: si wellent schiere komen* (C 560), beendete die Un-gewissheit und löste die Vorbereitung eines großarti-gen Empfangs für die schließlich am Rheinufer landen-den Menschen aus. Der Dichter schilderte nur zu gerne die Prachtentfaltung an schönen Kleidern, edlen Pferden und erlesenem Zaumzeug.

In spezifischen Erfordernissen der Hochseeschiff-fahrt kannte sich der Dichter nicht aus: Nach Island konn-te man unmöglich mit nur vier Mann segeln (C 405), denn wer Tag und Nacht unterbrochen fuhr, brauchte ein Wachsystem gegenseitiger Ablösung. Auch gab er alle Fahrzeiten zu kurz an. In zwölf Tagen war die Küste Islands (C 390) von Worms aus allein wegen der zahlrei-chen nächtlichen Halte am Rhein nicht erreichbar. Eben-so wenig war die Rückreise von Island bis zur Rhein-

mündung in neun Tagen zu schaffen (C 537). Völlig mär-chenhaft ist Siegfrieds Fahrt mit dem kleinen *schiffel* (C 493) in einem Tag und einer Nacht von Island zum Niederrhein.

MIT DER FÄHRE ÜBER DIE DONAU

Swâ jenhalp bî dem wazzer   ein herberge stât,
dâ inne ist ein verge   und niender anderswâ.

(C 1580) Wo auf der anderen Seite am Fluß eine Herberge steht,
darin ist ein Fährmann und nirgends anderswo.

Als die Nibelungen beim Ritt von Worms zum Hun-nenkönig Etzel die Donau erreichten, machte Hochwas-ser die Furt unpassierbar (C 1563–66). Hagen fand das weit und breit einzige Fähranwesen, eine einzeln stehen-de Herberge auf dem anderen Ufer. Fährstellen lagen di-rekt am Fluss, oft weit ab von anderen Siedlungen und in weitem Abstand voneinander. Da die zum Übersetzen nötigen Fahrzeuge (Kat. Nr. 90) von Menschen gebaut, vorgehalten und betrieben wurden, gehörte zu jeder Fährstelle ein landwirtschaftliches Anwesen, von dessen Erträgen der Fährmann mit seiner Familie und seinem Gesinde (C 1587: *sîne knehte*) lebte. Der Fährlohn war nur Zubrot, von dem zuerst der Fahrzeugpark zu unterhalten war. Bis heute sind Fähranwesen zu Getränkeausschank mit Beköstigung berechtigt. Da Pferdefuhrwerke im Fern-verkehr des Mittelalters nur begrenzte Tagesstrecken zurücklegen konnten, bot die Beherbergung von Men-schen und Tieren den Fährleuten zusätzlichen Verdienst.

Ein Fähranwesen gehörte im mittelalterlichen Feu-dalstaat adligen oder kirchlichen Großgrundbesitzern, die es einem Fährmann zur Bewirtschaftung und Erfül-lung der damit verbundenen Dienstleistungen übertru-gen und dafür Abgaben, unter anderem Anteile am Fährlohn, erhielten und erwarteten, dass der Fährmann die Interessen seines Grundherrn loyal vertrat. In die-sem Fall war der Fluss zugleich Grenze zwischen zwei Herrschaftsbereichen, so dass dem Fährmann auch die schwierige Aufgabe oblag, Feinde seines Herrn nicht noch eigenhändig ins Land zu befördern. Da er Hagen nicht kannte, lehnte er dessen Fährbegehren mit der Be-gründung ab: *Ez habent fîande die lieben herren mîn, darumbe ich niemen vremden füere in ditze lant.*

(C 1594: Meine lieben Herren haben Feinde, darum führe ich keinen Fremden in dieses Land.) In dem folgenden Streit brachte der Fährmann Hagen durch einen Schlag mit dem breiten Ruder der Fähre zum Straucheln und schlug ihn dann so heftig mit der Schaltstange, dass sie „zerbarst". Hagen erschlug ihn kurzerhand. Zuvor hatte Hagen den Fährmann vom anderen Ufer aus wie üblich laut angerufen:

Er begunde ruofen   vaste über fluot:
„hol mich hie, verge,"   sprach der degen guot,
„sô gip ich dir ze miete   von golde einen bouc vil rôt.
jâ ist mir dirre verte,   daz wizze, wærlichen nôt."

(C 1586) Er begann übers Wasser hinüber laut zu rufen,
‚Hol mich von hier, Fährmann,' sagte der edle Held,
‚dann gebe ich Dir zum Lohn einen Armring ganz aus
    rotem Gold.
Fürwahr, ich bin auf diese Überfahrt, das wisse,
    dringend angewiesen.'

Ein goldener Armreif war für das Übersetzen eines voll ausgerüsteten Reiters viel zu viel, sollte also den Fährmann verlocken. Immerhin musste der statt des kleinen Bootes den großen Fährprahm für bespannte Wagen und große Tiere (Rinder, Pferde) nehmen. Solche Prähme von 16 bis 18 Meter Länge und 4 bis 4,5 Meter Breite waren an der oberen Donau noch im 3. Quartal des 20. Jahrhunderts in Betrieb (vgl. Kat. Nr. 90) und wurden an einem über den Fluss gespannten Seil geführt. Diese Führung gab es um 1200 noch nicht, wie daraus hervorgeht, dass das reißende Hochwasser den Prahm weit abtrieb, als der Fährmann mit Hagen stritt. Hagen musste mit größter Kraftanstrengung die schwerfällige Fähre ganz allein wieder flussauf rudern. Normalerweise waren dafür mindestens zwei Mann nötig, einer, der sie mit der Schaltstange vom Grund abstieß, und wenigstens ein anderer zum Rudern. Dafür hatte der Fährmann Knechte und beide Geräte im Prahm, wie der Dichter richtig angab. Wenn er trotzdem den Fährmann und Hagen jeweils allein agieren ließ, wollte er zeigen, wie stark beide waren. Nicht umsonst brach dann auch das Ruder bei Hagens Gewaltrudern.

Aber der wusste sich zu helfen und band beide Stücke mit seiner Schildfessel wieder zusammen. Die Schalte konnte er nicht benutzen, weil sie in dem Kampf „zerborsten" war.

Um mit dem Übergang nicht unnütz Zeit zu verlieren, trieb man die Pferde ins Wasser; trotz der starken Strömung mussten sie selber über den Fluss schwimmen und kamen allesamt ans andere Ufer, wenn auch manche ermüdeten und weit abtrieben (C 1606). Die Traglasten der Packpferde (B 1585: *soumer*) trug man auf die Fähre, wobei der Dichter Gold und Gewand besonders nannte (C 1607), und Hagen begann, die Personen überzusetzen:

Zem êrsten brâht er übere   tûsent ritter hêr
und sehzic sîner degene: dannoch was ir mêr.
niun tûsent knehte   fuort er an den sant.
des tages was vil unmüezic   des vil küenen Hagenen
    hant.

(C 1608) Zuerst brachte er tausend herrliche Ritter hinüber,
und sechzig von seinen Helden, da waren es noch mehr
    Leute
Neuntausend Knappen brachte er ans andere Ufer.
An diesem Tage kam der kühne Hagen nicht zur Ruhe.

Tausend Ritter konnte man unmöglich auf einmal in einem Prahm übersetzen, denn 14 Mann konnten nicht auf einem Quadratmeter stehen. Der Text sagt also nur, dass genau nach Rangordnung übergesetzt wurde. Eng zusammendrängt konnte ein Prahm maximal 250 Mann mitnehmen, mit Gepäck entsprechend weniger. Hagen musste demnach die schwerfällige Fähre mindestens 50 Mal hin und zurück rudern. Da hatte er wahrhaftig wenig Zeit zur Muße! Sicher ist die Zahl des Gefolges zu hoch gegriffen. Sonst aber stimmen die Angaben zur Fähre und ihrer sozialen Situation mit der Überlieferung zum damaligen Fährwesen gut überein. Offensichtlich kannte sich der Dichter auf diesem Sektor aus.

Lit.: Falk 1912. – Ewe 1972. – Schnall 1975. – Richter 1980. – Ellmers 1984. – Hirte 1986. – Sarrazin/Holk 1996. – Ellmers 2002. – Crumlin-Pedersen 2002. – Ellmers 2003. – Ellmers (im Druck).

84 Norwegischer Islandfahrer des 11. Jh.
Schiffsfund in Skuldelev (Dänemark),
nach 1030
Holz, Eisen, Textil
L. 16 m, B. 4,80 m, Verhältnis L./B. = 3,33
Modell Maßstab 1:12
Modellbauer: Karl-Heinz Haupt, Bremerhaven
Groningen, Noordeliijk Scheepvaartmuseum,
Inv. Nr. 1.85.1

Nur mit dem hochseetüchtigen Handelsschiff vom Typ Knarr wagten es skandinavische Seefahrer, nach Island zu segeln.
Erstmals wurde ein Knarr 1962 im däni-
schen Skuldelev ausgegraben. Er war in
den 1030er Jahren in Westnorwegen aus
Kiefernholz in der Bauweise der Wikingerschiffe gebaut worden, bei der ein
starker Kiel das Rückgrat der Konstruktion bildete. Dieses Schiff konnte bei nur
1,28 Meter Tiefgang 20 bis 25 Tonnen
Ladung und Ausrüstung transportieren.
Charakteristisch für den Typ ist die runde,
volle Form des Bugs. Ein einziges großes
Rahsegel fing den Wind für den Antrieb
ein. Gesteuert wurde mit einem an Steu-
erbord (Name!) angebrachten Seitenruder.

Lit.: Falk 1912, S. 107–110. – Crumlin-Pedersen 2002,
S. 97–140.   D. E.

**85 Schifffahrtsszenen aus dem Teppich
von Bayeux**
Wolle auf Leinen, bald nach 1066
H. 50 cm, gesamte L. 70,34 m
Bayeux, Bibliothèque Municipale
Reproduktionen nach einer nachgestickten
Replik im Deutschen Schiffahrtsmuseum
Bremerhaven, angefertigt von Egbert Laska,
Bremerhaven

Auf dem Wandteppich sind die Ereignisse
um die Eroberung Englands durch Wilhelm den Eroberer bald nach dem Geschehen von 1066 dargestellt worden.
Die hier gezeigten Hafen- und Schifffahrtsszenen entsprechen genau den im
‚Nibelungenlied‘ geschilderten und machen die betreffenden Textstellen überhaupt erst verständlich.

a) Entladen eines gelandeten Schiffes
Dieses Foto zeigt die Schlüsselszene für
das Verständnis der Hafensituation: Das
Schiff legt nicht wie heute schwimmend
an einer Kaimauer an, sondern ist durch
bloßes Auflaufen auf flachen Sandstrand

gelandet. Ein Seefahrer ist barfuß vom
Schiff ins flache Wasser gesprungen und
holt die Pferde aus dem Schiff.
Genauso machte es auch Siegfried in
Strophe C 405: *Sîfrit der starke ein ros
zôch an der hant.* Ein anderer Seefahrer
drückte dabei das Schiff mit einer langen
Stakstange (die der Dichter „Schalte"
nennt) so auf die Seite, dass die Pferde
leichter herauskamen. Mit solchen Stangen, deren gabelförmiger Eisenbeschlag
sicheren Halt am Meeresboden gab,
drückten die Seeleute das beladene
Schiff auch wieder ins Fahrwasser: *Der
künic von Niderlanden eine schalten genam: von stade begunde schieben der
helt vil lobesam* (C 387).
Während der Seereise hatten die Pferde
quer zur Schiffslängsrichtung auf dem offenen Deck gestanden und über die Bord-
wand geschaut (vgl. Abb. S. 126). Das ‚Nibelungenlied‘ bringt extra zum Ausdruck,
dass die Pferde so gut untergebracht waren. Voraussetzung dafür war allerdings
eine ruhige See. Der Dichter beeilt sich
denn auch, dies zu bestätigen, denn
schwerer Sturm hätte unweigerlich zur
Katastrophe für die Pferde geführt:

*Ir ross diu stuonden scône,   si heten
     guot gemach.*
*Ir scif daz gie vil ebene,   vil lützel leides
     in gescach.*

(B 380) Ihre Rosse standen bequem, es
     ging ihnen gut.
Ihr Schiff lief auf glatter See, es gab
     keinen Zwischenfall.

84

85a   85b

Dasselbe Schiff (vgl Abb. S. 126) trägt oben auf dem Mast eine Windfahne, das wichtigste Navigationsgerät der skandinavischen Hochseeschifffahrt vor Einführung des Kompass: Man segelte nur los, wenn man abschätzen konnte, dass der Wind für längere Zeit beständig aus gleicher Richtung wehen würde. Einen solchen, als Richtungsanzeiger dienenden Wind nannte man einen „guten Fahrwind". Auch im ‚Nibelungenlied' wird diese Navigationsmethode angesprochen: *Dô kom in zuo zir reise ein rehter wazzerwint* (C 535).

b) Transport von Waffen und Wein zu den Schiffen

Auch wenn in diesem Ausschnitt keine Schiffe zu sehen sind, zeigt der Teppich das Beladen von Schiffen, die wie in a) auf flachen Sandstrand aufgelaufen sind. Das geht unter anderem aus der lateinischen Inschrift hervor, die übersetzt heißt: „Dort tragen sie Waffen zu den Schiffen und hier ziehen sie einen Wagen mit Wein und Waffen." Das ‚Nibelungenlied' schildert diese Form des Beladens der Schiffe in den Strophen C 384 und 388:

Ir goltrôten schilde   truog man ûf den sant
und brâht in zuo dem schiffe   allez ir
   gewant…
Si fuorten rîche spîse,   dar zuo dem
   besten wîn.

Ihre Schilde aus Gold trug man ihnen auf den Strand
und brachte alle ihre Rüstungen zum Schiff…
Sie führten reiche Speise mit sich, dazu den besten Wein.

Lit.: Ellmers 1984, S. 123–148. – Schnall 1975.   D. E.

86   Handelsschiff vor einer Burg am Meer
Stadtsiegel von Bristol, England, ca. 1300
Dm. 7 cm
Moderner Abdruck
Bremerhaven, Deutsches Schifffahrtsmuseum, Inv. Nr. I/0145/72

Das Siegel zeigt ein am Kreuz im Masttop kenntliches Handelsschiff mit einem Rahsegel. Von der Mannschaft ist nur der Schiffer dargestellt, der das Seitenruder bedient und sich einer Burg an der Küste nähert, auf der man das Schiff bereits gesehen hat. Genau diese Situation beschreibt das ‚Nibelungenlied', als sich Siegfrieds Schiffe Island nähern:

Dô stuonden in den venstern   diu min-
   neclîchen kint.
dô sprach diu küniginne: „weiz iemen,
   wer die sint,
die dort her gein vns vliezent   sô verre
   ûf jenem sê?
si füerent segel rîche,   die sint noch
   wîzer danne ein snê."

(C 521) Da standen an den Fenstern die lieblichen Mädchen.
Da sagte die Königin: ‚Weiß jemand, wer die sind,
die ich dort so fern auf der See fahren sehe?
Sie führen prächtige Segel, die sind noch weißer als der Schnee.'

Lit.: Ewe 1972, S. 80 und 110.   D. E.

87   Oberländisches Schiff auf dem Rhein
Schlussstein aus St. Castor, Koblenz, um 1499
Kalkstein
Dm. 60 cm
Kunststoff-Abguss
Bremerhaven, Deutsches Schiffahrtsmuseum, Inv. Nr. I/9553/02

Das oberländische Schiff (hier als Allegorie auf die Kirche mit Maria am Steuerruder) war der größte und wichtigste einheimische Schiffstyp auf Ober- und Mittelrhein, also auch in Worms, und wurde dort überall als „Schiff" bezeichnet zur Unterscheidung von Nachen und anderen Typen. Es konnte ein Rahsegel setzen, wurde zu Berg getreidelt und hatte eine abschließbare Unterkunft, die auf dem Relief unterhalb von Maria zu sehen ist. Dieses Schiff konnte auch auf dem Niederrhein fahren, war aber für die Küsten- oder gar Hochseefahrt überhaupt nicht geeignet. Diese Komplikation hat

86

87

88

der Länge nach durchgesägt und zwischen beide Einbaumhälften zwei Bodenplanken eingefügt. Quer über alle vier Teile gedübelte Bodenwrangen hielten die Konstruktion. Der Bug wurde mit einer schrägen Kaffe und das Heck mit einem quer vorgedübelten Spiegel geschlossen. Auf diese Weise erhielt man ein flachbodiges Schiff, dem im Gegensatz zu den Seeschiffen nicht ein Kiel, sondern die beiden Einbaumhälften die nötige Längssteifigkeit verliehen. Der flache Boden solcher Binnenschiffe war für die damals noch ungebändigten Flüsse mit ihren vielen Untiefen besser geeignet als ein tief gehender Kiel. Der kegelförmig nach oben sich verjüngende Baumstamm, aus dem die beiden Einbaumhälften gewonnen worden waren, gab diesem Schiffstyp die ihn kennzeichnende Trapezform mit schmalem Bug und breitem, hohem Heck. Trotz der niederrheinischen Fundstelle ist davon auszugehen, dass dieses Schiffchen am Mittel- oder Oberrhein gebaut worden ist.

Lit.: wie zu Kat. Nr. 87. D. E.

der Dichter des ‚Nibelungenlieds' nicht bedacht. Er ließ seine Helden einfach ausdrücklich in einem „Schiff" oberrheinischer Bauweise (Kat. Nr. 88) von Worms bis Island durchfahren:

(Bei Worms) ... *Dô was in ûf den Rîn bereitet vlîzeclîchen   ein starkez schiffelîn, daz si tragen solde   wol nider ûf den sê.*

(C 375) ... Da wurde ihnen für die
    Rheinfahrt
mit großer Sorgfalt ein starkes Schiff
    gebaut,
das sie gut hinunter an die See bringen
    sollte.

Strophe C 385 erwähnt *ir scif mit dem segele,* also mit einem Segel, mit dem es am zwölften Morgen nach der Abfahrt von Worms Island erreichte.

Lit.: Ellmers 2002. – Ellmers (im Druck). D. E.

88 Kleines oberländisches Schiff

Krefeld (Fundort), um 1000
Eichenholz
L. 5,90 m, B. 2 m
Modell Maßstab 1:20
Modellbauer: Karl-Heinz Haupt, Bremerhaven
Bremerhaven, Deutsches Schiffahrtsmuseum,
Inv. Nr. I/2959/84

An dem 1973 in Krefeld-Gellep geborgenen Schiffsfund konnte erstmals die Bauweise eines oberländischen Schiffs erkannt werden: Man hatte eine Eiche unter Beibehaltung der runden Stammform zu einer an beiden Enden offenen Rinne ausgehöhlt, den so gewonnenen Einbaum

89 Bootsfragment aus Pforzheim

gebaut zwischen 1030 und 1250
erhaltene L. 2,58 m, urspr. L. ca. 6–7 m,
B 0,96 m
Geborgen 1909/1910 aus dem Bett der Enz
nahe der Altstädter Brücke
Pforzheim, Kulturamt – Archäologischer
Schauplatz Kappelhof, Inv. Nr. 87/6

Das Boot wurde nach demselben Prinzip gebaut wie das kleine oberländische Schiff von Krefeld, nur hat man hier nicht einen großen Einbaum der Länge nach geteilt, sondern hat die beiden Einbaumhälften aus zwei verschiedenen, entsprechend dünneren Bäumen geformt und dann zu einem breiteren Boot zusammengesetzt. Offenbar standen damals ausreichend dicke Bäume für einen fast ein Meter breiten Einbaum nicht zur Verfügung. Aber man wusste sich mit den Methoden des einheimischen Bootsbaus zu helfen. Die Bootsform unterscheidet

89

sich deutlich von der des Krefelder Schiffs, denn die Einbaumteile haben nichts von der Rundung der Baumstämme behalten, vielmehr steigen die Seitenwände in scharfem Winkel senkrecht aus dem waagerechten Boden auf. Sie sind auch nicht in voller Höhe erhalten, denn Dübellöcher in ihren Oberkanten zeigen an, dass noch ein zusätzlicher Plankengang obendrauf saß. Der flache Boden steigt gegen das Bootsende sacht an, sodass das Boot durch Auflaufen auf flach geneigte Uferböschungen landen konnte.

Wenn man analog zum Krefelder Schiff zwischen so geformte Einbaumhälften mehrere Bodenplanken einfügte, die an den Enden in gleicher Weise hochgebogen waren, erhielt man einen breiten Fährprahm, der ja auch durch Auflaufen auf eine Uferböschung landete (Kat. Nr. 90).

Lit.: Hirte 1986.   D. E.

90

90 Fährhaus mit Wagen- und Personenfähre am Inn

Fotograf Wenning, 1929
Neuer Fotoabzug
Wasserburg am Inn, Stadtarchiv, BA IVb5

Die hier sichtbare Fährsituation ist nicht nur für das 20. Jahrhundert typisch. Schon um 1200 musste ein Fährprahm so groß sein, dass er einen vierspännigen Lastwagen übersetzen konnte. Diese Anforderung hatte sich bis zum frühen 20. Jahrhundert nicht geändert, so dass das Foto zeigt, mit welcher Größenordnung für die Fähre zu rechnen ist, mit der die Nibelungen mit ihrem großen Gefolge die Donau überquerten. Das am anderen Ufer sichtbare Fährboot für wenige Personen reichte dafür nicht aus.

Gut erkennbar sind die großen Ruder an beiden Enden des großen Prahms und die lange Schalte (Stakstange) mit Bootshaken in der Hand des Fährmanns ganz rechts. Beide Geräte benutzte der Fährmann des ‚Nibelungenlieds' als Waffen in der Auseinandersetzung mit Hagen:

Er huob ein starkez ruoder,   michel unde breit,
unde sluog ez ûf Hagenen …
dô sluog er eine schalten,   daz diu gar zerbrast,
Hagenen überz houbet.

(*C [a] 1596/97) Er hob ein starkes Ruder, groß und breit,
er schlug es auf Hagen …
Da schlug er mit einer Schalte, dass sie ganz zerbarst,
dem Hagen übers Haupt.

Lit.: Richter 1980. – Sarrazin/Holk 1996, S. 176–186.
                                                    D. E.

91 Einbaumtruhe

Niederdeutsch, Ende 13. Jh.
Eiche, Eisenbänder
B. 156 cm, T. 53 cm, H. 46 cm
Eisenach, Wartburg-Stiftung, Inv. Nr. 47

Die urtümlichste Art der Truhen stellen die Einbaumtruhen dar. Von einem Stammstück wurde zunächst ein schmales Teilstück abgesägt, das dann als

Deckel verwendet wurde, und der Rest-Stamm mit dem Beil ausgehöhlt. Beide Teile wurden mit Eisenbändern armiert, um das Reißen des Holzes zu verhindern. Je kostbarer der Inhalt der Truhen war (Dokumente, Schmuck, Kleidung), desto stärker wurde die Armierung ausgeführt. Anfänglich wurden die Truhen mit Vorhängeschlössern gesichert, später mit komplizierten eingebauten Schlössern. Oft mit einfachen Griffen an den kurzen Seiten versehen, waren solche Truhen sofort „reisefertig".

Die Einbaumtruhe der Wartburg ist einfach und schmucklos in der Ausführung und gehört wahrscheinlich dem 13. Jahrhundert an. Kaum anders dürften Truhen zur Erbauungszeit der Wartburg ein Jahrhundert zuvor ausgesehen haben. *Vil der leitschrîne man schicte zuo den wegen* (C 786: Zahlreiche Reisetruhen hatte man für die Fahrt gepackt), als Siegfried mit seiner Frau zu dem Fest aufbrach (13. Aventiure). Mit ähnlichem Gepäck zog man später an Etzels Hof (Kat. Nr. 39).

Lit.: Albrecht 1997, S. 19–21. – Schuchardt 1998, S. 9f.
                                                    J. K.

92 Tragaltar

Mitteldeutschland,
2. Hälfte 12. Jh./Anfang 13. Jh.
Brauner Calcit; Holzrahmen, Silberbleche,
gestanzt und vergoldet
H. 2 cm, B. 20,5 cm, T. 23 cm
Freiburg i. Br., Augustinermuseum (Leihgabe
des Freiburger Münsters), Inv. Nr. K 10/M

Tragaltäre, auch Betstein oder Reisealtar genannt, dienten außerhalb normaler Gottesdienste – auf Reisen und Pilgerschaft, bei Krankheit und im Krieg – für die Zelebration der Messe. Wichtigster Bestandteil war seit dem 9. Jahrhundert ein Stein, der wie beim großformatigen Altartisch das Grab Christi symbolisiert und deswegen häufig aus besonders schönem Material besteht; außerdem war die Weihe des *altare portatile* durch einen Bischof unerlässlich. Tragaltäre wurden vom 7. bis zum 16. Jahrhundert verwendet; eine Blütezeit erreichten sie um 1200 und besonders in Mitteleuropa. Die einfache Form einer kleinen Schachtel konnte verschieden bereichert werden: durch Statuetten und Inschriften etwa, und besonders häufig mit figürlichen Darstellungen auf rahmenden Silberblechen, die das so bescheiden wirkende vorliegende Stück als ein ganz außergewöhnliches begreifen lassen.
Auf der Vorderseite symbolisieren Greifen – Wesen von doppelter Natur: Adler und Löwe – die Herrschaft Christi über Himmel und Erde. Heraldische Löwen

und Herrscherbüsten mit Kronen auf der Rückseite verweisen auf einen weltlich-herrschaftlichen Kontext. Einzigartig ist, dass dieser Tragaltar damit von beiden Seiten verwendet werden konnte.
Aufgrund seiner Datierung und besonderen Darstellung von Löwen und Kronen, die offenbar die Reichskrone reflektieren, wird dieses Stück mit verschiedenen Herrschern in Verbindung gebracht: Heinrich der Löwe, Heinrich VI., Philipp von Schwaben und Otto IV.
Als die Nibelungen zu den Hunnen zogen und über die Donau übersetzten, hatten sie einen Kaplan dabei, der sicher in seinem Reisegepäck einen Tragaltar mit-

führte: *Bî dem kappelsoume er den priester vant. genuoc heilectuomes lac under sîner hant.* (*C [a] 1611: Er [Hagen] fand den Priester bei seinem kirchlichen Gepäck, als er sich gerade auf seine umfangreiche liturgische Gerätschaft stützte). Hagen warf ihn ins Wasser, um die Vorhersage der Meerfrauen auf ihre Wahrhaftigkeit hin zu prüfen: Ein erstes Menetekel prophezeit den Untergang der Nibelungen.

Lit.: LMA Bd. 8, 1997, Sp. 931–932 („Tragaltar"). – Budde 1998, CD 2, S. 175–180.   J.K.

92

91

Kunst für die Kirche

Jürgen Krüger

M it ahnungsvollen Worten empfahl Hagen seinen Burgunden (C 1899), statt der Seidenhemden und edelsteinbesetzten Stirnreifen Brustpanzer anzulegen und Helme aufzusetzen, statt mit Rosen, mit Schilden und Schwertern am letzten Schauplatz des ‚Nibelungenlieds', in Gran, in die Kirche zu gehen (C 1901).

Die Kirche ist allgegenwärtig im ‚Nibelungenlied', doch werden die Szenen – im Gegensatz zur Burg – nicht zu ausführlichen Schilderungen genutzt. Der Zuhörer bleibt immer draußen, wenn drinnen Gesang ertönt (C 814) oder wenn die Glocken läuten (C 1895). Die Glocken sind dabei der einzige Gegenstand, der aufgrund seines durchdringenden Klangs auch draußen erfahrbar war, weswegen ihnen die Ehre zukam, im ‚Nibelungenlied' erwähnt zu werden.

MEHRMALS TÄGLICH GOTTESDIENSTE

Immerhin ermöglicht die Lektüre einige grundsätzliche Aussagen: Die Kirche gehörte zum Alltagsleben einfach dazu; mehrmals täglich wurden Gottesdienste gefeiert, von der Frühmesse (C 814, 1051/52) bis zur Vesper (C 823), von der Taufe – mehrmals ausdrücklich im Zusammenhang mit den heidnischen Hunnen erwähnt! – bis zur Bahre. Entscheidende Stellen des Handlungsstrangs – Kriemhilds Trauer um Siegfried, der Kirchgang vor dem Untergang – sind ohne kirchliche Handlungen nicht denkbar. Doch wird auch der alltägliche Umgang mit „Kirche" spürbar: Bereits damals musste sie mit profanem Lärm konkurrieren. Schon vor der Frühmesse turnierten die jungen Helden, sodass die Stadt Worms von Posaunen, Trommeln und Flöten laut widerhallte (C 815).

Irn sult ouch niht vergezzen   swaz ir habt getân,
und sult vil vlêgelîche   dâ gegen gote stân.
ir sult sîn gewarnet,   recken alsô hêr.
ez enwelle got von himele,   ir vernemt messe nimmer mêr.

(C1901) „Ihr sollt auch nicht vergessen, was ihr alles getan habt.
und Ihr sollt innig bittend vor Gott treten.
Lasst euch warnen, tapfere Krieger:
Wenn Gott im Himmel es nicht anders will, so werde ihr nie mehr eine Messe hören.

Wie die Erzählung nahe legt, lag die Kirche immer in unmittelbarer Umgebung der Burg, umfasste aber ein rechtlich eigenständiges Gelände, den *vrônen kirchof*, den Gott geweihten Kirchhof (C 1902), den man sich mit einer Mauer umgeben vorstellen muss.

Mit dem Glockenläuten konnte die Kirche immerhin von der Dezibel-Zahl her mit dem Straßenlärm mithalten. Gleichzeitig ist ihre Erwähnung ein sicheres Indiz dafür, dass wir uns mit der Erzählung im hohen Mittelalter befinden: In der Völkerwanderungszeit waren Glocken im Gebiet Mitteleuropas noch unbekannt. Erst nach der Karolingerzeit wurden Glocken und Glockenturm bekannt und setzten sich nur zögernd durch.

Die Kirchenbauten, die dem ‚Nibelungenlied'-Dichter vor Augen gestanden haben, dürften so auch in anderen Einzelheiten dem ausgehenden 12. Jahrhundert angehört haben. Zu jener Zeit stand die Romanik in Mitteleuropa in ihrer vollen Blüte – während in Frankreich bereits gotisch gebaut wurde, so die Kathedrale von Chartres um 1140. Der Wormser Dom als eine der am reifsten entwickelten Kirchen war wohl um 1180 fertig geworden. Romanische Kirchen waren reich gegliedert und hatten ein vielfältiges Raumprogramm: Haupt- und Nebenschiffe, ein Querhaus im Osten anschließend, ein zweites vielleicht im Westen angelagert; wenn die Kirche zu den bedeutenden gehörte, dann besaß sie ein

„Westwerk", mit dem die Fassade besonders ausgestaltet wurde. Die Altarstellen im Osten wurden in charakteristischer Weise angeordnet. So ergaben sich Staffelchöre, Rechteckchöre und vieles mehr. Die Krypta unter dem Hauptaltar nahm die Reliquien der Hauptheiligen und einzelne Gräber von wichtigen Personen auf.

Im Lauf des 12. und 13. Jahrhunderts erlebte das Kircheninnere eine enorme Aufwertung. Die Ausstattung der Kirchen wurde immer aufwändiger. Wenn an der Kirche eine Klausur eingerichtet war, wurde für ihre Geistlichen – z. B. Mönche – der Chorbereich durch eine hohe Mauer abgeteilt, den Lettner.

ALTARSCHMUCK: KRUZIFIX UND LEUCHTER

Hauptort des Kultes war der Altar, der einen bedeutsamen Wandel durchmachte. Im 12. Jahrhundert waren die Altäre meist noch mit „Antependien" geschmückt, je nach vorhandenem Kapital aus bemaltem Holz oder vergoldetem Silber, die den Altartisch nach Art eines Vorhangs schmückten, der von der Altarplatte, der *mensa,* herabhing. Im Lauf des 13. Jahrhunderts wanderte diese Schmucktafel *auf* den Altartisch, was die Grundlage für die späteren Altarbilder legte.

Gleichzeitig wurde der liturgisch notwendige Altarschmuck aufwändiger gestaltet. Das 4. Laterankonzil von 1215 hatte Kruzifix und Altarleuchter bindend vorgeschrieben, die nun häufig aus Bronze angefertigt wurden. Außerdem kam der Gang zur Eucharistiefeier im 13. Jahrhundert groß in Mode. Während man vorher nur einzelne Male im Jahr das Abendmahl feierte, steigerte sich dieses Bedürfnis, sodass die wöchentliche Feier üblich wurde.

Dies alles hing mit einem Frömmigkeitswandel jener Zeit zusammen. Einerseits wurde Frömmigkeit intensiver und privater, wandte sich eigenen Andachtsbildern zu, andererseits schuf die Intensität des Glaubens neue Wünsche nach der Sichtbarkeit von Glaubenswahrheiten. Nun wurden Kirchenwände und Altäre, Reliquienbehälter und Messkelche vermehrt mit Szenen aus dem Leben Jesu oder der Heiligen geschmückt. Die heute so modern aussehende steinsichtige romanische Kirche erscheint vor diesem Hintergrund als ein Gespinst des Wunschdenkens unserer Zeit.

Lit.: Braun 1925. – Köln 1985. – Schütz 1990. – Winterfeld 2001.

Westchor des Doms zu Worms

93 Altarkreuz

Schwaben, Mitte 12. Jh.
Herkunft unbekannt
Bronze, gegossen, graviert und vergoldet
Kreuz H. 31 cm, B. 25 cm; Kruzifix H. und B.
19 cm
Stuttgart, Württembergisches Landesmuseum,
Inv. Nr. E 500

Die geschweifte Balkenform
italienischer Kreuze ist hier
gemildert. Die Ränder sind
geperlt, die Fläche des Kreuzes mit Rosetten und Kreuztitulus graviert, auf der
Rückseite ein Medaillon mit dem Lamm
Gottes.

Das Kreuz konnte mit einer breiten Lasche
am unteren Abschluss in einem Sockel
befestigt werden. Zunehmend seit dem
11. Jahrhundert stellte man auf die Altäre
von Kloster- und Pfarrkirchen, vor allem
auf oder neben den Kreuzaltar, Kreuze,
die nur in Ausnahmefällen aus Gold und
Silber, in der Regel aber aus Bronze gefertigt waren. Überhaupt nimmt der Bron-
zeguss in der Stauferzeit für verschiedene
Geräte eine vorher nie gekannte Vorrang-
stellung ein.

Das Kreuz trägt einen bekrönten Christus
mit geschlossenen Augen. Die Drapie-
rung des Lendentuchs mit mittlerem
Überhang ist französischen Ursprungs,
hier aber in Verbindung mit den symmetrischen Faltentüten auf den Oberschen-
keln und gerader Unterkante abgewan-
delt. Verwandte Kruzifixe finden sich von
Bad Mergentheim bis Ravensburg; deshalb wohl in einer schwäbischen Werkstatt entstanden.

Lit.: Stuttgart 1977; Bd. 5, S. 291–330, 302, Abb. 198. –
Marth 1988, S. 20, 377. – Bloch 1992, Nr. V E 2.

H. M.

93

94

94 Zwei Altarleuchter

Westfalen, Anfang 13. Jh.
H. 14 cm, H. 15,5 cm
Stuttgart, Württembergisches Landesmuseum,
Inv. Nr. G 11,348 a–b

Altarleuchter wurden immer paarig aufgestellt, weil die Mitte des Altartisches einem Kruzifix vorbehalten war. Drei Klau-
enfüße tragen Knauf und Tropfschale. Dazwischen vermittelt durchbrochenes, sich
einrollendes Blattwerk, zwischen dem
Köpfe und Flügel von kleinen Phantasie-
tieren hervorschauen.

Lit.: Falke/Meyer 1935, S. 101, Nr. 108a. J. K.

95 Bucheinband

Niedersachsen, um 1230–1240
Kupferblech, getrieben, graviert, vergoldet, auf
Holz genagelt
H. 21,7 cm, B. 16,5 cm
Stuttgart, Württembergisches Landesmuseum,
Inv. Nr. 1950-24

Die beiden Buchdeckel wurden zur An-
passung an die Maße des jetzigen Buches
nachträglich verkleinert, indem die Rah-
menleisten verkürzt und neu aufgenagelt
wurden; dadurch sind die Binnenfelder
kleiner geworden und werden von ihnen
überschnitten. Die Vorderseite zeigt
innerhalb des Rahmens aus gestanzten
Herzblättern die Kreuzigung Christi mit
dem getriebenen Kruzifix und den beiden
trauernden Maria und Johannes, die
ebenfalls getrieben, bei der Verkleinerung
jedoch ausgesägt und mit Nieten aufgenagelt wurden, sodass sie jetzt näher am

95

Kreuz stehen. Oben erscheinen graviert
Sonne und Mond, die den kosmologi-
schen Bezug der Szene andeuten.
Die leicht zur Seite ausgebogene Gestalt
Christi folgt ganz dem byzantinisch be-
einflussten so genannten Zackenstil, der
sich auch am Lendentuch zeigt; Komposi-
tion und Stil sind der Kreuzigung auf dem
Deckel des Quedlinburger Katharinenkas-
tens verwandt. Vergleichbar sind auch
niedersächsische Handschriften des frühen 13. Jahrhunderts. Derselbe Stil zeigt
sich in besserer Qualität auf der gravierten Rückseite, die innerhalb der Rahmen-
leisten (senkrecht mit Ranken, waagerecht

mit gravierten Herzblättern geschmückt) die *Majestas Domini* zeigt: Christus in der Mandorla auf dem Regenbogen thronend. Der Einband bindet heute die Quernfurtische Chronik von Cyriak Spangenberg, Erfurt 1590, was ebenfalls auf eine mitteldeutsche Provenienz schließen lässt. Ursprünglich enthielt er wohl ein Mess- oder Evangelienbuch.

Lit.: Mechthild Landenberger, in: Kunstchronik 4, 1951, S. 50f. **H. M.**

96 Siebenbrüderkelch

Schwaben, um 1220
Silber, teilvergoldet; getrieben, ziseliert, graviert, nielliert
H. 14,9 cm, Dm. 11,8 cm (Kuppa)
Ottobeuren, St. Alexander und Theodor

In der katholischen Kirche ist der Kelch das zentrale kultische Gerät; zu ihm gehört eine Patene (Teller; hier verloren). Mit diesen *vasa sacra* wird bei jedem Messopfer auf die Einsetzung der heiligen Eucharistie beim letzten Abendmahl verwiesen und durch die Wandlung von Wein und Brot in Blut und Leib Christi aktualisiert. Die Zeugen und Berichterstatter dieses Ereignisses, die zwölf Apostel, sind als Halbfiguren in einem Arkadenfries auf der schalenförmigen Kuppa graviert und die vier Evangelistensymbole auf dem Nodus als Relief ausgearbeitet. Den Fuß zieren getriebene Reliefs mit Halbfiguren und fragmentarischen Inschriften der Märtyrer Alexander, Vitalis, Martialis, Januarius, Felix, Philippus und Silvanus, die sieben Söhne der heiligen Felicitas – daher der Name „Siebenbrüderkelch". Hierauf nimmt auch eine Inschrift Bezug: LVMINA SEPTENA DE VERO SOLE SERENA VAS OPERIS CLARIS DANTES ORATE BEARI („Siebenfache Lichter, von der wahren Sonne verklärt, betet, dass die, welche das Gefäß von ausgezeichneter Arbeit geben, selig werden"). Alle Heiligen sind mit der Märtyrerpalme ausgezeichnet, lediglich der heilige Alexander hält darüber hinaus eine runde Pyxis, vielleicht ein Salbgefäß, in der Hand. Da Alexander Hauptpatron der um 764 gegründeten Benediktinerabtei Ottobeuren ist, die nach einem Brand 1217 neu ausgestattet werden musste, ist der Kelch wohl in diese Abtei gestiftet worden.
Am siebenseitigen Hals des Fußes findet sich die Gravierung eines Ritters und einer Frau, wohl das anonyme Stifterpaar darstellend; auf der Gegenseite ein antikes Prasemintaglio mit Darstellung der Minerva. Die ursprüngliche Wirkung des einst in den charakteristischen kompakt gedrungenen For-

97

men des Mittelalters gestalteten und aufwändig verzierten Kelches geht jedoch durch eine spätere Schaftverlängerung unterhalb des Nodus etwas verloren.

Lit.: Stuttgart 1977, Bd. 1, S. 470–471, Nr. 596. – Augsburg 2003, S. 109–111, Nr. 6. **R. W. S.**

97 Hostienpyxis

Limoges, 1. Hälfte 13. Jh.
Kupfer, vergoldet; Grubenschmelz
H. 11,1 cm, Dm. Boden 6,8 cm
Karlsruhe, Badisches Landesmuseum, Inv. Nr. V 9085

Der gebräuchlichste Name im Mittelalter für ein verschließbares Behältnis zur Aufbewahrung geweihter Hostien, die zur Kommunion der Gläubigen bestimmt waren, lautet *Pyxis* (griechisch für Buchsbaumholz). Ihre Form war nicht vorgeschrieben, im Hoch- und Spätmittelalter dominierten jedoch solche runden Büchsen mit flachem, oder wie hier, mit kegelförmigem Deckel. Die Außenwandung der aus teilvergoldetem Kupferblech gearbeiteten Büchse ist mit in eingeschnittenen Gruben eingelegtem Email dekoriert. Diese emaillierten Kupferarbeiten wurden in größeren Mengen und über mehrere Jahrhunderte im französischen Limoges hergestellt.

Lit.: Paris 1995, S. 386. **R. W. S.**

96

98

98 Hostienkästchen

Italien?, 13./14. Jh. (?)
Bein mit Fassungsresten
H. 12 cm, B. 14,8 cm, T. 12,6 cm
Karlsruhe, Badisches Landesmuseum,
Inv. Nr. V 2366

Wenn das Material des Kästchens auch
wie Elfenbein aussieht, ist es doch nur
sehr sorgfältig bearbeitetes Bein, also
Knochen. Auch die Verarbeitung der
Brettchen mit Nut und Schwalben-
schwanzverbindungen ist von höchster
Qualität. Diese Art, Ecken zu verbinden,
war zwar schon bei den Griechen bekannt, in Europa kam sie jedoch erst wieder im ausgehenden Mittelalter in Gebrauch, vereinzelt, vor allem an kleinen
Teilen, auch schon etwas früher.
Ein Sternenkreuz an der Vorderfront und
zahlreiche weitere Sterne innen und außen sind vergoldet. Sie werden von kleinen Vertiefungen begleitet, die mit roter
und grüner Wachspaste gefüllt sind. Kein
einziges weiteres Kästchen in dieser Art
ist bekannt. Doch die Schmuckmotive,
vor allem ein Engel, der heute im Innendeckel in einem Medaillon nur noch zu
ahnen ist, sprechen dafür, dass es ursprünglich zur Aufbewahrung von Reliquien oder als Hostienkästchen gedient
hat.

Lit.: Beuckers/Eberle 1999, S. 113–115.   B. H.-S.

99 Vortragekreuz aus Maulbronn

Schwaben, 2. Hälfte 12. Jh.
Bodenfund aus Maulbronn
Kreuz Bronzeblech, Kruzifix Bronze,
gegossen, graviert, ursprünglich vergoldet
H. 46 cm, B. 34 cm
Stuttgart, Württembergisches Landesmuseum,
Inv. Nr. 1967-47

Die oberen Kreuzbalken endeten ursprünglich in Dreipässen, in die Bergkristalle eingesetzt waren. Der untere Balken ist leicht
geschweift und konnte mit dem Dorn in
einen Sockel, möglicherweise auch in
einen Holzstab eingesteckt werden, wodurch das Kreuz bei Prozessionen mitgeführt oder am Altar aufgestellt werden
konnte. Auf der Rückseite der verbreiter-
ten Mitte war ein Emailbild oder eine
Reliquie eingelassen.
Die Kreuzbalken waren beiderseits von
Perlbändern gerahmt. Auf der Rückseite
befinden sich Gravierungen von Flechtwerk und Ranken, auf der Vorderseite ist
ein plastischer Kruzifix appliziert (Fragment), darüber ist der Titulus eingraviert.
Die kräftige Modellierung des Corpus betont die Rippen und die Brust, das Haar
wird zu einem Wulst über der Stirn gebunden, darin verwandt erscheinen die
schwäbischen Kruzifixe in Süßen und
Gingen. Für den ursprünglich reichen
Steinbesatz und die Kreuzform – beides
ungewöhnlich für Bronzekreuze – ist auf
Parallelen in der Goldschmiedekunst zu
verweisen.

Lit.: Erwerbungsbericht, in: Jahrbuch der Staatlichen
Kunstsammlungen in Baden-Württemberg 5, 1968,
S. 239. – Augsburg 1973, Nr. 81, Abb. 76. – Marth 1988,
S. 377. – Paris 1990, S. 260, Abb. 176. – Bloch 1992,
Nr. I C 4.   H. M.

100 Weihwassereimer

Rheinisch-westfälisch (?), 1. Hälfte 13. Jh.
Bronze oder Messing, Blei, gegossen,
ziseliert
H. 17 cm, Dm. 16,7 cm
Karlsruhe, Badisches Landesmuseum,
Inv. Nr. 65/62

Solche eimerförmigen Behälter für ge-
weihtes Wasser – *vas ad aquam benedic-
tam* – sind vom 9. bis zum 15. Jahrhundert erhalten. Im Mittelalter wurden sie
meist aus Bronze oder Messing gegossen, für reiche Kirchen auch in Silber gearbeitet. Als Zierrat der konischen Wan-
dung dienten meist aufgelegte Bänder, in

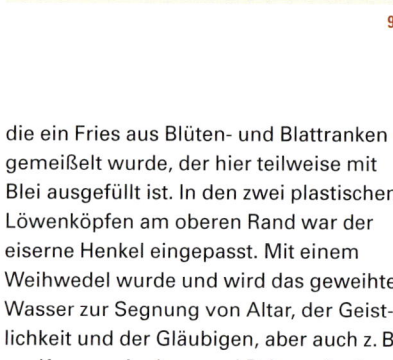

99

die ein Fries aus Blüten- und Blattranken
gemeißelt wurde, der hier teilweise mit
Blei ausgefüllt ist. In den zwei plastischen
Löwenköpfen am oberen Rand war der
eiserne Henkel eingepasst. Mit einem
Weihwedel wurde und wird das geweihte
Wasser zur Segnung von Altar, der Geistlichkeit und der Gläubigen, aber auch z. B.
zur Kerzen-, Aschen- und Palmweihe benutzt.

Lit.: Theuerkauff-Liederwald 1988, S. 85, Nr. 18.
R. W. S.

101 Weihrauchfass

Schwaben, Anfang 13. Jh.
Bronze, gegossen, gesägt, ziseliert
H. 21,3 cm, Dm. 12 cm.
Stuttgart, Württembergisches Landes-
museum, Inv. Nr. 11395

Der runde Fuß ist von Dreiecken durchbrochen. Durch drei Ösen, die Gefäß und
Deckel verbinden, werden Ketten geführt,
an denen das Gerät hängt und zum An-
feuern der Weihrauchkörner hochge-
schwungen werden kann. Zwischen den
Ösen – halb zum Gefäß, halb zum Deckel
gehörig – gibt es eine halbkugelige Ausbuchtung, die am unteren Teil durch
Dreiecke, am Deckel derart durchbrochen
wird, dass eine fünfblättrige Palmette stehen bleibt. Auf dieser Ausbuchtung steht
ein reich gegliederter, wieder dreiteiliger

100

101

Bote Wernhar schnitt der aufgebahrten Attala die Hand ab, wurde aber durch eine Fügung bewegt, sie den Schwestern von St. Stephan zu übergeben. Seit dem 10. Jahrhundert ist deren Verehrung belegt. Am Attalatag, dem Todestag der Heiligen (3. Dezember), wurde die Hand auf dem Fronaltar ausgestellt. Kerzenweihen fanden hier statt und das Wasser aus dem Attalabrunnen (14. Jh.) half gegen Fieber und Hautkrankheiten. Selbst die Reformation unterbrach die Verehrung nicht, sodass Markgraf Gustav Adolf von Baden-Durlach mit seiner Absicht, die Reliquie zu erwerben, scheiterte. Die heutige Fassung der Handreliquie geht laut Inschrift wohl auf eine Stiftung des Straßburger Ratsherrn Gottfried Cideler zurück. Das Schaugefäß ist vermutlich im Zusammenhang mit dem Neubau des Klosters St. Stephan um 1220 ange-

Turm mit sechs durchbrochenen Giebeln, die von Kugeln bekrönt werden. Der höhere durchbrochene Mittelturm hat ein Zeltdach, bekrönt von der Öse für die Mittelkette, mit der der Deckel hochgehoben werden kann. Die vier Ketten werden von einem (erneuerten) dreieckigen Messingblech gehalten.

Der Handel mit Weihrauch aus dem Orient nahm mit den Kreuzzügen zu, ebenfalls die Herstellung von Rauchfässern aus Bronze in den Erzzentren im Rhein-Maasgebiet, am Harz und in Oberitalien und davon abhängigen Werkstätten; mehr als 1100 romanische Rauchfässer haben sich erhalten. Seit dem Beginn des 13. Jahrhunderts nehmen sie oft architektonische Form an, mit Türmen, Erkern, Giebeln und Fenstern und verweisen damit auf das himmlische Jerusalem, wie der berühmte Metallkünstler und Verfasser eines frühen kunsttechnologischen Werks, Theophilus (um 1100), angibt. In der Liturgie spielen Rauchfässer bei der Inzensierung von Evangelienbuch und Altar, des Liturgen und der Gemeinde eine große Rolle.

Lit.: Westermann-Angerhausen (i. V.).   H. M.

102 Reliquiar mit der Hand der heiligen Attala
Anfang 13. Jh.
Fuß Kupfer, Fassung und Kreuz Silber vergoldet, Bergkristall, antike Gemmen, Edelsteine
H. 45 cm, B. 17 cm, T. 13 cm
Strasbourg, Collège Episcopal Saint-Etienne

In der römisch-katholischen Kirche sowie im Alltagsleben der Gläubigen spielte die Verehrung von für den Glauben Gestorbenen – Märtyrern – sowie von Personen, die sich durch eine vorbildliche christliche Lebensführung auszeichneten, eine herausragende Rolle. Häufig wurden diesen „Heiligen" besondere Eigenschaften zugesprochen und ihre leiblichen Überreste als „Heiltum" in kostbaren Behältnissen in Kirchen und Klöstern verwahrt, zu denen die Gläubigen wallfahrten.
Der Legende nach soll Attala († 741) die erste Äbtissin des von ihrem Vater Adalbert, Herzog von Elsass, gestifteten Klosters St. Stephan (717) in Straßburg gewesen sein. Eine Schwester Adalberts führte das ebenfalls neu gegründete Frauenkloster St. Odilien auf dem Odilienberg an und wurde als heilige Odilia († 720) zur Patronin des Elsass schlechthin. Ein wechselhaft sich aufbauender Kult verband beide Personen. Ein Rock Odilias wurde in St. Stephan verehrt, und nach dem Tode Attalas begehrte Hohenburg nun als „Gegenleistung" eine Reliquie von ihr. Der von Hohenburg gesandte

102

103

fertigt worden. Die Hand der heiligen Attala wird von einem großen straußeneiförmigen Bergkristall umschlossen, eingefasst von silbervergoldeten Spangen, auf denen ein gotisches Strebewerk mit Bogen, Fialen und Wimpergen sitzt, das Ganze getragen von vier tatzenartigen Füßen mit Steinbesatz; das bekrönende Kruzifix stammt aus dem 14. Jahrhundert.

Lit.: Leitschuh 1903. – Barth 1927. – Köln 1985, Bd. 3,
S. 147 ff.   R. W. S.

103 Holzkästchen aus Ellwangen
Schwaben, Ende 12. Jh.
Pappel- oder Weidenholz, geschnitzt, Eisenbeschläge. Rückseite, Boden und rechte Seitenfront ergänzt. Eisenbeschläge bei der Restaurierung 1978 wieder an ursprünglicher Stelle angebracht.
H. 18,5 cm, B. 27 cm, T. 14,5 cm
Stuttgart, Württembergisches Landesmuseum, Inv. Nr. 1964-59

Ob in Haus- oder wie hier in Truhenform: Kästchen haben sich aus dem 12. und 13. Jahrhundert in mancherlei Funktion und in verschiedenen Techniken und Materialien zahlreich erhalten. Minnekästchen nannte man sie häufig seit der Romantik (für Liebesbriefe oder Geschenke); als Brieflladen (für Urkunden) fanden sie sich in Archiven, als Reliquienkästchen in Kirchen. Die Form ist dabei nicht durch die Funktion bestimmt.
Der Deckel ist mit acht quadratischen Feldern mit rundem und eckigem Flechtwerk geschmückt, ähnlich den Mustern früher Bodenfliesen und Glasfenster der Zisterzienser, die sich aber auch geschnitzt z. B. am Mindener Thron finden. Die Seiten

sind mit einfacher stilisierter Ranke geschmückt; alle Muster liegen auf einer Kreuzschraffur. Die gespaltenen Eisenbeschläge, Eckbänder und Scharniere, finden sich ähnlich bei niedersächsischen Kästchen um 1200 und aus dem Anfang des 13. Jahrhunderts wieder.
Das Holzkästchen wurde 1960 im *Sepulcrum* des Altars in der Krypta der Stiftskirche Ellwangen gefunden, zusammen mit Resten von zwei weiteren schmucklosen Kästchen.

Lit.: Adelmann 1964. – Appuhn 1972. – Stuttgart 1977,
Bd. 1, 378–390. – Karlsruhe 1992 a, S. 11–12 mit Abb.
H. M.

104 Thronende Madonna
Deutsch, Ende 12. Jh.
Skulptur: Laubholz/Weichholz; Obere Sockelplatte: Nadelholz; Sockel: Buchenholz
Skulpturen: Zweitfassung (ca. 1580/1620?),
Sockel: Erstfassung
H. mit Sockel 66 cm, B. 26,3 cm, T. 24 cm
Karlsruhe, Badisches Landesmuseum,
Inv. Nr. V 19601

Marienstatuen lassen sich in Mitteleuropa seit karolingischer Zeit nachweisen. In der Regel waren sie anfangs zugleich Reliquienbehälter, wie das hier wohl auch der Fall war. Im 11./12. Jahrhundert nimmt die Marienverehrung im Westen stark zu, nicht zuletzt aufgrund der intensiven Marienverehrung Bernhards von Clairvaux und damit des ganzen Zisterzienserordens. Auch diese Figur, die vermutlich einmal einen Altar geschmückt hat, gehört wohl noch dem 12. Jahrhundert an. Der Kopf ist leider überarbeitet, er trug einst eine hölzerne Krone, was aus verwandten Madonnenskulpturen

abzuleiten ist. Die Zöpfe sind jedoch erhalten, eine Mode des 12. Jahrhunderts, die später nicht mehr schicklich ist, dann verschwinden die Haare Mariens unter einem Schleier (erst später trägt sie auch offenes Haar). Dabei spielen vermutlich zwei Faktoren eine Rolle: ein neuerlicher Rückgriff auf byzantinische Ikonen in Folge der Kreuzzüge und die aktuelle Frauenmode, die mit dem *gebende* Gesicht und Haare weitgehend versteckt. Auch die mittige Position des Christuskindes spricht für eine Datierung spätestens um die Jahrhundertwende: Danach wird dieser Marientyp, der den lehrenden oder segnenden Christus in den Vordergrund rückende „Thron der Weisheit" (*Sedes Sapientiae*, in Anspielung auf den Thron Salomons) kaum noch verwendet. Dieser war in Anlehnung an den Ikonentyp der *Maria Nikopoia* entstanden. Abgelöst wird er von einer natürlicheren Haltung

104

von Mutter und Kind. Auch dafür gab es Vorbilder im Bereich der Ikonen, die nun in der Kunst des Westens weiterentwickelt wurden.

Lit.: Forsyth 1972. – Zimmermann 1985, Nr. 57.

B. H.-S.

105 Türzieher aus Klosterreichenbach
Schwaben, 1. Hälfte bis Mitte 12. Jh.
Bronze, gegossen und ziseliert, Dm. 22,5 cm
Stuttgart, Württembergisches Landes-
museum, Inv. Nr. 10944b

Der Ring hängt frei schwingend im weit geöffneten Maul eines Löwenkopfes, der frontal erfasst ist und dessen Mähne sich ringsum bis zum kreisförmigen Rand erstreckt. Zwei Eckzähne halten den Ring. Türzieher in Form von Löwenköpfen sind seit der Römerzeit bekannt, wo sie eine apotropäische (Unheil abweisende) Bedeutung besaßen. Wie die lebensgroßen Löwenskulpturen an den Portalen sollten sie zugleich die Kirchenbauten bewachen und Macht bezeugen. Daneben spielten sie im Rechtsleben des Mittelalters eine wichtige Rolle: bei Schwur und Asylbegehren sowie bei Eigentumsübertragungen am Türring.
Die Augen der Löwenköpfe waren ursprünglich mit Kupfer eingelegt, mit beweglichen Pupillen aus Stein oder Glas. Das Türzieher-Paar stammt vom Westportal der ehemaligen Benediktiner-Klosterkirche Reichenbach, die 1082 von Hirsau aus gegründet worden war.

Lit.: Mende 1981, Nr. 61.

H. M.

106 Taufbecken aus Gölshausen
Kraichgau, Mitte 12. Jh.
Gelblicher Sandstein
H. 69 cm, Dm. ca. 66 cm, Seitenlänge der
Plinthe ca. 28 cm
Karlsruhe, Badisches Landesmuseum,
Inv. Nr. C 122

Seit 1863 befindet sich dieser Taufstein im Badischen Landesmuseum bzw. seinem Vorgänger, den Vaterländischen Sammlungen. Er kommt aus der damals abgerissenen Pfarrkirche in Gölshausen (heute Bretten-Gölshausen), einem Ort, dessen Kirche schon 826 erwähnt wird. Spätestens seit der Zeit von Papst Leo IV. (847–855) war jede Pfarrkirche gehalten, ein eigenes Taufbecken zu haben, doch

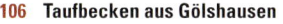

105

dauerte es offenbar besonders nördlich der Alpen eine gewisse Zeit, bis das umgesetzt wurde: Die Bischofskirchen waren jedoch auf jeden Fall mit Baptisterien versehen. Aufgrund der geringen Höhe ist anzunehmen, dass das Taufbecken in Gölshausen ursprünglich auf ein oder zwei Stufen stand. Die kräftig ausgebildete attische Basis, die von großen Eckhülsen umgriffen wird, spricht für eine Datierung in die Mitte des 12. Jahrhunderts. Besonders im Umkreis der Hirsauer Bauschule ist diese Basenform vertreten.

Lit.: Kdm Bretten 1919, S. 82 f.

B. H.-S.

107 Besitzbestätigung Kaiser Heinrichs VI.
Kaiser Heinrich VI. bestätigt dem Bischof
Wolfger von Passau den Besitz der Abtei
Niedernburg in Passau.
Speyer, 28. März 1193
Pergament, Goldbulle (ursprünglich anhängend) fehlt
H. 55 cm, B. 49 cm
München, Hauptstaatsarchiv, Hochstift
Passau, Urkunde 46 (Altsign. Kaiserselekt 554)

Die Kaiserurkunde Heinrichs VI. ist eigentlich nur eine Wiederholung, die Bestätigung älterer Rechte, die schon von den ottonischen Kaisern sowie von Kaiser Friedrich Barbarossa an das Bistum Passau verliehen worden waren. Genau

genommen geht es dabei um einen Tausch, denn als Gegenleistung für die Verleihung der Abtei Niedernburg mitsamt den Vogteirechten und der Königsteuer überlässt der Bischof von Passau dem König ein Gut zu Merdingen. Dies ist nicht uninteressant, denn dieser in der „Suevia", also in Schwaben und demnach fernab von Passau gelegene Ort Merdingen liegt südlich der Donau bei Donauwörth, ist also eine jener Stellen, wo man den Fluss überquerte, ein wichtiger Verkehrsplatz an der Donau.
Doch die Urkunde Kaiser Heinrichs ist von besonderer Bedeutung; sie basaß ein Goldsiegel. Sie gilt Bischof Wolfger von Passau, dessen Treue und Ergebenheit der Kaiser besonders hervorhebt. Bei Wolfger von Erla (zum Bischof gewählt 1191, seit 1204 auch Patriarch von Aquileja, † 1218) handelt es sich bekanntlich um jenen Bischof, in dessen Amtszeit das ‚Nibelungenlied' in Passau aufgezeichnet wurde. Bekannt ist er auch als Förderer Walthers von der Vogelweide, der offenbar an seinem Hofe weilte. Vor allem aber war Wolfger ein enger Vertrauter der Staufer, in deren Umgebung er sich immer wieder nachweisen lässt, unter Philipp von Schwaben und Otto IV. war er Reichslegat in Italien.
Die Urkunde von 1193 gehört in eine besonders brisante Situation. Heinrich VI.

106

weilte an Ostern in Speyer, wo ein Reichstag abgehalten wurde, und die Zeugen der damals ausgestellten Urkunden (vgl. Kat. Nr. 14), also auch jener für Passau, geben zu erkennen, dass alles am kaiserlichen Hof vertreten war, was Rang und Namen hatte, so auch Wolfger von Passau. Was war geschehen? Der englische König Richard Löwenherz war auf dem Heimweg vom Kreuzzug in der Nähe von Wien von Herzog Leopold V. von Österreich gefangen genommen worden, den er, wie es hieß, auf dem Kreuzzug beleidigt hatte. Leopold lieferte Richard im Februar 1193 an Kaiser Heinrich aus, der ihn auf den Trifels verbringen ließ und ihn dort gefangen hielt. Noch im März 1193 soll der Vertrag geschlossen worden sein, der die Bedingungen für die Freilas-

sung Richards enthielt, und nun ist auch deutlich, weshalb Wolfger von Passau, weshalb Herzog Leopold von Österreich und viele andere an Ostern 1193 in Speyer anwesend waren. Erst kurz zuvor hatte man den gefangenen König von der Donau, wo er auf der Festung Dürnstein bei Krems gesessen hatte, nach Speyer und auf den Trifels geführt, und man kann annehmen, dass Wolfger dabei war, als der Konvoi aus Österreich, sozusagen den umgekehrten Nibelungenweg nehmend, an den Oberrhein gelangte. Keine Frage, worin die besondere Treue und Ergebenheit bestand, die der Kaiser bei dem Passauer Bischof zu rühmen wusste, deckte dieser doch einen schweren Rechtsbruch gegenüber dem Kreuzfahrer Richard, der im Zeichen des Gottesfriedens heimkehr-

te. Auch in den folgenden Jahren bleibt Wolfger in diplomatischer Mission tätig, im Thronstreit und den Auseinandersetzungen zwischen Papst und staufischem König in Vermittlerfunktion. Bekannt sind seine „Reiserechnungen" aus den Jahren 1203/04, als Wolfger eine Reise nach Österreich unternahm (Kat. Nr. 214). Man erkennt aus diesen Aufzeichnungen, dass an Wolfgers Hof eine detaillierte Schriftlichkeit bestand, die mit seinen Italienbeziehungen zusammenhängen könnte. Der „Bischof des ‚Nibelungenlieds'" war, so scheint es, mehr am königlichen Hof als in seinem Bistum anwesend; seine Reisetätigkeit im Reich und in Italien entspricht der Reisediplomatie der damaligen Zeit.

Lit.: Böhmer/Baaken 1972, Nr. 285. – Schütte 2002, S. 554–559.
Ha.S.

Musik im Umfeld des Fürstenhofs

Philipp Zimmermann

Dô klungen sîne seiten, daz al daz hûs erdôz.
sîn ellen zuo der fuoge, diu beide wâren grôz.
senfter unde süezer videln er began:
dô enswebter an dem bette vil manigen sorgenden man.

(C1879) Da klangen seine Saiten, dass davon das ganze Haus erschallte.
Seine Kampfesstärke und sein musikalisches Können waren beide groß.
Er begann leiser und lieblicher zu spielen:
Da brachte er viele von Sorgen gequälte Männer in ihrem Bett zum Einschlafen.

Mit Volkers Schlaflied (C 1879) für seine Kampfgenossen in der letzten Nacht vor der entscheidenden Schlacht sind wesentliche Aspekte von Musik im Zusammenhang mit dem ‚Nibelungenlied' angesprochen: Musik als Bestandteil des höfischen Alltags jener Zeit, Musik als Chiffre in der Dichtung und Musik zum Vortrag der Dichtung.

Musik gehört ganz selbstverständlich zu den höfischen Tugenden und Tätigkeiten und findet als solche auch an entscheidenden Punkten der Handlung explizit Erwähnung. Die Benennung von Musikinstrumenten und Situationen, in denen Musik erklingt, ist einerseits ein konkreter Reflex der Musikpraxis aus der Zeit der Niederschrift des ‚Nibelungenlieds', andererseits hat sie aber auch eine übertragene Bedeutung als literarische Chiffre. Neben diesen beiden Ebenen ist mit Musik zum Vortrag des ‚Nibelungenlieds' selbst zu rechnen, ähnlich wie dies auch im Eingangszitat angesprochen sein könnte: Es ist gut vorstellbar, dass Volker seine Freunde mit dem gesungenen Vortrag eines alten Heldenepos in den Schlaf wiegt. Nicht zum eigentlichen Bereich der Musik sind Passagen des ‚Nibelungenlieds' zu zählen, in denen z.B. die Stimmgewalt eines der Helden mit dem Klang eines Wisenthorns verglichen wird (C 2040) oder wo Hornsignale zur Verständigung während der Jagd dienen (C 952 f.).

Im folgenden wird – aufgeteilt nach den drei Bereichen liturgische Musik, Minnesang und höfische Repräsentation – ein Blick auf die Funktion der musikbezogenen Stellen im ‚Nibelungenlied' geworfen.

Das ‚Nibelungenlied' steht in der Tradition der gesungenen epischen Dichtung. Die Form seiner Strophe zeigt Gemeinsamkeiten mit einem Strophenmodell des Kürenberger Minnesängers. Es lässt sich nicht mit Bestimmtheit feststellen, ob bei der Redaktion des Epos um 1200 auf diese gesungene Form zurückgegriffen wurde oder ob umgekehrt der Kürenberger seine Minnedichtung nach dem Modell des Epos gestaltet hat oder ob überhaupt beide Strophenformen auf ein gemeinsames Modell zurückgehen. Auf jeden Fall verweist dieser Zusammenhang in eine Übergangssituation, in der der gesungene Vortrag der Heldendichtung wohl nicht mehr selbstverständlich war, wo der Traditionszusammenhang zur gesungenen Dichtung aber doch noch mittelbar oder unmittelbar präsent war. Eine Melodie zum ‚Nibelungenlied' ist nicht überliefert, hingegen hat Arnold Geering, der von einem Sprechvortrag des ‚Nibelungenlieds' um 1200 ausging, aufgrund einer Trierer Marienklage im Jahr 1949 eine Melodie rekonstruiert, wie sie zum gesungenen Vortrag der mündlichen Vorstufen des ‚Nibelungenlieds' gedient haben könnte.

MUSIK IM GOTTESDIENST

Got man zen êren eine messe sanc (C 32). Im ersten Teil des ‚Nibelungenlieds' bis zur Versenkung des Horts stehen die weitaus meisten Belege zu Musik im Zusammenhang mit der Messe. Wie in der Zeit um 1200 nicht anders zu erwarten, wird ein feierliches Hochamt – und nur darum kann es sich handeln, wenn der König anwesend ist – im Münster in prachtvoller Form singend vollzogen mit sämtlichen damals zur Verfügung stehenden, zum Teil allerneuesten musikalischen Formen und mit Mehrstimmigkeit. Das dauerte natürlich recht lange, was die Ungeduld Siegfrieds erklären mag, der das Ende der Messe und damit die Wiedervereinigung mit Kriemhild kaum erwarten kann: *Vil kûme erbeite Sîfrit daz man dâ gesanc* (C 303). Ebenso wird auch Brünhild nach ihrem Streit mit Kriemhild die Zeit in der Kirche lang, bis sie sich nach der Messe mehr Aufschluss über Kriemhilds Andeutungen erhoffen kann (C 852).

Eine explizite Erwähnung der Messe steht immer an einem entscheidenden Punkt der Handlung, und zwar weniger der äußeren als vielmehr der inneren, schicksalhaften, die schlussendlich zum Untergang der Nibelungen führt: Bei Siegfrieds Aufnahme in den Ritterstand, die überhaupt erst die entscheidende Voraussetzung für alles Folgende schafft, bei der ersten Begegnung von Siegfried und Kriemhild, nach der missglückten Hochzeitsnacht von Gunther und Brünhild, die zum Betrug Brünhilds führt, beim Fest zu Ehren von Siegfried und Kriemhild am burgundischen Hof, in dessen Verlauf es zum Streit der Königinnen kommt – bezeichnenderweise vor dem Messbesuch –, nach der Ermordung Siegfrieds, dessen Leichnam Kriemhild auf dem Weg zur Frühmesse findet, anlässlich der Brautwerbung Etzels als Voraussetzung für Kriemhilds Rache und schließlich vor der finalen Schlacht, vor der an Etzels heidnischem Hof nochmals eine Messe gehalten wird, in der aber die beiden Parteien bezeichnenderweise keine gemeinsame Sprache mehr finden: *Si sungen ungelîche* […], *kristen unde heiden, die zugen niht enein* (C 1896). Am meisten Raum nimmt aber diesbezüglich Siegfrieds Begräbnis ein, das in der Handschrift C in 35 Strophen mit zahlreichen Hinweisen auf gesungene Messen detailreich geschildert wird.

MINNESANG UND SPIELMANNSMUSIK

Während im ersten Teil des ‚Nibelungenlieds‘ die liturgische Musik dominiert, tritt im zweiten Teil mit den beiden Spielleuten Wärbel und Swemmel, vor allem aber mit der Gestalt Volkers, dem „edlen Fiedler" und „kühnen Spielmann", die weltliche Musik des Minnesangs und der höfischen Unterhaltung in den Vordergrund.

Musikantenszene; Autorenbild des „Meister Heinrich Frauenlob" aus dem ‚Codex Manesse‘, Anfang 14. Jh. Heidelberg, Universitätsbibliothek

Dabei ist Volker ebenso sehr Krieger wie Musiker, was unter anderem im eingangs erwähnten Zitat anklingt und auf die alte Herkunft der Spielleute aus der Kriegerklasse verweist, die Teil der höfischen Gesellschaft sind. Diesen Zusammenhang zeigt unter anderem auch ganz anschaulich ein Siegel des Grafen Bertran II. von Forcalquier aus dem Jahre 1168, das auf der einen Seite den Grafen in Rüstung hoch zu Ross als Krieger, auf der anderen jedoch im Rock auf einer Bank sitzend ins Fiedelspiel vertieft zeigt. So ist auch Volker charakterisiert durch anrührende musikalische Schilderungen, wie etwa dem Minnesang beim Abschied in Bechelaren als letzter Idylle vor dem Untergang (*er videlt süeze dœne und sang ir sîniu liet* [C 1744]) oder das erwähnte Schlaflied für seine Freunde (C 1879), neben grausamen kriegerischen Schilderungen, in denen ihm sein Fiedelbogen als Schwert dient. Die Analogie zwischen Musik- und Kriegshandwerk geht bis in Details der Beschreibungen, etwa wenn es heißt: *sîn videlboge im lûte an sîner hende erklanc. dô videlte ungefüege der Künige spileman* (C 2019) oder wenn vom Blut, das daran klebt, als Bogenharz die Rede ist: *ez ist ein rôter anstrich, den er zem videlbogen hât* (C 2059).

Gegen die höfische Klasse der Spielleute abgehoben und nur beiläufig erwähnt – ohne explizite Nennung von Musik – ist das sozial tiefer gestellte fahrende Volk, das während der höfischen Feste gegen Bezahlung zur Unterhaltung aufspielt:

vil der varnder diete   ruowe sich bewac:
si dienten nâch der gâbe,   die man dâ rîche vant.

(C37) Die vielen Fahrenden kamen nicht zur Ruhe. Sie arbeiteten gegen Bezahlung, die man hier als großzügig bezeichnen muss.

Sieben große höfische Feste werden im ‚Nibelungenlied' geschildert. Dass dabei, trotz der zum Teil sehr ausführlichen Beschreibungen, die Musik oft nur am Rande – wenn überhaupt – Erwähnung findet, mag damit zusammenhängen, dass sie ganz selbstverständlich einen integrierenden Bestandteil der höfischen Repräsentation bildet. Zweimal nur – und wiederum jeweils an einem besonderen Knotenpunkt der Handlung der beiden Teile – werden konkrete Instrumente genannt: im ersten Teil beim Fest zu Ehren Siegfrieds und Kriemhilds am burgundischen Hof (C 815: *Lût und âne mâze manic pusûn erdôz; von trumben unde floyten wart der schal sô grôz*, das mit Siegfrieds Tod endet, und im zweiten Teil beim Aufbruch der Burgunden zum Gegenbesuch bei Kriemhild (C 1549), das mit dem Untergang der Burgunden und dem Tod Kriemhilds endet. Mit Trompeten, Trommeln und Flöten sind die bei solchen Gelegenheiten gängigsten Instrumente vertreten. Das Repertoire, das dabei zur Aufführung kam, ist aus dieser Zeit nicht überliefert.

Lit.: McKinnon 1978. – Reidemeister 1985. – Eitschberger 1999.

Abweichend von der Bildvorlage hat der Nachbau aus spieltechnischen Gründen vier Saiten, die an vorderständig in der Wirbelplatte steckenden Wirbeln befestigt sind. Über einen flachen Steg, der ein monophones Spiel nur auf den äußeren Saiten erlaubt, verlaufen sie zu einem am Sattelknopf befestigten Saitenhalter.

Der Bogen aus Fichte mit Steckfrosch wurde von Randall Cook und Richard Earle gebaut.

Die Fiedel ist eines der verbreitetsten und wichtigsten Instrumente sowohl in der Dichtung als auch im realen Leben des gesamten Mittelalters. Ihr Einsatzbereich ist sehr breit: Sie taucht ebenso in kriegerischem Kontext auf, etwa im ,Nibelungenlied' (als Attribut Volkers, der den Bogen sogar als Waffe einsetzt) und in ähnlichen literarischen und ikonographischen Zeugnissen, wie auch als Instrument zur Begleitung des Minnegesangs oder zur Unterhaltung während Banketten.

Lit.: Remnant 1975. – Eitschberger 1999.   P. Z.

109 Geradtrompete

nach einer bildlichen Vorlage des 15. Jh.
Nachbau Geert Jan van der Heide, Putten (NL), 1994
Messinglegierung, alter Typ mit 25 % Zink
L. 150 cm, Dm. Schallbecher 11 cm
Privatbesitz

Die Geradtrompete setzt sich aus drei Teilen zusammen und besitzt eine zylindrische, im letzten Drittel leicht konische Röhre, bei einem durchschnittlichen Durchmesser von ca. 11 mm. Das Mundstück ist aufgesteckt. Am Schallbecher sind außen schlichte Zickzackstreifen eingraviert, die einen mittelalterlichen Eindruck erwecken sollen. Der Knauf in der Mitte, der sich aus Verstärkungsringen der Röhrenteilstücke entwickelt hat, besaß zu jener Zeit nur noch dekorativen Wert.

Aus der Zeit der Niederschrift des ,Nibelungelieds' sind keine Trompeten erhalten; die frühesten Funde datieren aus dem 14. Jahrhundert. Hingegen ist reiches ikonographisches Material überliefert, das zusammen mit den späteren Funden zuverlässige Rekonstruktionen erlaubt. Das vorliegende Instrument basiert zwar auf einer Vorlage des 15. Jahrhunderts, einem

Gemälde Memlings, die aber einen älteren Trompetentypus repräsentiert, wie er durchaus auch in der Zeit des ,Nibelungenlieds' hätte verwendet werden können.

Trompeten wurden um 1200 nicht als Soloinstrumente, sondern immer in Gruppen gespielt, entweder in einem Konsort gleicher Instrumente oder zusammen mit weiteren Instrumenten (andere Blasinstrumente und Perkussion, aber auch Saiteninstrumente). Funktional wurden die ventillosen Trompeten, auf denen nur ein kleiner Ausschnitt der Obertonreihe geblasen werden konnte, vor allem zu Repräsentationszwecken bei Turnieren und Paraden, zu Empfang und Verabschiedung von Gästen sowie zur Machtdemonstration etwa bei Heereszügen, im Krieg und als Signal- und Heroldsinstrumente eingesetzt. In dieser Funktion begegnen sie uns auch in den beiden Belegstellen im ,Nibelungenlied' (C 815 und C 1549), wo sie zusammen mit Flöten und einmal mit der mehrdeutigen Instrumentenbezeichnung „trumben", die hier wohl eine Trommel bezeichnet, erwähnt werden.

Lit.: Eitschberger 1999, S. 205–220 (zum Typus).   P. Z.

110 Knochenflöte

Burg Schlössel bei Alzey (Fundort), 12. Jh.
Tierknochen (Schaf?)
L. 24,2 cm, B. max. 1,6 cm
Speyer, Historisches Museum der Pfalz, Inv. Nr. 1935/31

Die Flöte ist aus einem leicht gebogenen Tierknochen (wohl von einem Schaf, wie für mittelalterliche Knochenflöten am üblichsten) gefertigt. Neben dem Windloch mit einer Breite von 4 bis 6 mm und einer Länge von 8 bis 10 mm sind vorne in unregelmäßigen Abständen 4 Spiellöcher mit einem Durchmesser von abwechselnd 5 und 6 mm, hinten jedoch kein Daumenloch eingeschnitten. Ein Block ist nicht erhalten.

108 Fiedel

nach einer Bibelillustration, 12. Jh.
Nachbau Stepan Tyhonenko, Ukraine, 1998
Körper Ahorn, Decke Fichtenholz
H. 96 cm, B. 30 cm
Bogen Fichte, mit Rosshaar bespannt
Privatbesitz Randall Cook, Basel

Mittelalterliche Fiedeln weisen eine große Formenvielfalt auf. Das hier gezeigte Instrument wurde nach einer Miniatur in einer deutschen Bibel des 12. Jahrhundert (London, British Library, Harl. 2804) gebaut. Korpus, Hals und Wirbelplatte sind aus einem einzigen Stück Ahornholz gefertigt, die Decke besteht aus Fichte. Mit ihrer Gesamtlänge von 96 cm ist die Fiedel außergewöhnlich groß. Der Korpus mit leichten Einschnürungen geht allmählich in den Hals über. Die paarigen Schalllöcher zeichnen sich durch ihre spitz zulaufenden Enden aus.

Die Flöte gehört zu den Altfunden von der Burg Schlössel, die 1168 zerstört und danach aufgegeben wurde. Sie lässt sich damit mit großer Wahrscheinlichkeit ins 12. Jahrhundert datieren, aufgrund der Tatsache, dass Burg Schlössel im Verlauf des 12. Jahrhunderts immer weniger genutzt wurde, vielleicht sogar in den Beginn des Jahrhunderts.

Aus dem Mittelalter ist aus allen Teilen Europas eine große Anzahl knöcherner Kernspaltflöten in der Art der hier gezeigten überliefert. Das spiegelt aber weniger die damalige Realität wider als vielmehr die günstigeren Voraussetzungen zur Konservierung, die Knochen gegenüber dem auf Abnützung und Verfall anfälligeren Holz bietet. Dieser Typ Flöte wurde sicherlich nicht im Bereich der Kunstmusik verwendet. Hingegen kann man ihn sich – neben einem Gebrauch durch Hirten und einfache Leute – gut als Instrument für Signal- und Repräsentationsmusik vorstellen, wie denn bezeichnenderweise die Flöte bei ihrer zweimaligen Erwähnung im ‚Nibelungenlied' beide

Male in dieser Funktion und in Kombination mit Trompeten und weiteren Instrumenten vorkommt (C 815 und C 1549).

Lit.: Brade 1975. – Weber 1976. P. Z.

111 Steg eines Saiteninstrumentes
Weißensee (Thüringen), Runneburg (Fundort), 13.–15. Jh.
Knochen, geschnitzt
H. um 0,6 cm, L. 5,9 cm, Stärke: 0,4 cm
Weimar, Thüringisches Landesamt für archäologische Denkmalpflege, Inv. Nr. 4707/04

Der Instrumenten-Steg wurde auf einem ausgedehnten Grabungsfeld zwischen dem romanischen Burgtor und dem Palaskomplex der Runneburg entdeckt. Die archäologischen Sondierungen legten hier das Sockelgeschoss eines hochmittelalterlichen Turmes frei, den drei steinerne Häuser des 12. und 13. Jahrhunderts umgaben. In den spätmittelalterlichen Verfüllschichten eines dieser Häuser wurde der Steg aufgefunden, der nur über Beifunde zu datieren ist.

Karsten Wolfewicz hat ihn in der Folge als Steg eines Saiteninstruments identifiziert. Wohl sind Stege aus Knochen bekannt und wir kennen auch Abbildungen von kammförmigen Stegen, bei denen je eine Zinne eine Saite trägt, die auch bei Bedarf durch Abhängen aus dem Spiel genommen werden konnte. Das Besondere an

diesem Steg ist seine geringe Höhe und die Tatsache, dass er – wenn man davon ausgeht, dass das Stück vollständig erhalten ist – in der ganzen Breite und nicht auf zwei Füssen auf der Resonanzdecke auflag. Solch flache, schmale Stege erlaubten im Prinzip nur akkordisches Spiel, bei dem alle Saiten gleichzeitig gestrichen wurden, bzw. einstimmiges Spiel nur auf den äußeren Saiten. Wenn jedoch die klingenden Saiten über die schmaleren, in regelmäßigen Abständen von ca. 1 cm liegenden Kerben liefen, während diejenigen Saiten, die nicht gebraucht wurden, in die breiteren Kerben gelegt wurden, konnte einstimmiges Spiel auch auf die mittleren Saiten ausgedehnt werden. Die Zinne ganz links müsste wohl analog zu derjenigen rechts ebenfalls zwei Kerben aufweisen. Entweder wurde der Steg gar nicht fertig geschnitzt, oder es ist ein Stück herausgebrochen.

Lit.: Zum Fund: Lohmann/Stolle 1998, S. 121. – Zum Instrument: Brown 1989, S. 321. – Eitschberger 1999, S. 73. B. L./P. Z.

111

110

Feste und Festtafel

Almut Maaß

Im Früh- und Hochmittelalter wurde der Begriff *hôchgezît* für Feste aller Art verwendet; erst im 13. Jahrhundert wurde er auf die Eheschließung eingegrenzt. Das ‚Nibelungenlied' berichtet von zahlreichen Festen, so der Schwertleite Siegfrieds, dem Siegesfest nach dem Sachsenkrieg, dem Gelage am Hof der Burgunden und mehreren Hochzeiten.

Neben derartigen Anlässen wurden vom Adel des hohen Mittelalters auch Hoftage, Kirchenfeste, Krönungsfeierlichkeiten und Friedensabkommen feierlich begangen. Die Feste jener Zeit wurden mit großem Prunkaufwand gefeiert. Häufig dienten sie den Veranstaltern zur Festigung ihrer Herrschaft oder als Hintergrund für politische Aktivitäten. Die Beschreibungen überliefern stets wiederkehrende Abläufe: Zunächst wurden die Einladungen übermittelt, dann begannen die Vorbereitungen für das Fest. Der Ankunft der Gäste folgte deren feierlicher Empfang, die festliche Bewirtung, die Unterhaltung und schließlich das Beschenken der Gäste zum Abschied.

FESTVORBEREITUNGEN

Dieses Muster wird auch bei den Festbeschreibungen im ‚Nibelungenlied' erkennbar. Die 12. und 13. Aventiure sind ganz der Vorbereitung und der Abhaltung eines Hofgelages für die Nibelungen am Wormser Hof vorbehalten: In der 12. Aventiure wird beschrieben, wie König Gunther 30 Boten den Auftrag erteilt, die Einladung zu einem Hofgelage an Siegfried und Kriemhild zu überbringen. Königin Brünhild sorgt für die angemessene Ausstattung der Boten. Unmittelbar nach Siegfrieds Zusage beginnen in Worms die Vorbereitungen: *spâte unde fruo wâren vil unmüezic des fürsten*

Dô sprach der marcgrâve   Gêre, ein recke guot:
„si sint in allen tugenden   mit freuden wol gemuot.
si ladent iuch ze Rîne   zeiner hôchgezît
wande si iuch gerne sæhen,   daz ir des âne zwîvel sît."

(C757) Da sagte der Markgraf Gere, ein vortrefflicher Held:
„Sie führen in jeder Hinsicht ein frohgestimmtes Leben
und laden Euch an den Rhein zu einem großen Fest,
bei dem sie Euch, dessen könnt Ihr versichert sein, gerne sähen."

ambtman. (C 781,2+3). Heergestühle und Bänke werden aufgestellt, Küchenmeister Rumolt trifft seine Vorbereitungen und die Frauen sind mit ihrer traditionellen Aufgabe, der Herstellung prunkvoller Festkleidung, beschäftigt.

Zu den meisten Festen wurden zahlreiche Gäste erwartet, die untergebracht und verpflegt werden mussten. So reist Siegfried in Begleitung von 1100 Rittern und dem Gefolge Kriemhilds nach Worms. Eine Festbeschreibung des berühmten Mainzer Hoffests von 1184 berichtet sogar von über 40 000 versammelten Gästen. Festvorbereitungen waren daher große logistische Unternehmungen. Häufig baute man ganze Zeltstädte auf, um die Gäste zu beherbergen. Auch mussten Unmengen von Vorräten und Lebensmittel zusammengetragen, verwaltet und aufbewahrt werden.

Das eigentliche Fest begann mit der Ankunft der Gäste. Um hohen Gästen Ehre zu erweisen, ritt ihnen der Gastgeber entgegen. Als König Gunther die Kunde von der Ankunft Siegfrieds erhält, spricht er mit seiner Königin über die Begrüßung Kriemhilds: *wie enpfie et iuch mîn swester, dô ir kômet in daz lant, sam sult ouch ir enpfâhen daz Sîvrides wîp* (C 790). „Wie hat Euch doch meine Schwester damals empfangen, als Ihr in mein Land gekommen seid? Genauso sollt Ihr Siegfrieds Frau willkommen heißen."

SPLENDIDA·CVRA·DAPV·FEDYS·NOTAT·INTFOJERATV CO·
michol DA VID.

Gastmahl König Davids aus dem Psalmenkommentar des Petrus Lombardus, um 1180. Bamberg, Staatsbibliothek

Ferner möchte Gunther seine Gäste nicht erst im Burghof begrüßen *daz wir ir in der bürge niht erbîten hie…*, sondern ihnen entgegenziehen: *gegen den lieben gesten al nâch friuntlîchem site.* (C 791–793). Statt den Gästen selbst entgegenzureiten, konnte der Gastgeber auch festlich gekleidete Ritter damit beauftragen. Bereits der Einzug der Gäste gehörte zum Spektakel, denn jedes Fest sollte die Schaulust eines breiten Publikums befriedigen. Die Gäste wiederum bemühten sich, möglichst prunkvoll aufzutreten. Zur Untermalung wurden derartige Einzüge häufig von Musik begleitet, die den gewünschten Festlärm erzeugte.

Die Begrüßung erfolgte mittels gesprochenem Gruß und höfischen Gebärden, wie Niederknien, Sichverneigen, Umarmung oder Kuss. So heißt Gunther Siegfried herzlich willkommen: *nu sît mir grôze willekomen und al den vriunden mîn.* (C 796). Gleichzeitig nimmt sich das Gefolge bei den Händen, verneigt und küsst sich. Zu Ehren der Gäste finden vor den Wormser Stadttoren Ritterspiele statt.

FESTTAFEL

Den Höhepunkt der meisten Feste stellte das Bankett dar. Strophe 808 berichtet, dass die Gäste sowohl im Freien als auch im Palast speisen und dass Siegfried am selben Tisch sitzt wie der Gastgeber.

Die Tischordnung spielte im gesamten Mittelalter eine außerordentlich wichtige Rolle, da durch den Sitzplatz der Rang des einzelnen Gastes aufgezeigt wurde. Häufig saß der Gastgeber in der Mitte der Längsseite eines langen Tischs, neben ihm waren die Gäste in abnehmender Rangfolge platziert. Die gegenüberliegende Längsseite des Tisches wurde für die Bedienung frei gehalten. Der Ablauf eines Banketts richtete sich nach einem festen Zeremoniell. Für dessen Einhaltung und für die Versorgung des Herrschers mit Speisen war der Truchsess verantwortlich. Ihm unterstanden zahlreiche Bedienstete.

Nachdem alle Gäste versammelt waren, wurden Tischplatten in den Saal getragen, auf Gestelle montiert und mit weißen Tischtüchern bedeckt. Den Gästen mussten Becken, Kanne oder Handtuch zum Händewaschen gereicht werden. Händewaschen war sowohl vor dem Bankett als auch danach üblich, da man zum Essen kein Besteck benutzte. Gabeln wurden meist nur in der Küche, Messer nur zum Vorschneiden durch die „Speisemeister" oder „Vorschneider" verwendet. Das Zerlegen von Fleisch in kleine, mundgerechte Happen galt als Kunstfertigkeit und gehörte zur Ausbildung der Knappen bei Hofe. Es galt als unschicklich für ranghohe Personen, an der Tafel ein Messer zu benutzen. Anstelle von Tellern verwendete man Brotscheiben. Jeder Gast erhielt eine Serviette, einen Löffel und einen Becher.

Daneben wurden auch Gießgefäße, Schüsseln, Platten und Salzfässer auf die Tafel gesetzt.

Festbeschreibungen im ‚Nibelungenlied' gehen nur selten auf die servierten Speisen ein, da es offensichtlich als unvornehm galt, detailliert über Speiseabfolgen zu berichten. Doch ist davon auszugehen, dass bei hochmittelalterlichen Festbanketten zahlreiche Gänge gereicht wurden, die sich aus vielen unterschiedlichen Speisen zusammensetzten. Diese waren stark gewürzt, da der Gastgeber durch den reichlichen Gebrauch fremdländischer und teurer Gewürze wie Pfeffer, Ingwer oder Muskat seinen Wohlstand demonstrieren konnte. Die Verteilung der Speisen auf den Tafeln unterlag einer Rangordnung. Nur die wichtigsten Personen erhielten die erlesensten Gerichte. Deshalb bediente man sich nur aus Schüsseln, die in direkter Nähe standen. Zudem galt es als unvornehm, über den Tisch hinwegzugreifen.

BROT UND WEIN, FLEISCH UND FISCH

An einigen Stellen des ‚Nibelungenlieds' werden aber doch einzelne Speisen erwähnt: Für das leibliche Wohl einer Jagdgesellschaft wird Brot, Wein, Fleisch, Fisch und anderes mitgeführt (C 935). Rumolt, der Küchenmeister, möchte die Burgunden vor der Reise ins Hunnenland warnen und versucht, sie mit seinem guten Essen zum Bleiben zu bewegen. In diesem Zusammenhang preist er seine *sniten in öl gebrouwen* (C 1497) an, bei denen es sich vermutlich um Teigschnitten oder krapfenähnliches Gebäck handelt.

Als das bevorzugte Getränk des Adels galt der Wein, der zum Teil gesüßt und gewürzt wurde. Der Mundschenk kostete die Getränke vor und kredenzte sie zunächst dem Ranghöchsten. Die mit Wein gefüllten Becher standen nie auf der Tafel, sondern wurden den Gästen nur auf direkten Wunsch von Dienern gereicht und nach dem Trinken sofort wieder zurückgenommen. Zahlreiche Benimmregeln zeugen von einer vornehmen Tischkultur. Es wurde beispielsweise empfohlen, nicht laut zu essen, nicht zu viel Wein zu trinken und nicht in das Tischtuch oder in die Hand zu schnäuzen.

Neben dem feierlichen Bankett zählte die Unterhaltung zum festen Bestandteil eines höfischen Festes. Dabei wurde auf die Vielseitigkeit der Darbietungen und Aktivitäten besonderen Wert gelegt. Professionelle Spielleute sorgten für Gesang, Musik oder akrobatische Darbietungen. Die Festgesellschaft selbst beteiligte sich an Minnespielen und Tänzen, den Rittern und Recken waren sportliche Wettkämpfe und vor allem Ritterspiele vorbehalten. Eine große Bedeutung kam der Musik zu. Trommel-, Streich- und Blasinstrumente dienten der musikalischen Untermalung. Das ‚Nibelungenlied' berichtet im Rahmen des Festgelages von lauter Blasmusik, *Lût und âne mâze manic pusûn erdôz; von trumben unde floyten wart der schal sô grôz* und von Ritterspielen ... *ein spil von manigem guoten degene* (C 815, 816).

Am Ende eines Festes stand das Abschiedszeremoniell, bei dem Geschenke an die Gäste verteilt wurden. Je wertvoller diese waren, desto mehr verwiesen sie auf den Reichtum und die Macht des Gastgebers. Als Kriemhild nach ihrer Hochzeit mit König Etzel Gaben verteilt, sind einige Gäste verwundert, dass sie noch so viele Schätze besitzt. Verschenkt wurden Gold, Silber, Edelsteine, Kleider und Pferde. Dabei orientierte sich der Wert eines Geschenks immer am Rang des Empfängers. Die Spielleute, die bei den Festen für die Unterhaltung gesorgt hatten, waren auf Gaben als Lohn angewiesen. So wird berichtet, dass Etzels Spielleute Swemmel und Erbel bei der Hochzeit über ...*tûsint marken*... verdienen (C 1401).

Während eines höfischen Festes werden offensichtlich Rang und gesellschaftliche Position des Gastgebers und seiner Gäste immer wieder demonstriert. Deshalb sind diese höfischen Feste vermutlich als Symbol für die hierarchische Ordnung jener höfischen Zeit anzusehen.

Lit.: Bregenz 1979. – Berlin 2002. – Bumke 2002. – Stichworte Feste, Hochzeit, Hofämter, Zeremoniell, in: LMA.

112

113

112 Aquamanile und Wasserschale

a) Norddeutschland, 1. Hälfte 13. Jh.
Bronze, gegossen und graviert
H. 28,0 cm, L. 28,0 cm
b) Rhein-Maas-Gebiet, 2. Hälfte 12. Jh.
Bodenfund aus Ladenburg am Neckar
Bronze, getrieben, graviert
Dm. um 29,5 cm, H. um 6,0 cm
Karlsruhe, Badisches Landesmuseum,
Inv. Nr. a) 65/101; b) 82/271

Ein uns heute fremder Brauch des Mittelalters war die Handwaschung bei Tisch
vor und vermutlich auch nach dem Essen. Da als Essgerät die Gabel fehlte, war
das Waschen auch nach dem Essen angezeigt. Im Mittelalter machten sich an diesem praktischen Reinigungsvorgang
Standesunterschiede fest, wer wem „das
Wasser (nicht) reichen konnte". Zum Reinigungsvorgang gehörte, neben den Tüchern zum Trocknen, je ein Gefäß zum
Gießen und Auffangen des Wassers. Spezielle Gießgefäße sind die (modern) als
Aquamanilen bezeichneten Wasserbehälter in Tiergestalt. Dass es sich hier um
einen Hirsch handelt, ist – bei der insgesamt plumpen Form – an seinem Geweih
zu erkennen. In der Wissenschaft wird
allgemein angenommen, dass die Anregung, tiergestaltige Gießgefäße zu verwenden, während der Kreuzzüge aus
dem Orient oder aus dem maurischen
Spanien übernommen wurde. Der gra

vierte Dekor weist auf die orientalische
Abkunft hin. Die Einfüllöffnung befindet
sich auf dem Kopf zwischen dem Geweih,
gegossen wurde durch das schnabelartige Maul.
Wenn im ‚Nibelungenlied' (C 610) *des
wírtes kameræe in bécken von goldes
rôt/ daz wasser für truogen …* kann man
sich Gefäße wie die Tugendschale vorstellen, wenn auch solche aus Gold nicht
bekannt sind und nur gelegentlich Vergoldung vorkommen mag. In der Mitte der
Schale ist ohne Beischrift die Demut (lat.
humilitas) bildlich dargestellt. Um sie herum sind fünf ebenfalls namenlose nimbierte Büsten zu sehen, dazwischen, zum
Rand der Schale hin, fünf Bäume, die jeweils drei Tugendnamen in teilweise verkürzter lateinischer Sprache enthalten.
Solche Schalen mit Tugenden fügen sich
mit entsprechenden Laster-Schalen zu
Paaren zusammen. Es gibt bildliche Darstellungen und schriftliche Anweisungen
aus dem kirchlichen Bereich, die für eine
Waschung mittels zweier Becken sprechen. In anderen Fällen wird die Schale
nur zum Auffangen benützt, während das
Wasser mit einem tiergestalten Aquamanile oder einem Krug gegossen wird.
Die oben erwähnte Stelle des ‚Nibelungenlieds' schildert die Handwaschung
am Hofe König Gunthers stark verkürzt.
Offensichtlich war der Vorgang den Zeit

genossen ganz vertraut. Seine auch symbolische Bedeutung beweist der Umstand, dass Siegfried dieses Zeremoniell
unterbrach, um Gunther an sein früher
gegebenes Versprechen zu erinnern.

Lit.: Aquamanile: Eckerle 1986. – Hütt 1993, S. 121–127.
– Schale: Weitzman-Fiedler 1981. – Eckerle 1983. –
Eckerle 1986. – Hütt 1993, S. 104-105.   K. E.

113 Silberkanne

Deutschland, um 1300
Silber teilvergoldet, getrieben und gelötet
H. 26 cm
Stuttgart, Württembergisches Landesmuseum, Inv. Nr. 1983–39

Flaschenförmiges Gefäß mit rundem Fuß
und kugeligem Gefäßkörper, auf dessen
Schulter sich Henkel und Röhrentülle erheben. Der schlauchförmige Ausguss ist
durch einen Steg mit einem Schaftring,
der den langen Hals unterteilt, verbunden, der Deckel ging verloren.
Diese Form der „Persischen Kanne" ist in
Europa seit dem 12. Jahrhundert als Lavoir (Handwaschgefäß) sowohl in liturgischem als auch in weltlichem Gebrauch
belegt. Sie wird über Byzanz und Venedig, vielleicht auch durch die Kreuzzüge,
in den Westen gelangt sein. *do richte
man die tische, daz wazzer man in truoc,*
heißt es im ‚Nibelungenlied' (C 1942,3).
Zusammen mit einem etwas größeren

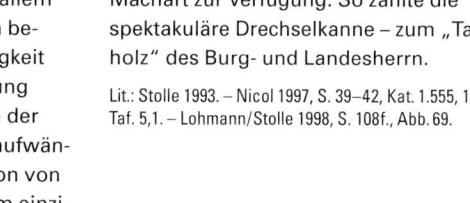

durch einige Bruchstücke und vor allem über zeitgenössische Abbildungen belegt. Beispielhaft für die Kunstfertigkeit der mittelalterlichen Holzbearbeitung steht die handwerkliche Perfektion der Kanne. Ihr Korpus wurde in einer aufwändigen technologischen Kombination von Drechseln und Schnitzen aus einem einzigen Ahornblock gefertigt. Der Schnitzvorgang betraf den Bereich der aus einem durchbohrten Aststumpf herausgearbeiteten Tülle, um den herum das Drechseln unmöglich war. Lediglich zwei Millimeter erreicht die geringste Wandungsstärke und führt eine erstaunliche Präzision vor Augen. Der durch eine Vierteldrehung fixierbare Deckel mit seinem Ringgriff war die einzige Handhabe des annähernd fünf Liter fassenden Gefäßes, in dem wohl Wein, Bier oder Wasser serviert wurden. Hölzernes Sachgut wie gedrechseltes oder meist gebötchertes Schank- und Tischgeschirr gehörte in großer Zahl und Vielfalt zum Standard des hochmittelalterlichen Alltags – auch auf einer landesherrlichen Burg war dies nicht anders. Neben der Masse an schlichten Gegenständen zum allgemeinen Gebrauch standen im herrschaftlichen Umfeld der landgräflichen Hofgesellschaft selbstredend auch repräsentative Objekte gehobener

Machart zur Verfügung. So zählte die spektakuläre Drechselkanne – zum „Tafelholz" des Burg- und Landesherrn.

Lit.: Stolle 1993. – Nicol 1997, S. 39–42, Kat. 1.555, 1.556, Taf. 5,1. – Lohmann/Stolle 1998, S. 108f., Abb. 69.

B. L.

115 Zwei breite Becher mit Fadenauflage

Würzburg (Fundort), 13. Jh.
hellgrünes Glas, mit feinen Bläschen und Fadenauflagen, aus zahlreichen Fragmenten zusammengesetzt, ergänzte Fehlstellen
a) H. 13,3 cm, Lippe Dm. 15,2 cm, Fußring Dm. 8,0 cm
b) H. 9,4 cm, Lippe Dm. 12,5 cm, Fußring Dm. 7,0 cm
Würzburg, Mainfränkisches Museum, Inv. Nr. a) S 9701; b) S 9700

Trinkgefäße konnten entweder aus Glas, Holz oder Edelmetall hergestellt werden. Becher aus Silber oder Glas wurden nur bei Festen benutzt und waren nur den wichtigsten Gästen und dem Gastgeber vorbehalten. Bei großen Festbanketten wurden Trinkgefäße immer nur auf Wunsch des Gastes gereicht und nach dem Trinken wieder vom Diener entfernt. Erst nachdem der Ranghöchste der Tafel getrunken hatte, durfte auch die übrige Gesellschaft mit Getränken bedient wer-

Krug und einem kleinen Doppelkopf, der ins Metropolitan Museum New York gelangte, beide ebenfalls aus Silber, tauchte die Kanne unbekannter Herkunft auf einer Auktion in London auf, angeblich aus Ungarn stammend. Profanes Silbergeschirr hat sich, stärker der Mode unterworfen als liturgisches Gerät, selten erhalten, war aber, nach zahlreichen Abbildungen auf Miniaturen zu urteilen, vor allem in höfischen/ritterlichen Kreisen in Gebrauch. Es konnte in Notzeiten „versilbert" werden und wurde oft zur Sicherheit bei Kriegsgefahr als Hort vergraben, was zahlreiche Schatzfunde belegen.

Lit.: Jahrbuch der Staatlichen Kunstsammlungen in Baden-Württemberg 21, 1984, S. 218–219. – Rückert 1995. – Colmar 1999, Nr. 57.

H. M.

114 Drechselkanne mit Ringdeckel

Weißensee (Thüringen), Runneburg (Fundort), Mitte 13. Jh.
Ahornholz, gedrechselt und geschnitzt
H. gesamt mit Deckel ca. 36 cm, Dm. Boden 20,2 cm, Wandungsstärke 0,2–1,7 cm
Weimar, Thüringisches Landesamt für archäologische Denkmalpflege, Inv. Nr. 4643/04 (Kanne), 4644/04 (Deckel)

Im Jahr 1989 wurde im Brunnen A der thüringischen Runneburg eine Holzkanne ausgegraben, die in der Vollständigkeit ihrer Erhaltung keine Parallele hat. Zuvor war der eindrucksvolle Gefäßtyp allein

116

117

118

den. Das beliebteste Getränk bei Hofe war Wein, bevorzugt wurden vor allem die weniger sauren südlichen Sorten. Um den Geschmack der einheimischen sauren Weine zu verbessern, würzte man diese z. B. mit Honig oder Pfeffer.

Lit.: Zahn-Biemüller/Zöller 2001, S. 178–181. – Schlunk/Giersch 2003 (allg.).   A. M.

116 Glasbecher

Süddeutschland, 2. Hälfte 13. Jh.
Reliquienglas aus Michelfeld, Kreis Schwäbisch Hall
Hellgrünes Glas mit Fadenauflage
H. 7,2 cm, gr. Dm. 8,5 cm
Schwäbisch-Hall, Hällisch-Fränkisches Museum, Inv. Nr. 265

Obwohl die Mittelalterarchäologie in den letzten 30 Jahren bei ihren Ausgrabungen in Städten, Klöstern und Burgen eine überaus große Menge von Trinkgläsern vom 14. Jahrhundert an nachweisen konnte, sind für das Hochmittelalter nur wenige Stücke hinzugekommen. Man kann deshalb annehmen, dass die Trinkgefäße zur Zeit der Nibelungendichtung gewöhnlich nicht aus Glas, sondern aus Keramik, Holz und Metall bestanden. Bei dem als Reliquienbehältnis aus Michelfeld überlieferten Gefäß kann es sich trotz seiner bauchigen Form um ein Trinkgefäß handeln. Ob es allerdings in erster Verwendung zum Trinken benutzt wurde, wissen wir nicht. Gläserne Trinkbecher, mit bauchigem Gefäßkörper und mit einziehendem Oberteil, allerdings anderer Bodengestaltung, sind seit der Merowin-

gerzeit als Kugelbecher bekannt. Die Fadenauflage des Unterteils dürfte neben ihrer Schmuckfunktion auch die bessere Handhabung ermöglicht haben.

Lit.: Koch 1986. – Gai 2001, Bd. 1, S. 115, Bd. 2, S. 91 mit Taf. 40 u. Abb. 821.   K. E.

117 Daubenbecher

Würzburg (Fundort), 13. Jh.
Kiefernholz und Weidenruten
H. 7 cm, Dm. Lippe 14,5–15,3 cm,
Dm. Boden 8,0–8,2 cm
Würzburg, Mainfränkisches Museum, Inv. Nr. S 35237

Hölzerne Becher und Haushaltsgefäße gehörten zu fast jedem mittelalterlichen Haushalt und wurden von allen Bevölkerungsschichten verwendet.

Lit.: Zahn-Biemüller/Zöller 2001, S. 179 ff.   A. M.

118 Drechselteller

Weißensee (Thüringen), Runneburg (Fundort), Mitte 13. Jh.
Obstholz, gedrechselt und geschnitzt
H. 4,2 cm, Dm. 18,7 cm, am Boden 7,8 cm
Weimar, Thüringisches Landesamt für archäologische Denkmalpflege, Inv. Nr. 4670/04

Hölzernes Tischgeschirr wie gedrechselte Teller und Schalen sowie geböttcherte Gefäße zählt neben einer Fülle von Keramik zum häufigsten Fundgut des Weißenseer Brunnen-Fundkomplexes. Insgesamt wurden 130 Drechselteller geborgen, von kleineren Fragmenten bis hin zu etlichen vollständigen Exemplaren – die Anzahl der Einzeldauben von geböttchertem Ge-

schirr beläuft sich auf mehr als 1500. Nur selten lässt sich in dieser Komplexität Einblick in den mittelalterlichen Alltag gewinnen.

Für Burgen ist der Fund von singulärer Bedeutung, da er in einmaliger Weise einen sonst verlorenen Teil des Interieurs bewahren konnte. Geschirr in dieser schlichten Art zählte auch auf herrschaftlichen Tafeln zu den geläufigen Alltagsgegenständen und wurde offenbar nur zu besonderen Anlässen von repräsentativen Objekten kostbarer Machart ersetzt. Das Formenspektrum dieses einfachen und billigen Geschirrs ist entsprechend beschränkt, es unterscheidet sich kaum von den zahlreichen Fundstücken aus städtischem Umfeld.

Aus der Masse der Objekte hebt sich der napfartige Drechselteller mit seinen deutlichen Gebrauchsspuren durch eine perfekte, nahezu vollständige Erhaltung heraus. Mit einem eingeschnitzten Kreuzmotiv auf der Unterseite des Bodens war er von seinem ursprünglichen Besitzer markiert worden, eventuell kann darin auch eine Kennzeichnung der Werkstatt gesehen werden. Ein weiteres Kreuz findet sich auf der Außenseite der Tellerwandung.

Lit.: Stolle 1993. – Nicol 1997, S. 35–37, Kat. 1.552, Taf. 4,2 – Lohmann/Stolle 1998, S. 108–110, Abb. 109.   B. L.

119 Vier Messer

a,b,d) Niederlande, 13./14. Jahrhundert;
c) Mitteleuropa, 11.–13. Jh.
a) Eisen; geschnitzter Holzgriff (Figur
eines Bettelmönchs); b) Bein, Bernstein,
Bergkristall, Jet oder Glas, Eisen, Silber;
c) Eisen;
d) Eisen, Bein, Messing
L. a) 20,6 cm; b)16,6 cm; c) 24,3 cm; d) 19,8 cm
Sammlung Amme

Feste Speisen entnahm man mit den
Händen aus Schüsseln und von Platten.
Deshalb war es üblich, sich sowohl vor
als auch nach dem Essen die Hände zu
waschen.
Im Mittelalter gehörten Gabeln nicht zum
Essbesteck, sondern fanden nur als
Küchenwerkzeug Verwendung. Bei Tisch
wurden Messer und Gabel nur zum Vorschneiden der Speisen verwendet. Meist
waren weniger Messer gedeckt als Spei-
sende um den Tisch versammelt. Deshalb
brachte man in der Regel sein eigenes
Messer zum Bankett mit. Messer mit spa-
telförmiger Klinge konnten zum Schneiden, Vorlegen und Aufspießen verwendet
werden. Für hochgestellte Personen galt
es als unehrenhaft, selbst ein Messer zu
benutzen, weshalb die Braten von Dienern in mundgerechte Stücke geschnitten
wurden.

Lit.: Morel 2001, S. 62ff. – Amme 2002, S. 44. –
Schlunk/Giersch 2003, S. 126f.   A. M.

120 Löffel

Italien (?), 14./15. Jh.
Bronze
L. 15,5 cm
Sammlung Amme

Der Löffel wurde zum Aufnehmen von
flüssigen oder halbflüssigen Speisen verwendet. Die gesellschaftlichen Unter-
schichten verwendeten für ihre typischen
Gerichte wie Getreidebreie oder Suppen
Holzlöffel. Insgesamt haben sich nur wenige Löffel aus dem Mittelalter erhalten,
auch weisen mittelalterliche Darstellungen von Festbanketten selten Löffel auf.

Lit.: Emery 1976, S. 137. – Morel 2001, S. 64f.   A. M.

121 Hölzerner Kerzenständer

Weißensee (Thüringen), Runneburg (Fundort), Mitte 13. Jh.
Ahornholz, gedrechselt; Reste eines
eisernen Kerzendornes, Wachsspuren
H. 11,6 cm, Dm. Boden 7,5 cm
Weimar, Thüringisches Landesamt für archäologische Denkmalpflege, Inv. Nr. 4645/04

Der aus dem Brunnen A der Runneburg
in Weißensee stammende Kerzenständer
repräsentiert einen so banalen wie dennoch wichtigen Aspekt des mittelalterlichen Alltags: Die oft unzureichend be-
lichteten Räumlichkeiten erforderten einen erhöhten Bedarf an künstlichen
Lichtquellen, der nicht allein die Zeiten
der Nacht und Dämmerung betraf. Neben
dem Widerschein offener Feuer in Her-
den und Kaminen und der weit verbreiteten, kostengünstigen Beleuchtung mittels
Kienspänen dienten dazu vor allem Kera-
mik-, Metall- oder Glaslampen verschie-
denartiger Ausprägung, in denen Öl, Talg
oder Harz brannten. Ebenso geläufig war
die Verwendung von Kerzen – die erhaltenen Beispiele von mittelalterlichen Kerzenleuchtern sind überwiegend aus nicht
brennbaren Materialien wie Keramik oder
Metall gefertigt.

121

122

Pingsdorf. Um Tonware wasserdicht zu machen, verwendete man saure Milch. Vermutlich benutzte man derartige Gefäße zur Aufbewahrung von Lebensmitteln.

Lit.: Lobbedey 1968, S. 24 f.   A. M.

123 Drei große Töpfe

Bad Rappenau (Fundort), 2. Hälfte 12. Jh.
Feinsandiger ockerfarbiger und rotbrauner Ton, gewülstet und nachgedreht, Ergänzungen
a) H. 16,3 cm, Dm. Bauch 19,2 cm
b) H. 18,3–18,8 cm, Dm. Bauch 22,4 cm
c) H. 27,7 cm, Dm. Bauch 28,2 cm
Karlsruhe, Badisches Landesmuseum,
Inv. Nr. Rap 3 (a); Rap 5 (b); Rap 7 (c)

Bei Grabungen in Bad Rappenau bei Sinsheim wurden diese Gefäßkeramiken bei einem mittelalterlichen Töpferofen gefunden. Da es sich vermutlich um Fehlbrände handelte, fanden sie nie Verwendung in einem Haushalt und sind wohl deshalb noch gut erhalten.

Lit.: Lobbedey 1968, S. 160 ff.   A. M.

Vor diesem Hintergrund stellt der gedrechselte Weißenseer Leuchter eines der seltenen hölzernen Objekte dar, die aufgrund ihrer potenziellen Gefährlichkeit offenbar weniger üblich waren. Seine gedrungene, vielgliedrige Formgebung mutet in gewisser Weise zeitlos an und unterscheidet sich wenig von kunstgewerblichen Produkten unserer Tage. Das Oberteil bildet eine Tropfschale, in deren röhrenartiger Mitte die Kerze in einen Eisendorn gesteckt wurde. Als ursprünglicher Kerzen-Brennstoff konnten Reste eines verrußten Gemisches aus Bienenwachs und Leinöl nachgewiesen werden.

Lit.: Stolle 1993. – Nicol 1997, S. 63–65, Kat. 5.1, Taf. 16,1. – Lohmann / Stolle 1998, S. 108 f., Abb. 71.   B. L.

122 Kleines Gefäß, nachgemachte „Pingsdorfer Ware"

Gundelsheim bei Heilbronn (Fundort),
um 1200
Gebrannter, gelblicher, gewülsteter und vermutlich nachgedrehter Ton, rote Streifenbemalung
H. 8,5 cm
Karlsruhe, Badisches Landesmuseum,
Inv. Nr. C 3228

Pingsdorfer Ware fand zwischen dem 10. und dem Anfang des 13. Jahrhundert in Nord- und Süddeutschland weite Verbreitung und wurde von zahlreichen Töpfereien imitiert. Die rote Bemalung auf der gelbtonigen Ware gilt als typisch für

123

124

126 Grapen

Süddeutsch (?), Spätmittelalter
Bronze, gegossen und nachgearbeitet
mit tordiertem Henkel aus Eisen
H. (ohne Henkel) 17,8 cm, Dm. Rand 15,1 cm
Karlsruhe, Badisches Landesmuseum,
Inv. Nr. V 18895

Da das gewöhnliche Kochgeschirr im Hochmittelalter aus zerbrechlicher, nicht hitzebeständiger Keramik gefertigt war und deshalb nur in die Nähe der Herdglut gerückt werden konnte, fanden für Speisen, die schnell gegart werden sollten, dickwandige, in Bronze gegossene Gefäße, Grapen genannt, Verwendung. Diese konnten mit ihren drei Beinen unmittelbar in der Feuerglut stehen oder mittels eines Hakensystems oder einer Kette an ihrem eisernen Henkel in beliebiger Höhe über dem Feuer aufgehängt werden. Wie es scheint, benutzte man solche Grapen in Norddeutschland früher und zahlreicher als in Süddeutschland. Außerdem gab es im Norden eigene Zünfte für Grapengießer. In Lübeck ist für das 13. Jahrhundert eine Gießerwerkstätte nachgewiesen. Der nicht unerhebliche Metallwert der Grapen, meist waren mehrere gleichzeitig im Gebrauch, beschränkte sie im Hochmittelalter wohl auf die Küchen der gehobenen Gesellschaft.

Lit.: Drescher 1982. – Drescher 1986.   K. E.

124 Zwei Töpfe, Doppelhenkelkanne

Bad Rappenau (Fundort), 2. Hälfte 12. Jh.
Feinsandiger ockerfarbener und rotbrauner Ton, gewülstet und nachgedreht, Ergänzungen
a) H. 28,1 cm; Dm. 30 cm
b) H. 41,6 cm; Dm. 40,5 cm
c) (Henkelkanne) H. 29,3 cm; Dm. 28,2 cm
Karlsruhe, Badisches Landesmuseum,
Inv. Nr. a) Rap 9; b) Rap 11; c) Rap 10

Gebrauchskeramik aus Ton fand vor allem in Haushalt und Küche Verwendung. Außer zum Kochen konnten tönerne Gefäße auch in der Vorratshaltung benutzt werden. Lebensmittel wie Fleisch oder Kraut wurden mit Salz konserviert und dann in Vorratsgefäßen aufbewahrt.

Lit.: Lobbedey 1968, S. 160ff. – Schlunk/Giersch 2003, S. 123.   A. M.

125 Daubenkanne

Weißensee (Thüringen), Runneburg (Fundort), Mitte 13. Jh.
Tannenholz, Hasel, Weide, geböttchert und geschnitzt
H. (rekonstruiert) 20,1 cm, Dm. 21,7 cm
Weimar, Thüringisches Landesamt für archäologische Denkmalpflege, Inv. Nr. 4647/04

Die vorliegende geböttcherte Kanne stellt eines der einfachen, alltäglichen Gebrauchsgefäße des Weißenseer Brunnenfundes (auch Kat. Nr. 118, 127) dar und bildet in gewisser Weise ein schlichtes

Gegenstück zur repräsentativen Drechselkanne (Kat. Nr. 114). Daubenkannen dieser Art, zumeist nur deren Einzelteile, liegen aus etlichen Stadtkerngrabungen vor und belegen die allgemein weite Verbreitung dieses hölzernen Gefäßtyps. Weitere Einzeldauben im Fundgut des Brunnens gehörten zu mehreren solcher geböttcherten Kannen, ohne dass jedoch deren genaue Zahl zu bestimmen wäre. Die Kanne wurde in weitgehend aufgelöstem Zustand geborgen, der Deckel fehlte. Ihre konische Grundform ist ein Kennzeichen der meisten mittelalterlichen Vergleichsbeispiele. Als ebenso typisch ist die aus einem Astansatz geschnitzte, durchbohrte Tülle aus Hartholz zu sehen, deren Ausbildung allerdings variieren kann. Mit diesen multifunktional verwendeten Kannen war ein im Grunde zeitloser Typus gefunden worden, der vor allem im ländlichen Raum bis zum Beginn des 20. Jahrhunderts in Gebrauch war.

Lit.: Stolle 1993. – Nicol 1997, S. 43–45, Kat. 1.558, Taf. 6.1 – Lohmann/Stolle 1998, S. 108f., Abb. 70.   B. L.

125

126

deuten neben vielfältigen Seilresten auch etliche eisenbeschlagene Schöpfeimer und eine große Zahl weiterer Bottichdauben im Fundgut des Brunnens. Im Laufe der zweiten Hälfte des 13. Jahrhunderts hatte man diesen aufgegeben und als Abfallschacht sowie Latrine benutzt, bevor er ab dem ausgehenden Mittelalter vollständig verfüllt wurde.

Lit.: Stolle 1993. – Nicol 1997, S. 49–53, Kat. 2.4, Taf. 8,5 – Lohmann/Stolle 1998, S. 108, Abb. 77. **B. L.**

127

128 Doppelkapitell mit Monatsbildern und Tierkreiszeichen

Schwarzach, um 1220/30
Roter Sandstein
H. 26,5 cm, B. 55,0 cm, T. 23,7 cm
Karlsruhe, Badisches Landesmuseum,
Inv. Nr. C 93

127 Schöpfbottich

Weißensee (Thüringen), Runneburg (Fundort), Mitte 13. Jh.
Tannenholz, geböttchert
H. (rekonstruiert) 50,6 cm, Dm. 52,2 cm
Weimar, Thüringisches Landesamt für archäologische Denkmalpflege, Inv. Nr. 4646/04

Eine effiziente und möglichst autonome Wasserversorgung bildete eines der grundlegenden Kriterien für die Nutzbarkeit und Bedeutung einer Burganlage – nicht nur im Kriegsfall. Die Runneburg – eine bedeutende, pfalzartig ausgebaute Anlage der ludowingischen Landgrafen von Thüringen – verfügte dazu über mindestens zwei wasserreiche Brunnen von etwa 25 Metern Tiefe.

In seiner zeitlosen Form stellt der vorliegende Bottich eines der typischen Gebrauchsgefäße zum Schöpfen und zum Transport von Wasser dar. Seine markant verengte Mündung begrenzte das Überschwappen von Flüssigkeit beim Pendeln oder Schwanken des Bottichs. Das ursprüngliche Bindungsmaterial – umlaufende Reifen aus aufgespaltenen Eschenzweigen – war im Fundzustand weitgehend zerfallen. In den Ösendauben steckte noch immer der hölzerne Jochbügel mit einem Ende des beim Aufziehen gerissenen Brunnenseiles. Zudem war ein schwerer Senkstein unterhalb des Gefäßbodens angebunden, er hatte das Eintauchen des sperrigen Bottichs erleichtert.

Auf den offenbar nicht seltenen Verlust der Schöpfgefäße im alltäglichen Gebrauch

Wohl aus dem Kreuzgang des ehemaligen Benediktinerklosters Schwarzach stammt das Doppelkapitell mit Tierkreiszeichen und Monatsdarstellungen. Es verbindet somit kosmologische Vorstellungen des mittelalterlichen Weltbilds, die den Jahreslauf bestimmen, mit den menschlichen, zumeist landwirtschaftlichen Tätigkeiten während der einzelnen Monate.

So gibt das Kapitell zugleich auch Auskunft über Anbau und Ernte von Nahrungsmitteln (Wein, Getreide), die einen wichtigen Bestandteil der damaligen Ernährung ausmachten. Sieben Monatsbilder mit dem zugehörigen Tierkreiszei-

chen umfasst der Zyklus, beginnend an einer Schmalseite und von rechts nach links laufend: Für den Monat April steht ein Mann, der den Boden umgräbt, und der Widder. Es folgt ein Windgott, der in zwei Hörner bläst, und an der Langseite ein junger Mann mit einem Büschel von Zweigen im Arm, einem Ei in der Hand und in der anderen einen Korb mit Blättern, gedeutet als Maikönig, einen Stier zu Füßen. Das Zeichen der Zwillinge und ein Schnitter vertreten den Juni, die Ernte von Früchten und der Krebs den Juli. Der Fruchtkorb leitet über zur Getreideernte im August an der Schmalseite, im Zeichen

128

129 130

des Löwen. Die Jungfrau auf der anderen Langseite und der Sämann verkörpern den Monat September, der einen Weinstock beschneidende Winzer und die Waage den Oktober. Die fehlenden Monate November bis März mit den Tierkreiszeichen Skorpion, Schütze, Steinbock, Wassermann und Fische zeigte vermutlich ein zweites Kapitell, das verloren ist.

Lit.: Stuttgart 1977, Bd. 1, S. 364f. – Zimmermann 1985, S. 62–64. – Karlsruhe 1999, S. 99f.   J. Z.

129   Zwei hölzerne Spielkugeln
Weißensee (Thüringen), Runneburg (Fundort), Mitte 13. Jh.
Ahornholz, Obstholz, wohl geschnitzt
Dm. ca. 5–6 cm.
Weimar, Thüringisches Landesamt für archäologische Denkmalpflege,
Inv. Nr. 4738/04; 4737/04

Dem Weißenseer Brunnen-Fundkomplex entstammen zwei schlichte hölzerne Kugeln, deren Verwendung im weit gespannten Spektrum von Spiel und Zeitvertreib anzusiedeln ist. Kugeln dieser Art sind in einiger Zahl aus Stadtkerngrabungen bekannt geworden, für Burgen zählen sie bislang zum höchst seltenen Fundgut. Neben anderen Gegenständen – so etwa Brettspielsteine, Würfel, Schachfiguren, Spielgeschosse, Miniaturschilde und anderes –, die auf sehr anschauliche Weise das offenbar häufige Spielen im Alltag der landgräflichen Burg repräsentieren (Kat. Nr. 71, 130), fanden sich insgesamt fünf derartige Holzkugeln im Brunnen A.
Mit seiner Lage unmittelbar vor der Hoffassade des palasartigen Hauptgebäudes der Burg war dieser klar dem herrschaftlichen Bereich der ausgedehnten Anlage zugeordnet. Die Fundstücke des Brunnen-Komplexes sind somit verstärkt unter dem Gesichtspunkt adliger, herrschaft-

licher Sachkultur zu sehen, doch war das Spielen keineswegs auf jenen höfischen Personenkreis beschränkt und erfasste in gewissen Abwandlungen alle gesellschaftlichen Schichten und Altersgruppen. Die vielfältige Spielkultur des Mittelalters findet zahlreiche Belege in schriftlichen Quellen und wurde zum häufigen Motiv zeitgenössischer Illustrationen. Die vergleichsweise kleinen Weißenseer Kugeln gehören in den Umkreis so genannter Bewegungsspiele, hierfür kommen Varianten von Boccia oder Boule in Frage, doch ebenso ist an krickettartige Betätigungen mit speziellen Schlägern oder an Kegelspiele zu denken.

Lit.: Stolle 1993. – Nicol 1997, S. 71–73, Kat. 6.12–16, Taf. 17,1-5 – Lohmann/Stolle 1998, S. 108.   B. L.

130   Zwei Schachfiguren
Weißensee (Thüringen), Runneburg (Fundort), Mitte 13. Jh.
Ahornholz, geschnitzt
Turm: H. 3,9 cm, B. 3,6 cm, Stärke 1,2 cm
Bauer: H. 3,3 cm, Dm. max. 2,5 cm
Weimar, Thüringisches Landesamt für archäologische Denkmalpflege,
Inv. Nr. 4735/04; 4736/04

Insgesamt vier hölzerne Schachfiguren fanden sich im Brunnen A der Runneburg. Innerhalb des Fundkomplexes führen sie gemeinsam mit sieben hölzernen Spielsteinen und etlichen Knochenwürfeln das entwickelte, gesellschaftlich weit verbreitete Tisch- und Brettspiel des 13. Jahrhunderts vor Augen. Innerhalb der zahlreichen Varianten von Brettspielen blieb das vermutlich aus Indien stammende Schachspiel als hoch angesehenes, als „königliches" Spiel zumeist auf einen gesellschaftlich exponierten, herrschaftlichen Personenkreis beschränkt. Erhalten hat sich eine große Zahl von

mittelalterlichen Schachfiguren, einige sogar als vollständige Spielsätze, die zum Teil aus edelsten Materialien wie Elfenbein, Achat oder Bergkristall bestehen. Hölzerne Figuren sind vergleichsweise selten, doch liegt dies generell auch an der Vergänglichkeit des Werkstoffes Holz. Die vorliegenden Objekte eines Turmes und eines Bauern zeichnen sich durch ihre qualitätvolle Bearbeitung aus, beide scheinen ursprünglich zum selben Spielsatz gehört zu haben. Im Gegensatz zu den gegenständlich-figürlich gehaltenen Schachfiguren des indischen Typus vertreten sie den so genannten arabischen Figurentypus, der mit seiner abstrakten Gestaltung zum Vorbild heutiger konventioneller Schachfiguren wurde.

Lit.: Stolle 1993. – Nicol 1997, S. 65–68, Kat. 6.1, 6.2, Taf. 16,2/3. – Lohmann/Stolle 1998, S. 108–110, Abb. 74. – Kluge-Pinsker 1991, S. 9–54.   B. L.

Kampf und Krieg

Jürgen Krüger

Kampf und Krieg gehören zu den Hauptthemen der Darstellungen im ‚Nibelungenlied' (C 1990). Während allein der abschließende Kampf der Nibelungen aus dramaturgischen Gründen über mehrere Aventiuren ausgebreitet wird, wird über andere Kriege und Kampfhandlungen relativ einsilbig berichtet.

Vorstellungen verschiedener Jahrhunderte spiegeln sich in der Dichtung. Einerseits kommt den Helden die tragende Rolle zu, Siegfried und Hagen, Dietrich und Volker, um nur einige zu nennen, andererseits den „Wunderwaffen", vor allem Siegfrieds Schwert *Balmung*. Darin lebt das frühe Mittelalter weiter, denn dem Schwert kam von alters her besondere Symbolkraft zu: Es war Zeichen von Herrschaft und Macht, Symbol für Recht und Gerechtigkeit. Schwerter berühmter Helden führten ein eigenes Leben, trugen selbst Namen: Excalibur, Durendal und eben Balmung.

SCHWERT UND LANZE ALS WAFFEN

Die Wirklichkeit der kriegerischen Auseinandersetzungen hatte im 12. Jahrhundert andere Formen. Zu den wichtigsten Waffen zählte zwar nach wie vor das Schwert, das jedoch exklusiv und teuer blieb. Es war universell einsetzbar: als Hieb- und Stichwaffe, zu Pferd und im Nahkampf. Daneben traten aber der Dolch als reine Stichwaffe und vor allem die Lanze. Die Lanze, deren Entstehung man sich aus einem auf eine Stange gesteckten Schwert vorstellen kann, gehörte zu einer neuen Form der Kampftechnik, die ab ca. 1100 modern wurde: Der Ritter, die Lanze unter die rechte Achselhöhle geklemmt und über den Pferdekopf nach vorne haltend, ritt auf den Gegner zu, um ihn aus sicherer Distanz zu ver-

Diu swert genôte vielen   ûf sîn eines lîp.
daz muose sît beweinen   vil maniges heldes wîp.
den schilt er ruchte hôher,   den vezzel nider baz.
dô frumt er vil der ringe   mit bluote vliezende naz.

(C1990) Die Schwerthiebe fielen heftig auf ihn herab.
Das mussten später die Frauen vieler Helden beweinen.
Den Schild zog er höher, den Schildgriff tiefer.
Da kämpfte er so, dass über viele Ringpanzer das nasse Blut floss.

letzen oder vom Pferd zu stoßen, gegebenenfalls wendete man und kämpfte mit dem Schwert weiter: *Diu ros nâch stiche truogen diu rîchen küniges kint mit hurte für ein ander, … mit zoumen wart gewendet …* (C 186: Nach dem Lanzenstoß trugen die Pferde die Söhne mächtiger Könige aneinander vorbei … dann rissen sie mit den Zügeln die Pferde herum). Noch erfolgreicher wurde diese Technik allerdings bei Angriffen im Verband angewendet. Brach die Lanze, dann war sie verloren. Also verwendete man im Kampf vor allem elastisches Holz wie Esche, während Turnierlanzen leicht brechen sollten, um die Gefährdung zu vermindern.

Auch die Defensivwaffen wurden verbessert: Die Rüstungsteile wurden stabiler, über das Kettenhemd eigene Panzer gelegt, der Kopf durch Topfhelme gesichert. Der Schild wurde stärker armiert und mit einem Buckel versehen, damit Schläge und Stiche besser abgewiesen werden konnten. Dieser wurde als Verteidigungsinstrument sogar das wichtigste Stück, weil es beweglich und damit gezielt einsetzbar war (C 1990). Gleichzeitig wurde der Schild nun mit den Farben der eigenen Partei bemalt, damit man überhaupt noch erkennbar war: Die Wappen waren geboren.

Neue Technik bedeutete – wie heute auch – höheren Mitteleinsatz für die Waffen und bessere Ausbildung für die Kämpfer. Im Gegensatz zu Kettenhemden waren

Kampfszene aus dem Psalmenkommentar des Petrus Lombardus, um 1180. Bamberg, Staatsbibliothek

Plattenharnische hochkomplizierte „Eisenkleider", die in Einzelanfertigung mit einer Unzahl von Scharnieren und Platten dem menschlichen Körper angepasst werden mussten. Die Ritter mussten individuelle Bewegungsabläufe genauso lernen wie gruppenweises Handeln und Reiten. Dem Turnier als Einüben militärischer Strategien kam schon deswegen immer höhere Bedeutung zu.

Das 12. Jahrhundert brachte geradezu eine stürmische Entwicklung der Wehrtechnik, vor allem durch die Auseinandersetzungen auf den Kreuzzügen. Die westeuropäischen Heere kamen verstärkt mit der byzantinischen Kultur in Kontakt und lernten die Kampftechniken der islamischen Völker kennen. Eine Folge war die Befestigung von Städten und Verwaltungsmittelpunkten (Burgen), eine andere die Entwicklung neuer Taktiken im Kampf. Weniger Einzelkämpfer waren gefordert, mehr das gemeinsame Auftreten größerer Verbände, die in Flügeln und hintereinander in mehreren Reihen gestaffelt, gegeneinander antraten. Am Ende des Jahrhunderts war die Militärtechnik so weit fortgeschritten, dass keine Stadt oder Burg mehr als uneinnehmbar gelten konnte. Die Ritterheere waren so hoch und schwer gerüstet, dass sie fast unbeweglich wurden: Im Jahr

1187 war es Sultan Saladin ein Leichtes, die fränkischen Ritter oberhalb des Sees Genezareth einzukesseln, niederzumetzeln oder sie einfach in ihren Rüstungen zu Tode schwitzen zu lassen. Die entscheidende weitere Entwicklung konnte erst mit neuem technischen Fortschritt eingeleitet werden: den Feuerwaffen.

KAMPF DER HELDEN

So wird im ‚Nibelungenlied' das zentrale Thema des Kämpfens in der Etzelburg in Gran nicht als eine moderne Schlacht des 12. Jahrhunderts geschildert, sondern als ein Kampf der Helden – Helden der Vorzeit. Schon die Zahlen belegen, dass reale Verhältnisse zu schildern nicht intendiert war: So viele tausend Personen hätten nicht in einen Saal gepasst. Lediglich in kleinen Details wie den Rüstungen wird die Welt um 1200 anschaulich.

Auch das Thema des Kampfes gehört nicht in die Welt der Ritter. Es geht um Verrat und Mord, wie schon der Ort andeutet: Es ist kein Kampf in offenem Gelände, das von den Strategen aus taktischen Gründen bewusst ausgesucht worden wäre. Beim Festmahl entzündet sich eine Saalschlacht, die im Untergang endet.

Lit.: Mayer 1995. – Lehnart 1998. – Schlunk/Giersch 2002, S. 44-65.

131 Kampfillustration in einem ‚Jungfrauenspiegel'

Mittelrhein/Trier, um 1200
Pergament
H. 13,5 cm, B. 19,6 cm
Hannover, Kestner-Museum, Inv. Nr. 3984

Das ‚*Speculum Virginum'*, der ‚Jungfrauenspiegel', gehörte seit etwa 1100 zu den beliebten Erbauungsbüchern klösterlich lebender Frauen. In elf Kapiteln wurden die Ideale jungfräulichen Lebens dargestellt und das Leitthema jeweils mit einem Bild illustriert. Das 4. Kapitel – „Der Sieg der Demut über den Stolz" – behandelt den Kampf zwischen Tugenden und Lastern. Das eigentlich zeitlose Thema wird mit höchst aktuellen Szenen illustriert, denn die Kämpferpaare zeigen die neuesten Entwicklungen der Rüstungstechnik, die ab etwa 1190 eingeführt wurden: langärmelige Panzerhemden und entsprechende Handschuhe schützen den ganzen Körper, der moderne Topfhelm den Kopf. Auch Schwertgehänge und Trageweise

der spitz zulaufenden normannischen Schilde sind genau zu beobachten. Da die Personen nicht mehr erkennbar sind, hat das Schild die Funktion des Wappenhalters übernommen, hier phantasievoll in Form von Mönchsbüsten.

Das Kampfgeschehen wird mit äußerster Dramatik wiedergegeben: Mit großer Wucht wurde dem „Laster" der Schädel gespalten; Blut strömt heraus. Stürzend kann es sich trotzdem noch mit einem heftigen Schlag wehren und den Helm des Gegners teilen. Es erinnert an die Szene des ‚Nibelungenlieds', als Rüdiger Gernot verwundet und jener zurückschlägt, sodass beide sterben: *dô sluoc Gêrnôten Rüedegêr der degen durch helm vlinsherten, daz nider vlôz daz bluot* (C 2277: Da schlug Rüdiger, der Held, Gernot durch den steinharten Helm, sodass das Blut herabfloss). Funde von Schädeln und Helmen zeigen, dass solche Erzählungen nicht übertrieben waren.

Lit.: Braunschweig 1995, Bd. 1, S. 600f.   J. K.

132 Pfeilerrelief mit Kampfszene

Zürich, Großmünster, Mitte 12. Jh.
Kalkstein
B. 144 cm, H. 62 cm
Abguss
Mainz, Römisch-Germanisches Zentralmuseum, Inv. Nr. 42186

Das Relief zeigt ein kämpfendes Ritterpaar zwischen zwei weiteren Personengruppen. Der Ritter zur Linken holt mit seinem Schwert aus, um seinen Gegner zu treffen. Er wird jedoch von dem bärtigen Mann hinter ihm zurückgehalten und sein Gegner kann unterdessen mit dem Dolch zustechen. Die Ritter tragen die typische Rüstung des 12. Jahrhunderts, einen mandelförmigen Schild und Nasalhelme.

Möglicherweise stellt die Szene die heimtückische Ermordung von Sauls Heerführer Abner durch den Feldherrn Davids, Joab, dar (2 Sam 3,22–27) und würde damit auf das verräterische Verhalten des Judas vorausweisen. Bei dem Schriftzug

131

132

„Guido" im Schwertschaft handelt es sich wahrscheinlich um die Signatur des Bildhauers. Das Relief bildet mit einem zweiten, das die legendäre Gründung des Zürcher Großmünsters durch Karl den Großen thematisiert, ein herausgehobenes Bildpaar im Mittelschiff der Kirche.

Lit.: Gutscher 1983, S. 214f. – Meier 1995, S. 359f.
J. K.

133 Nasalhelm
Maas (Niederlande), 11./12. Jh.
Eisen, getrieben
H. 24,2 cm
Mainz, Römisch-Germanisches Zentralmuseum, Inv. Nr. O.39806

Vielleicht stand dem Verfasser des ‚Nibelungenlieds' noch eine solche Helmform als Kopfschutz seiner Helden vor Augen. Um 1200 war sie waffentechnisch schon überholt und wurde zugunsten modernerer Helmformen aufgegeben, die Gesicht

und Nacken besser schützten. Nasalhelme waren über lange Zeit im Gebrauch gewesen. Schon die Krieger auf dem Bildteppich von Bayeux, der die Eroberung Englands durch den Normannenherzog Wilhelm (1066 n. Chr.) schildert, trugen solche Helme. Die Nasalhelme wurden zumeist – einschließlich des Namen gebenden Nasenschutzes – aus einem Stück getrieben. Der Rand enthält Löcher zum Anbringen des Helmfutters und möglicherweise auch eines Gesichts- und Nackenschutzes, der, wie erwähnt, schon vor der Zeit um 1200 als unzureichend empfunden worden war.

Lit.: Speyer 1992, S. 99–102. – Schlunk/Giersch 2002, S. 50f.
K. E.

133

134 Zwei Schwerter mit Parierstangen
Süddeutschland, 12. Jh.
Eisen, geschmiedet
Parierstangen (b) modern ergänzt
a) L. 96 cm, gr. Klingenbr. 4,7 cm
b) L. 107,2 cm, gr. Klingenbr. 5,6 cm
Karlsruhe, Badisches Landesmuseum,
Inv. Nr. a) C 6700; b) ohne Inv. Nr.

Die Hauptwaffe des Kriegers bildete wie schon seit der Bronzezeit das Schwert. Die germanische Sage spiegelt diesen Umstand wider, indem sie dem Schmied eine besondere Aura verleiht; überaus zahlreich sind die mit Namen versehenen Schwerter. So heißt das Schwert Sieg-

frieds im ‚Nibelungenlied' „Balmung" (C 94). Nach seiner Ermordung wird es von Hagen getragen, bis er damit von Kriemhild enthauptet wird (C 2433).
Bei den Schwertern der Ausstellung handelt es sich um Bodenfunde, deren Oberfläche durch Korrosion mehr oder weniger zerstört ist. Es ist noch zu erkennen, dass die Schmiede leicht federnde, aber dennoch stabile Klingen fertigten. Für hochmittelalterliche Schwerter typisch ist statt eines Mittelgrates eine flache, mehr oder weniger breite Kehlung der Klinge. Sie dient, ohne dass ein Stabilitätsverlust eintritt, der Gewichtsreduzierung des in der rechten Hand geführten Schwertes. Zum Schutz der Schwerthand trägt die gerade Parierstange als unterer Abschluss des Griffes bei. Am oberen Ende sitzt ein unterschiedlich geformter Knauf. Der eigentliche Griff, eine Art Hülse um das Eisen, bestand aus organischem Material, Holz und Leder, und ist bei Bodenfunden höchstens in Spuren erhalten. Desgleichen fehlen weitgehend die ebenfalls aus organischen und damit vergänglichen Materialien bestehenden Schwertscheiden. Manchmal sind die mit Metallbeschlägen verstärkten Scheidenenden, die so genannten Ortbänder, erhalten. Über Schwertgürtel ist nur wenig be-

134 a

134 b

kannt. Anscheinend wurde das Schwert nur im Kriegsfall am Gürtel getragen. Sonst hielt der Ritter es in der Hand oder es wurde von einem Waffenknecht bereitgehalten. Die Schwerter – manchmal besitzt allein die Klinge eine Länge von über einem Meter – waren sowohl für den Reiterkampf wie für den Kampf zu Fuß geeignet. Die gelegentlich abgerundete Spitze weist die Schwerter als typische Hiebwaffe aus. Als Stichwaffen dienten Speere und wohl auch Dolche.

Lit.: Seitz 1965, Bd. 1, S. 132–182. – Speyer 1992, S. 102–106. – Schlunk/Giersch 2002, S. 54f.
K. E.

Die Rezeption in der Neuzeit

Joachim Heinzle

Die Überlieferung des ‚Nibelungenlieds' endete am Anfang des 16. Jahrhunderts mit dem Eintrag des Textes in das berühmte ‚Ambraser Heldenbuch' Kaiser Maximilians (vgl. Kat. Nr. 200). In den folgenden zweieinhalb Jahrhunderten befasste sich nur hier und da einmal ein Gelehrter mit dem Werk, um es als historische Quelle zu nutzen. Seine moderne Erfolgsgeschichte, die zugleich eine Unheilsgeschichte ist, beginnt am 29. Juni 1755. An diesem Tag entdeckte der Arzt Jakob Hermann Obereit in der Bibliothek des Grafen von Hohenems die später mit dem Buchstaben C bezeichnete Handschrift, die sich jetzt in der Badischen Landesbibliothek in Karlsruhe befindet. Der Zürcher Gelehrte Johann Jacob Bodmer (1698–1783), dem er den Fund sogleich mitteilte, war begeistert. Das ‚Nibelungenlied' erschien ihm spontan als „eine Art von Ilias" (vgl. Kat. Nr. 135), und der Vergleich mit dem homerischen Epos zieht sich dann wie ein roter Faden durch seine lebenslange Beschäftigung mit dem Werk. Er hat damit die Verständnisperspektive eröffnet, die für die Entstehung des modernen Nibelungen-Mythos entscheidend werden sollte.

EINE DEUTSCHE ILIAS

Man kann sagen, dass sich dieser Mythos parasitär auf dem Nährboden eines anderen entwickelt hat: eben des Homer-Mythos, der damals in seiner ersten Blüte stand.

Die Assoziation des ‚Nibelungenlieds' mit der ‚Ilias' zog den mittelalterlichen Text in die Aura der deutschen Homer-Verehrung, die sakral zu nennen nicht übertrieben ist. Bodmers Schüler und Freund Johann Heinrich Füssli (1741–1825), der geniale Illustrator der Nibelungen-Sage, brachte die Assoziation mit einer emphatischen Anrufung des Nibelungendichters auf den Nenner: „War

nicht Homerus dein Meister?" (vgl. Kat. Nr. 138). In der Homerisierung des Nibelungendichters verbanden sich von Anfang an die beiden Modelle kultureller Identifikation, die das deutsche Nationalbewusstsein bis zum Nationalsozialismus prägen sollten: das germanisch-altdeutsche und das griechische. Man ist im Nachhinein versucht, mehr als einen Zufall darin zu sehen, dass das ‚Nibelungenlied' gerade in dem Jahr wiederentdeckt wurde, in dem auch die Schrift erschienen ist, die den gräkophilen Sonderweg der deutschen Antikenrezeption angebahnt hat: Johann Joachim Winckelmanns ‚Gedanken über die Nachahmung der griechischen Werke in der Malerei und Bildhauerkunst'.

Der Gedanke, das ‚Nibelungenlied' sei die deutsche ‚Ilias', sein Dichter der deutsche Homer, wurde bald zum Topos. 1786 bemerkte der Historiker Johannes von Müller: „Der Nibelungen Lied könnte die teutsche Ilias werden." Und 1802/03 dozierte August Wilhelm Schlegel in seiner Berliner Vorlesung über die ‚Geschichte der romantischen Literatur', das „Lied der Nibelungen" könne sich „kühnlich mit der Ilias messen", was „Lebendigkeit und Gegenwart der Darstellung", „die Größe der Leidenschaften, Charaktere, und der ganzen Handlung" angehe, ja man könne sagen, es übertreffe sie, „wenn man es sich nicht zum Gesetz machen müßte, nie ein Meisterwerk auf Unkosten des anderen zu loben". Die von Schlegel nur eben angedeutete und sogleich wieder zurückgenommene Beförderung des ‚Nibelungenlieds' zur „Über-Ilias" sprach Schlegels Hörer Karl Wilhelm Ferdinand Solger unverblümt aus. „Das Lied der Nibelungen ist, was seine Anlage betrifft, größer als die Ilias", notierte er im Dezember 1803 und beschwor den „zum Grunde liegenden Nationalmythos".

Der Vergleich des ‚Nibelungenlieds' mit der ‚Ilias' hat auch die Anfänge der zünftigen Nibelungenforschung bestimmt. In seiner Schrift ‚Über die ursprüngliche Gestalt des Gedichts von der Nibelungen Noth' (1816) übertrug Karl Lachmann (1793–1851) die Theorie von der Entstehung der homerischen Epen auf das ‚Nibelungenlied', die sein Lehrer Friedrich August Wolf in seinen ‚Prolegomena ad Homerum' (1795) entwickelt hatte (vgl. Kat. Nr. 140 und 141). Lachmann hat mit dieser Schrift die Nibelungen-Philologie auf das akademische Niveau der Altphilologie gehoben und sie zugleich strikt von dem nationalen Nibelungen-Diskurs abgegrenzt, mit dem sie zunächst noch verbunden war: Ihr eigentlicher Begründer, der Jurist Friedrich Heinrich von der Hagen (1780–1856), der 1810 die erste Professur für deutsche Sprache und Literatur an der Berliner Universität erhielt, war aus patriotischem Antrieb dazu gekommen, sich mit dem Werk zu beschäftigen. Für ihn war es das „National-Epos der Deutschen".

DAS NATIONALEPOS

Dass ausgerechnet das ‚Nibelungenlied' das deutsche Nationalepos sein soll, erscheint auf den ersten Blick absurd. Kaum etwas konnte weniger geeignet sein, „Bestandteil der nationalen Ideologie" zu werden, als ein Text, der – wie Klaus von See (S. 59 f.) bissig bemerkt hat – „mit der deutschen Geschichte gar nichts zu tun hat, sondern von Zwist und Mord im burgundischen Königshaus handelt, – eine abstrus-peinliche Betrugskomödie, die sich dank der undisziplinierten oder auch nur törichten Schwatzhaftigkeit ihrer Protagonisten zur Ehetragödie auswächst und später an einem fernab gelegenen, östlichen Barbarenhof, wo die Ehefrau des Ermordeten, gestützt auf die Macht des untätig zusehenden zweiten Ehemanns, ihren lang gehegten Racheplan ins Werk setzen kann, ein schauerlich-blutiges Ende findet". Als national begriff man denn auch nicht die Handlung, sondern den Charakter der Figuren: Man sah in ihnen prototypische Träger spezifisch deutscher Nationaltugenden. Als Schlüsselstelle gilt das Vorwort, das von der Hagen seiner 1807 erschienenen Bearbeitung des ‚Nibelungenlieds' beigegeben hatte, die Johannes von Müller gewidmet ist. Mit religiösem Weiheton wird da „das Lied der Nibelungen" als „das erhabenste und vollkommenste Denkmal" der deutschen „Nazionalpoesie" gefeiert. „Durchaus aus Deutschem Leben und Sinne erwachsen", soll es einer vaterländischen Erbauung dienen, die sich des „unvertilgbaren Deutschen Karakters" in den Tugenden der Nibelungen-Helden vergewissert: „Gastlichkeit, Biederkeit, Redlichkeit, Treue und Freundschaft bis in den Tod, Menschlichkeit, Milde und Großmuth in des Kampfes Noth, Heldensinn, unerschütterlicher Standmuth, übermenschliche Tapferkeit, Kühnheit, und willige Opferung für Ehre, Pflicht und Recht".

Die Wiedererweckung des „unsterblichen alten Heldengesangs", die von der Hagen mit seiner Bearbeitung anstrebte, hatte ein politisches Ziel. Sie sollte der geistigen Aufrüstung gegen die napoleonische Okkupation dienen und die Nation in den Stand versetzen, die „fremde Feßel" abzustreifen. In dieser Funktion war dem Werk in den folgenden Jahren eine steile nationale Karriere beschieden, die seinen Rang als Nationalepos endgültig festigte.

Die Vorstellung von einem deutschen Nationalcharakter hat Tradition. Sie zehrt von dem „ständig virulenten Erbe der humanistischen Tacitus-Rezeption", die aus dem Germanen-Bild des römischen Textes ein „germanisch-deutsches Tugendmonopol" abgeleitet hatte, das „durch moralisch-gemüthafte Werte" die „zivilisatorisch-intellektuelle Überlegenheit der Römer, Romanen und Westeuropäer" kompensieren sollte (von See, S. 61 und 51). Die Aktivierung des nationalen Tugend-Modells in der patriotischen Nibelungen-Begeisterung der Freiheitskriege war umso wirkungsvoller, als sie an einen Proto-Nationalismus anknüpfen konnte, der sich im Siebenjährigen Krieg an der Verehrung für Friedrich den Großen entzündet hatte.

DIE NIBELUNGENTREUE

Auf die Dauer ließen sich die Charaktere allerdings nicht von der Handlung des ‚Nibelungenlieds' ablösen. Es war unvermeidlich, dass schließlich auch sie in die nationale Mythenbildung einging. Wie das geschah, kann man an der Entfaltung des berühmtesten Ideologems des nationalen Nibelungen-Mythos studieren: der Vorstellung von der „Nibelungentreue". Die Treue der Nibelungen, in der sich eine der Tugenden des Tacitus-Kanons bewährte, war von den national bewegten Lesern des ‚Nibelungenlieds' schon früh hervorgehoben worden. Das Schlagwort selbst hat der Reichskanzler Fürst von Bülow am 29. März 1909 in einer Rede vor

Der Künstler im Gespräch mit Johann Jacob Bodmer, dazwischen Büste Homers;
Gemälde von Johann Heinrich Füssli, 1778–1781. Zürich, Kunsthaus

Hagen schützt Gunther im brennenden Etzelpalast

Hagen schützt Gunther im brennenden Etzelpalast;
Szenenfoto aus dem Nibelungenfilm ‚Kriemhilds Rache'
von Fritz Lang, 1924

dem Reichstag geprägt, in der er die Nibelungentreue als die Grundlage des Verhältnisses zwischen Deutschland und Österreich-Ungarn pries (vgl. Kat. Nr. 147). Diese Tugend hat bekanntlich direkt in den Ersten Weltkrieg geführt. Als Treue zur heiligen Sache des Vaterlands im Kampf bis zum letzten Atemzug erschien sie wieder in der berüchtigten Rede, die Hermann Göring am 30. Januar 1943 im Ehrensaal des Reichsluftfahrtministeriums vor ausgewählten Angehörigen der Wehrmacht hielt (vgl. Kat. Nr. 150). Die Rede, die vom Rundfunk übertragen und im ‚Völkischen Beobachter' abgedruckt wurde,

stand im Zeichen der sich anbahnenden Katastrophe von Stalingrad. Den Soldaten im Kessel sollten die Nibelungen ein leuchtendes Vorbild sein: „Auch sie standen in einer Halle von Feuer und Brand und löschten den Durst mit eigenem Blut – aber sie kämpften und kämpften bis zum letzten." Der Vergleich ist nicht zuletzt deshalb beklemmend, weil der Untergang der Burgunden, wie ihn das ‚Nibelungenlied' erzählt, gerade nicht geeignet sein konnte, Siegeszuversicht hervorzurufen: Volker und Hagen und mit ihnen alle, die in der brennenden Halle kämpften, gingen ja elend zugrunde. Wie vor ihm schon Bülow und andere, die sich patriotisch auf die Untergangshandlung des ‚Nibelungenlieds' beriefen, ist Göring der katastrophalen Konsequenz des Vergleichs ausgewichen. Er verließ ihn abrupt, indem er behauptete, Deutschland habe in Stalingrad „letzten Endes doch den Stempel zum Endsieg gesetzt". Am Zusammenhang des Textes war er nicht interessiert. Er griff einen Zug der Handlung heraus, um ihn zur Formulierung eines Appells zu benutzen, dem das Prestige des Nationalepos Autorität verleihen sollte. Dieses Verfahren einer selektiven, isolierenden Inanspruchnahme der Erzählhandlung ist charakteristisch für die nationalistische Rezeption des ‚Nibelungenlieds'. Es erlaubte, in kurioser Vertauschung der Identifikationsfiguren nicht nur Hagen als nationale Größe in Anspruch zu nehmen, sondern auch sein Opfer, das er hinterhältig ermordet hatte. Siegfried, den man schon früh als Verkörperung Deutschlands feierte, wurde diese Rolle auch in der berüchtigten Dolchstoßlegende zugewiesen, die die Niederlage der deutschen Truppen im Ersten Weltkrieg erklären sollte. „Wie Siegfried unter dem hinterlistigen Speerwurf des grimmen Hagen", schrieb der Generalfeldmarschall und nachmalige Reichspräsident Paul von Hindenburg, „so stürzte unsere ermattete Front; vergebens hatte sie versucht, aus dem versiegenden Quell der heimatlichen Kraft neues Leben zu trinken."

RICHARD WAGNER UND DIE NIBELUNGEN

Ihre Popularität, die sie zum bevorzugten Imaginationsfeld nationaler Identitätsbildung machten, verdanken die Nibelungen nicht nur dem mittelalterlichen Epos. Sie verdanken sie vor allem auch Richard Wagner. In dessen Operntetralogie ‚Der Ring des Nibelungen' hat der Stoff die künstlerisch bedeutendste und ideologisch wirkungsmächtigste Gestaltung der Neuzeit gefunden.

Wagner, der sich seit den 1840er Jahren intensiv mit der Materie beschäftigte, entfernte sich bewusst von den Bahnen der nationalen Vereinnahmung der Nibelungen. Unter dem Eindruck der Lektüre von Jacob Grimms ‚Deutscher Mythologie' von 1835 (vgl. Kat. Nr. 152), die er in der 2. Ausgabe von 1844 benutzte, stützte er sich nicht aufs ‚Nibelungenlied', sondern auf skandinavische Nibelungendichtungen des 13. Jahrhunderts, in denen die germanischen Götter in das Geschehen verwickelt sind. Er meinte, in diesen Dichtungen dem mythischen Grund der Überlieferung näher zu sein, den er in seinem Werk aufdecken wollte. Den Anstoß zu dem

Plan hatten ihm die Tragödien des Aischylos gegeben, die er in der Übersetzung Johann Gustav Droysens von 1832 (vgl. Kat. Nr. 151) intensiv studierte. Sie dienten ihm als Modell für „die Transformation der epischen Überlieferung durch dramatische Strukturen" (Bremer, S. 58), mit dessen Hilfe es möglich war, eine tragische Verkettung von Handlungen über eine Generationenfolge hin darzustellen und in Gestalt der Götter die metaphysische Dimension zu entfalten, die das ‚Nibelungenlied' gerade verweigerte. Dabei ging es Wagner um nichts Geringeres als um die „Freilegung des wahren Menschen" mit den Mitteln des Musikdramas – um die Darstellung der menschlichen Natur schlechthin im Widerstreit der Elementarkräfte Liebe und Macht. Die Konzeption hat sich in der jahrzehntelangen Arbeit an dem Werk geändert, nicht zuletzt unter dem Eindruck der Metaphysik Schopenhauers, mit dessen Hauptwerk ‚Die Welt als Wille und Vorstellung' sich Wagner seit 1854 auseinander gesetzt hatte (vgl. Kat. Nr. 153). Gleich geblieben ist die Vorstellung vom Mythos als dem „Anfang und Ende der Geschichte": „Der entlegene Ursprung, den der musikalisch vergegenwärtigte Mythos aufdeckt, ist nichts anderes als das Ziel der Geschichte" (Bremer, S. 59). Geschichte muss, so die Botschaft, überwunden werden, sei es als Erlösung der Welt oder als Erlösung von der Welt. Das bedeutet, dass die wagnerschen Nibelungen dezidiert nicht national gedacht sind, weil Nationalität gerade eine Form der historischen Individuation des Menschen ist.

Die Rolle der deutschen Nationaloper neben dem Nationalepos ist dem ‚Ring des Nibelungen' erst in der Rezeption zugewachsen. Die Weichen dafür wurden durch die Inszenierung der Bayreuther Uraufführung der Tetralogie im August 1876 gestellt. Wagner hatte, seiner Intention entsprechend, eine Präsentation verlangt, die Assoziationen an bestimmte historische Epochen oder Kulturzustände vermied. Er bekam das Gegenteil: eine historisierende Ausstattung, die aus den Göttern und Helden des ‚Ring' Bilderbuch-Germanen machte (vgl. Kat. Nr. 156). Wagner hat das bitter beklagt, doch setzte sich die atmosphärische Germanisierung des ‚Ring' durch. Sie beherrschte über Jahrzehnte die Inszenierungen des Werks in aller Welt und machte es in Deutschland zum herausragenden Vehikel einer nationalistischen Germanenideologie, die ihren trostlosen Höhepunkt im Nationalsozialismus fand.

**Richard Wagner; Porträtstudie von Franz v. Lenbach, 1870.
Berlin, Nationalgalerie**

Der Bayreuther Kreis der Erben Wagners arbeitete dem kräftig zu. Sein Schwiegersohn, der Engländer Houston Stewart Chamberlain, wurde mit seinem Werk ‚Die Grundlagen des 19. Jahrhunderts' von 1899 zu einem der Begründer der nationalsozialistischen Rassenlehre, die dem Regime mit der Wahnvorstellung von der Überlegenheit der germanischen Rasse die Rechtfertigung für millionenfachen Mord lieferte. Als leidenschaftlicher Verehrer Wagners wurde Hitler seit 1923 vom Bayreuther Kreis protegiert. Mit Wagners Schwiegertochter Winifred, die nach dem Tod ihres Mannes Siegfried 1930 die Leitung der Bayreuther Festspiele übernahm,

verband ihn eine enge Freundschaft (vgl. Kat. Nr. 159). Nach der Machtergreifung machte er Bayreuth zu einem kulturellen Zentrum des Dritten Reichs.

„EIN SCHWERT VERHIESS MIR DER VATER"

Unter Winifreds Leitung entfernten sich die Bayreuther Aufführungen des ‚Ring' zugunsten eines sachlich-modernen, abstrahierenden Inszenierungsstils immer mehr von dem traditionellen Germanen-Historismus. Die nationalideologische Aura des Werks blieb davon unberührt. Sie verdichtete sich im Bild des zerbrochenen Schwertes, das Siegfried wieder zusammenschmiedet. Der offizielle Festspielführer zur Wiederaufnahme der Festspiele 1924 und eine zum selben Anlass erschienene Festnummer der völkischen Zeitschrift ‚Die Sonne' zeigten das Schwert als Wahrzeichen Bayreuths (vgl. Kat. Nr. 158). In der Darstellung der ‚Sonne' entwächst es einem Textblock, der aus Siegmunds Worten aus der ‚Walküre' (I, 3) gefügt ist: „Ein Schwert verhieß mir der Vater, ich fänd' es in höchster Not." Das Zitat lässt erkennen, was das Schwert im nationalen Diskurs sein sollte: ein Symbol für die Wiederherstellung deutscher Größe. Bezeichnend ist ein Kommentar der ‚Bayerischen Ostmark' zur Bayreuther ‚Siegfried'-Aufführung des Kriegsjahrs 1940: „Aus den Stücken der zerbrochenen Waffe unserer Väter", heißt es da von dem Schwert, „hat es der Mann geschweißt, der" – wie der Siegfried des ‚Ring' – „das Fürchten nie erfuhr. In heller Wehr, allein auf die eigene Kraft vertrauend, steht Siegfried-Deutschland nun da" (zitiert nach Hamann, S. 413). Hitler wird hier mit Siegfried und Deutschland zugleich identifiziert. Da war es nur konsequent, dass der deutsche Rundfunk die Meldung von seinem Tod am 30. April 1945 mit dem Trauermarsch einleitete, unter dessen Klängen die Leiche Siegfrieds in der ‚Götterdämmerung' davongetragen wird.

Lit.: Bremer 1987. – See 1991 (wieder 2003). – Hamann 2002. – Mertens 2003. – Heinzle (im Druck).

135 **Zwei Briefe über den Fund
des ‚Nibelungenlieds' 1755**

a) Jakob Hermann Obereit an Johann Jacob
Bodmer, 29. Juni 1755
Zürich, Zentralbibliothek,
Ms. Bodmer 4a.10, Nr. 125
b) Johann Jacob Bodmer an Laurenz Zell-
weger, 24. August 1755
Trogen, Kantonsbibliothek Appenzell A.Rh.,
MS 75/II, Nr. 97

Der Züricher Gelehrte, Schriftsteller und
Literaturkritiker Johann Jacob Bodmer
(1698–1783) gehört zu den einflussreichs-
ten deutschsprachigen Literaten des 18.
Jahrhunderts. Er hat wesentlich zur Wiederentdeckung der mittelhochdeutschen

Literatur beigetragen, die er für die Be-
gründung seiner sprachpolitischen und
literaturtheoretischen Positionen frucht-
bar machte. Wichtig für die Erforschung
der mittelhochdeutschen Literatur wurden vor allem seine Arbeiten zum ‚Codex
Manesse', den er 1746 zur Abschrift aus
der Königlichen Bibliothek Paris bekom-
men hatte (vgl. Kat. Nr. 225), und zum ‚Nibelungenlied'. Von dessen Existenz erfuhr
er durch einen Brief des Lindauer Arztes
Jakob Hermann Obereit (1725–1798) vom
29. Juni 1755. Obereit berichtet darin von
einem Besuch in der Bibliothek des Grafen von Hohenems, bei dem ihm „2 alte
eingebundene pergamentene Codices

von altschwäbischen Gedichten" in die
Hände gefallen seien, „darvon der eine
sehr schön deutlich geschrieben, einen
mittelmässig dicken Quartband ausmacht, und ein aneinanderhangend weit-
läuftig Heldengedichte zu enthalten
scheint, von der borgondischen Königin
oder Princessin Chriemhild, der Titel aber
ist Adventure von den Nibelungen". Es
handelt sich um die heutige Karlsruher
Handschrift C.
Schon Mitte Juli 1755 erhielt Bodmer die
Handschrift, von der ihm Obereit berichtet hatte (vgl. Kat. Nr. 172), zum Studium.
Eine erste Reaktion dokumentiert der
Brief an seinen Freund Laurenz Zellweger

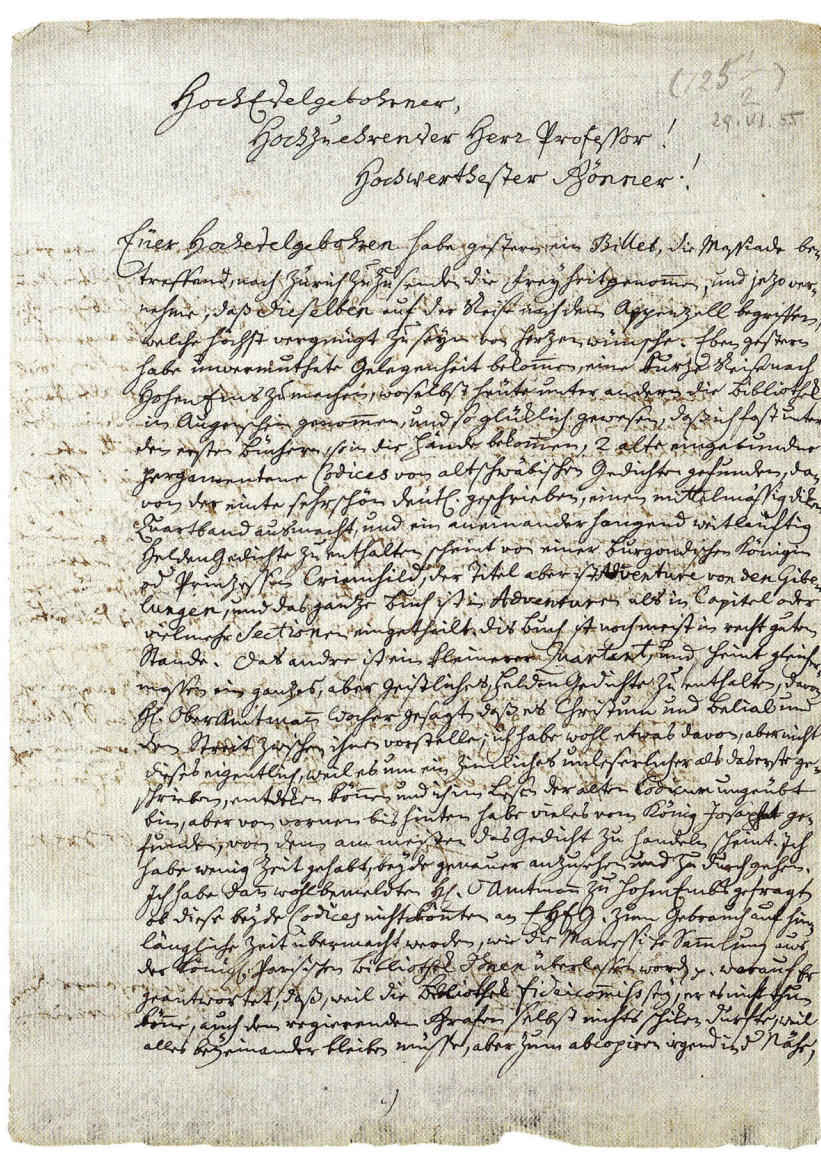

135 a

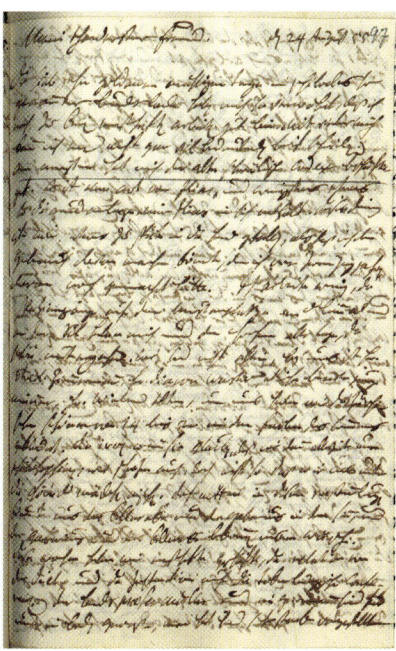

135 b

in Trogen (bei St. Gallen) vom 24. August
1755. Bodmer teilt seinen Eindruck mit,
das ‚Nibelungenlied' sei „eine Art von Ilias, und wenigstens etwas, so die Grund-
anlage einer Ilias in sich enthält". Der
Vergleich mit der ‚Ilias' verweist auf die
Bedeutung, die man den Homerischen
Epen als Maßstab aller Dichtung im Lauf
des 18. Jahrhunderts vor allem in
Deutschland zugewiesen hatte. Bodmer
selbst gehört zu den Wegbereitern dieser
Entwicklung, die zu einem wahren Kult
um den „göttlichen Dichter" führte. Mit
der Beförderung des ‚Nibelungenlieds'

zur deutschen ‚Ilias' wurde dem mittelhochdeutschen Epos der denkbar höchste poetische Rang zugeschrieben. Sie hat wesentlich den Boden für seine Karriere als „Nationalepos" der Deutschen bereitet.

Lit.: Crueger 1883. – Bender 1973. – Dobras 1982. – Wohlleben 1990. – Mertens 1992. – Pfalzgraf 2002.
J. H.

136   Johann Jacob Bodmer:
Chriemhilden Rache und die Klage
Zürich: Orell und Comp., 1757
Stuttgart, Universitätsbibliothek, 1 L 4930

Zwei Jahre nach der Entdeckung der ‚Nibelungenlied'-Handschrift C veröffentlichte Bodmer eine erste Edition. Sie enthält nicht das gesamte Werk, sondern nur das letzte Drittel, dazu die ‚Nibelungenklage'. Der Text setzt nach der letzten Lücke in der Handschrift (s. Kat. Nr. 172) mit der Ankunft Eckewarts bei Rüdiger ein. Über das Ausgelassene informieren eine Inhaltsangabe in der Einleitung und Textproben im Anhang. Eigentümlich ist die Auflösung der Nibelungenstrophe, die Bodmer damals nicht erkannte, in Kurzverse. Dass Bodmer nur das letzte Drittel edierte, hat einen poetologischen Grund. Er wollte damit einen gravierenden Kunstfehler beheben, der dem Werk in seinen Augen anhaftete: die mangelnde Einheit der Handlung. Mustergültig in dieser Hinsicht war für Bodmer die ‚Ilias': „Alle diese Stüke habe ich abgeschnitten, und ich glaube mit demselben Rechte, mit welchem Homer die Entführung der Helena, die Aufopferung der Iphigenia, und alle Begegnisse der zehn Jahre, die vor dem Zwiste zwischen Achilles und Agamemnon vorhergegangen sind, weggelassen hat […]" (S. VII). Auch die Berücksichtigung der ‚Nibelungenklage' ist durch das Vorbild der ‚Ilias' motiviert: Sie habe, erklärt Bodmer, „einige Aehnlichkeit mit dem letzten Gesang der Ilias, wo die Klagen der Andromache, der Hecuba, und der Helena, und Hectors Leichenbegängniß vor kommen" (S. VIII). Durch seine Edition hat Bodmer dem ‚Nibelungenlied' die epische Idealgestalt gegeben, die im überlieferten Text verdeckt schien, und es damit – für sein Verständnis – allererst auf die Stufe der ‚Ilias' gehoben (vgl. Abb. S. 29).

Lit.: Pfalzgraf 2002.
J. H.

DER DICHTER DER SCHWESTERRACHE

[etwa 1805]

Schöpfer unsterblicher Namen, obgleich selbst namelos, Grab sei
Erd' oder Ozean dir,
Erd' und Ozean halten dich nicht, dein gewaltiger Geist fuhr
Auf zu der Halle des Lichts,
Deren goldene Pforte des tuscischen Dantes gedreiter
Schlüssel eröffnet und schließt;
Wo am Throne Homerus, Parthenias, Virgil, den Finger
Über die Lippe gelegt,
Majestätisch in Demut den spätern Machtton, der Miltons
Harfe entrauschet, behorcht;
Dir an der Seite sitzt dort, der uns dich erklärte, der Sänger
Noahs, noch selbst unerklärt;
Ja, Ihm danken wir es, daß in Sivrit ein beßrer Achilleus
Wieder vom Grabe erstand;
Zwar keiner Göttin Sohn, doch würdiger Halbgott zu heißen
Als den dein Meister uns sang!
War nicht Homerus dein Meister? Die Funken Homerischer Geister
Wehn in des Nibelungs Nacht.
Lächelt ewig auf Andromaches Wange die Träne?
Weinet nicht Chremhild wie sie?

138

137   Johann Jacob Bodmer:
Calliope
Zürich: Orell, Gessner und Comp., 1767
Karlsruhe, Badische Landesbibliothek,
Sammlung Lütze VII, Nr. 1

Unter dem Eindruck von Klopstocks ‚Messias' beschäftigte sich Bodmer intensiv mit dem Versepos in deutschen Hexametern. In Klopstocks Manier verfasste er eigene Epen (vor allem das Bibelepos ‚Noah ein Heldengedicht', 1750/1752) sowie Bearbeitungen und Übersetzungen aus anderen Sprachen, darunter eine vollständige Übertragung der ‚Ilias' (1778) und vier Nachdichtungen mittelhochdeutscher Werke: ‚Der Parcival' (1753), ‚Gamuret' (1755) und ‚Wilhelm von Oranse' (1774) nach Wolframs von Eschenbach ‚Parzival' und ‚Willehalm' sowie ‚Die Rache der Schwester' (1767)

nach dem ‚Nibelungenlied'. Die Bearbeitung des ‚Nibelungenlieds' beruht auf Bodmers Ausgabe von 1757 (vgl. Kat. Nr. 136). Sie beschränkt sich wie diese auf das letzte Drittel des Werks. Mit Kürzungen und Retuschen aller Art (etwa der Streichung der berühmten Hortforderung am Ende) entfernt sie sich beträchtlich vom mittelhochdeutschen Original. Sie hat wenig Resonanz gefunden. Begeistert äußerte sich, in einem Brief an Johann Kaspar Lavater vom 23. Juni 1769, immerhin der geniale Illustrator der Nibelungensage, Bodmers Schüler Johann Heinrich Füssli: „Bodmers Gedichte waren mir vorher alle bekannt, ‚Chriemhilden Rache' ausgenommen, und das ist, in meiner Meinung, gleich nach Homer."

Lit.: Martin 1993, S. 329ff. – Pfalzgraf 2002.   J. H.

138 Füsslis Gedicht
'Der Dichter der Schwesterrache'
Johann Heinrich Füssli, um 1805
(Reproduktion)

Füsslis Begeisterung für die Nibelungen belegen nicht nur seine Zeichnungen und Bilder, sondern auch mehrere Gedichte, darunter die etwa 1805 entstandene, in klassischem Versmaß (so genannte archilochischen Distichen) verfasste Hymne 'Der Dichter der Schwesterrache'. Im Titel an Bodmers Hexameterbearbeitung 'Die Rache der Schwester' anknüpfend (vgl. Kat. Nr. 137), macht sie aus dem zu Beginn des 19. Jahrhunderts bereits traditionellen Vergleich des 'Nibelungenlieds' mit der 'Ilias' eine Apotheose des unbekannten Dichters. Dessen „gewaltiger Geist" fuhr auf „zu der Halle des Lichts", dem Saal der großen Dichter im Jenseits, in dem Homer thront. An dessen Seite sitzen Vergil und der Elegiker Parthenios (Vergils Griechischlehrer, der offenbar als Mittler zwischen Griechenland und Rom in die illustre Schar aufgenommen wurde), Dante, Milton und Bodmer als Verfasser des 'Noah' (vgl. Kat. Nr. 137) und Wiederentdecker des 'Nibelungenlieds'. Dessen Dichter erscheint als Schüler Homers – den er übertrifft: Siegfried ist ein „beßrer Achilleus". Mit dem Überbietungsmotiv greift Füssli einen Gedanken auf, der sich schon früh bei Bodmer selbst findet und im Zuge der nationalen Vereinnahmung des Werks bedeutsam werden sollte: dass das 'Nibelungenlied' zumindest in ethischer Hinsicht der 'Ilias' überlegen sei.

Lit.: Mason 1951, S. 67. – Pfalzgraf 2002.   J. H.

139 Christoph Heinrich Myller:
'Der Nibelungen Liet'. Ein Rittergedicht
aus dem XIII. oder XIV. Jahrhundert
Berlin: Spener, 1782
Karlsruhe, Badische Landesbibliothek,
95 B 77224

Ein Vierteljahrhundert nach Bodmers gekürzter Ausgabe von 1757 (vgl. Kat. Nr. 136) erschien 1782 die erste vollständige Edition. Sie war zugleich der erste Teil des ersten Bandes einer dreibändigen 'Samlung Deutscher Gedichte aus dem XII., XIII. und XIV. Jahrhundert' (1784–1787). Herausgeber war Christoph Heinrich Müller (oder Myller, 1740–1807), ein ehemaliger Schüler Bodmers, der Zürich aus politischen Gründen verlassen und eine Anstellung als Lehrer am Joachimsthalschen Gymnasium in Berlin gefunden hatte. Grundlage der Ausgabe war eine Abschrift Bodmers. Dieser hatte sich 1779 zur Korrektur und Ergänzung seiner ersten Abschrift den Codex aus Hohenems noch einmal erbeten, erhielt aber irrtümlich einen anderen: die heutige Münchner Handschrift A (vgl. Kat. Nr. 170). So ist die Abschrift und mit ihr die Ausgabe aus zwei Handschriften zusammengestückelt, ohne dass der Herausgeber, den Bodmer über den Sachverhalt aufgeklärt hatte, es vermerkte: Der erste Teil folgt der Handschrift A, der zweite der Handschrift C. Neu ist gegenüber der ersten Ausgabe die Absetzung des Textes in Langzeilen, die aber – entgegen einem ausdrücklichen Rat Bodmers – nicht nach Strophen, sondern in Fünferschritten durchnummeriert sind. Müller widmete seine Ausgabe Friedrich dem Großen, der in einem berüchtigten Brief vom 22. Februar 1784 sein Missvergnügen an den mittelhochdeutschen Gedichten äußerte: „Meiner Ansicht nach sind solche nicht einen Schuß Pulver werth und verdienten nicht aus dem Staube der Vergessenheit gezogen zu werden."

Lit.: Crueger 1884. – Pfalzgraf 2002.   J. H.

140 Friedrich August Wolf:
Prolegomena ad Homerum
Halissaxonum [Hallo a. d. S.]:
Libraria orphanotropei, 1795
Karlsruhe, Badische Landesbibliothek,
70 A 3715

Mit seinen 'Prolegomena ad Homerum' hat der Hallenser Altphilologe Friedrich August Wolf (1759–1824) die Homerforschung auf eine neue Grundlage gestellt und zugleich einen Skandal ausgelöst, der die gebildete Welt nachhaltig erschütterte. Nach Wolf sind die homerischen Epen nicht aus einem Guss geschaffen, sondern das Ergebnis einer nachträglichen Verbindung traditioneller, ehedem mündlich tradierter Lieder verschiedener Verfasser, die einzelne Episoden des erzählten Geschehens behandelten. Die Theorie setzte an die Stelle des „göttlichen Dichters" Homer eine Vielzahl von Autoren, Sammlern, Redaktoren und lief letztlich auf die Dekonstruktion des organisch-harmonischen Sprachkunstwerks hinaus, als das die 'Ilias' seit Aristoteles verehrt wurde. Damit waren zugleich die zeitgenössischen Ansichten von der Autonomie der Kunst und der Rolle des Genies in Frage gestellt: „Ein Glaubensbekenntnis, das seit den Sturm und Drang-Tagen galt, stand auf dem Prüfstand" (Wohlleben, S. 158). Die Theorie, die die Homerforschung in Befürworter („Analytiker" oder „Traditionalisten") und Gegner („Unitarier" oder „Individualisten") spaltete, ist durch Karl Lachmann auf das 'Nibelungenlied' übertragen worden (vgl. Kat. Nr. 141).

Lit.: Wohlleben 1996. – Krischer 1996.   J. H.

141 Karl Lachmann:
Über die ursprüngliche Gestalt des
Gedichts von der Nibelungen Noth
Berlin: Dummler, 1816
Tübingen, Universitätsbibliothek, Dk XI 24k

Karl Lachmann (1793–1851), von Hause aus Altphilologe, wandte als Erster die strenge Methodik der Altphilologie auf die mittelalterlichen deutschen Texte an. Er hob die Beschäftigung mit diesen auf ein professionelles philologisches Niveau und wurde damit neben den Brüdern Grimm zum eigentlichen Begründer der wissenschaftlichen Germanistik. In der Schrift 'Über die ursprüngliche Gestalt des Gedichts von der Nibelungen Noth' (1816) übertrug er die Homer-Theorie seines Lehrers Friedrich August Wolf auf das 'Nibelungenlied' (vgl. Kat. Nr. 140): „Ich glaube […], dass unser so genanntes Nibelungenlied, oder bestimmter, die Gestalt desselben, in der wir es, aus dem Anfange des dreizehnten Jahrhunderts uns überliefert, lesen, aus einer noch jetzt erkennbaren Zusammensetzung einzelner romanzenartiger Lieder entstanden sei" (S. 3f.). So steht der Bezug zu Homer, der seit der Wiederentdeckung durch Bodmer die Wahrnehmung des 'Nibelungenlieds' bestimmt hatte, auch am Beginn der modernen Nibelungenforschung. Über die Richtigkeit der Hypothese, die Lachmann in der Folgezeit ausbaute und präzisierte, und die mit ihr zusammenhängende Beurteilung des Werts der Handschriften ist nach seinem Tod eine erbitterte Kontroverse aufgebrochen: der

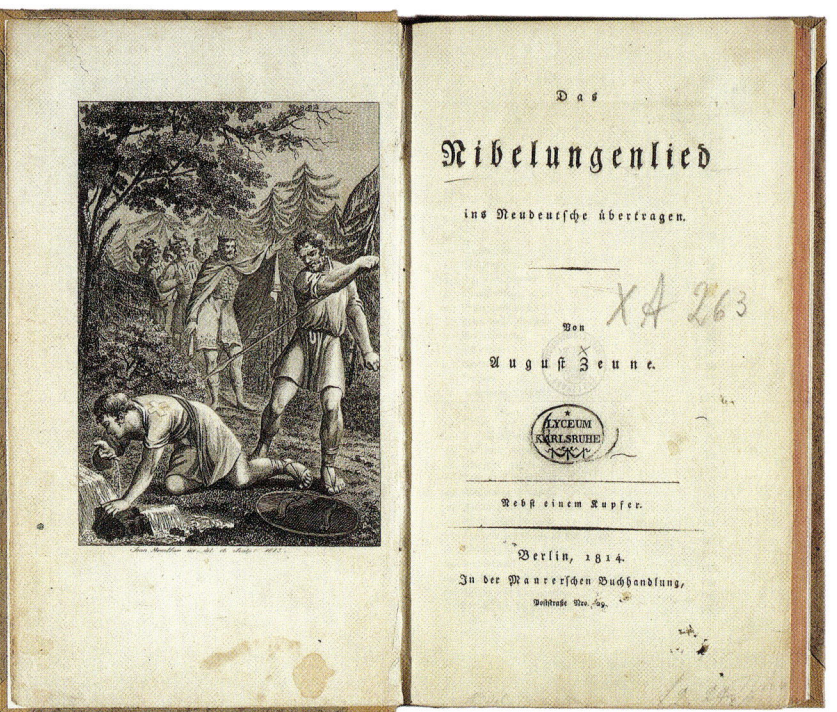

„Nibelungenstreit", der die Germanistik in Parteien spaltete und den Prozess der Institutionalisierung des jungen Universitätsfachs wesentlich vorantrieb.

Lit. Körner 1911, S. 192ff. – Sparnaay 1948, S. 43ff. – Kolk 1990. J. H.

142 Karl Lachmann:
Der Nibelunge Not mit der Klage
Berlin: Reimer, 1826
Karlsruhe, Badische Landesbibliothek,
Gym 4811

Karl Lachmanns Edition von 1826 ist die erste Ausgabe des ‚Nibelungenlieds', die dem philologischen Standard der Zeit genügte. Sie beruht auf der Handschrift A (vgl. Kat. Nr. 170), von der Lachmann annahm, dass ihr Text dem mutmaßlichen Urtext am nächsten stehe. Dieses Urteil hängt mit seiner Hypothese von der Entstehung des Werks zusammen (vgl. Kat. Nr. 141). Da der A-Text nach Sprache, Metrik und Kohärenz der Erzählung der sperrigste von allen ist, kommt er der Vorstellung am nächsten, die man sich

aufgrund von Lachmanns Hypothese vom Aussehen des Originals machen muss. Das bedeutet allerdings nicht, dass er sich – wie manche seiner Kritiker behaupteten – einer *petitio principii* schuldig gemacht hätte, indem er die Entstehungstheorie aus dem A-Text ableitete und dessen Vorrang wiederum aus der Entstehungstheorie begründete. Sein textkritisches Urteil beruht primär auf der Analyse der Lesarten. In der zweiten Auflage von 1841 hat er seine Theorie radikal in die Herstellung des Textes umgesetzt: von den insgesamt 2316 Strophen der Fassung A ließ er nur noch 1437 als „echt" gelten und grenzte exakt 20 „Lieder" ab, auf die sie sich verteilen. Nachdem Wilhelm Braune 1905 die Lehrmeinung durchgesetzt hatte, dass das Original nicht in der Handschrift A, sondern in der Handschrift B am besten erhalten sei, ist Lachmanns Ausgabe so gut wie bedeutungslos geworden. Maßgeblich wurde die auf B basierende Ausgabe von Karl Bartsch.

Lit.: Ganz 1968. J. H.

143 Friedrich Heinrich von der Hagen:
Der Nibelungen Lied
3., verm. Aufl. Breslau: Max, 1820
Karlsruhe, Badische Landesbibliothek,
63 A 2896

Friedrich Heinrich von der Hagen (1780–1856), von Hause aus Jurist, erhielt 1810 die erste Professur für Deutsche Sprache und Literatur an der neu gegründeten Berliner Universität. Er hatte sich für dieses Amt nicht zuletzt durch seine 1807 erschienene Bearbeitung des ‚Nibelungenlieds' empfohlen, die den Text in eine eigentümliche mittelhochdeutsch-neuhochdeutsche Mischsprache umsetzt, die der junge Wilhelm Grimm in einer vernichtenden Rezension scharf kritisierte. Das Vorwort weist von der Hagen als glühenden Patrioten aus, der das mittelalterliche Epos zur vaterländischen Erbauung in der Zeit der Unterwerfung Deutschlands durch Napoleon bereitstellen will. In Preußen hatte der Zusammenbruch des friderizianischen Staates nach verheerenden militärischen Niederlagen und der Besetzung Berlins durch französische Truppen zu einer politischen Depression geführt, der die Besinnung auf vaterländische Werte entgegenwirken sollte: „Unterdessen", das heißt: bis zur Befreiung von Napoleon, schreibt von der Hagen, „möchte einem Deutschen Gemüthe wohl nichts mehr zum Trost und zur wahrhaften Erbauung vorgestellt werden können, als der unsterbliche alte Heldengesang, der hier aus langer Vergessenheit lebendig und verjüngt wieder hervorgeht: das Lied der Nibelungen, unbedenklich eins der größten und wunderwürdigsten Werke aller Zeiten und Völker, durchaus aus deutschem Leben und Sinne erwachsen und zur eigenthümlichen Vollendung gediehen […]" (S. I). Das Vorwort ist ein Schlüsseltext für die Beförderung des ‚Nibelungenlieds' zum deutschen „Nationalepos", wie es von der Hagen als einer der Ersten genannt hat.

Lit.: Grunewald 1988, S. 45ff. J. H.

144 August Zeune: Das Nibelungenlied, ins Neudeutsche übertragen
Berlin: Maurer 1814
Karlsruhe, Badische Landesbibliothek,
Gym 130

Johann August Zeune (1778–1853), Professor für Geographie an der Berliner Universität und Direktor der Berliner Blinden-Lehranstalt, gehörte zu den fanatischsten Agitatoren, die im Gefolge von der Hagens das ‚Nibelungenlied' für den Kampf gegen Napoleon instrumentalisierten. Im Winter 1812/13 hielt er als Nachfolger von der Hagens, der an die Universität Breslau versetzt worden war, patriotische Vorlesungen über das „ruhmwürdige Werk teutscher Zunge", die großen Zulauf hatten. 1814 veröffentlichte er eine Prosaübersetzung, die er 1815 in kleinem Format als „Feld- und Zeltausgabe" zum Gebrauch der Soldaten im Krieg gegen den aus dem Exil zurückgekehrten Napoleon drucken ließ. In der Vorrede projiziert er das aktuelle Geschehen auf das ‚Nibelungenlied', Napoleon ist der Drache, der „Schlangenkaiser", den Deutschland-Siegfried erlegt hat: „Durch solch böses Lind- oder vielmehr Liliengewürm ist denn seit 200 Jahren ein Stück nach dem anderen von unserm heiligen deutschen Reiche abgenagt worden […] Doch der mächtige Schlangentöder hat sich erhoben, und unser heiliger deutscher Boden ist wieder rein und frei

von dem fremden Gewürme" (S. III f.). Zeunes nationaler Nibelungen-Wahn gipfelte in dem Plan, blinde Knaben als wandernde Sänger durchs Land zu schicken, die das ‚Nibelungenlied' vortragen sollten, „um das Andenken an große Zeiten in Deutschland dem Bewußtsein des Volkes nahe zu bringen".

Lit.: Schulte-Wülwer 1980, S. 30f.   J. H.

145 Das Nibelungenlied, übersetzt von Karl Simrock, 1827
Illustrationen Schnorr von Carolsfeld
Stuttgart: Cotta, 1867
Karlsruhe, Badische Landesbibliothek, LZ 1023

Karl Simrock (1802–1876), Professor für Deutsche Sprache und Literatur an der Universität Bonn, ist vor allem als Übersetzer und Bearbeiter mittelhochdeutscher Literatur hervorgetreten. Sein größter Erfolg war die Übertragung des ‚Nibelungenlieds'. Von Goethe als „höchst willkommen" begrüßt, erreichte sie allein im 19. Jahrhundert mehr als 50 Auflagen und wird bis heute unentwegt nachgedruckt. Als „Hausbuch der Gebildeten" (Moser, S. 204) stand sie in jedem bürgerlichen Bücherschrank und hat so wesentlich das Bild geprägt, das man sich vom ‚Nibelungenlied' machte. Es ist ein biedermeierlich verkitschtes Bild, das Wunschvorstellungen von einer heilen, patriarchalisch bestimmten Welt der Wohlanständigkeit bediente, die im Horizont einer deutschen „Spießer-Ideologie" (Hermann Glaser) gerade auch national bedeutsam sein konnten.

Lit.: Moser 1976, S. 197ff. – Heinzle 1991b.   J. H.

145

146 ‚Aventiure von den Nibelungen'
Peter Cornelius (1783–1867)
Zyklus von 7 Zeichnungen zum Nibelungenlied, in Stichen herausgegeben von J. H. Lips, H. Ritter, S. Amsler und C. Barth, verlegt bei G. Reimer, Berlin
Zeichnungen: 1812 bzw. 1817 (Titelblatt), - gestochen 1817 bzw. 1821 (Titelblatt)
Kupferstiche
München, Stadtmuseum, Inv. Nr. MII/2050/1 bis MII/2050/7

I. Titelblatt
Gestochen von S. Amsler, C. Barth;
H. 64,5 cm, B. 79 cm
II: Der Königinnen Grüßen oder Brünhildens Ankunft in Worms
Gestochen von J. H. Lips; H. 61,3 cm, B. 72 cm
III. Hagens Heuchelei
Gestochen von H. W. Ritter; H. 57,8 cm, B. 47,7 cm
IV. Siegfrieds Abschied von Kriemhild
Gestochen von H. W. Ritter; H. 64 cm, B. 60,5 cm
V. Siegfried mit dem Bären
Gestochen von H. W. Ritter; H. 58,7 cm, B. 75 cm
VI. Siegfrieds Tod
Gestochen von J. H. Lips; H. 62 cm, B. 67,8 cm
VII. Kriemhild erblickt Siegfrieds Leiche
Gestochen von H. W. Ritter; H. 79,5 cm, B. 60,7 cm

Nach der Stilisierung des ‚Nibelungenliedes' zum Nationalepos entdeckten auch die von der deutschen Nationalstaatsidee ergriffenen Künstler die Erzählung, die als nationales Bildgut verschiedentlich Verbreitung finden sollte. Der Zeichnungszyklus von Peter Cornelius gilt als das früheste Zeugnis dieser aus patriotischer Gesinnung entstandenen Nibelungenbilder. Viele in Folge entstandene Nibelungenillustrationen nehmen auf ihn Bezug.
In den sechs Einzelszenen galt das Hauptinteresse des Künstlers dem Liebespaar Siegfried und Kriemhild, deren tragische Geschichte er von Hagens heuchlerischer Erfragung der verwundbaren Stelle bis hin zum Auffinden des ermordeten Siegfried durch Kriemhild schildert. Den neuen „Nationalhelden" Siegfried, der mühelos und mit kindlicher Freude einen Bären bezwingt, stellt Cornelius selbst in der Mordszene als starken, dem tödlichen Speer mit kraftvollem Aufbäumen sich widersetzenden Heroen dar. Erst das Titelblatt, das mehrere Szenen unter einer

146 III

146 VII

146 V

Konflikt mit Serbien und Russland geraten. Am 29. März 1909, auf dem Höhepunkt der Krise, hielt der Reichskanzler Bernhard von Bülow (1849–1929) eine Rede vor dem Reichstag, in der er die Donaumonarchie der „Nibelungentreue" des deutschen Reiches versicherte. Damit war ein Schlagwort geboren, das bald zum festen Bestandteil des politischen Floskelschatzes wurde und namentlich im Ersten Weltkrieg eine verhängnisvolle Rolle spielen sollte. Mit der Vorstellung, dass die Treue die herausragende Eigenschaft der Nibelungen sei, in der diese prototypisch eine Nationaltugend der Deutschen bewährten, griff Bülow einen populären Topos der nationalideologischen Rezeption des ‚Nibelungenlieds' auf.

Lit.: Hagenow/Wernsing 2003. – Heinzle (im Druck).

J. H.

148 „Die Nibelungen"
Stummfilm, Decla-Ufa, 1924
Regie: Fritz Lang
Buch: Thea van Harbon
Kamera: Carl Hoffmann, Günther Rittau
Wiesbaden, Friedrich-Wilhelm-Murnau-Stiftung (Rechte),
Vertrieb: Transit Film GmbH

Fritz Langs zweiteiliger Nibelungen-Film von 1924 zählt zu den bedeutendsten künstlerischen Reformulierungen des Nibelungen-Stoffs in der Moderne und ist zugleich „ein repräsentatives Dokument des politisch-kulturellen Klimas der frühen Weimarer Republik" (von See, S. 13). Nach dem Drehbuch seiner Frau Thea von Harbou hat Lang „das geistige Heiligtum der Nation", wie er es selbst nannte, mit allen Mitteln des neuen Mediums zu neuer Wirksamkeit gebracht. Plakativ reklamiert der Film, der nach dem Willen Langs „allen Schichten des Volkes angehören" sollte, mit der Widmung „Dem deutschen Volke zu eigen" eine nationale Bedeutsamkeit. Lang und Harbou unterstrichen sie durch eine spektakuläre Geste: Am Tag der Premiere des ersten Teils, dem 14. Februar 1924, legten sie am Grab Friedrichs des Großen einen Kranz nieder. Der Film selbst verzichtet weitgehend auf die Explizierung nationaler Bezüge. Sie herzustellen, blieb dem Betrachter überlassen, der mit dem nationalen Nibelungen-Mythos vertraut war.

Arkadenarchitektur versammelt, führt den unrühmlichen Untergang der Burgunden vor Augen – Erzählmomente, die der motivierten Einheitsbewegung zuwiderliefen und daher bewusst oder unbewusst in den Hintergrund rückten. Bei der formalen Umsetzung des Nibelungenstoffes konnte Cornelius auf keine Vorbilder zurückgreifen, die Illustrationen Füsslis kannte er nicht. Seine Vorlagen fand er teilweise in mythologischen Darstellungen, zumal Entlehnungen aus der Adonis- oder Herkulesikonographie für die Wiedergabe des Helden Siegfried na-

he lagen, sowie in der christlichen Bildsprache, ohne damit eine „Verchristlichung" der Nibelungen-Thematik zu beabsichtigen.

Lit.: Graberg 1970. – Büttner 1980, S. 36–48. – Schulte-Wülwer 1980, S. 36–45. – Büttner 2003.   H. J.

147 Rede des Reichskanzlers, Bernhard Fürst von Bülow: Nibelungentreue
Rede im Reichstag Berlin, 29. März 1909

Im Oktober 1908 hatte Österreich-Ungarn Bosnien und die Herzegowina annektiert und war dadurch in einen gefährlichen

Er wusste, was es bedeutete, wenn ein Zwischentitel Gunther zu Kriemhild, die die Auslieferung Hagens verlangt, sagen lässt: „Er hielt mir die Treue, ich halte sie ihm."

Lit.: See 1995. – Heller 2003.   J. H.

149 **Hagen versenkt den Nibelungenhort**
Hans Groß (1892–1981)
1930er Jahre
Freskomalerei auf Hartfaserplatte
H. 188 cm, B. 125 cm
Original im Rathaus Worms
(Reproduktion)

Die Geschichte der Nibelungen setzte Hans Groß in zwei Bildzyklen um. Nach einer 1919 geschnittenen Holzschnittfolge begann er wohl in den 1930er Jahren mit einem Freskenzyklus, den er auf 18 bis 20 Einzelbilder anlegte. Zwölf sind erhalten und hängen heute – bis auf eines – im Rathaus Worms. Groß setzte die Hauptszenen des ‚Nibelungenlieds‘ bildfüllend in kühler, gedeckter Farbigkeit in Szene. Charakteristisch sind die überlängten Figuren, die Ausdruckskraft der Mimik sowie der lineare Stil.
Groß stellte bevorzugt christliche, mittelalterliche Motive dar. Als Befürworter der völkischen Idee begeisterte er sich auch

„Meine Herren, ich habe irgendwo ein höhnisches Wort gelesen, über unsere Vasallenschaft gegenüber Österreich-Ungarn. Das Wort ist einfältig! Es gibt hier keinen Streit um den Vortritt wie zwischen den beiden Königinnen im Nibelungenliede; aber die Nibelungentreue wollen wir aus unserem Verhältnis zu Österreich-Ungarn nicht ausschalten, die wollen wir gegenseitig wahren. Meine Herren, damit aber ängstlichen Gemütern nicht Bilder blutigen Kampfes emporsteigen, beeile ich mich, hinzuzufügen, dass ich gerade in unserem festen Zusammenstehen mit Österreich-Ungarn eine eminente Friedenssicherung erblicke."

147

für die deutsche und nordische Sagenwelt. Bereits 1919 hatte Groß seine völkische Gesinnung öffentlich am Bauhaus Weimar bekundet und damit den „Bauhaus-Streit" provoziert. Die in seiner Rede geforderte „Führerkraft, welche wirklich deutsches Wesen und deutsche Eigenart in sich trägt", personifizierte sich später in Adolf Hitler. 1930 trat Groß der NSDAP bei und unterstützte, unter anderem als Kreiskulturwart, deren Kulturpolitik. Als Künstler blieb ihm die Anerkennung jedoch versagt. Auf den Großen Deutschen

Kunstausstellungen, welche die nationalsozialistische Künstlerelite versammelten, war keines seiner Bilder ausgestellt. Groß' Nibelungenzyklus, der nie öffentlich ausgestellt war, widerspricht mit seinen leidvollen Untergangsszenarien auch der offiziellen Nazi-Kunst und deren kriegsverherrlichender Ikonographie. Trotzdem datierte Groß nach 1945 zwei der bislang undatierten Bilder vor auf 1925 bzw. 1929, die dazugehörigen Entwurfszeichnungen auf 1922 bzw. 1923.

Lit.: Meldorf 1992. – Diekamp 2001.   H. J.

148

Siegfried's Tod

149

„Und aus all diesen gigantischen Kämpfen ragt nun gleich einem gewaltigen, monumentalen Bau Stalingrad, der Kampf um Stalingrad heraus. Es wird dies einmal der größte Heroenkampf gewesen sein, der sich jemals in unserer Geschichte abgespielt hat. […]
Wir kennen ein gewaltiges, heroisches Lied von einem Kampf ohnegleichen, das hieß ‚Der Kampf der Nibelungen‘. Auch sie standen in einer Halle von Feuer und Brand und löschten den Durst mit eigenem Blut – aber kämpften und kämpften bis zum letzten. Ein solcher Kampf tobt heute dort, und jeder Deutsche noch in tausend Jahren muss mit heiligen Schauern das Wort Stalingrad aussprechen und sich erinnern, dass dort Deutschland letzten Endes doch den Stempel zum Endsieg gesetzt hat!"

150

150 Hermann Görings Rede am 30. Januar 1943
Berlin, Reichsluftfahrtministerium,
30. Januar 1943
Tonaufzeichnung
Frankfurt a. M., Deutsches Rundfunkarchiv

Im Zeichen der bevorstehenden Katastrophe von Stalingrad hielt Hermann Göring am 30. Januar 1943 im Ehrensaal des Reichsluftfahrtministeriums vor ausgewählten Angehörigen der Wehrmacht eine Rede, die vom Rundfunk übertragen und im ‚Völkischen Beobachter‘ abgedruckt wurde. Sie beschwor als Vorbilder für die deutschen Soldaten in der Kesselschlacht die Nibelungen und die Spartaner unter Leonidas, die in der Halle des Hunnenkönigs bzw. in den Thermopylen bis zum letzten Mann gegen einen übermächtigen Gegner aus dem Osten gekämpft hatten. Noch einmal wurden damit die beiden Modelle kultureller Identifikation – das germanisch-altdeutsche und das griechische – zusammengeführt, die die Entwicklung des deutschen Nationalbewusstseins seit dem 18. Jahrhundert bestimmt hatten. Wie nahe der Bezug auf die Nibelungen im zeitgenössischen Bewusstsein lag, belegt der Bericht eines Majors, der aus dem Kessel ausgeflogen wurde: „In Stalingrad […] hilft man sich mit dem Vergleich, dass das Nibelungenlied in den Schatten gestellt sei."

Lit.: Völkischer Beobachter 3. Februar 1943 (Redetext). – Krüger 2003.   J. H.

**151 Johann Gustav Droysen:
Des Aischylos Werke**
Berlin: Finke, 1832
Tübingen, Universitätsbibliothek, Cd 302-1/2:1

Im Werk des Aischylos, des ältesten der drei großen griechischen Tragiker (525/524–456/455 v. Chr.), fand Richard Wagner das Modell, nach dem er den Nibelungen-Mythos deuten und gestalten konnte. Das Studium der Ausgabe von Johann Gustav Droysen im Sommer 1847 wurde zum Schlüsselerlebnis. Aus Aischylos leitete Wagner die Konzeption des „Gesamtkunstwerks" ab, in dem Sprache, Musik und szenische Präsentation eine untrennbare Einheit bilden. Und hier fand er das Muster für die zyklische (tetralogische) Darstellung einer tragischen Verkettung von Ereignissen über Generationen und für die metaphysische Deutung des Geschehens in der Verknüpfung von Menschen- und Götterwelt. Die Orientierung an der griechischen Tragödie macht verständlich, warum Wagner seinem Nibelungen-Werk nicht das ‚Nibelungenlied‘, sondern die nordischen Fassungen zugrunde legte, in denen die Götter entscheidend in ein Geschehen verwickelt sind, das sich als Unheilsgeschichte über mehrere Generationen entfaltet.

Lit.: Ewans 1982. – Müller 1986. – Bremer 1987.   J. H.

152 Jacob Grimm: Deutsche Mythologie
Göttingen: Dieterich, 1835
Karlsruhe, Badische Landesbibliothek,
100 B 76037 RH

Die ‚Deutsche Mythologie‘ gehört zu den Hauptwerken Jacob Grimms (1785–1863). Der Glaube an das Übernatürliche war für ihn wie die Poesie, die Sprache und das Recht eine Erscheinungsform des „Volksgeistes", in dessen umfassender Erforschung er die Aufgabe der Germanistik sah. Systematisch nach Personen und Themen geordnet, präsentiert die ‚Deutsche Mythologie‘ Zeugnisse zur vorchristlichen „Religion" der „Deutschen" – das heißt: der Germanen, die als Vorfahren der Deutschen betrachtet werden. Das Werk hat weit über Deutschland hinaus gewirkt; es wurde zum Vorbild für die Ausarbeitung einer französischen, niederländischen, slavischen, ungarischen Mythologie. Für Wagner, der wohl die erste Ausgabe von 1835 kannte und dann in Dresden die zweibändige zweite Ausgabe von 1844 erwarb, war es nach eigenem Bekunden der „immer vertrauter gewordene Führer" bei seiner Beschäftigung mit den Nibelungen. Die Zerlegung der Quellentexte in einzelne Mytheme erlaubte es ihm, es als eine Art „Mythenbaukasten" (Mertens) zu benutzen, aus dem er Bausteine für die kombinatorische Konstruktion seines eigenen Nibelungen-Mythos bezog.
Das vorliegende Exemplar schenkte Jacob Grimm Joseph von Laßberg am 2. November 1835.

Lit.: Denecke 1971, S. 112ff. – Kellner 1994. – Mertens 2003.   J. H.

153 Arthur Schopenhauer:
Die Welt als Wille und Vorstellung
2 Bde., 3. verb. u. verm. Aufl. Leipzig: Brock-
haus, 1859
Karlsruhe, Badische Landesbibliothek,
44 A 1810

Arthur Schopenhauer (1788–1860) hatte
in seinem Hauptwerk ‚Die Welt als Wille
und Vorstellung' (1819, 2. Auflage 1844,
endgültige Fassung 1859) in Anlehnung
an die buddhistische Lehre vom „Nirwa-
na" („Erlöschen") eine Erlösungslehre
entwickelt, der zufolge das existenzielle
Leiden des Menschen nur durch die Ver-
neinung des Willens zum Leben, durch
den Übergang ins Nichtssein beendet
werden kann. Wagner hat sich seit dem
Herbst 1854 mit dem Werk beschäftigt.
Unter dem Eindruck der Lektüre fügte er
in Brünnhildes Schlussgesang eine Strophe ein („Schopenhauer-Schluss") und
deutete sich den ‚Ring' neu zurecht: Im
Licht der Schopenhauerschen Philoso-
phie wurde der resignierende Wotan zum
tragischen Helden, erschien die Liebe
zwischen Brünnhilde und Siegfried als
Inbegriff der Sinnlosigkeit allen menschlichen Strebens und stand am Ende die
Erlösung von der Welt. Dass Schopenhauers Metaphysik (vorübergehend) einen
solchen Einfluss auf den ‚Ring' gewinnen
konnte, macht deutlich, wie wenig Wagners Nibelungen-Bild mit dem herrschen-
den nationalen Nibelungen-Diskurs zu
tun hatte, in den der ‚Ring' erst in der Rezeption gezogen wurde.
Lit.: Reinhardt 1986.   J. H.

154 Brief Richard Wagners an Franz Müller
Bayreuth, 9. Januar 1856
Bayreuth, Richard Wagner-Museum im
Nationalarchiv der Richard-Wagner-Stiftung,
Hs 69 I–4

Am 9. Januar 1856 hat Wagner für den
Weimarer Regierungsrat Franz Müller
(1806–1876) die Werke zusammengestellt,
die er für die Konzeption des ‚Ring' benutzt
hatte. An erster Stelle stehen überraschen-
derweise Lachmanns Ausgabe des ‚Nibelungenlieds' (Kat. Nr. 142) und die dazu
gehörenden ‚Anmerkungen' von 1836. Es
folgen Jacob Grimms ‚Deutsche Mythologie' (Kat. Nr. 152), die für Wagner zentralen nordischen Texte des 13. Jahrhunderts
(‚Lieder-Edda', ‚Völsungasaga', ‚Thidreks-

154

saga') sowie Sammlungen mittelhochdeutscher Heldendichtung (‚Heldenbuch'),
zwei weitere wissenschaftliche Werke
(Wilhelm Grimms ‚Deutsche Heldensage'
von 1829 und Franz Joseph Mones ‚Untersuchungen zur Geschichte der teut-
schen Heldensage' von 1836), schließlich
– auch ein wenig merkwürdig – die ‚Heims-
kringla', ein Geschichtswerk des Isländers
Snorri Sturluson (um 1238), dessen ‚Edda'
(im Unterschied zur ‚Lieder-Edda' auch
‚Snorra-Edda' genannt, um 1220) indirekt
über die wissenschaftliche Literatur eine
wichtige Quelle für Wagner gewesen ist.
Die keineswegs vollständige Zusammenstellung dokumentiert den Eklektizismus
Wagners, der sich mittelalterliche Texte
und moderne Forschungsliteratur gleichermaßen zunutze machte.
Lit.: Müller 2002.   J. H.

155 Richard Wagner:
Der Ring des Nibelungen
Mainz: Schott, 1867
Karlsruhe, Badische Landesbibliothek, TB 3

Wagners Beschäftigung mit dem Nibelungenstoff reicht ins Revolutionsjahr
1848 zurück. Die ersten Studien und Skiz-
zen führen im Oktober dieses Jahres zur
Prosa-, im November zur Vers-Fassung
eines Siegfried-Dramas (‚Siegfrieds Tod'),
der späteren ‚Götterdämmerung' (noch

ohne den Brand der Götterburg). Im Früh-
sommer 1851 ergänzt ein Jung-Siegfried-
Drama das Heldenleben nach „hinten",
und dann entstehen – in weiterem
„Krebsgang" (Wapnewski, S. 271) – erst
die Prosa-, dann die Versfassungen der
‚Walküre' (Sommer 1852) und des ‚Rheingold' (Herbst 1852) sowie eine neue Vers-
fassung des Jung-Siegfried-Stücks. Im
Dezember 1852 ist die Dichtung des
‚Ring' im Wesentlichen abgeschlossen.
Sie erscheint 1853 als Privatdruck. Im
selben Jahr beginnt Wagner mit dem
Komponieren: das ‚Rheingold' liegt 1854,
die ‚Walküre' 1856 vor. Nach zwölfjähriger, einmal kurz unterbrochener Pause, in
der der ‚Tristan' und die ‚Meistersinger'
entstehen, nimmt Wagner 1869 die Kom-
position von ‚Siegfried' wieder auf. Im
selben Jahr wird gegen seinen Willen auf
Befehl seines neuen Gönners, König Ludwigs II. von Bayern, das ‚Rheingold' und
1870 die ‚Walküre' in München urauf-
geführt. 1871 ist der ‚Siegfried', 1874 die
‚Götterdämmerung' abgeschlossen. Im
August 1876 wird an vier Abenden der
ganze ‚Ring' – ‚Rheingold', ‚Walküre',
‚Siegfried', ‚Götterdämmerung' – bei den
ersten Festspielen in Bayreuth urauf-
geführt. Die Wirkung war immens und an-
haltend. Sie ging nicht nur von den Aufführungen aus, sondern auch von gedruckten Ausgaben des Zyklus wie
einzelner Teile, von Klavierauszügen und
Textbüchern. Neben Simrocks Übersetzung (Kat. Nr. 145) ist der ‚Ring' das zweite „Nibelungen-Hausbuch" geworden,
das zum festen Bestand des bürgerlichen
Bücherschranks gehörte.
Lit.: Wapnewski 1986, S. 269ff.   J. H.

156 Darsteller der Bayreuther Uraufführung
des „Ring des Nibelungen" 1876
Wotan, Brünnhilde, Hagen, Walküren,
Siegfried, Alberich,
Fotograf: Josef Albert, München, 1876
Bayreuth, Richard Wagner-Museum im
Nationalarchiv der Richard-Wagner-Stiftung,
o. Inv. Nr.

Für die Uraufführung des ‚Ring' entwarf
Carl Emil Doepler (1824–1905), ehemals
Kostümzeichner des Theaters in Weimar
und Lehrer für Kostümkunde an der dor-
tigen Kunstschule, die Kostüme. Auf der
Grundlage intensiver archäologischer

Studien entwickelte er pseudo-historische Germanen-Ausstattungen, deren Markenzeichen die Flügel- und Hörnerhelme sind. Wagner, dem gerade nicht an Historizität, sondern an der Zeitlosigkeit des Mythos gelegen war, und seine Frau Cosima reagierten entsetzt. Doch hatte der „ethnographische Unsinn" (Cosima) Erfolg: Doeplers Germanen-Ikonographie wurde zum Vorbild für die Ausstaffierung von ‚Ring'-Aufführungen in aller Welt und wirkt bis in gegenwärtige Inszenierungen nach. Mit ihr war der erste Schritt zur Vereinnahmung des ‚Ring' durch den nationalen Nibelungen-Mythos getan.

Lit.: Mack 1976. – Mattausch/Schmidt-Linsenhoff 1978. – Frank 2000.   J. H.

157 Kostümentwürfe
zu Richard Wagners ‚Ring'
Hans Thoma (1839–1924)
Leipzig: Breitkopf & Härtel, 1897
Lithographien
Einzelblatt: H. 36,3 cm, B. 26,8 cm
Karlsruhe, Badische Landesbibliothek,
Sammlung Lütze VII, Nr. 14

Für die Bayreuther Neuinszenierung des ‚Ring' von 1896 entwarf der Maler Hans Thoma (1839–1924) im Auftrag Cosima Wagners neue Kostüme. Sie „sollten ausdrücklich eine überzeitliche Idealität gegen den historischen Aufputz Doeplers setzen" (Mattausch/Schmidt-Linsenhoff, S. 322). Aus dem Germanen-Bezug löste sich aber auch Thoma nicht. Seine Ent-

würfe verzichten zwar auf Historizität, aber ihre Idealität ist – durchaus auch mit Doepler-Reminiszenzen – deutlich als germanisch und damit national markiert. Thoma präsentiert „deutsche Helden in immerwährender Gültigkeit". (Schulte-Wülwer, S. 148).

Lit.: Mattausch/Schmidt-Linsenhoff 1978. – Schulte-Wülwer 1980, S. 147f.   J. H.

**158 Publikationen anlässlich
der Bayreuther Festspiele 1924**
a) Offizieller Bayreuther Festspielführer
Bayreuth: Georg Nierenheim, 1924
b) Festnummer der Zeitschrift ‚Die Sonne.
Völkische Wochenschrift'
Köslin: Volksdeutsche Verlagsanstalt 1924
Bayreuth, Richard Wagner-Museum im
Nationalarchiv der Richard-Wagner-Stiftung,
Inv. Nr. A 27–12b (a), A 3726 (b)

Indem Wagner gegen seine mittelalterlichen Quellen nicht den finsteren Regin,
sondern Siegfried selbst das zerbrochene
Schwert des Vaters neu schmieden ließ,
machte er das Schmiedemotiv national
verwertbar. So wurde schon Bismarck als
„Reichsschmied" in Siegfried-Pose dar-

158 a

158 b

157

gestellt. In der Folge ist das Schmieden
des zerbrochenen Schwerts zum Leitmotiv der nationalen ‚Ring'-Rezeption geworden. Im offiziellen Bayreuther Führer
zur Wiedereröffnung der Festspiele 1924
zeigt das Titelbild des Malers und Graphikers Franz Stassen (1869–1949), der dem
Bayreuther Kreis von Wagners Erben eng
verbunden war, das Schwert Nothung mit
einer Umschrift, die Siegfrieds Worte am
Amboss zitiert: *Nothung! Nothung! Neu
und verjüngt! Zum Leben erwecke ich
dich wieder*. Der Führer macht klar, dass
das Motiv politisch gemeint ist: Er bezieht
das Schwert auf den „großen deutschen
Befreiungskampf", für den die Deutschen
„Kraft […] aus dem Geiste von Bayreuth"
schöpften. Ebenfalls aus Anlass der
Wiedereröffnung der Festspiele feiert die
völkische Zeitschrift ‚Die Sonne' in einer
Sondernummer Bayreuth als „deutsche
Waffenschmiede" und verbindet in einer
Graphik das Schwert-Emblem mit den
Eingangsworten aus Siegmunds Monolog in der ‚Walküre': *Ein Schwert verhieß
mir der Vater, ich fänd' es in höchster
Not.* „Wenige Wochen zuvor hatte Hitler
Bayreuth als die Stadt gepriesen, wo *das
geistige Schwert geschmiedet wurde, mit
dem wir heute fechten*" (Hamann,
S. 124).

Lit.: See 1994, S. 24. – Hamann 2002, S. 124. –
Hagenow/Wernsing 2003.   J. H.

159 Adolf Hitler und Winifred Wagner
Foto, um 1933/38
Fotograf: Siegfried Lauterwasser
Bayreuth, Richard Wagner-Museum im
Nationalarchiv der Richard-Wagner-Stiftung,
o. Inv. Nr.
(Reproduktion)

Am 1. Oktober 1923 betrat der glühende
Wagner-Verehrer Adolf Hitler zum ersten
Mal „voller Ehrfurcht" Wagners ‚Villa
Wahnfried' in Bayreuth. Der ‚Völkische
Beobachter', der über den Besuch berichtete, betonte „die dabei zutage getretene
innige Verschmelzung der völkischen
Freiheitsbewegung mit dem Bayreuther
Kulturideal: die praktische Wiedererneuerung des deutschen Volkes im Geiste Richard Wagners". In der Folgezeit schloss
sich Hitler eng an den Kreis der Familie
Wagner an, die ihn protegierte. Eine intensive Freundschaft verband ihn mit
Wagners Schwiegertochter Winifred
(1897–1980), die 1933 emphatisch die
Machtergreifung der Nationalsozialisten
begrüßte: „Ja, die Zeiten, die wir miterleben dürfen, sind gewaltig, und der Führer
und sein Werk steht vor uns wie ein unbegreifliches Wunder, das wir nur dankbar verehren können." Der neue Reichskanzler Hitler seinerseits rettete die finanziell gefährdeten Festspiele, deren Leitung
Winifred nach dem Tod ihres Mannes
Siegfried 1930 übernommen hatte, und
machte Bayreuth zu einem kulturellen
Zentrum des Dritten Reichs. Auch wäh-

159

rend des Krieges wurden auf seinen ausdrücklichen Befehl regelmäßig Festspiele durchgeführt, zuletzt 1944 unter der Deckung von Splitterschutzgräben, die man um das Festspielhaus gezogen hatte. Die letzte Aufführung, die Hitler selbst besuchte, war die vom 23. Juli 1940 – man spielte die ‚Götterdämmerung'.

Lit.: Hamann 2002.   J. H.

160 Brünnhilde

Edward Kienholz (1927–1994)
1976
Verschiedene Materialien
H. 156 cm, B. 106 cm, T. 46 cm
Musik: Walküre, 2. Aufzug, 1. Szene: Brünnhilde: „Hojotoho!"; Götterdämmerung, 3. Aufzug, 3. Szene: Brünnhilde: „Starke Scheite schichtet mir dort"
Galerie Lelong Zürich und Paris

Mit verschiedenen Objekten konstruiert Kienholz ein äußerst abstraktes Bild der Nibelungenheldin: Zwei von einem Gitter eingefasste Waschbretter, eines dekoriert mit Hitlers Mutterkreuz, stehen auf hohem Sockel und pressen ein Kissen zwischen sich; auf Knopfdruck tönt aus diesem Wagnermusik. Am Boden brennt eine Lampe. Als Metaphern stehen die Waschbretter für Brünnhildes Brustpanzer, der Markenname „Primus" spielt auf ihren Status als „Erste Walküre" an, das Gitter evoziert den sie schützenden Feuerring, die aufstrebende Form Standhaftigkeit und Stärke sowie die Lampe das

Flammenmeer, in dem Walhall am Ende untergeht.

Die Plastik gehört zur 19-teiligen Werkgruppe der „Volksempfängers". Kienholz, der Gesellschaften vor allem durch das Sammeln historischer Relikte begreift, kombiniert darin Fundstücke deutscher Geschichte zu plastischen Materialcollagen. Leitmotiv der Serie ist der Volksempfänger, Organ der Nazi-Propaganda und Symbol der Medienmacht, der hier zum Sinnbild des deutschen, dem Vaterland dienenden Mannes mutiert. Dieser maskulinen, Stärke und Macht vertretenden Komponente stellt Kienholz eine femininhäusliche zur Seite: Das Waschbrett, teilweise ausgezeichnet mit dem Mutterkreuz, vertritt die deutsche Frau und Mutter „arischer" Kinder und gemahnt mit seiner zerschundenen Oberfläche und Grabsteinform an deren Schicksal im Nazi-Deutschland. Die nach Betätigung eines Fußschalters ertönende Musik aus Wagners ‚Ring' unterstreicht in ihrer Dramatik zum einen die Aussage der „Volksempfängers". Zum anderen bringt Kienholz damit für denjenigen Betrachter, der sich der Begeisterung Hitlers für Wagner bewusst ist, wiederum eine Anspielung auf die „dunkle" Vergangenheit ins Spiel.

Lit.: München 1977. – Berlin 1997, S. 42–44. –
Kimpel/Werckmeister 2003.   H. J.

161 Plakate zum ‚Ring des Nibelungen' am Theater Dortmund

Michael Matthias Prechtl (1926–2003)
1990–1992
Offsetdruck
H. 59,5 cm, B. 84 cm
Dortmund, Archiv des Theaters Dortmund

Der für seine provokante Zeichenkunst bekannte Michael Matthias Prechtl gestaltete die Plakate zum ‚Ring des Nibelungen' als Familiengeschichte Richard Wagners. Mitglieder des Wagner-Clans sowie Personen aus privatem oder historischpolitischem Umfeld agieren darin als Stellvertreter der ‚Ring'-Charaktere: Im ‚Rheingold' streben die Kaiser Wilhelm I. (Wotan), Wilhelm II. und Bismarck (die Riesen Fafner und Fasold?) nach dem von Wagner (Alberich) gehüteten, Macht verheißendem Gold.

160

161

Die Ermordung Siegmunds durch Hunding sowie die inzestuöse Geschwisterliebe von Siegmund und Sieglinde aus der „Walküre" überträgt Prechtl auf den Eheskandal um Wagner und Cosima von Bülow: Der gehörnte Ehemann und Dirigent Hans von Bülow (Hunding) ersticht den ergeben auf dem Schoß von Cosima (Sieglinde) sitzenden Wagner (Siegmund) mit dem Taktstock. Brünnhilde, die Walküre im Sportdress, versucht, den von Wotan – hier Wagners Gönner Ludwig II. von Bayern – gebilligten Mord zu verhindern.

„Siegfried" stellt Wagners Sohn Siegfried mit Schweizer Taschenmesser als Schwert „Nothung" in den Mittelpunkt. Der Wagner in ambivalenter Freundschaft verbundene Friedrich Nietzsche personifiziert Jung-Siegfrieds Erzieher Mime; den Schatz bewachenden Drachen Fasold verkörpert Mutter Cosima, Hüterin des Wagnerschen Erbes.
Der in ‚Götterdämmerung' thematisierte Untergang der von Habgier und Machtstreben bestimmten Götterwelt wird mit dem Feuerbrand des Dritten Reiches

gleichgesetzt. Die Hitler verherrlichende Winifred Wagner, Schwiegertochter Richard Wagners und Leiterin der Festspiele seit 1930, beweint das Ende ihrer „Götter" Hitler und Goebbels. Die Söhne Wieland und Wolfgang – die später zerstrittenen Erben Bayreuths – verstecken sich, noch einträchtig und in Hitlerjugend-Kluft, hinter der mit Nazi-Mutterkreuz geschmückten Winifred.

Lit.: Berlin 2001. H. J.

Die Nibelungen: ungebrochene Faszination

Harald Siebenmorgen

Im Jahre 1826 kam Julius Schnorr von Carolsfeld nach München, berufen von König Ludwig I. von Bayern, einem großen Kunstmäzen, um in der Münchener Residenz Räume mit Szenen aus Homers ‚Odyssee' auszumalen.

Kurz darauf änderte Ludwig I. seine Absichten und gab Szenen aus dem ‚Nibelungenlied' als Thema für die Ausmalung der Räume vor, keineswegs zur Freude des Künstlers. Kartons dazu haben sich in der Staatlichen Kunsthalle Karlsruhe erhalten. (vgl. Abb. S. 183). Aber damit wurde wohl ein symptomatischer Schritt getan, vom klassisch-griechischen Heldenepos auf das deutsche nationale Thema, „die Schilderung deutscher Heldensagen", umzuschwenken. Schnorr von Carolsfelds Wandbilder präludieren die Rezeption des ‚Nibelungenlieds', wie sie vor allem dann nach der deutschen Reichsgründung 1871 einsetzte. Diese Tendenzen waren bereits in der ersten Hälfte des 19. Jahrhunderts etabliert.[1] Die griechische ‚Ilias' bzw. ‚Odyssee' wurde definitiv durch eine „deutsche Ilias" (Johann Jakob Bodmer) ausgetauscht.

Das ‚Nibelungenlied' ist auch in der südwestdeutschen Region tief verankert. Die meisten Szenen spielen – im Epos – immerhin in Worms; das Elsass (Wasgenstein/Vogesen) und der Odenwald werden genannt. Und Karlsruher Künstler wie Ludwig Des Coudres, Anselm Feuerbach oder Hans Thoma haben sich mit dem Stoff beschäftigt.[2] So entstand auch eine vergleichsweise dichte Rezeptionsgeschichte im 19. und 20. Jahrhundert in der südwestdeutschen Region selbst. Zuletzt geschah dies durch die 2002 gestarteten Openair-Theater-Aktivitäten im Freilichttheater in Worms mit einem neuen Stück von Moritz Rinke in der Regie von Dieter

Nachdem sich Bruni zur Beruhigung erstmal eine gedreht und sich in der Kneipe gegenüber der Kirche einen Schnaps reingepfiffen hat, düst sie zu Gunther und stellt ihre Bedingungen: Entweder nimmt sie die nächste Maschine nach Island und reicht die Scheidung ein, oder Gunther lässt sich was einfallen, um sie zu rächen. Dieser Schlaffi hat aber erst mal wieder Null Idee und macht die Biege, um die Lage mit seinen Kumpels beim Wein durchzuquatschen.

C 859ff. aus der 14. Aventiure in der Version von Uta Claus und Rolf Kutschera: Total krasse Helden. Die bockstarke Story von den Nibelungen; Frankfurt a. M. 1986

Wedel, die, mit prominenten Schauspielern, jetzt die zweite Saison hinter sich gebracht haben. Worms hat auch mit Denkmälern, mit Rückbezügen auf „staufische" Architektur und zuletzt einem 2001 eröffneten multimedialen Nibelungen-"Museum" immer wieder zur Nibelungen-Rezeption beigetragen.

SPUREN DER ERINNERUNG

Mit Editionen aus wilhelmischer Zeit, die damals im deutschen Bildungsbürgerhaushalt verbreitet waren, monumentalen Wandbild-Zyklen in Fresko und Karlsruher Majolika, mit Denkmälern und kunstgewerblichen Schöpfungen z. B. in der Goldschmiedekunst entstand vor allem Ende des 19. und in der ersten Hälfte des 20. Jahrhunderts in der Region ein Nibelungen-Bild, das ideologisch geprägt Heldentum, Monumentalismus und Nationalismus gleichermaßen propagierte. Die Werke von Czeschka und Barlach, Inkunabeln der Nibelungen-Illustration in der Moderne, sind hier exemplarisch als Referenz an die Aufnahme der Sammlung Lütze VII in die

Badische Landesbibliothek berücksichtigt.[3] Josef Sattler ist für Straßburg, Karl Schmoll von Eisenwerth via
Worms für die oberrheinische Region präsent. Ein besonderer Zufallsfund war 2002 die Entdeckung des Majo-
lika-Bildes von Gustav Heinkel in einer ehemaligen Ka-
serne in Karlsruhe-Knielingen.

Die „Spuren der Erinnerung" führen, was die Region betrifft, immer zu diesen Wahrnehmungs-Versatz-
stücken zurück. So kann dieses Kapitel, bei dem auch
eine aktuelle, direkte Bevölkerungsbefragung zum Thema gehört, den Ansatz des Vorwissens liefern, mit dem
die Ausstellungsbesucher sich in das Abenteuer des
konkreten Texts und seiner Handlung begeben.

Anmerkungen: 1 Brackert 1971, S. 343 ff. – 2 Passau 1986. –
3 Lindenfels 2000.

Lit.: Schulte-Wülwer 1980. – Hoffmann 1982.

**Julius Schnorr von Carolsfeld: Die Vermählung Siegfrieds mit
Kriemhild. Vorbereitender Karton, um 1830, zur Ausmalung der
Münchner Residenz; Karlsruhe, Staatliche Kunsthalle**

162

163

163 ‚Das Nibelungenlied',
illustriert von Joseph Sattler
Berlin: Reichsdruckerei, 1927
Aufgrund der Übersetzung von Karl Simrock,
bearbeitet von Prof. Dr. Andreas Heusler
Illustrationen und Buchschmuck: Joseph
Sattler (1867–1931)
Mit 12 Reprographien nach Tuschfeder-
zeichnungen und Buchschmuck
H. 26 cm, B. 19,5 cm
Illustration bei Strophe 1137: Hagen versenkt
den Nibelungenschatz
Privatbesitz

Die neu entstandenen (weitaus schwäche-
ren) Illustrationen Sattlers für die Ausgabe der zwanziger Jahre greifen, mit zum
Teil zaghaft expressionistischen Mitteln,
das Pathos und die Heldentümelei auf,
die für das Verständnis des Epos damals,
das zunehmend nationalistisch instrumen-
talisiert wurde, charakteristisch waren.

Lit.: Karlsruhe 1999, S. 282f. – Lindenfels 2000,
S. 19. – Edenkoben 2002, S. 46.   H. S.

164 ‚Die Nibelungen –
Dem Deutschen Volke wiedererzählt'
Wien, Leipzig: Gerlach & Wieding 1908
(Gerlachs Jugendbücherei, 22)
Text: Franz Keim (1840–1918)
8 Illustrationen: Carl Otto Czeschka (1878–1960)
Leinen, Illustrationen mit Goldhöhung
Aufgeschlagen: Der Streit der Königinnen
(Strophe 814ff.)
Karlsruhe, Badische Landesbibliothek,
Sammlung Lütze VII, Nr. 16

Die verharmlosende Kinderfassung des
,Nibelungenlieds' durch Franz Keim in
Wien fand eine hochartifizielle und eigent-

162 ‚Die Nibelunge',
illustriert von Joseph Sattler
Nach der Ausgabe von Karl Lachmann;
Berlin: Stargardt, 1898–1904
Illustrationen: Joseph Sattler (1867–1931)
Prachtausgabe mit 15 Illustrationen und
Buchschmuck
H. 60 cm, B. 42 cm
Illustration bei Strophe 2370: Kriemhild mit
dem Haupt Gunthers vor Hagen
Heidelberg, Universitätsbibliothek,
90 G 12 KDR

Joseph Sattler, der in München unter anderem bei Peter Halm studierte, war einer
der großen Illustratoren der Zeit der Jahrhundertwende um 1900, dessen Schaffen
bislang noch recht unbekannt ist. Sein
während der Dozentenzeit in Straßburg
(1891–95, 1904–18) 1894 erschienener
„Ein moderner Totentanz" war wohl sein
künstlerisch avanciertestes Werk. Das
,Nibelungenlied' hat er zweimal illustriert.
Die erste Ausgabe, exklusiv in 194 Exemplaren im Stargardt-Verlag erschienen,
für den schon frühere Werke des Künstlers entstanden waren, stellte ein Pres-
tigeprojekt zur Repräsentanz der deutschen Buchkunst auf der Pariser Weltaus-
stellung 1900 dar, wurde jedoch erst für
die folgende in St. Louis 1904 vollständig
fertig. Sattler entwarf dazu auch selbst
die Schrift, die „Nibelungentype".
Die Folge von 1898–1904 ist deutlich von
Jugendstil und Symbolismus beeinflusst.
Die Szene „Kriemhild mit dem Haupt

Gunthers vor Hagen" vom Schluss des
Epos, als (fast) alle Köpfe rollen, ist in die
Nähe des damals in der *fin de siècle*-Kunst
verbreiteten Bildmotivs der Salomé gerückt, der *femme fatale* schlechthin.

Lit.: Karlsruhe 1999, S. 282f. – Lindenfels 2000,
S. 19. – Edenkoben 2002, S. 46.   H. S.

164

165

lich gar nicht kindgerechte Illustration durch den Wiener Sezessionskünstler Carl Otto Czeschka.

Czeschka machte das Büchlein zu einem Jugendstil-Gesamtkunstwerk. In seinen Illustrationen gab er dem Geschehen eine psychologische oder auch dekorative Note, die den Text als Folge von Handlungen der Agonie und eines Psychogeschehens interpretiert – deutlich aufatmend befreit vom engen Pathos vieler anderer Interpreten des 19. und 20. Jahrhunderts.

Lit.: München 1987, S. 212f. – Lindenfels 2000, Nr. 16. – Edenkoben 2002, S. 28.　　　　H. S.

165　‚Das Nibelungenlied'

Berlin: Verlag der Nation, 1982
Text: Günther Kramer (*1934)
Illustrationen: Ernst Barlach (1870–1938)
Leinen; 33 Reprographien nach Kohlezeichnungen
Aufgeschlagen: Die Todgeweihten
Karlsruhe, Badische Landesbibliothek,
Sammlung Lütze VII, Nr. 38

Ernst Barlach begann schon 1908, sich mit dem Nibelungenstoff zu beschäftigen; die meisten seiner Kohlezeichnungen dazu entstanden jedoch erst 1922–23. Sie sind zu seinen Lebzeiten nie als gedruckte Illustrationen erschienen und waren wohl auch nicht dafür gedacht. In den Jahren 1966 (München), 1982 (Berlin-Ost) und 1983 (Hanau) erschienen dann doch Ni-

belungen-Ausgaben, die bis zu 33 Reproduktionen der Zeichnungen Barlachs als Bildbeigaben enthielten.

Barlachs Beschäftigung mit dem Existenziellen des Menschen richtete ihn auf die großen dramatischen tragischen Szenen des ‚Nibelungenlieds' hin; er illustrierte gerade die Momente besonderer Gewalt und Grausamkeit in der schicksalhaften Zwangsläufigkeit des Geschehens. Barlach agiert mit einem Pathos – wenn auch ins Destruktive gewendet –, das der emphatischen Orientierung in maßgeblichen Kreisen der Kunst in den zwanziger und dreißiger Jahren des 20. Jahrhunderts entsprach und nach 1937 – zunächst – zu „Unübersichtlichkeiten" führte, was und wie denn die „Deutsche" Kunst der Zukunft sein solle.

Lit.: München 1987, S. 258 – Lindenfels 2000, Nr. 38. – Edenkoben 2002, S. 26.　　　　H. S.

166　Entwurfszeichnungen zur Ausmalung des Cornelianums in Worms

Karl Schmoll von Eisenwerth (1879–1948)
Verschiedene Techniken: Schwarze Tusche, Bleistift, Gouache, Aquarell
Privatbesitz, Leihgabe Stadtarchiv Worms, Inv. Nr. 170/30, Nr. 5 (a), Nr. 16 (b), Nr. 20 (c), Nr. 18 (d), Nr. 15 (e), Nr. 17 (f)

a) Kriemhilds Klage, 1910; H. 28,3 cm, B. 41,7 cm
b) Volker und Hagen, 1917; H. 50,3 cm, B. 48,9 cm
c) Dietrich von Bern und Hagen, 1910; H. 28 cm, B. 41,7 cm
d) Dietrich von Bern, 1918; H. 51 cm, B. 47,4 cm
e) Klage Kriemhilds, 1917; H. 49,8 cm, B. 47,7 cm
f) Siegfried tötet den Bären, 1917; H. 51 cm, B. 47,4 cm

Schmoll von Eisenwerths Entwürfe entstanden für den von dem Stuttgarter Architekten Theodor Fischer geschaffenen Festsaal des „Cornelianums" in Worms, das 1945 völlig zerstört wurde. Ursprüng-

166

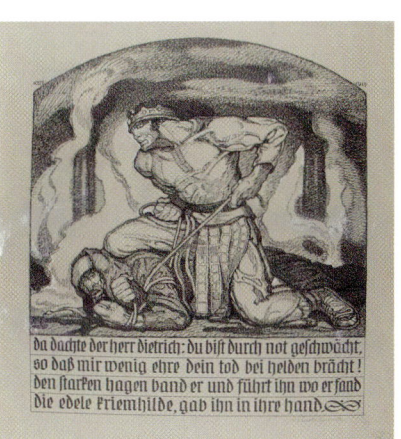

lich waren keine Wandbilder in dem Gebäude geplant. Man entschied sich dann jedoch, zwei nur 1,70 Meter hohe Wandstreifen für eine Ausmalung zur Verfügung zu stellen. Trotz des schwierigen Formats, das – bei Wahl eines monumentalen Maßstabs – nur hockende oder kauernde Figuren zuließ, erfüllte Schmoll von Eisenwerth die Gestalten seiner Szenen mit Pathos und heldischem Gebaren. Er steht hier in der Tradition der Hodler-Nachfolger Albin Egger-Lienz und Hans Rudolf Bühler, deren Figuren mit ihrem heldischen Gebaren ein hohles Pathos propagierten, das in die NS-Malerei nach 1933 führte.

Lit.: München 1987, S. 214 ff.; – Edenkoben 2002, S. 48–51.   H. S.

167

167 Siegfried

Rudolf Maison (1854–1904)
1897
Bronze, teilvergoldet; schwarzer Marmorsockel
H. 48 cm
Privatsammlung, Leihgabe Schlossmuseum Darmstadt, Inv. Nr. R 21071

1896 veranstaltete die Stadt Aachen einen Wettbewerb zur Errichtung eines Reiterdenkmals für Kaiser Wilhelm I. In seinem Entwurf integrierte Maison, abweichend vom vorherrschenden Typus des freistehenden Monuments, das Reiterstandbild in eine Brunnenanlage. Dem barhäuptig und im Krönungsornat wiedergegebenen Kaiser zu Pferde begleiten Figuren aus der Nibelungensage: Im Brunnenbecken links präsentiert sich auf einem Felsplateau Siegfried als triumphierender Drachentöter, das Untier liegt erschlagen zu seinen Füßen. Rechterhand schwingen sich die drei unbekleideten Rheintöchter aus dem Wasser empor, versehen mit Lorbeerkranz und Harfe, um das Preislied auf den mythisch verehrten Reichsgründer anzustimmen.

Der von der Jury prämierte Entwurf Maisons blieb unausgeführt. Das Preisgericht störte sich zum einen an der zu wenig imposanten, da nicht uniformierten Kaiserfigur, zum anderen an der anstößigen Nacktheit der Rheintöchter sowie der drastischen Schilderung des Drachens als ein auf dem Rücken liegendes Krokodil. Losgelöst aus dem ursprünglichen Kontext wurden die Nibelungenfiguren als Einzelfigur bzw. -gruppe in verkleinertem Maßstab reproduziert, Siegfried in Bronze gegossen und die Rheintöchter in Silber. Bei seiner Siegfrieddarstellung orientierte sich Maison an der gängigen Vorstellung des deutschen Nationalhelden: Kraftstrotzend, mit der das „Germanische" akzentuierenden Flügelhaube und geflochtenen Zöpfen, mit Schild und Schwert gut gerüstet, blickt der junge Held entschlossen in die Ferne und wird somit zum idealen Siegertyp stilisiert.

Lit.: Schmid 1897. – Lepper 1991.   H. J.

168 Versenkung des Nibelungenschatzes im Rhein

Gustav Heinkel (1907–1945)
Fliesenwandbild, 1938
Staatliche Majolika-Manufaktur Karlsruhe
B. ca. 500 cm, H. ca. 200 cm
Karlsruhe-Knielingen, ehemals NS-Offizierskasino, dann US-Kaserne
(Reproduktion)

Links im Vordergrund wird die Versenkung des Nibelungenschatzes im Rhein dargestellt. Die Vorgeschichte zu dieser Szene liefert Siegfrieds Ermordung durch Hagen. Die Witwe Siegfrieds, Kriemhild, lebt nach dessen Tod in Worms. Die Silhouette der Stadt ist mit ihren markanten Domtürmen in der Bildmitte zu sehen. Auf Betreiben Hagens wird Kriemhild veranlasst, den Schatz der Nibelungen, den Siegfried einst erbeutet und Kriemhild als Morgengabe geschenkt hatte, nach Worms holen zu lassen. Da Hagen aber die Macht fürchtet, die Kriemhild durch diesen Schatz hätte erwerben können, beschließt er den Schatz im Rhein zu versenken. Ganz links im Bild steht die größte Figur der Darstellung – der königliche Berater Hagen. Er gibt gerade seiner Gefolgschaft den Befehl, den zuvor mit zwölf Wagen aus Xanten hergebrachten Schatz in den Rhein zu werfen.

Rechts oben im Bild wird in simultaner Erzählweise der Auszug der drei Könige Gunther, Gernot und Giselher, begleitet von Hagen und Stammesherzögen, in das Land König Etzels dargestellt.

Das Fliesenbild wurde vom Keramiker Gustav Heinkel entworfen, der seit 1923 bis zu seinem Tod in der Karlsruher Majolika-Manufaktur tätig war. Der vielseitige und in Bezug auf Glasuren erfindungsreiche Künstler führte neben diesem Bild auch andere baukeramische Arbeiten aus, die als staatliche Aufträge seitens der NS-Regierung an die Majolika-Manufaktur herangetragen wurden. Das Offizierskasino, dessen Wand mit diesem Bild geschmückt ist, befindet sich auf dem Gelände der einstmaligen NS-Kaserne in Karlsruhe-Knielingen, die bis vor kurzem den US-amerikanischen Truppen diente. Das Fliesenbild ist erst im Zuge der jüngsten Bauarbeiten wiederentdeckt worden.

Lit.: Skulima 1939. – Wilkendorf 1940. – Lurz 1990. – Heinkel 2003   J. F. F.

168

169 **Moritz Rinkes Neuinszenierung**
2002 in Worms
a) Manuskriptbuch zu „Die Nibelungen"
DIN A4, unpag.
2001/02
aufgeschlagen: 2. Akt, 3 Szene:
Kriemhild und Hagen
b) Korrekturbogen
(mit handschriftlichen Korrekturen)
DIN A4, 1 Blatt
2002
c) Moritz Rinke: Die Nibelungen; Reinbek bei
Hamburg: Rowohlt Taschenbuch 2002
Privatbesitz

Der 1967 geborene Schriftsteller Moritz
Rinke war beauftragt, für die Nibelungen-
Festspiele ab 2002 in Worms eine neue
dramatisierte Textfassung zu liefern. Die
Mitwirkung von Mario Adorf (Hagen) und
André Eisermann (Giselher) in der Regie
von Dieter Wedel sicherte der Freilicht-
inszenierung schon im Vorfeld große Aufmerksamkeit. Trotz einiger Kritik in den
notorisch stets schlecht gelaunten Feuil-
letons verschiedener deutscher Tageszei-
tungen ist Rinke eine glaubwürdige Neu-
interpretation gelungen, die das proji-
zierte Pathos älterer Interpretationen in
Film und Theater auf ein menschliches
Maß alltäglicher Konflikte und persön-
licher Charakterschwäche zurücknimmt –
mit mancher wohltuenden Ironie.
Am 29. September 2002 wurde die Neuinszenierung im ZDF übertragen; Diese
Fernsehübertragung sei dem Regisseur
Dieter Wedel viel wichtiger als die Thea-
teraufführungen gewesen, ließ Mario
Adorf in einem Interview vom 29. Septem-

ber 2003 verlauten. In einer im Anschluss
an die TV-Übertragung arrangierten Fern-
sehdiskussion rechtfertige der Autor seine Bearbeitung gegen den Vorwurf der
Trivialisierung mit dem Prinzip der „Ironie" und der „Erträglichkeitsbrechung".
Blutrausch, nationalistische Rezeption
und Schicksalsheiligkeit („Nibelungentreue") könnten nur auf diese Weise des-
truiert und die eigentliche, menschliche
Dramatik des Stoffes freigelegt werden.

Lit.: Rinke 2002. H. S.

169

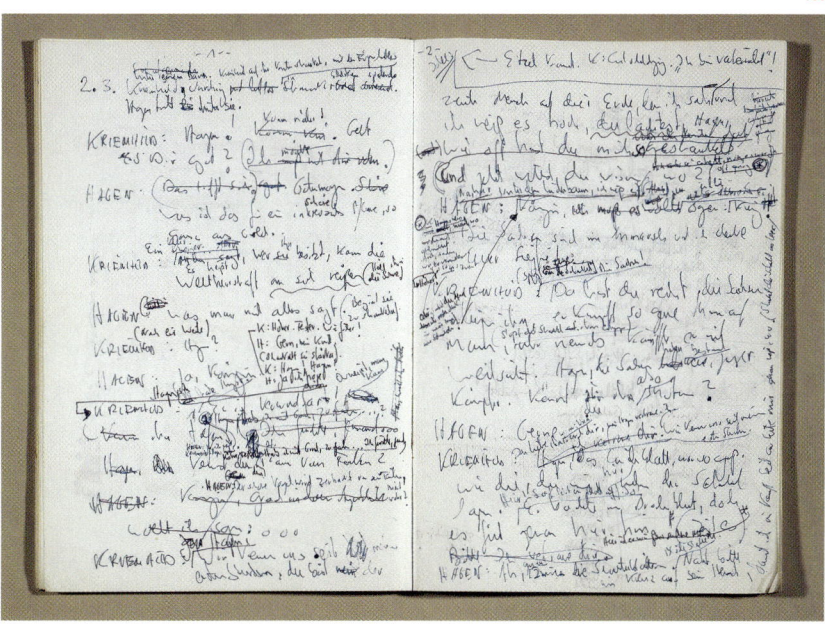

Die Handschriften

Klaus Klein

‚NIBELUNGENLIED‘ UND ‚KLAGE‘

Ine sage iu nu niht mêre   von der grôzen nôt
die dâ erslagen wâren,   die lâzen ligen tôt,
wie ir dinc an geviengen   sît der Hiunen diet.
hie hât daz mære ein ende: daz ist der Nibelunge liet.

(C2440) Ich erzähle euch nun nicht länger von dem großen Elend
– die da erschlagen waren, die sollen tot liegen bleiben –,
und wie es dem Volk der Hunnen weiter erging.
Hier hat die Geschichte ihr Ende. Das ist ‚Der Nibelungen Lied‘.

Vom ‚Nibelungenlied‘ und der ‚Klage‘ sind derzeit – einschließlich einer mittelniederländischen Übersetzung – 37 mittelalterliche Handschriften bekannt. Sie stammen alle aus der Zeit vom 13. bis zum beginnenden 16. Jahrhundert. Diese Handschriften werden in der einschlägigen Forschung – zurückgehend auf Karl Lachmann (1793–1851) – mit Siglen bezeichnet. Dabei gilt (von einer Ausnahme abgesehen): Für die Pergamenthandschriften werden Großbuchstaben (A–Z, AA), für die (späteren) Papierhandschriften werden Kleinbuchstaben (a–n) verwendet. Die drei berühmtesten Handschriften, die noch aus dem 13. Jahrhundert stammen, werden heute in der Bayerischen Staatsbibliothek München (Cgm 34 = A; Kat. Nr. 170), in der Stiftsbibliothek St. Gallen (Cod. 857 = B; Kat. Nr. 171) und in der Badischen Landesbibliothek Karlsruhe (Cod. Donaueschingen 63 = C; Kat. Nr. 172) aufbewahrt. Im Rahmen dieser Ausstellung sind sie erstmals zusammen an einem Ort zu sehen.

Während aus dem 13. und 14. Jahrhundert noch etwa gleich viele Handschriften stammen (jeweils knapp 15), sind für das 15. Jahrhundert nur noch sieben nachweisbar. Im 16. Jahrhundert ist das ‚Nibelungenlied‘ schließlich nur noch in einer einzigen Handschrift überliefert, dem so genannten ‚Ambraser Heldenbuch‘ das Kaiser Maximilian I. in den Jahren 1504–1516/17 anfertigen ließ (d; Kat. Nr. 200). Dann entschwindet das ‚Nibelungenlied‘ bis zu seiner Wiederentdeckung kurz nach der Mitte des 18. Jahrhunderts – also für fast 250 Jahre – dem literarischen Bewusstsein. Neben der fremdartigen Schrift und der veralteten Sprache ist dafür vor allem ein Desinteresse an diesem Stoff – wie übrigens auch an anderen mittelalterlichen Stoffen – verantwortlich.

Während dieses Zeitraumes, das heißt vom ausgehenden 15. bis weit ins 17. Jahrhundert hinein, ist offensichtlich eine große Anzahl von ‚Nibelungenlied‘-Handschriften untergegangen. Auch von den derzeit bekannten 37 Handschriften ist nur weniger als ein Drittel noch ganz oder nahezu vollständig erhalten. Alle anderen Handschriften sind nur in Bruchstücken erhalten geblieben, denn mittelalterliche Handschriften hatten auch in nachmittelalterlicher Zeit einen hohen Materialwert: Der Beschreibstoff, das strapazierfähige Pergament, wurde vor allem von Buchbindern als Einbandmaterial geschätzt und weiterverwendet. So fanden (und finden) sich einzelne Blätter und Doppelblätter von mittelalterlichen Handschriften in Einbänden von gedruckten Büchern bzw. als Umschläge an Rechnungsheften und Aktenfaszikeln aus dem 16. und 17. Jahrhundert. In Einzelfällen haben makulierte Handschriften (allerdings nicht solche des ‚Nibelungenlieds‘) sogar zum Abdichten von Orgelpfeifen oder – wie erst jüngst entdeckt – als blickdichter Hintergrund für Rankenschnitzereien an einem Altar gedient (Kat. Nr. 227). Obwohl sich von den einst umfangreichen Handschriften im Regelfall nur einzelne Blätter, Teile von Blättern oder gar nur schmale Streifen erhalten haben, repräsentieren diese Überreste doch jeweils eine ehemals vollständige Handschrift.

Da sich in den vollständig erhaltenen Handschriften im Regelfall an das strophisch gegliederte ‚Nibelungenlied' – quasi als Fortsetzung – die in Reimpaarversen abgefasste ‚Klage' angeschlossen hat, kann man davon ausgehen, dass auch diejenigen Handschriften, von denen nur Reste der ‚Klage' überliefert sind (G: Kat. Nr. 176; P: Kat. Nr. 185; AA: Kat. Nr. 196), ursprünglich auch das ‚Nibelungenlied' enthalten haben.

Nach dem bisherigen Kenntnisstand wurden das ‚Nibelungenlied' und die dazugehörige ‚Klage' im 13. und 14. Jahrhundert meist als separates Buch überliefert. Eine markante Ausnahme bildet lediglich die ‚Nibelungenlied'-Handschrift B (Kat.Nr. 171), die noch eine ganze Reihe weiterer bedeutender Texte enthält. In den ‚Nibelungenlied'-Handschriften J (Kat.Nr. 178) und K (Kat.Nr. 212) tritt die Mitüberlieferung dagegen umfangmäßig stark in den Hintergrund.

Gemeinsam ist allen Textzeugen des ‚Nibelungenlieds' eine meist zwar sorgfältige, aber doch mehr oder weniger einfache Ausstattung mit farblich abgesetzten Aventiuren-Überschriften und teilweise kunstvoll gestalteten Abschnittsinitialen in unterschiedlichen Farben. Lediglich eine der späten Handschriften aus dem 15. Jahrhundert (b: Kat. Nr. 198) ist durchgehend illustriert. In Textgestalt und Umfang weichen die Handschriften dagegen zum Teil erheblich voneinander ab. So umfasst das ‚Nibelungenlied' in der Handschrift A beispielsweise 2316 Strophen, in B 2376 Strophen und in C 2439 Strophen. Welche von diesen einer möglichen ursprünglichen Fassung am nähesten kommt, ist in der Forschung nach wie vor umstritten.

Die räumliche Verbreitung der ‚Nibelungenlied'-Handschriften erstreckt sich vorrangig auf das ostalemannische und bairisch-österreichische Sprachgebiet (einschließlich Alpenraum und Tirol). Ein weiterer, aber sekundärer Überlieferungsraum ist das rheinfränkische Sprachgebiet. An welchem Ort, von wem und für wen die einzelnen ‚Nibelungenlied'-Handschriften geschrieben wurden, ist in den meisten Fällen allerdings nicht bekannt – wie übrigens auch bei den meisten anderen deutschsprachigen Handschriften aus dem 13. und 14. Jahrhundert.

WIEDERENTDECKUNG

Im Anschluss an die Wiederentdeckung der drei großen ‚Nibelungenlied'-Handschriften A, B und C nach der Mitte des 18. Jahrhunderts wurde die Hauptmasse der heute bekannten Handschriften und Fragmente vor allem im 19. Jahrhundert aufgefunden und veröffentlicht. Doch auch heute gelingen immer noch Neufunde in verschiedenen Bibliotheken und Archiven. Allein im Verlauf der vergangenen 30 Jahre wurden folgende Überreste von ‚Nibelungenlied'-Handschriften entdeckt: 1976 in Darmstadt (n: Kat. Nr. 207), 1987 in Rosenheim und München (Q: Kat. Nr. 186), 1998 in Melk (W: Kat. Nr. 192), 2002 in Amberg (AA: Kat. Nr. 196) und 2003 in Mainz (L: Kat. Nr. 180, 181). Die im Frühjahr 2003 von einem großen Echo in den Medien begleitete Nachricht über die Entdeckung von Fragmenten in der österreichischen Stiftsbibliothek Zwettl, die Teile aus der Nibelungensage enthalten und sogar noch aus dem 12. Jahrhundert stammen sollten, erwies sich allerdings rasch als Falschmeldung: Tatsächlich handelt es sich „nur" um Reste eines bis dahin unbekannten ‚Erec'-Romans aus der Mitte des 13. Jahrhunderts.

Lit.: Beschreibungen der Handschriften und Fragmente mit weiterführender Literatur bei Krogmann/Pretzel 1966, S. 11–21. – Batts 1971, S. 801–897 (mit SW-Abb.). – Bumke 1996, S. 141–211 (nur diejenigen Textzeugen, welche die ‚Klage' enthalten). – Eine aktuelle Bestandsaufnahme jetzt im Sammelband Heinzle/Klein/Obhof 2003, darin die Beiträge von Joachim Heinzle (Die Handschriften des Nibelungenliedes und die Entwicklung des Textes), Klaus Klein (Beschreibendes Verzeichnis der Handschriften des Nibelungenliedes), Ute Obhof (Die Handschrift C), Bernd Schirok (Die Handschrift B), Karin Schneider (Die Handschrift A) und Lothar Voetz (Die Nibelungenlied-Handschriften des 15. und 16. Jahrhunderts im Überblick).

170 **‚Nibelungenlied' und ‚Klage':**
Handschrift A
München, Bayerische Staatsbibliothek,
Cgm 34

Pergament; Anfang letztes Viertel 13. Jh.; 119
Seiten; Blattgröße 255 × 180 mm; zweispaltig
zu 50–52 Zeilen; S. 1a–4b abgesetzte Langzeilen, ab S. 4b abgesetzte Strophen, fort-
laufende Verse. S. 1a–94a ‚Nibelungenlied',
S. 94a–116a ‚Nibelungenklage', S. 116a–119
zu Anfang des 14. Jh. nachgetragene religiöse
Kurztexte.

Die Handschrift entstand als Gemein-
schaftsarbeit in einem unbekannten
Schreibzentrum, das nach den sprachlichen Merkmalen im alpenländischen, vielleicht Tiroler Raum lag und in dem die beiden Haupt- und drei bis vier Nebenschrei-
ber in eiliger vereinfachter Buchschrift den
Text platzsparend eng und zudem ziemlich
unsorgfältig aufzeichneten. Die unschein-
bare Gebrauchshandschrift ist anspruchs-
los mit einfachen roten Initialen und Aventiuren-Überschriften rubriziert. Sie wurde
von ihren unbekannten Vorbesitzern offensichtlich intensiv benutzt, wie die specki-
gen, dunkel verfärbten Außenränder
beweisen; vermutlich diente sie als Vor-
tragsexemplar. Zu Anfang des 14. Jahrhunderts wurden ihre letzten leer geblie-
benen Seiten von einem späteren Eigentümer in unbeholfener Schrift mit Aufzeichnungen religiöser Kurztexte gefüllt.
Diese offenbar viel vorgelesene Fassung A
des ‚Nibelungenlieds' ist die kürzeste
unter den Texten der drei vollständigen
Handschriften A, B, C und weist, obwohl
hier in einer relativ späten Abschrift überliefert, eine altertümliche Metrik auf. Schon
die Herausgeber der ersten Editionen,
Friedrich Heinrich von der Hagen und
Karl Lachmann, erkannten in ihr Spuren
der ältesten Gestalt des ‚Nibelungenlieds',
dessen Originaltext nicht mehr rekonstru-
ierbar ist; eine Einschätzung, auf die die
Germanistik heute wieder zurückkommt.
Die Geschichte des Codex von seiner Entstehung bis zu seiner Entdeckung im vor-
arlbergischen Hohenems im Jahr 1779
liegt über ein halbes Jahrtausend völlig
im Dunkeln. Wie und zu welchem Zeitpunkt er – wie auch die Handschrift C
(Kat. Nr. 172) – in die Bibliothek der Grafen
von Hohenems kam, lässt sich nicht rekonstruieren. Johann Jacob Bodmer in
Zürich, der 1757 eine Teilausgabe der

170

schon früher in Hohenems entdeckten ‚Nibelungenlied'-Handschrift C veranstaltet
hatte, erbat sich 1779 diese seine Vorlage
erneut nach Zürich und erhielt stattdessen
aus Hohenems eine ihm noch unbekannte weitere Handschrift des ‚Nibelungenlieds', den Codex A.
1803 ließ die letzte Gräfin von Hohenems
Teile der Bibliothek, darunter die beiden
‚Nibelungenlied'-Handschriften A und C,
auf ihren Wohnsitz in Böhmen schaffen;
nach ihrem Tod erhielt 1807 der Jurist
Prof. Michael Schuster in Prag den Codex

als Geschenk. Von ihm konnte die Münchner Hof- und Staatsbibliothek 1810 die
wertvolle Handschrift im Austausch gegen Frühdrucke erwerben; in München
wird sie seither unter der Signatur Cgm
34 aufbewahrt. Die Sigle A verlieh ihr Karl
Lachmann 1826 in seiner Edition ‚Der Nibelunge Noth'.

Faksimile: Laistner 1886.

Lit.: Batts 1971, S. 801, 823f. (Abb. 1 f.) – Schneider 1987,
S. 231–233 und Abb. 132f. – Bumke 1996, S. 141–147. –
München 2003, S. 40f. (Nr. 11).   **K. S.**

171 'Nibelungenlied' und 'Klage': Handschrift B

St. Gallen, Stiftsbibliothek, Cod. 857

Der Codex enthält (heute) folgende Texte (Paginierung, Werk, Sigle, Umfang): p. 5–288: Wolfram von Eschenbach: 'Parzival' (D), 230 Seiten; p. 291–451: 'Nibelungenlied' und 'Nibelungenklage' (B), 160 Seiten; p. 452–558: Stricker: 'Karl der Große' (C), 109 Seiten; p. 561–691: Wolfram von Eschenbach: 'Willehalm' (G), 131 Seiten; p. 693: Strophen Friedrichs von Sonnenburg (G), Nachtrag, 1 Seite. – Er enthielt ursprünglich noch (Fragmente heute in Berlin [L] bzw. Karlsruhe [E]): p. 694–703: Konrad von Fußesbrunnen: 'Kindheit Jesu' (L), (noch) 10 Seiten (Kat. Nr. 208). – unpaginiert: Konrad von Heimesfurt: 'Unser vrouwen hinvart' ('Himmelfahrt Mariens') (E), (noch) 1 Seite (Kat. Nr. 209).

Leitender Gesichtspunkt für die Zusammenstellung dieser Texte dürfte ihre religiöse Thematik sein (Hans Fromm), wenn man das 'Nibelungenlied' nicht isoliert, sondern vom Sinnangebot der 'Nibelungenklage' aus betrachtet, die hier wie fast stets im Mittelalter mit dem 'Nibelungenlied' zusammen überliefert ist.
Die Handschrift umfasst 318 (ursprünglich wohl 336) Pergamentblätter (Blattgröße ca. 315 × 215 mm, Schriftraum ca. 260 × 165 mm, zweispaltig beschrieben); Zeilenzahl meist um 54, in einzelnen Lagen auch geringer (p. 339–354 [Lage 19]: 42–46 Zeilen) oder stark schwankend (p. 420–435 [Lage 24]: 45–53 Zeilen); Verse im 'Parzival', 'Karl' und 'Willehalm' abgesetzt, in der 'Nibelungenklage', 'Kindheit Jesu' und 'Unser vrouwen hinvart' fortlaufend; Strophen im 'Nibelungenlied' zunächst fortlaufend (p. 291), dann zunehmende Tendenz zu regelmäßiger Absetzung; am Beginn der 'Nibelungenklage' (p. 416) optische Imitation der Strophengliederung des 'Nibelungenlieds' durch Zusammenziehung von je 8 Reimpaarversen zu einem Block. An der Herstellung waren 7 Hände beteiligt; den größten Anteil am Gesamtcodex hat Hand 3, den größten Anteil am 'Nibelungenlied'-Komplex hat Hand 5. 80 kostbare, zum Teil im Binnenraum mit Figuren versehene (historisierte) Schmuckinitialen (Blattgold und Deckfarben) unterschiedlicher Größe: 'Parzival' (24), 'Nibelungenlied' (37), 'Nibelungenklage' (1), 'Karl' (3), 'Willehalm' (14), 'Kindheit Jesu' (1); daneben zahlreiche, meist abwech-

selnd rote und blaue Kleininitialen (Lombarden).
Die Handschrift ist im zweiten Drittel des 13. Jahrhunderts entstanden. Schreibsprache, Schriftformen und Stil des Buchschmucks deuten zusammengenommen auf den Entstehungsbereich alemannisch-bairischer Alpenraum/Südtirol/südostalemannischer Raum (Heinzle 2001). Die Geschichte der Handschrift von ihrer Entstehung um die Mitte des 13. bis gegen Mitte des 16. Jahrhunderts liegt völlig im Dunkeln. Erster für uns fassbarer Besitzer ist der Schweizer Historiker Aegidius Tschudi (1505–1572), der sie mit ei-

nem Glossar zum 'Parzival'-Beginn (p. 4), einem Personen- und Ortsverzeichnis zum 'Nibelungenlied' (p. 290) sowie zahlreichen Randnotizen und Unterstreichungen versieht. 1768 verkauft Joseph Leodegar Tschudi den Codex zusammen mit über 100 anderen Stücken des Nachlasses an Fürstabt Beda Angehrn von St. Gallen.
Das 'Nibelungenlied' existiert in drei unterschiedlichen Fassungen (*A, *B und *C), repräsentiert durch die drei Haupthandschriften A (Kat. Nr. 170), B und C (Kat. Nr. 172), die auch im Strophenumfang differieren (A: 2316, B: 2376, C[a]:

171

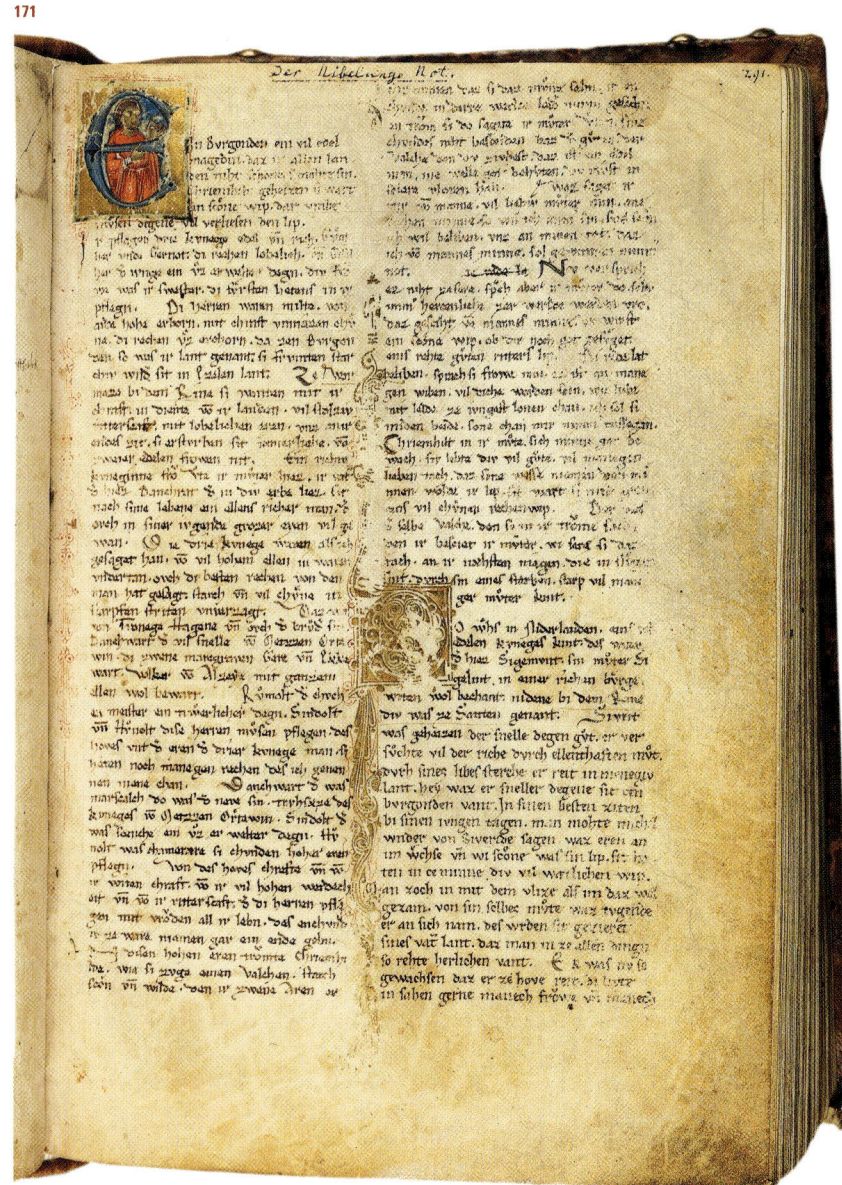

2439 – C hat eine Lücke, die aus a ergänzt wird). Unterschiedliche Fassungen kennen wir auch in der neueren Literatur, z.B. bei Goethes ‚Leiden des jungen Werthers' (1774 und 1787) oder Gottfried Kellers ‚Grünem Heinrich' (1854/55 und 1879/80). Niemand käme in diesen Fällen auf die Idee zu fragen, welche Fassung die authentische sei. Sie sind jeweils beide authentisch. Ohne die mittelalterlichen und neuzeitlichen Verhältnisse forciert gleichsetzen zu wollen, könnte es doch nützlich sein, die neuzeitlichen Fälle im Auge zu behalten.

Die Geschichte der ‚Nibelungenlied'-Forschung war lange Zeit von der Frage dominiert, welche der drei Fassungen die „authentische" sei. Zu Beginn wurde *A favorisiert (Lachmann; von ihm stammen die Siglen), dann *C (Holtzmann, Zarncke), schließlich *B (Bartsch, Braune, de Boor). Die Vorstellung, dass *B das „Original" darstelle oder ihm wenigstens am nächsten komme, blieb lange Zeit vorherrschend. Erst 1963 wandte sich Helmut Brackert entschieden und grundsätzlich gegen die Vorstellung, die jeder stammbaumartigen Darstellung (Stemma) der Überlieferungsgeschichte zugrunde liegt, dass nämlich jede Handschrift einfach von einer anderen abgeschrieben worden sei. Brackert setzt an die Stelle der bloßen Kopisten (zum Teil jedenfalls) eigenständige Redaktoren, die bewusst Veränderungen vornehmen und auf diese Weise nicht Abschriften, sondern Fassungen (Redaktionen) produzieren. Obwohl Brackert einen Prozess des Umdenkens in Fragen der Textüberlieferung und Textedition in Gang setzte, blieb das ‚Nibelungenlied' selbst davon paradoxerweise relativ unberührt. Die Dominanz der *B-Fassung in Forschung, Lehre und Studium blieb weitgehend erhalten. Erst vor kurzem hat deshalb Joachim Heinzle (2000) eindrücklich dafür plädiert, die notwendigen Konsequenzen aus der Debatte zu ziehen und *A, *B und *C endlich gleichberechtigt in den Blick zu nehmen.

Teil-Faksimiles: Nibelungenlied 1962. – Schirok 1989. – Schirok 2000.

Lit.: Braune 1900. – Brackert 1963. – Batts 1971, S. 801f., 825f. (Abb. 3f.). – Schneider 1987, S. 133–142 und Abb. 72–74. – Palmer 1992. – Klein 1994. – Fromm 1995. – Bumke 1996, S. 147–162. – Heinzle 2000. – Heinzle 2001.   B. S.

172 ‚Nibelungenlied' und ‚Klage': Handschrift C

Karlsruhe, Badische Landesbibliothek, Cod. Donaueschingen 63

Pergament; zweites Viertel 13. Jh.; 114 Blätter; Blattgröße 245 × 170 mm; einspaltig zu 33 Zeilen; Strophen und Verse nicht abgesetzt; Bl. 1r–89r ‚Nibelungenlied', Bl. 89r–114v ‚Nibelungenklage'.

Die Handschrift entstand nach den sprachlichen Merkmalen im alemannisch-bairischen Raum. Das relativ gute Pergament wurde von einem einzigen Schreiber auf hohem kalligraphischem Niveau gleichmäßig von Beginn an bis zum Schluss beschrieben. Die sorgfältige frühgotische Minuskel erinnert mit einzelnen Elementen, die offensichtlich dekorative Funktion haben, an zeitgenössische kalligraphische Urkundenschriften. Das angestrebte repräsentative Äußere der Handschrift wird komplettiert durch Initialen in unterschiedlicher Ausführung.

Zwei Spaltleisteninitialen mit roter Feder auf blauem Grund markieren den Anfang des ‚Nibelungenlieds' und der ‚Klage'. Sie sind wohl in archaisierender Absicht eingesetzt. Die Initiale U auf Blatt 1r ist spiegelverkehrt, was auf mechanisches Kopieren einer Vorlage hindeutet. Dem Illuminator war dieser Initialstil nicht mehr geläufig, daher sind ihm auch die Abschlüsse der Schäfte in Form von Palmetten moderner geraten (beim ersten Schaft oben und unten durch Abrieb nur noch schwach erkennbar).

Am Anfang der Aventiuren stehen zweifarbige Silhouetten-Initialen in Blau und Rot mit gerundeten Schaftaussparungen. Dazu passen charakteristische Ausläufer mit Punktverdickungen (z. B. Blatt 20v, 22v, 31r, 41v, 50v), gegen Ende des Buches vermehrt mit Fleuronnée in modernerem Stil (z. B. Blatt 76v, 79r, 92v, 97v).

Die Aventiuren werden durch Lombarden in kleinere Lese- und Vortragsabschnitte ungleicher Länge gegliedert. Die Rubrizierung ergänzt das ästhetische Gesamtbild, wobei die mit Zierstrichen und -bögen variierten Majuskeln am Beginn von Strophen und Eigennamen meist rot gestrichelt sind.

‚Nibelungenlied' und ‚Klage' sind vom Schriftbild her einander angepasst, sodass man von einer graphischen Einheit sprechen kann. Die ‚Klage' beginnt auf Blatt 89r unmittelbar nach dem ‚Nibelungenlied'. Ihr Beginn ist zwar mit der Spaltleisteninitiale H hervorgehoben, der Einsatz des Textes gibt sich dennoch mit Überschrift in Rot ausdrücklich als weitere Aventiure. Die Klage ist insgesamt in fünf Aventiuren gegliedert und bildet damit den Abschluss des in C vorliegenden ‚Buches von den Nibelungen'. Spuren von Abnutzung weisen auf häufigen Gebrauch der Handschrift hin.

Im 15. Jahrhundert gehörte die Handschrift laut Besitzvermerk einem Hainrich Durricher. Der Codex war früher als Hohenems-Laßbergsche Handschrift bekannt. Am 29. Juni 1755 wurde er als erster Überlieferungsträger des ‚Nibelungenlieds' von dem Lindauer Arzt Jacob Hermann Obereit in der Bibliothek der Grafen von Hohenems wiederentdeckt und steht somit am Beginn der modernen Rezeption des bis dahin – abgesehen von vereinzelten Nennungen in historischen Werken – praktisch vergessenen mittelalterlichen Textes. In den darauf folgenden Jahren machte der Züricher Gelehrte Johann Jacob Bodmer (1698–1783) in den ‚Freymüthigen Nachrichten' die Entdeckung und Einzelheiten aus dem Inhalt des ‚Nibelungenlieds' bekannt, welches er in Bezug zu Homers ‚Ilias' setzte. 1815 erwarb der Sammler, Historiker und frühe Germanist Joseph Freiherr von Laßberg (1770–1855) die Handschrift in Wien. Joseph von Laßberg hatte damals Fürstin Elisabeth zu Fürstenberg (1767–1822) zum Wiener Kongress begleitet, welcher er die finanziellen Mittel zum Erwerb der Handschrift verdankte. Das erste Blatt der Handschrift ziert Laßbergs Exlibris. Nach dessen Tod gelangte die Handschrift mit seiner Bibliothek in die Fürstlich Fürstenbergische Hofbibliothek in Donaueschingen. Seit dem Jahre 2001 befindet sich der Codex als Eigentum der Landesbank Baden-Württemberg und der Bundesrepublik Deutschland in der Badischen Landesbibliothek.

Faksimile: Engels 1968.

Lit.: Batts 1971, S. 802, 827 (Abb. 5). – Schneider 1987, S. 142–144 und Abb. 76. – Bumke 1996, S. 162–167.   U. O.

UNS IST . in alten mæren.
wnds vil geseit. von helden lobebæren. võ
grozer arebeit. von freude vñ hochgeciten
von weinen vñ klagen. von kvner rec
ken striten. muget ir nu wnd horen sa
gen. Ez whs in Burgonden. ein vil edel
magedin. daz in allen landen niht schon
mohte sin. Chriemhilt geheizen. du wart
ein schone wip. dar vmbe muosin degene
vil fliesen den lip. Ir pflagen dri kun
ge. edel vñ rich. Gunther vñ Gernot. die

rechen lobelich. vñ Giselher d iunge. ein werlich degen. div frowe was ir swe
ster die helde heten mir pflegen. Ein richu chuniginne. frô die ir mv
hter. ir vat d mez Dancrat d in div erbe liez. siz nach sime lebene. ein ellens
rich man. d ovch in siner iugende. grozer eren vil gewan. Die heren wa
ren riche. von arde hoh erboern. mit kraft vñ mazen chvne. die recken er
erchoen. da zen Burgonden. so was ir lant gnant. si frvmten starchiv wn
der sit in Etzelen lant. Ze wormze bi dem Rine. si wonten mit ir chraft.
in dienten von ir landen. vil stolziv ritschaft. mit lobelichen eren. vnt
an ir endes zit. si sturben iemerliche. sit von zweier frowen nit.

Die dri kunige waren. als ich gesaget an. von vil hohem ellen. in waren
vndtan. ovch die besten recken. von den man hat gesaget. starch vñ
vil chvne. in scharpfen striten vnvzaget. Daz was von troneg hagene.
vñ ovch d bruod sin. Danchwart d snelle. von Metzen Ortwin. die zwene
marcgraven. Gere vñ Ekkewart. Volker von Alzeye. mit ganzem ellen wol be
wart. Rvmolt d chvchen meist. ein vz erwelter degen. Sindolt vñ Hvnolt.
dise herren muosin pflegen. des hoves vñ d eren. d drier kunige man.
si heten noch manigen recken. des ich genennen niemen kan. Danchwart
d was marschalch. do was d nefe sin. Trvhsæze d kuniges. von mezzen
Ortwin. Sindolt d was schenche. ein werlich degen. Hvnolt was chame

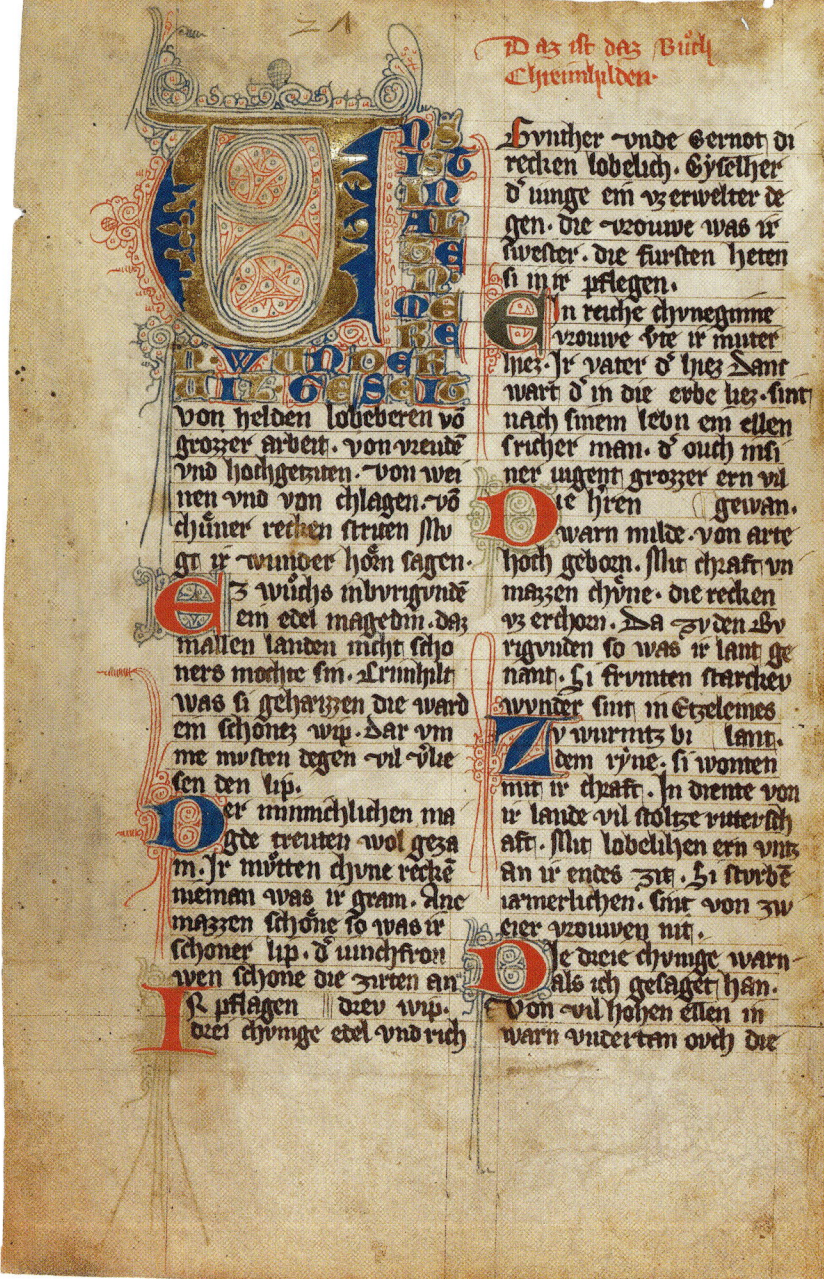

173 ,Nibelungenlied' und ,Klage':
Handschrift D

München, Bayerische Staatsbibliothek,
Cgm 31

Pergament; 1. Drittel 14. Jh.; 169 Blätter;
Blattgröße 260 × 170 mm; zweispaltig zu
32–33 Zeilen; Bl. 1va–144ra ,Nibelungenlied':
Strophen abgesetzt, beginnend mit kleinen
roten, blauen und grünen Fleuronnée-Initia-
len; rote Aventuiren-Überschriften, beginnend mit großen mehrfarbigen Fleuronnée-
Initialen unter Verwendung von Gold; Verse
fortlaufend; Bl. 144ra–168vb ,Nibelungen-
klage': Verse abgesetzt, Anfänge des Reim-
paarverses vorgerückt, zum Teil rot gestrichelt, einzelne Abschnitte mit kleinen Fleu-
ronnée-Initialen gekennzeichnet wie im
ersten Teil die Strophenanfänge.

Die gut erhaltene Prachthandschrift von
einer Hand muss nach der Schreibsprache in Böhmen entstanden sein. Sie wurde von dem Staatsmann, Historiker und
Juristen Wiguleus Hund (1514–1588) in
Schloss Prunn an der Altmühl aufgefunden und im Jahre 1575 der herzoglich
bayerischen Bibliothek übergeben. Vorher war sie im Besitz des Christoph von
Gumppenberg († 1516). Die davor liegende Provenienz ist unbekannt.

Lit.: Batts 1971, S. 802, 828 (Abb. 6). – Bumke 1996,
S. 168–172.   U. O.

174 ‚Nibelungenlied': Fragment E
Berlin, Staatsbibliothek zu Berlin –
Preußischer Kulturbesitz, Fragm. 44

Pergament; 2. Drittel 13. Jh.; aus demselben
Skriptorium wie der Codex Sangallensis 857
(Kat. Nr. 171), dort Hand 4 (= p. 291); 1 Doppelblatt; Blattgröße ca. 230 × 160 mm; Schriftraum 180 × 110 mm; einspaltig zu 34 Zeilen;
Strophen nicht abgesetzt; kleiner Zwischenraum (Spatium) vor Strophenbeginn wie im
Codex Sangallensis 857, p. 291; Inhalt: C
252,3–299,4; Mehrstrophe C 274 vorhanden,
also zur Fassung *C.

Das Fragment befand sich um 1534 im
Besitz des Ritters Zorn von Plobsheim
(17 km westlich von Offenburg), später
(um 1810) besaß es Karl Freiherr von Rö-
der zu Offenburg. Von der Berliner Bibliothek wurde es laut Akzessionsvermerk
(letzte Seite unten) im Jahr 1937 erworben. Wo die ehemals vollständige Handschrift ursprünglich aufbewahrt und wann
sie (vor 1534) zerstört wurde, ist nicht bekannt (vgl. auch Kat. Nr. 211, mit Abb.).

Lit.: Batts 1971, S. 803, 829–832 (Abb. 7–10). –
Schneider 1987, S. 136 und Abb. 75. – Berlin 2003,
S. 42f. (Nr. 7).   B. S.

175 ‚Nibelungenlied': Fragment F
ehemals Alba Julia (Karlsburg), Bibliotheca
Bátthyáneum, Cod. R III 70, Vorderspiegel
[verschollen]
(Reproduktion)

Pergament; 2. Hälfte 13. Jh.; 1 Blatt; Blattgröße noch ca. 220 × 145 mm; zweispaltig zu
35 Zeilen; Strophen abgesetzt; Verse nicht
abgesetzt; zur Fassung *C.

Dieses Fragment mit den Strophen
1953–1974 wurde im 19. Jahrhundert
im Vorderdeckel einer Ende des 14. Jahrhunderts entstandenen Handschrift der
‚Jagd' Hadamars von Laber aufgefunden,
die der Pfarrer Konrad Stürk aus Ober-
altaich geschrieben hatte. Das Blatt wurde abgelöst, ist aber seit 1898 verschollen;
auf dem Trägerband ist jedoch der Leim-
abklatsch der aufgeklebten Vorderseite
erhalten. Abbildungen beider Seiten sind
in verschiedenen wissenschaftlichen Ver-
öffentlichungen zugänglich.

Lit.: Batts 1971, S. 803, 833f. (Abb. 10f.).   W. R.

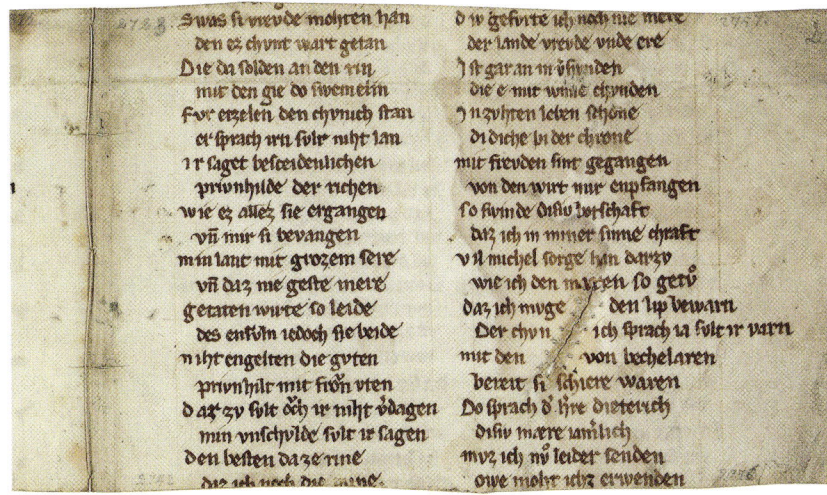

176

176 ‚Nibelungenklage': Fragment G
Karlsruhe, Badische Landesbibliothek,
Cod. Donaueschingen 64

Pergament; um 1300; ein fragmentarisches
Doppelblatt, oben und unten beschnitten,
ursprüngliche Blattgröße ca. 210 × 160 mm;
zweispaltig zu früher wohl 34 Zeilen; Verse
abgesetzt; Anfangsbuchstabe jedes zweiten
Verses vor die Zeile gerückt; rote Lombarde
zu Vers *C 1841.

Rest einer wohl im ostalemannisch-bairi-
schen Raum geschriebenen Handschrift.
Wahrscheinlich handelt es sich um das
äußere Doppelblatt eines Quaternios; dazwischen fehlen nach Ausweis der Text-
lücke drei Doppelblätter. Das Fragment
hat nach Karl Lachmann (Der Nibelunge
Not mit der Klage, Berlin 1826, S. IV,
Kat. Nr. 142) „im archive zu Beromünster
im kanton Luzern als bücherdeckel gedient". Joseph von Laßberg hat das
Bruchstück laut eigener und fremder Aussagen vor 1825 in Beromünster gefunden
und erworben. In welchem Archiv in Beromünster das Blatt entdeckt wurde, ist
heute ungewiss. Im Stiftsarchiv zu St. Michael ist laut freundlicher Mitteilung von
Herrn Dr. Titus Kupper nichts darüber bekannt. Das Fragment weist eine Querfal-
tung mit Einstichlöchern auf. Es war nach
dem heutigen Befund nicht aufgeklebt
und wurde wahrscheinlich als Aktenum-
schlag verwendet; andere Aussagen darüber in der Fachliteratur beruhen auf einem Missverständnis. Wenn man das mit
verblasster Tinte auf Blatt 1r eingetragene
hocdorff mit dem ca. 10 km südwestlich

von Beromünster gelegenen Hochdorf
identifiziert, dürfte sich das Fragment
spätestens seit dem 16./17. Jahrhundert
im Raum Beromünster befunden haben.

Lit.: Batts 1971, S. 803. – Bumke 1996, S. 195–197.
                                                    U. O.

177 ‚Nibelungenlied': Fragment H
Privatbesitz „unbekannter Gönner", mitgeteilt
von Bernhard Joseph Docen, München [ver-
schollen]
(Reproduktion der Abschrift)

Pergament; 13. oder 14. Jh.; 2 mit Textverlust
beschnittene Doppelblätter; Blattgröße „groß
Quart"; einspaltig zu 38 Zeilen; Strophen und
Verse nicht abgesetzt; möglicherweise zum
Mischkomplex *J/*d.

Die beiden Doppelblätter wurden dem
Münchner Bibliothekar Bernhard Joseph
Docen 1816/19 von einem „unbekannten
Gönner" als „Nachzeichnung auf Oel-
papier" zugänglich gemacht und 1836
von Friedrich Heinrich von der Hagen veröffentlicht. Die Originale, die vermutlich
als Einband eines Buches gedient haben,
sind schon seit Docens Tod (1828) verschollen; es existiert lediglich eine zeilen-
und buchstabengetreue Abschrift aus
dem Jahr 1824 (heute in der Staatsbibliothek zu Berlin – Preußischer Kulturbesitz,
Ms. germ. qu. 825a). Die vollständige ‚Nibelungenlied'-Handschrift H muss einen
Umfang von mindestens 90 Blättern gehabt haben.

Lit.: Batts 1971, S. 803.   K. K.

**178 'Nibelungenlied' und 'Klage':
Handschrift J**

Berlin, Staatsbibliothek zu Berlin –
Preußischer Kulturbesitz, Ms. germ. fol. 474
(Reproduktion)

Pergament; um 1300; 68 Blätter; Blattgröße
240 × 180 mm; Bl. 1r–57v 'Nibelungenlied',
Bl. 57v–61v 'Nibelungenklage', Bl. 61v–68r
'Winsbecke' und 'Winsbeckin'; zweispaltig
('Klage' dreispaltig) zu meist 40 Zeilen; Strophen und Verse abgesetzt; zum Mischkomplex *J/*d.

Die von einer einzigen Hand angefertigte
Handschrift „stellt eine schlichte, platz-
sparende, aber sorgfältig geschriebene
und durch die Lombarden und den regelmäßigen Wechsel von roten und blauen
Großbuchstaben am Strophenanfang
auch dem Auge erfreuliche und über-
sichtliche Textausgabe dar" (Becker
1977). Starke Gebrauchsspuren lassen
auf eine häufige Benutzung der Handschrift schließen, die im bairisch-ostale-
mannischen Raum (möglicherweise Tirol)
entstanden ist. Im 15. Jahrhundert befand sich der Codex im Besitz des Süd-
tiroler Adeligen Anton von Annenberg;
später, vermutlich nach dem Aussterben
der Annenberger 1695, gelangte er in den
Besitz der im Vinschgau beheimateten
Grafen Mohr. Nach ihrer Wiederentdeckung Ende des 18. Jahrhunderts kam die
Handschrift in den Besitz eines Berliner
Buchhändlers, von dem sie die Berliner
Bibliothek 1835 erwarb.
Die Handschrift enthält von der gleichen
Hand und direkt an die 'Klage' anschließend außerdem noch die 'Winsbecki-
schen Gedichte' im 13. Jahrhundert entstandene didaktische Dichtungen.
Eine direkte Kopie der Handschrift J ist
die im 15. Jahrhundert entstandene 'Ni-
belungenlied'-Handschrift h (Kat. Nr. 202).

Lit.: Batts 1971, S. 803f., 835 (Abb. 13). – Becker 1977,
S. 147–150 – Bumke 1996, S. 172–177. – Berlin 2003,
S. 43–46 (Nr. 8). K. K.

179 'Nibelungenlied': Fragment K

K₁: Berlin, Staatsbibliothek zu Berlin –
Preußischer Kulturbesitz, Ms. germ. fol. 587
K₂: Berlin, Staatsbibliothek zu Berlin –
Preußischer Kulturbesitz, Ms. germ. fol. 814
K₃: Dülmen, Herzog von Croy'sche Verwaltung,
Hausarchiv Nr. 54
(Reproduktion)

Pergament; um 1300; 2 mit Textverlust beschnittene Doppelblätter (Berlin) + 2 Stücke
aus einem Längsstreifen (Dülmen); Blattgröße ursprünglich ca. 380 × 280 mm; dreispaltig
zu 52 Zeilen; Strophen abgesetzt, Verse nicht
abgesetzt; zum Mischkomplex *J/*d.

Die beiden heute in Berlin befindlichen
Doppelblätter wurden 1839 und 1859 in
Koblenz an Einbänden von Archivalien
gefunden, die aus den ehemaligen Manderscheid-Blankenheimer Besitzungen
stammen. Auch die 1910 im westfälischen Dülmen entdeckten Reste waren
Einbandmaterial zu Rechnungen aus dem
17. Jahrhundert. Die großformatige 'Nibelungenlied'-Handschrift K wurde also
erst relativ spät zerstört und von einem
Buchbinder als Einbandmaterial weiterverarbeitet. – Erst vor wenigen Jahren
wurde bemerkt, dass die zerstörte Handschrift neben dem 'Nibelungenlied' (und
der 'Klage'?) noch mindestens ein weiteres Werk enthalten hat (Kat. Nr. 212, 213).

Lit.: Batts 1971, S. 804, 836–844 (Abb. 14–23). – Klein
2000. – Kornrumpf 2000. K. K.

180 'Nibelungenlied': Fragment L

L₁: Krakau, Biblioteka Jagiellońska, Berol. Ms.
germ. qu. 635 (früher Berlin, Staatsbibliothek,
Ms. germ. qu. 635)
(Reproduktion)
L₂: Mainz, Martinus-Bibliothek, Fragment
aus Ink. 712 (zum Teil verschollen) sowie
Fragm. germ. 1
L₃: s. Kat. Nr. 181

Pergament; Mitte 14. Jh.; 2 Blätter und 21
Querstreifen von 2 Doppelblättern (Krakau) +
4 zum Teil beschnittene Blätter, Leimabdruck
eines verschollenen Blattes sowie 20 Längsstreifen von 6 weiteren Blättern (Mainz);
Blattgröße ca. 190 × 140 mm; einspaltig zu
27 Zeilen; von zwei verschiedenen Händen;
Strophenbeginn nicht markiert, Langverse
abgesetzt; zur Fassung *A.

Die Berlin-Krakauer Reste wurden 1816
von Joseph Görres aus unbekannten Einbänden ausgelöst und gelangten (nach-

dem sie zunächst als Geschenke an verschiedene Forscher verteilt worden waren) in die Berliner Bibliothek und von
dort während des Zweiten Weltkrieges
(im Rahmen der kriegsbedingten Auslagerungen) zusammen mit anderen Handschriften auf Umwegen nach Krakau. –
Die vollständigen Mainzer Blätter wurden
1909 von dem schwedischen Forscher
Isak Collijn im Einband eines im ausgehenden 15. Jahrhundert in Basel gedruckten Buches entdeckt, das zur Bibliothek
des Mainzer Benediktinerklosters St. Jakob gehörte. Bei einer erneuten Untersuchung dieses Bandes entdeckte Kurt
Hans Staub zu Beginn der 90er Jahre des

20. Jahrhunderts weitere (bisher überse-
hene) 20 Längsstreifen, mit denen ein unbekannter Buchbinder am Ende des 15.
Jahrhunderts die Papierlagen des gedruckten Buches verstärkt hatte. Die ‚Nibelungenlied'-Handschrift L, die mindestens
172 Blätter umfasst haben muss, ist also
um die Wende vom 15. zum 16. Jahrhundert zerstört und von einem Buchbinder
zu Einbandzwecken verwendet worden.

Lit.: Batts 1971, S. 804, 845–848 (Abb. 24–31). –
Heinzle/Staub 1993.   K. K.

181 ‚Nibelungenlied': Fragment L₃

Mainz, Gutenberg-Museum, Stb-Ink. 1634

(Abb. seitenverkehrt)

Im Juli 2003 wurden von Kurt Hans Staub
im Einband einer für das bzw. im Mainzer
Benediktinerkloster St. Jakob gebunde-
nen Inkunabel Leimabdrücke von zwei
Pergamentdoppelblättern entdeckt, die
zweifelsfrei aus dem gleichen Codex
stammen müssen wie die bereits bekannten Überreste der ‚Nibelungenlied'-Hand-
schrift L (Kat. Nr. 180). Die Doppelblätter
müssen bereits im 19. Jahrhundert entfernt worden sein. Da sich die beiden
Doppelblätter nicht erhalten haben – bzw.
bisher nicht aufgefunden werden konnten –, kann der an den Holzdeckeln noch
klebende spiegelverkehrte Text nur mit
Hilfe eines Spiegels gelesen werden.

Lit.: Heinzle/Staub 2003.   K. K.

182 ‚Nibelungenlied': Fragment M

Linz, Oberösterreichisches Landesmuseum,
Ms. 122
(Reproduktion)

Pergament; Anfang 14. Jh.; 1 Blatt; Blattgröße ca. 285 × 195 mm; zweispaltig zu
36 Zeilen; Strophenbeginn nicht markiert,
Langverse abgesetzt; zur Fassung *A?

Das Blatt wurde 1837 dem Museum in
Linz von einer unbekannten Privatperson
zusammen mit einem Bündel von mittelalterlichen Urkunden und weiteren Archivalien zum Kauf angeboten; die Herkunft
all dieser Stücke liegt im Dunkeln. Die
‚Nibelungenlied'-Handschrift M muss aus
mindestens 66 Blättern bestanden haben;
wann sie zerstört wurde, lässt sich nicht
mehr feststellen.

Lit.: Batts 1971, S. 804f., 849f., (Abb. 32f.).   K. K.

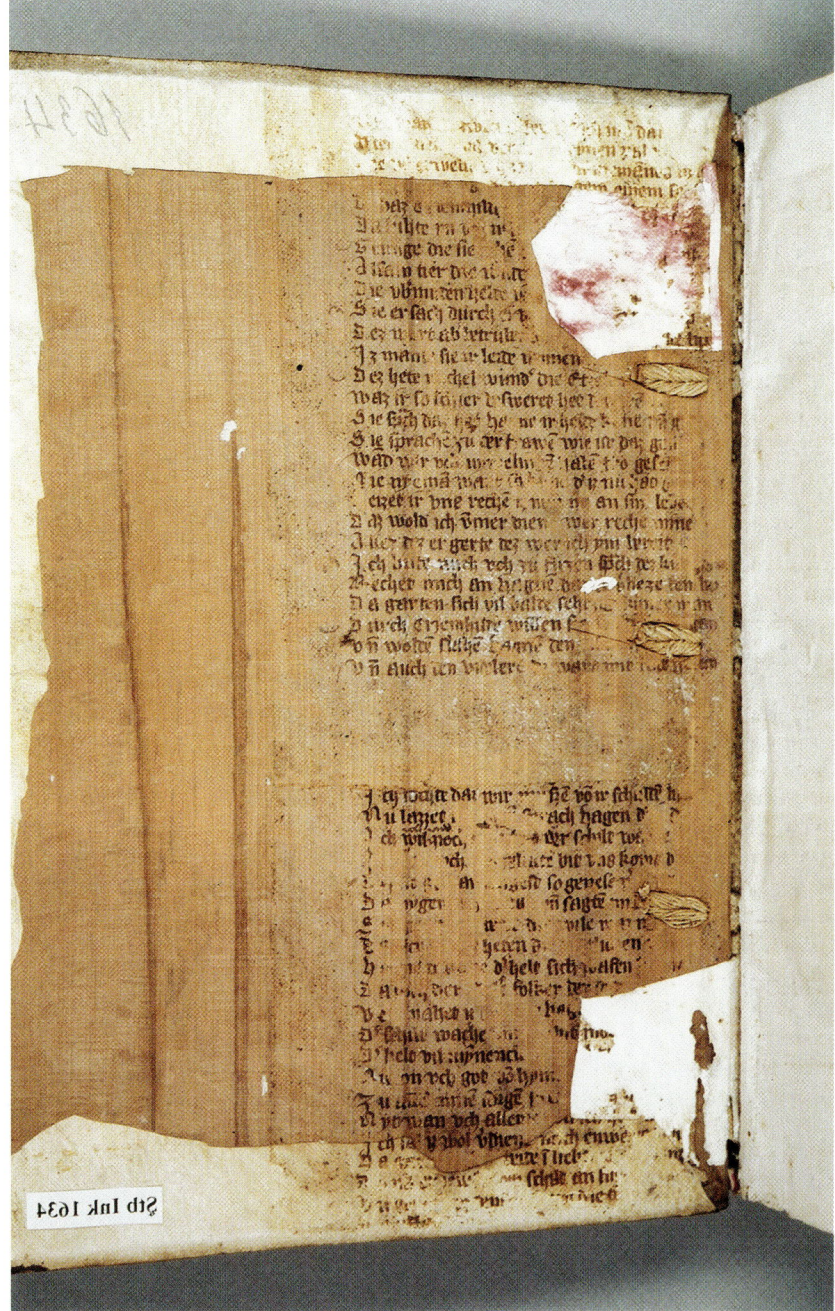

181

183 ,Nibelungenlied' und ,Klage': Fragment N
N$_1$: Würzburg, Universitätsbibliothek,
Dt. Fragm. 2
N$_2$: Nürnberg, Germanisches National-
museum, Hs. 2841a
N$_3$: Nürnberg, Germanisches National-
museum, Hs. 4365a
(Reproduktion)

Pergament; Anfang 14. Jh.; 1 in der Mitte
durchtrenntes Blatt und 1 Querstreifen eines
Doppelblattes (Würzburg) + 2 aus 43 Querstreifen zusammengesetzte Doppelblätter
(Nürnberg, 4365a) + 1 Doppelblatt (Nürnberg,
2841a); Blattgröße ca. 315 × 215 mm; zweispaltig zu 47–49 (,Nibelungenlied') bzw.
50–52 (,Klage') Zeilen; Strophen abgesetzt,
Verse nicht abgesetzt (,Nibelungenlied') bzw.
abgesetzt (,Klage'); zur Mischfassung *Db.

Die ursprünglich etwa 80 Blätter umfassende Handschrift, deren Überreste in
Würzburg (1839/41) und in Nürnberg
(1852) aufgefundenen wurden, muss bereits im 15. Jahrhundert zerstört worden
sein, da sie von einem Buchbinder als
Einbandmaterial zu zwei verschiedenen,
vermutlich in den 70er Jahren des 15.
Jahrhunderts gedruckten Büchern verwendet worden ist. Auffällig ist bei der
,Klage' die in mittelalterlichen deutschen
Handschriften sehr seltene optische Gestaltung, bei der die Endbuchstaben aller
Reimpaare am rechten Spaltenrand
wiederholt werden.

Lit.: Batts 1971, S. 805, 851–860 (Abb. 34–43). –
Bumke 1996, S. 197–201.   K. K.

184 ,Nibelungenlied': Fragment O
Krakau, Biblioteka Jagiellońska, Berol. Ms.
germ. qu. 792 (früher Berlin, Staatsbibliothek,
Ms. germ. qu. 792)
(Reproduktion)

Pergament; 4. Viertel 13. Jh.; 1 mit erheblichem Textverlust beschnittenes Doppelblatt;
ursprüngliche Blattgröße ca. 450 × 280 mm;
ursprünglich dreispaltig mit ca. 78 Zeilen;
Strophen und Verse nicht abgesetzt; zum
Mischkomplex *J/*d.

Das stark beschnittene Doppelblatt diente
als Einband eines 1589 in Dillingen gedruckten Buches, dessen Besitzer es 1852
dem Germanisten Friedrich Heinrich von
der Hagen schenkte. Aus dessen Nachlass gelangte es in die Berliner Bibliothek
und während des Zweiten Weltkriegs –
im Rahmen der kriegsbedingten Auslage-

rungen – zusammen mit anderen Handschriften auf Umwegen nach Krakau. Da
in der Handschrift bei dem großen Format und der dreispaltigen Einrichtung
das ,Nibelungenlied' – und die hier nicht
erhaltene ,Klage' – weniger als 30 Blätter
beansprucht hätte, hat die Handschrift
früher sicherlich noch weitere Texte enthalten.

Lit.: Batts 1971, S. 805.

185 ,Nibelungenklage': Fragment P
Krakau, Biblioteka Jagiellońska, Berol. Ms.
germ. qu. 1895 Nr. 8 (früher Berlin, Staatsbibliothek, Ms. germ. qu. 1895 Nr. 8)
(Reproduktion)

Pergament; 1. Hälfte oder Mitte 14. Jh.;
2 Längsstreifen eines Blattes; Blattgröße
ursprünglich ca. 240 × 170 mm; zweispaltig
zu 46 Zeilen; Verse abgesetzt; zur Mischfassung *Db.

Die Herkunft der beiden Streifen, die 1932
in der Berliner Bibliothek inventarisiert
worden sind und während des Zweiten
Weltkriegs – im Rahmen der kriegsbedingten Auslagerungen – zusammen mit
anderen Handschriften auf Umwegen
nach Krakau gelangten, ist nicht bekannt.
Neben der ,Klage', die knapp 25 Blätter
beanspruchte, hat die vollständige Handschrift sicherlich auch das ,Nibelungen-
lied' enthalten, von dem bisher keine
Überreste gefunden worden sind.

Lit.: Batts 1971, S. 805. – Bumke 1996, S. 201–203. K. K.

186 ,Nibelungenlied': Fragment Q
Q$_1$: Freiburg im Breisgau, Universitätsbiblio-
thek, Hs. 511
Q$_2$, Q$_3$: Rosenheim, Stadtarchiv, Hs-g 1
Q$_4$: München, Staatsarchiv, Fragm.-Slg. Nr. 2
(Reproduktion)

Pergament; 1. Hälfte 14. Jh.; über 25 Blätter
(Doppel-, Einzelblätter und Blattreste); Blattgröße ca. 210 × 160 mm; zweispaltig zu 27 Zeilen; Strophen abgesetzt, Verse nicht abgesetzt; zum Mischkomplex *J/*d.

Bis auf die beiden heute in Freiburg aufbewahrten Doppelblätter, die Franz Karl
Grieshaber um 1855 bei einem Antiquar
in Augsburg erworben hat, waren alle anderen – 1902 und 1987 in Rosenheim und
München aufgefundenen – Blätter früher
Umschläge an Rechnungsbüchern, die in

der Mitte des 17. Jahrhunderts in Rosenheim angefertigt wurden. Daraus lässt
sich schließen, dass die ,Nibelungenlied'-
Handschrift Q, von der sich etwa ein Zehn-
tel seines ursprünglichen Umfangs erhalten hat, etwa in der Mitte des 17. Jahrhunderts in Rosenheim von einem Buchbinder
aufgelöst, zerschnitten und zu Einbandzwecken weiterverarbeitet worden ist.

Lit.: Batts 1971, S. 805f., 861–870 (Abb. 44–63). –
Rosenfeld 1987. – Hagenmaier 1988, S. 138f. K. K.

187 ,Nibelungenlied': Fragment R
Nürnberg, Germanisches Nationalmuseum,
Hs. 22066
(Reproduktion)

Pergament; um 1300; 1 mit Textverlust beschnittenes Doppelblatt; heutige Blattgröße
noch ca. 145 × 150 mm; zweispaltig zu ursprünglich 29–30 Zeilen; Strophen abgesetzt,
Verse nicht abgesetzt; zur Fassung *C.

Das Doppelblatt wurde 1856 in einem
Leipziger Antiquariat im Einband eines
1550 in Tübingen gedruckten Buches
entdeckt und von dem Heidelberger Germanisten Adolf Holtzmann erworben.
Holtzmann, der das Fragment in seiner
1857 erschienenen ,Nibelungenlied'-Aus-
gabe nicht mehr berücksichtigen konnte,
schenkte es 1867 dem Germanischen
Nationalmuseum in Nürnberg. Die vollständige Handschrift R muss einen Umfang von mindestens 110 Blättern gehabt
haben.

Lit.: Batts 1971, S. 806, 871f. (Abb. 64f.). K. K.

188 ,Nibelungenlied' und ,Klage': Fragment S
S$_1$: Prag, Nationalbibliothek, Frag. germ. 2
S$_2$: Prag, Nationalmuseum, I E a 1
S$_3$: Prag, Nationalmuseum, I E a 2
(S$_1$ in Reproduktion)

Pergament; 2. Viertel 13. Jh.; ursprüngliche
Blattgröße wohl ca. 230 × 150 mm; zweispaltig; ,Nibelungenlied': Strophen abgesetzt,
Anfangsbuchstaben der Strophen vor die
Zeile gesetzt; rote Aventiuren-Überschriften;
Zierinitialen; Verse fortlaufend. ,Klage': Verse
abgesetzt; der Anfangsbuchstabe der Reim-
paarverse ist vorgerückt; rote Lombarden;
zur Mischfassung *Db.

Die drei im 19. Jahrhundert in Prag – von
verschiedenen Personen unter unterschiedlichen Begleitumständen – aufgefundenen Fragmente wurden auch unter

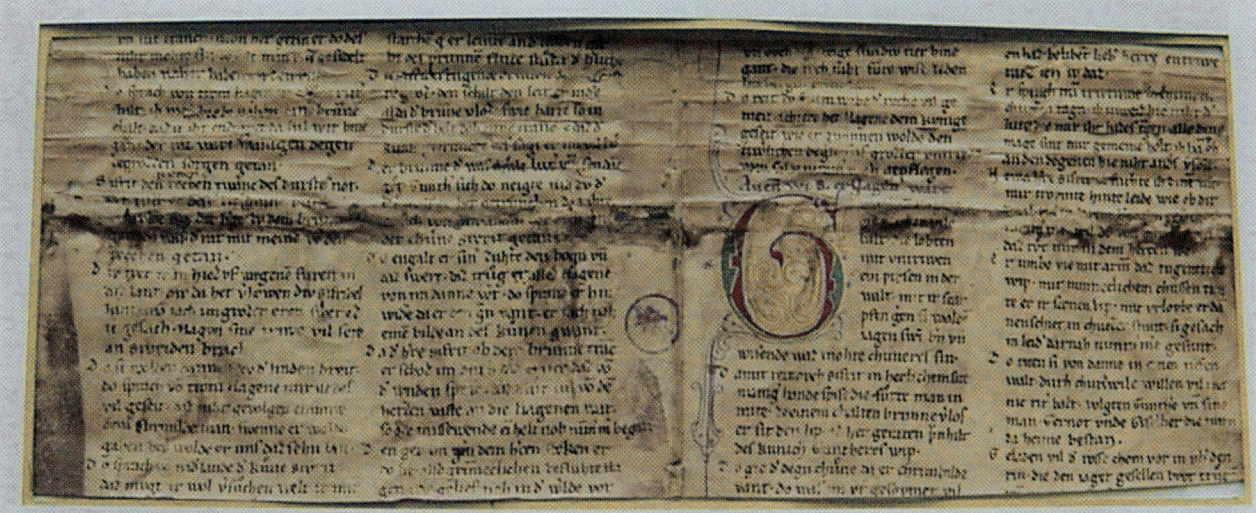

188

Berücksichtigung paläographischer und sprachlicher Kriterien meist als Bestandteile einer einzigen Handschrift gesehen.

S₁: 3 Querstreifen. Davon bilden zwei den oberen Teil eines Doppelblattes aus einer ‚Nibelungenlied'-Handschrift. Dieses Doppelblatt muss das äußerste der ersten Lage gewesen sein (Blatt 1/8). Der dritte Querstreifen stellt den oberen Rand eines weiteren Doppelblattes dar. Am Textbeginn mit roter Feder ausgeführte Rankeninitiale U auf parzelliertem Farbgrund in Blau und Grün. Die Endformen der Ranken sind in drehender Bewegung als gebogte und schraffierte Blätter ausgebildet.
S₂: Dieses Fragment bildet den mittleren Querstreifen eines Doppelblattes aus einer ‚Nibelungenlied'-Handschrift. Die Breite einer halben Spalte einnehmende Fleuronnée-Initiale G mit achtzeiligem, rot-blau geteiltem Buchstabenkörper; Initialfeld und Besatzformen zeigen blaugrünliches Fleuronnée. Das Initialfeld ist zur Gänze gefüllt mit einer Art Palmettenfleuronnée („Kräuselblatt").
S₃: Dieses Fragment besteht aus 2 Einzelblättern und überliefert Verse der ‚Nibelungenklage'.

Lit.: Batts 1971, S. 806, 873 f. (Abb. 66–69). – Bumke 1996, S. 203–209. – Obhof 2003.　　　　U. O.

189　‚Nibelungenlied': Fragment T (ndl. Übersetzung)

London, British Library, Ms. Egerton 2323a (Reproduktion)

Pergament; 13. oder 14. Jh.; 2 leicht beschnittene Blätter; Blattgröße noch ca. 135 bzw. 149 × 88 mm; einspaltig zu 36 Zeilen; Verse abgesetzt ohne Hervorhebung der Strophenanfänge.

Eines der Blätter wurde in Gent um 1835 vom Einband eines 1648 in Leiden gedruckten Buches abgelöst, das sich zuletzt in der Bibliothek der Karmeliten in Löwen befunden hatte; der vermoderte Einband wurde anschließend verbrannt. Das zweite Blatt wurde 1838 auf einer Auktion in Gent ersteigert. Aus dem Besitz des belgischen Forschers C. P. Serrure (1805–1872) gelangten die beiden Blätter schließlich 1873 nach London.

Lit.: Batts 1971, S. 797–799 (Abdruck), 806 f.　　　K. K.

190　‚Nibelungenlied' und ‚Klage': Fragment U

U₁: Nürnberg, Germanisches Nationalmuseum, Hs. 42567
U₂: Sterzing, Kapuzinerkloster, ohne Sign. (Reproduktion)

Pergament; 14. Jh.; 1 Blatt (Nürnberg) + 1 Blatt (Sterzing); Blattgröße 200 × 150 mm; einspaltig zu 28 (‚Nibelungenlied') bzw. 27 (‚Klage') Zeilen; Strophen und Verse (bzw. Langverse beim ‚Nibelungenlied') abgesetzt; zur Fassung *C.

Das heute in Nürnberg aufbewahrte Blatt mit dem ‚Nibelungenlied' wurde 1880 von einem Kaufmann in Innsbruck als hinteres Deckblatt eines Bildes entdeckt. Das aus der gleichen Handschrift stammende, in Sterzing aufbewahrte Blatt mit der ‚Klage' diente früher als Einband eines unbekannten Buches und wurde 1904 vom Bibliothekar des Kapuzinerklosters Klausen (Südtirol) aufgefunden. Aufgrund des verschwenderischen Umgangs mit dem Schriftraum muss die vollständige ‚Nibelungenlied'-Handschrift U aus mehr als 250 Blättern bestanden haben.

Lit.: Batts 1971, S. 807, 875 (Abb. 70 f.). – Bumke 1996, S. 209–211.　　　K. K.

191 ,Nibelungenlied': Fragment V
Vorau, Stiftsbibliothek, Fragm. aus Cod. 138
(Reproduktion)

Pergament; Anfang 14. Jh.; 34 schmale Querstreifen, die sich zu einem vollständigen Doppelblatt und der oberen Hälfte eines weiteren
Doppelblattes zusammensetzen lassen; Blattgröße 225 × 160 mm; zweispaltig zu 38 Zeilen;
Strophen abgesetzt, Verse nicht abgesetzt;
zur Mischfassung *Db.

Die Streifen wurden vor 1936 in Vorau
in einer Handschrift entdeckt, in die sie
ein Buchbinder im 15. Jahrhundert zur
Verstärkung der Papierlagen eingearbei-
tet hatte. Wo diese Handschrift geschrieben und gebunden wurde, lässt sich
nicht mehr ermitteln. Die ,Nibelungen-
lied'-Handschrift V muss ursprünglich
aus über 80 Blättern bestanden haben.

Lit.: Batts 1971, S. 807, 876–879 (Abb. 72–79).   K. K.

192 ,Nibelungenlied': Fragment W
Melk, Stiftsbibliothek, Fragm. germ. 6
(Reproduktion)

Pergament; 4. Viertel 13. Jh.; 6 Querstreifen
eines Doppelblattes; ursprüngliche Blattgröße ca. 200 × 170 mm; zweispaltig zu ursprünglich 36 Zeilen; Strophen und Verse
(meist auch Halbverse) abgesetzt; zum
Mischkomplex *J/*d.

Die Streifen wurden erst 1997 von Christine Glaßner in Melk in einer lateinischen
Sammelhandschrift des 15. Jahrhunderts
entdeckt, in der sie ein Buchbinder zum
Schutz der Papierlagen vor den scharfen
Heftschnüren verwendet hatte. Obwohl
diese lateinische Sammelhandschrift bereits seit mindestens 1483 in Melk aufbewahrt wird, ist es sehr zweifelhaft, ob die
,Nibelungenlied'-Handschrift W, die ursprünglich aus mindestens 125 Blättern
bestanden haben muss, auch in Melk zerstört wurde oder gar dort entstanden ist.

Lit.: Glaßner 1998. – Heinzle/Klein 1998.   K. K.

193 ,Nibelungenlied': Fragment X
Wien, Österreichische Nationalbibliothek,
Cod. 14281
(Reproduktion)

Pergament; Ende 13. Jh.; 2 Längsstreifen
eines Blattes; ursprüngliche Blattgröße
ca. 275 × 190 mm; zweispaltig zu 38 Zeilen;
Strophen abgesetzt, Verse nicht abgesetzt;
zur Fassung *C.

Obwohl die aus einem unbekannten
Buch ausgelösten Streifen, die ein Buchbinder zur Befestigung von Buchdeckeln
verwendet hatte, bereits 1860 von der
Wiener Druckschriftensammlung in die
Handschriftenabteilung übergegangen
waren, wurden sie erst 1909 in der Forschung bekannt gemacht. Aufgrund der
ungewöhnlich großen Ränder ist zu vermuten, dass die ,Nibelungenlied'-Hand-
schrift X ein repräsentatives Exemplar
war, das früher aus etwa 100 Blättern bestand.

Lit.: Batts 1971, S. 807, 880f. (Abb. 80f.).   K. K.

194 ,Nibelungenlied': Fragment Y
Trient, Stadtbibliothek, Cod. 3035
(Reproduktion)

Pergament; 14. Jh.; 2 Blätter; Blattgröße ca.
170 × 140 mm; einspaltig zu 24 Zeilen; Strophen und Verse abgesetzt; zum Mischkomplex *J/*d.

Die beiden Blätter wurden 1913 in der
Stadtbibliothek Trient in einer lateinischen
Handschrift aus dem 14. Jahrhundert entdeckt, in der sie auf den Innenseiten des
Einbandes aufgeklebt waren. Die kleinformatige ,Nibelungenlied'-Handschrift Y
muss ursprünglich etwa 200 Blätter umfasst haben.

Lit.: Batts 1971, S. 807, 882f. (Abb. 82–85).   K. K.

195 ,Nibelungenlied': Fragment Z
Klagenfurt, Universitätsbibliothek,
Perg.-Hs. 46
(Reproduktion)

Pergament; Mitte 13. Jh.; 25 schmale Quer-
und Längsstreifen von 2 Doppelblättern; ursprüngliche Blattgröße ca. 150 × 120 mm;
einspaltig zu 29–31 Zeilen; Strophen und Verse nicht abgesetzt; zur Fassung *C.

Hermann Menhardt entdeckte die Überreste 1927 in Klagenfurt in einer lateinischen Sammelhandschrift aus dem

14./15. Jahrhundert. Ein unbekannter
Buchbinder hatte bereits zu Beginn des
15. Jahrhunderts diese ,Nibelungenlied'-
Handschrift, die ursprünglich deutlich
mehr als 50 Blätter umfasst haben muss,
zerstört und daraus unter anderem
schmale Pergamentstreifen angefertigt,
um in der Sammelhandschrift die einzelnen Papierlagen vor den scharfen Heftschnüren zu schützen.

Lit.: Batts 1971, S. 807, 884 (Abb. 86). – Schneider 1987,
S. 144f., Anm. 109.   K. K.

196 ,Nibelungenklage': Fragment AA
Amberg, Staatsarchiv, Hss.-Fragm. 74
(Reproduktion)

Pergament; 14. Jh.; 2 Streifen eines Blattes;
ursprüngliche Blattgröße ca. 310 × 250 mm;
zweispaltig zu ursprünglich 31 Zeilen; Verse
abgesetzt; zur Mischfassung *Db.

Die beiden direkt aneinander anschließen-
den Stücke sind der derzeit vorletzte Fund
zur ,Nibelungenlied'-Überlieferung; entdeckt wurden sie 1999 in Amberg als
Rückenverstärkung an einem Rechnungs-
heft aus den Jahren 1658/59, das in einer
Weidener Werkstatt gebunden worden
war. Obwohl sich nur Verse aus der ,Kla-
ge' erhalten haben, dürfen wir davon ausgehen, dass die jetzt zerstörte Handschrift
ursprünglich auch das ,Nibelungenlied'
enthalten hat.

Lit.: Klein 2002.   K. K.

197 ,Nibelungenlied' und ,Klage':
Handschrift a
Cologny, Bibliotheca Bodmeriana,
Cod. Bodmer 117 (ehemals Maihingen, Fürst-
lich Oettingen-Wallersteinsche Bibliothek,
Cod. I.3.4° 2)
(Reproduktion)

Papier; 2. Viertel 15. Jh.; 260 Blätter; Blattgröße 268 × 195 mm; einspaltig zu 17–26
(meistens 19–21) Zeilen; fortlaufender Text:
Strophen nicht markiert, Verse nicht abgesetzt; zur Fassung *C.

Im Jahre 1823 wurde die Handschrift in
Wallerstein im Ries entdeckt und kam
1829 in die dortige Bibliothek der Fürsten
von Oettingen-Wallerstein, von wo die
Handschrift wahrscheinlich 1841 in die
Maihinger Bibliothek der Fürsten trans-
feriert wurde. Der auch heute noch häufig als ,Wallersteiner Handschrift' bezie-

hungsweise ‚Maihinger Handschrift‘ bezeichnete Codex gelangte 1934 über
einen Münchner Antiquar in den Besitz
Martin Bodmers und somit schließlich in
die Bibliotheca Bodmeriana in Cologny-
Genève.

Die das ‚Nibelungenlied‘ und die ‚Klage‘
umfassende Handschrift a wird in der
Germanistik im Allgemeinen zu den vollständigen Textzeugen des ‚Nibelungenlieds‘ gezählt. Das trifft für große Komplexe des ersten Teils des ‚Nibelungenlieds‘
aber sicher nicht zu. Vom Textbestand der
ersten zwölf Aventiuren fehlen, ohne
dass ein Blattverlust eingetreten wäre,
die ersten fünf, die zweite Hälfte der 6.
Aventiure und die 12. Aventiure mehr
oder weniger vollständig. Der Text beginnt erst, ohne Aventiuren-Überschrift,
mit der 6. Aventiure (= C 329), die die
Werbung Gunthers um Brünhild zum Inhalt hat: *Es was gesezzenn ein chunigin
vber See* (Blatt 1r). Voraus geht ein 13
Zeilen umfassender Prosatext, der die
Geschehnisse im ‚Nibelungenlied‘, das
als *puech vonn denn Rekchenn vnd vonn
kreymhilldenn* bezeichnet wird, einer historischen Zeit zuzuordnen versucht.
Die besondere Bedeutung der Handschrift
liegt darin, dass die in Handschrift C
(Kat. Nr. 172) vorhandenen Lücken durch
a ergänzt werden können und somit die
*C-Bearbeitung des ‚Nibelungenlieds‘
besser fassbar wird.

Lit.: Batts 1971, S. 808, 885–889 (Abb. 87–91).
– Hennig 1977 (Berücksichtigung der Lesarten
von a). – Wetzel 1994, S. 155–158 und Abb. 13. –
Bumke 1996, S. 177–181.   L. V.

198 ‚Nibelungenlied‘ und ‚Klage‘: Handschrift b

Berlin, Staatsbibliothek zu Berlin –
Preußischer Kulturbesitz, Ms. germ. fol. 855
(Reproduktion)

Papier; zwischen 1436 und 1442; 192 Blätter
(davon 13 später hinzugefügte leere Blätter
zur Markierung von Textlücken); Blattgröße
283 × 203 mm; einspaltig zu 29–39 (meistens
32) Zeilen (Textseiten); Strophen markiert,
Verse abgesetzt; zur Mischfassung *Db.

Auf die wohl in Ostschwaben (Augsburg)
entstandene Handschrift machte erstmalig Helfrich Bernhard Hundeshagen im
Jahre 1816 aufmerksam, der den Codex
zu Beginn dieses Jahres in Mainz erworben hatte. Im Jahre 1867 ging die Hand-

schrift durch Ankauf in den Besitz der damaligen Königlichen Bibliothek zu Berlin
über.
Der ‚Hundeshagensche Codex‘ enthält
das ‚Nibelungenlied‘ und die ‚Klage‘. Die
Handschrift ist infolge einiger Blattver-
luste jedoch nicht mehr vollständig. Der
erhaltene Text weist zu Beginn der 28.
Aventiure einen umfangreicheren Zusatz
von 23 Strophen auf, der in ähnlicher
Form nur noch in der Handschrift n
(Kat. Nr. 207) begegnet. Zudem finden
sich noch gegen Ende der 39. Aventiure
zwei nur in b überlieferte Zusatzstrophen,
die inhaltlich ein Schwankmotiv aufgrei-
fen: Hildebrand, der Waffenmeister Dietrichs, durchtrennt mit einem schnellen
und scharfen Schwertschlag den Körper
Kriemhilds, ohne dass diese das zunächst
wahrnimmt. Die bereits tödlich getroffe-
ne Kriemhild verspottet sogar noch Hildebrand und sein vermeintlich stumpfes
Schwert. Doch Hildebrand zieht einen
Ring von einem seiner Finger, wirft ihn
Kriemhild vor die Füße und fordert sie
auf, den kostbaren Ring vom Boden auf-
zuheben. Dabei zerfällt dann Kriemhild in
zwei Teile.
Die Handschrift b ist mit – heute noch –
37 kolorierten Federzeichnungen die einzige durchgängig bebilderte Handschrift
der gesamten ‚Nibelungenlied‘-Überliefe-
rung. Ursprünglich wird die Handschrift b
gegen die bisher vertretene Annahme
aber nicht 39, sondern insgesamt 40 Miniaturen enthalten haben. Es ist wohl davon auszugehen, dass die 1. Aventiure, in
Parallele zur Schlussaventiure, ursprünglich zwei Miniaturen aufgewiesen hat,
nämlich eine heute nicht mehr erhaltene
Bildszene, die die 1. Aventiure und damit
auch das ‚Nibelungenlied‘ eröffnet hat,
und die heute noch erhaltene Bildszene
vom Falkentraum Kriemhilds, die nun-
mehr, da der Text der 1. Aventiure verloren gegangen ist, die Handschrift zu er-
öffnen scheint. Die ein bis zwei Drittel einer Seite füllenden Miniaturen sind
ansonsten in der Regel einer jeden Aventiure vorangestellt.

Faksimile: Hornung/Schweikle 1983 (nur Bildseiten).

Lit.: Batts 1971, S. 808, 890 (Abb. 92). – Bumke 1996,
S. 181–186. – Janz 1998 – Berlin 2003, S. 47–50.   L. V.

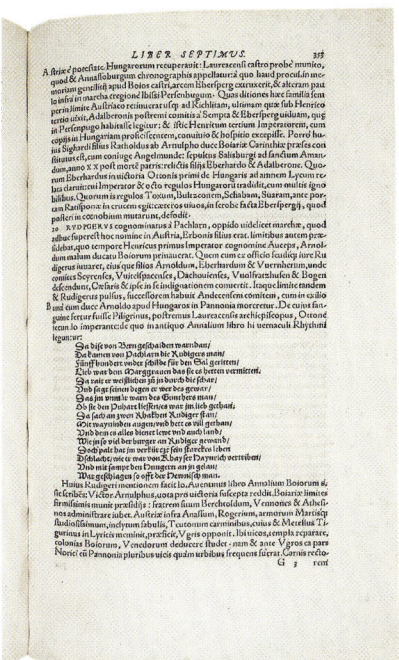

199

199 ‚Nibelungenlied‘: Handschrift c

Wien, Hofbibliothek,
Cod. Q 4793 (verschollen)
Exzerpte abgedruckt in: Wolfgang Lazius:
De gentium aliquot migrationibus; Basel
[Johannes Oporinus], 2. Auflage 1572
Karlsruhe, Badische Landesbibliothek,
74 C 16 R (VD 16: L 850)

Von dieser Handschrift sind nur einige
Strophen bekannt, die ihr früherer Besitzer Wolfgang Lazius (1514–1565) veröffentlichte. Nach Lazius‘ Tod gelangte die
Handschrift in die Wiener Hofbibliothek,
wo sie noch in einem Katalog von 1576
nachweisbar ist. Sie ist im 14. oder 15.
Jahrhundert entstanden und enthielt außer dem ‚Nibelungenlied‘ auch den ‚Lau-
rin‘, eine Heldendichtung aus dem Stoff-
kreis um Dietrich von Bern.
Lazius war Leibarzt und Hofhistoriograph
Kaiser Ferdinands I. In zahlreichen historischen Publikationen, die objektiver Kritik größtenteils nicht standhielten, machte er doch auf mittelalterliche Zeugnisse
aufmerksam. Seine Schrift über die
germanischen Stämme und die Völkerwanderung erschien erstmals im Jahre
1557. Die ersten Exzerpte aus der ‚Nibelungenlied‘-Handschrift c finden sich in
der vorliegenden Ausgabe fett gedruckt

im siebten Buch (S. 353). Lazius bezeichnet seine Quelle als altes Geschichtsbuch (*in antiquo Annalium libro*).

Lit.: Batts 1971, S. 808. U. O.

200 ,Nibelungenlied' und ,Klage': Handschrift d

Wien, Österreichische Nationalbibliothek, Cod. Ser. nova 2663 (Reproduktion)

Pergament; 1504–1516/1517; I*-V* und 238 Blätter (,Nibelungenlied': Bl. 95ra–127va; ,Klage': Bl. 131va–139vb); Blattgröße 460 × 360 mm; dreispaltig zu 66-68 Zeilen; fortlaufender Text: Strophen markiert, Verse nicht abgesetzt; zum Mischkomplex *J/*d.

Das ,Ambraser Heldenbuch' (Kat. Nr. 222) enthält im heldenepischen Mittelteil der Handschrift unter anderem auch den Text des ,Nibelungenlieds' und der ,Klage', die, ebenso wie die übrigen Werke des Codex, von der Hand Hans Rieds stammen. Beide Texte, die möglicherweise die heute nur noch fragmentarisch erhaltene Handschrift O (Kat. Nr. 184) zur Vorlage hatten, erscheinen hier in einem ganz einzigartigen größeren Überlieferungsverbund. Beide Texte sind das zeitlich letzte Glied in der langen Kette der Überlieferung der beiden Werke. Das ,Nibelungenlied' trägt den Titel *Ditz Puech Heysset Chrimhilt* (Blatt 95ra). Im Inhaltsverzeichnis lautet der Titel abweichend: *Das Puech von Chrimhildin von Burgundien* (Blatt I*rb). Das ,Nibelungenlied' ist im ,Ambraser Heldenbuch', ebenso wie auch die ,Klage', vom Textbestand her nicht vollständig überliefert. Es fehlen die Aventiuren 30, 32 bis 34 und der gesamte Schluss mit den Aventiuren 37 bis 39. In allen drei Fällen hat Hans Ried (d. h. nach den Aventiuren 29, 31 und 36) einen umfangreicheren unbeschriebenen Freiraum von unterschiedlicher Größe ausgespart. Es ist erstaunlich, dass es dem Schreiber trotz rund zwölfjähriger Arbeit an dem Codex und angesichts eines kaiserlichen Auftraggebers nicht gelang, die Lücken zu schließen. Bemerkenswert ist auch, dass in dem ebenfalls von Hans Ried stammenden Inhaltsverzeichnis die Aventiuren-Überschriften (Blatt I*rb-II*rb) wie Buchtitel behandelt und einzeln aufgeführt werden. Dabei fällt weiterhin die äußerst merkwürdige Abfolge der Aventiuren-Überschriften auf: Auf die Überschrift zur 18. Aventiure folgen zunächst die Überschriften zu den Aventiuren 27–36 (27–29, 31 und 35–36), wobei insbesondere die Überschrift zur 27. Aventiure deutlich von der im Textteil abweicht, dann der Titel der ,Klage' (*Das puech klagen*) und dann erst die Überschriften zu den Aventiuren 19–26.

Faksimile: Unterkircher 1973.

Lit.: Batts 1971, S. 808f., 891 (Abb. 93). – Bumke 1996, S. 186–190. L. V.

201 ,Nibelungenlied': Fragment g

Heidelberg, Universitätsbibliothek, Cod. Pal. germ. 844 (Reproduktion)

Papier; 1. Viertel 15. Jh.; 17 Blätter; Blattgröße 270–280 × 190–200 mm; einspaltig zu 25–27 Zeilen; Strophen (entgegen den Angaben in der einschlägigen Forschungsliteratur) nicht markiert, Verse abgesetzt; zur Fassung *A.

Die genauere Herkunft der Blätter ist unbekannt. Sie müssen 1623 mit der Fortführung der Biblioteca Palatina aus Heidelberg in die Bibliotheca Apostolica Vaticana nach Rom gelangt und dort zusammen mit einer größeren Zahl verschiedenartigster Fragmente zu einem Sammelband vereint worden sein. Im Rahmen der Rückgabe der deutschsprachigen Bestände der ehemaligen Bibliotheca Palatina gelangte auch dieser Sammelband 1816 wieder nach Heidelberg in den Besitz der dortigen Universitätsbibliothek. Die umfangreicheren ,Nibelungenlied'-Fragmente, die von der heutigen Zählung her größtenteils eine falsche Abfolge aufweisen, betreffen verschiedene Textpartien des zweiten Teils des ,Nibelungenlieds'. Als direkte Textvorlage dürfte wohl die ebenfalls nur noch fragmentarisch erhaltene Handschrift L (Kat. Nr. 180 und 181) gedient haben.

Lit.: von der Hagen 1819 (Transkription [1. Teil]). – von der Hagen 1836 (Transkription [2. Teil]). – Batts 1971, S. 809, 892 (Abb. 94). L. V.

202 ,Nibelungenlied' und ,Klage': Handschrift h

Berlin, Staatsbibliothek zu Berlin – Preußischer Kulturbesitz, Ms. germ. fol. 681 (Reproduktion)

Papier; um 1450–1455; 168 Blätter; Blattgröße 300 × 210 mm; einspaltig zu 25–38 (meistens 31) Zeilen; Strophen markiert, Verse abgesetzt; zum Mischkomplex *J/*d.

Der nach seinem früheren Besitzer Karl Hartwig Gregor von Meusebach auch als ,Meusebachsche Handschrift' bezeichnete Codex ist eine im Ganzen sehr fehlerhafte Abschrift der ,Nibelungenlied'-Handschrift J (Kat. Nr. 178). Wie in J erhält die Handschrift h das ,Nibelungenlied' und die ,Klage' sowie die ,Winsbeckischen Gedichte', didaktische strophische Dichtungen des 13. Jahrhunderts. Wie in J fehlen auch in der Handschrift h mehr als 100 Strophen, die die Aventiuren 25 bis 27 betreffen. Das weitgehend verlorene erste Blatt der Handschrift h ist heute durch den entsprechenden Text aus der Handschrift J ersetzt worden.

Lit.: Batts 1971, S. 809, 894–897 (Abb. 96–99). – Bumke 1996, S. 190–194. – Berlin 2003, S. 46. L. V.

203 ,Nibelungenlied': Fragment i

Krakau, Biblioteka Jagiellońska, Berol. Ms. germ. quart. 669 (früher Berlin, Staatsbibliothek, Ms. germ. qu. 669) (Reproduktion)

Papier; späte 1. Hälfte 15. Jh.; 1 Blatt; Blattgröße ca. 215 × 145 mm; einspaltig zu 32 und 30 Zeilen; Strophen (entgegen den Angaben in der einschlägigen Forschungsliteratur) nicht markiert, Verse abgesetzt; zum Mischkomplex *J/*d.

Im Jahre 1836 transkribiert August Heinrich Hoffmann von Fallersleben die aus der 4. Aventiure stammenden Strophen und weist ohne nähere Angaben zur Herkunft des Blattes darauf hin, dass es sich in seinem Besitz befinde. Das späterhin in den Bestand der damaligen Königlichen Bibliothek zu Berlin (nachmalig: Preußische Staatsbibliothek; heute: Staatsbibliothek zu Berlin – Preußischer Kulturbesitz) gelangte Blatt galt nach dem Zweiten Weltkrieg lange Zeit als verschollen.

Lit.: Hoffmann von Fallersleben 1836 (Transkription). – Batts 1971, S. 809. L. V.

204 ‚Nibelungenlied': Handschrift k

Wien, Österreichische Nationalbibliothek,
Cod. 15478

Papier; um 1480–1490; 516 Blätter
(Bl. 291v–496v: ‚Nibelungenlied'); Blattgröße
210 × 150 mm; einspaltig zu 24 Zeilen; Strophen markiert, Verse abgesetzt; Bearbeitung
des ‚Nibelungenlieds'.

Die Handschrift wurde 1856 im Wiener
Piaristenkollegium in der Josefstadt aufgefunden und wird deshalb häufig als
‚(Wiener) Piaristenhandschrift' bezeichnet. Stärker durchgesetzt hat sich inzwischen aber der aussagekräftigere Titel
‚Li(e)nhart Scheubels Heldenbuch', der
bezüglich des Namens von einem entsprechenden Besitzeintrag auf dem ersten Blatt der Handschrift ausgeht. Lien-
hart Scheubel war jedoch nicht, wie lange
Zeit angenommen, ein Bürger der Stadt
Wien, sondern Nürnbergs, wo sich für
die Zeit um 1500 mehrere Träger dieses
Namens nachweisen lassen.
Die Handschrift enthält insgesamt sechs
verschiedene Werke, die jedoch nicht in
einem Zuge aufgezeichnet worden sind
und teilweise zunächst einzeln in Gebrauch waren. Die meisten dieser sechs
Werke sind der Heldendichtung zuzurech-
nen. Für die thematische Auswahl der
Texte spielt aber wohl das Brautwerbungs-
beziehungsweise Hochzeitsmotiv eine
insgesamt bedeutendere Rolle. Unter diesem Gesichtspunkt wird offensichtlich
auch das ‚Nibelungenlied' gesehen, das
schon von den Überschriften und der
Einrichtung her deutlich in zwei Stücke
aufgeteilt ist: die Hochzeit Siegfrieds mit
Kriemhild und die Hochzeit Etzels mit
Kriemhild. Als einzige Handschrift unter
den Überlieferungsträgern, die den ‚vollständigen' Text bieten (die Handschrift n
ist in diesem Sinne nicht vollständig),
war der Auftraggeber der Handschrift k
offensichtlich nicht an der Aufzeichnung
auch der ‚Klage' interessiert, obwohl drei
Zusatzstrophen in k eindeutig darauf hinweisen, dass die Vorlage oder deren
Vorstufe auch über diesen Text verfügt
haben muss. Im Übrigen enthält die Handschrift k auch die acht Zusatzstrophen
zum Kloster Lorsch, die sonst nur noch in
den Handschriften C und a anzutreffen
sind. Der Text der Handschrift k ist eine
sehr freie Bearbeitung des ‚Nibelungenlieds', die aber nicht ohne jede Parallele

204

ist. Insbesondere zur Darmstädter Handschrift n (Kat. Nr. 207) ergeben sich in der Bearbeitungstendenz teilweise auffallende Berührungspunkte und Übereinstimmungen. Die Nibelungenstrophe ist in der Handschrift k durch die einfachere Hildebrandstrophe ersetzt. Eröffnet wird der Nibelungenteil der Handschrift durch eine ganzseitige Miniatur, die die Ermordung Siegfrieds darstellt.

Lit.: Keller 1879 (Text mit zahlreichen Normalisierungen). – Batts 1971, S. 809f. – Springeth 1997 (mit genauer Transkription des Textes). – Müller 1997. – Springeth 1999. L. V.

205 ‚Nibelungenlied': Fragment I
Basel, Universitätsbibliothek,
Cod. N I 1 Nr. 99a
(Reproduktion)

Papier; Mitte 14. Jh.; 5 Doppelblätter; Blattgröße ca. 195 × 125 mm; einspaltig zu 30–35 Zeilen; Strophen und Verse abgesetzt; zum Mischkomplex *J/*d.

Die Blätter, die einst als Einband für ein unbekanntes Buch verwendet worden sind, wurden von ihrem Entdecker, dem Pfarrer Chr. Kind zu Fanas im Prättigau (Graubünden), 1866 dem Basler Germanisten Wilhelm Wackernagel übereignet, der sie an die Basler Bibliothek weitergab. Sollte die Handschrift nur das ‚Nibelungenlied' enthalten haben, wären dafür allein etwa 200 Blätter nötig gewesen.

Lit.: Batts 1971, S. 810, 893 (Abb. 95). K. K.

206 ‚Nibelungenlied': Handschrift m (‚Darmstädter Aventiurenverzeichnis')
Darmstadt, Hessische Landes- und Hochschulbibliothek, Hs. 3249

Pergament; Mitte bis 2. Hälfte 14. Jh.; 1 Blatt; Blattgröße 285 × 195 mm; einspaltig mit 31 bzw. 33 Zeilen; Bearbeitung des ‚Nibelungenlieds'.

Das 1853 in Darmstadt entdeckte Blatt diente früher einem aus einem Mainzer Klosterarchiv stammenden Ackerbuch aus dem Jahr 1540 als Umschlag. Erhalten hat sich nur ein Teil des Inhaltsverzeichnisses mit der Verzeichnung der ersten 28 Aventiuren und den dazugehörigen Blattangaben in römischen Ziffern. Über den Umfang der ursprünglichen Handschrift lassen sich keine zuverlässigen Angaben machen.

Lit.: Batts 1971, S. 810. – Staub/Sänger 1991, S. 146f. K. K.

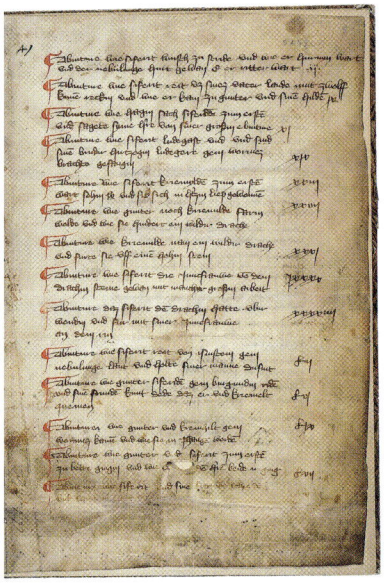

206

207

207 ‚Nibelungenlied': Handschrift n
Darmstadt, Hessische Landes- und Hochschulbibliothek, Hs. 4257

Papier; 1449 oder um 1470/80; 62 Blätter (davon 6 später hinzugefügte leere Blätter [Bl. 8–11, 29 und 29a] zur Markierung von Textlücken); Blattgröße 277 × 207 mm; einspaltig zu 27-37 Zeilen; Strophen nicht markiert, Verse abgesetzt; Bearbeitung des ‚Nibelungenlieds'.

Die erst 1975 von Jürgen Vorderstemann in der Hessischen Landes- und Hochschulbibliothek in Darmstadt entdeckte Handschrift behandelt nur den Burgundenuntergang (ab der 25. Aventiure [= C 1539 ff.]). Die ersten 19 Strophen des Textes bieten, mit dem Königinnenstreit zwischen Kriemhild und Brünhild einsetzend, in einer Art Einleitung eine knappe Zusammenfassung der Vorgeschichte, die schließlich zum Untergang der Burgunden führt. Bereits hier zeigt sich überdeutlich, dass sich der Bearbeiter des Nibelungenstoffs nicht nur auf die verschriftete Form des ‚Nibelungenlieds' stützt, sondern auch zahlreiche Elemente der nur mündlichen Tradierung des Sagenstoffs aufgreift. Der Textbestand ab Strophe 20, der durch Blattverlust zwei größere Lücken aufweist, hält sich nicht an eine einzige Fassung des ‚Nibelungenlieds', sondern basiert, abgesehen vom Rückgriff auf mündliche Quellen, sowohl auf der *Liet*-Fassung wie der *Nôt*-Fassung

des ‚Nibelungenlieds'. Darüber hinaus zeigen sich auch sonst auffallende Berührungspunkte mit in anderen Handschriften anzutreffenden Textelementen. Für die Handschrift n gilt, ebenso wie für die Handschrift k (Kat. Nr. 204), dass die Vorlage oder deren Vorstufe auch die ‚Klage' aufgewiesen haben muss, an deren Aufzeichnung aber offensichtlich kein Interesse bestanden hat. Die Handschrift n war ursprünglich Bestandteil eines mindestens vier Werke umfassenden Codex. Davon sind inzwischen drei von nur einem Schreiber stammende Texte ermittelt worden, die diese Abfolge aufgewiesen haben müssen: ‚Alpharts Tod' (Staatsbibliothek zu Berlin – Preußischer Kulturbesitz, Ms. germ. fol. 856), ‚Nibelungenlied'-Handschrift n und Johann von Würzburg, ‚Wilhelm von Österreich' (Darmstadt, Hessische Landes- und Hochschulbibliothek, Hs. 4314).

Lit.: Staub/Sänger 1991, S. 161f. – Göhler 1999 (Edition). – Vorderstemann 2000 (Edition). – Haymes 2000. – Hennig 2000. – Hennig 2002. L. V.

DIE SCHREIBWERKSTATT
DES SANGALLENSIS 857

Die folgenden vier Fragmente stammen von Händen, die am Codex Sangallensis 857 (Kat. Nr. 171) mitgewirkt haben, sie sind also in derselben unbekannten Schreibwerkstatt (Skriptorium) entstanden.

Das Fragment L der ‚Kindheit Jesu‘ Konrads von Fußesbrunnen (Kat. Nr. 208) und das Fragment E der ‚Hinvart‘ Konrads von Heimesfurt (Kat. Nr. 209), beide von Hand 5, waren ursprünglich Bestandteile des Codex Sangallensis 857. Sie wurden wahrscheinlich 1780 aus der Handschrift entfernt, bevor diese an Johann Jacob Bodmer nach Zürich entliehen wurde. Der St. Galler Fürstabt Beda Angehrn fürchtete offensichtlich, dass das Bekanntwerden der apokryphen und legendarischen Bestandteile der ‚Kindheit Jesu‘, die er als „läppisches Zeug" bezeichnet hatte, der katholischen Religion schaden könnten. Zu denken ist dabei z. B. an die Episode, in der zwei Hebammen nach der Geburt Jesu mittels manueller Untersuchung die Jungfräulichkeit Marias überprüfen. Da die beiden Fragmente aus dem Nachlass Friedrich Heinrich von der Hagens stammen und dieser sich 1816 in der St. Galler Stiftsbibliothek aufgehalten hat, ist wohl davon auszugehen, dass er die Fragmente bei dieser Gelegenheit an sich gebracht und mitgenommen hat. Da beide Bruchstücke die Berliner Akzessionnummer 4748 tragen, dürfte auch das (kleinere) ‚Hinvart‘-Fragment aus von der Hagens Nachlass zunächst in die Königliche Bibliothek gelangt sein.

Der Text des ‚Parzival‘-Fragments a (Kat. Nr. 210) stimmt, wie schon Hartl in seiner Ausgabe von 1952 bemerkt hat, sehr eng zur Handschrift D, also zum ‚Parzival‘-Teil des Codex Sangallensis 857. Die Entdeckung Nigel F. Palmers (Literatur bei Kat. Nr. 171), dass das Fragment a von dessen 4. Hand stammt, liefert die Erklärung dafür: Der ‚Parzival‘ wurde in der Schreibwerkstatt zweimal aus derselben Vorlage abgeschrieben.

Das ‚Nibelungenlied‘-Fragment E (Kat. Nr. 211) ist ebenfalls von der 4. Hand des Sangallensis geschrieben, wie Karin Schneider (Literatur bei Kat. Nr. 171) festgestellt hat. Im Gegensatz zu den beiden ‚Parzival‘-Abschriften stammen der ‚Nibelungenlied‘-Teil des Codex Sangallensis 857 und das Fragment E nicht aus derselben Vorlage. Während nämlich der Codex die *B-Fassung repräsentiert, gehört das Fragment E zur *C-Fas-

sung. Die drei Fassungen des ‚Nibelungenlieds‘ differieren nicht nur am Beginn in auffälliger Weise im Strophenbestand:

Str. C 1	A 1	-
Str. C 2	A 2	B 1
Str. -	A 3	-
Str. C 3	A 4	B 2

Wie immer man sich diese Differenzen im Einzelnen zu erklären versucht, sie dürften in einer Werkstatt, in der zwei Fassungen verfügbar waren, das Bewusstsein für die Unterschiedlichkeit der Redaktionen geschärft haben.

B. S.

208

209

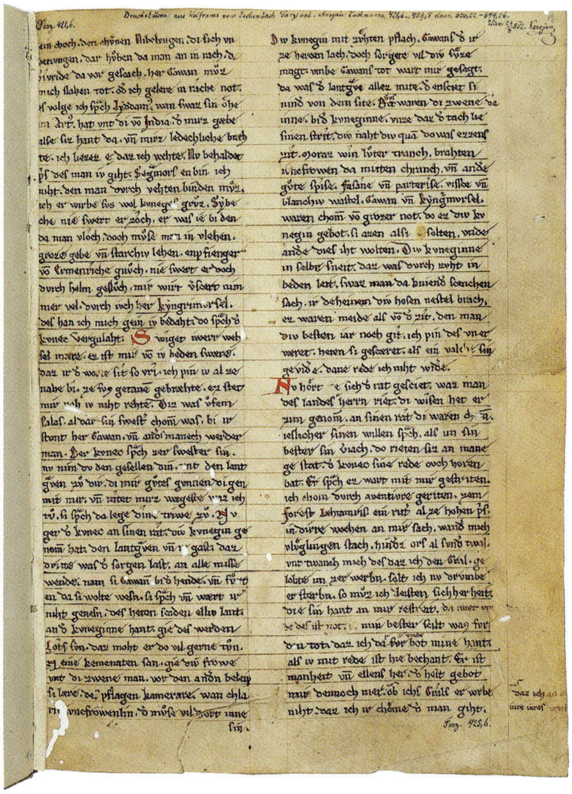

210

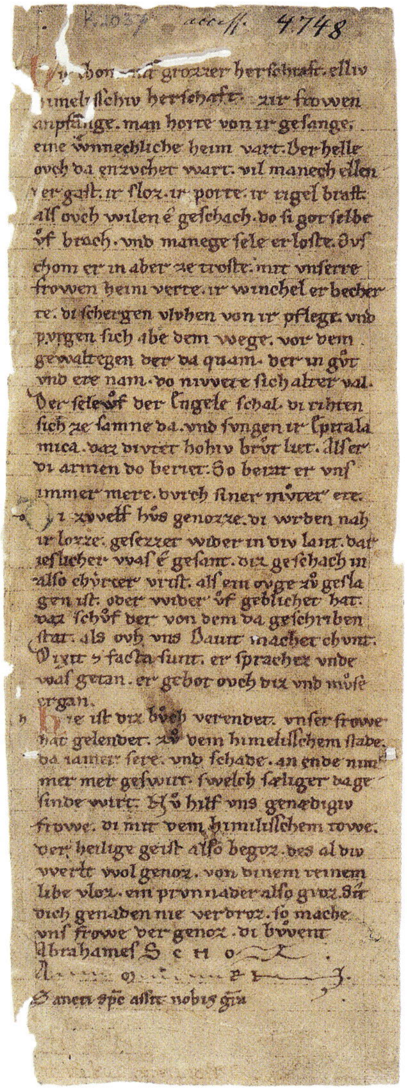

208 **Konrad von Fußesbrunnen:**
‚Kindheit Jesu' L
Berlin, Staatsbibliothek zu Berlin – Preußischer Kulturbesitz, Ms. germ. fol. 1021

Inhalt: ‚Kindheit Jesu' 1–1141; ursprünglich zum Codex Sangallensis 857 (Kat. Nr. 171) gehörig; Hand 5; die 5 Blätter (3 Einzelblätter und ein Doppelblatt) sind in der äußeren oberen Ecke paginiert (694–703), die Paginierungszahlen schließen an die des Sangallensis an (dort bis 693); die Schmuckinitiale am Beginn (nimbierter Christuskopf) ist auf p. 693 des Codex abgeklatscht. Die ‚Kindheit Jesu' begann offensichtlich mit einem Quaternio (4 Doppelblätter = 16 Seiten), das Doppelblatt (p. 700–703) ist das innerste der Lage. B. S.

209 **Konrad von Heimesfurt:**
‚Unser vrouwen hinvart' E
Karlsruhe, Badische Landesbibliothek, Cod. K 2037

Inhalt: ‚Hinvart' 1025–1052/1183–1209; ursprünglich zum Codex Sangallensis 857 (Kat. Nr. 171) gehörig; Hand 5; das

Fragment (noch 230 × 83–87 mm) wurde aus dem letzten Blatt des Codex herausgeschnitten, das auf dem hinteren Innendeckel aufgeklebt war. Aus dem Besitz des Frankfurter Antiquars Joseph Baer von Marc Rosenberg erworben und 1927 an Karl Preisendanz verschenkt, über ihn gelangt es im selben Jahr in die Badische Landesbibliothek; dort von Klaus Klein wiederentdeckt. B. S.

210 **Wolfram von Eschenbach:**
‚Parzival' a (F 1)
Wien, Österreichische Nationalbibliothek, Cod. 13070

Inhalt: ‚Parzival' 421,6–429,5; 636,22–644,26; aus demselben Skriptorium wie der Codex Sangallensis 857 (Kat. Nr. 171) Hand 4; 2 Blätter aus verschiedenen Lagen; Blattgröße beschnitten; ursprünglich ca. 250–260 × 180 mm; Schriftraum 210 × 141 mm; zweispaltig zu 42 Zeilen; Verse nicht abgesetzt. Die Fragmente wurden von Buchdeckeln abgelöst und 1849 vom Antiquar Kuppitsch an die Wiener Hofbibliothek verkauft. B. S.

211

211 ‚Nibelungenlied' E
Berlin, Staatsbibliothek zu Berlin –
Preußischer Kulturbesitz, Fragm. 44

Inhalt: C 252,3–299,4; aus demselben
Skriptorium wie der Codex Sangallensis
857 (Kat. Nr. 171), dort Hand 4 (= p. 291); 1
Doppelblatt; Blattgröße ca. 230 × 160 mm;
Schriftraum 180 × 110 mm; einspaltig zu
34 Zeilen; Strophen nicht abgesetzt; kleiner Zwischenraum (Spatium) vor Strophenbeginn wie im Codex Sangallensis
857, p. 291. – Weiteres oben bei Kat. Nr. 174.

B. S.

‚NIBELUNGENLIED' UND ‚KINDHEIT JESU'

Deutschsprachige Handschriften des 13. und auch noch des 14. Jahrhunderts sind in der weit überwiegenden Anzahl makuliert worden und daher nur noch in Bruchstücken erhalten. Während die Zusammengehörigkeit von heute an verschiedenen Orten und/oder unter verschiedenen Signaturen aufbewahrten Fragmenten des gleichen Werkes vergleichsweise einfach festzustellen ist, gelingt dies bei Überresten von verschiedenen Werken meist nur anhand von ungewöhnlichen Einrichtungsmerkmalen oder mit Hilfe von außergewöhnlichen Schriftformen.

Obwohl einzelne Teile bereits seit 1839 publiziert waren, erkannte man erst vor wenigen Jahren, dass mehrere Blätter der ‚Nibelungenlied'-Handschrift K (Kat. Nr. 212) vom gleichen Schreiber und wohl auch aus der gleichen Handschrift stammen müssen wie der Längsstreifen eines Einzelblattes aus der ‚Kindheit Jesu' des Konrad von Fußesbrunnen (Kat. Nr. 213).

Die um 1300 im bairisch-österreichischen Sprachraum angefertigte Pergamenthandschrift war ein Prachtexemplar in ungewöhnlich großem Format von ca. 380 × 290 mm; ungewöhnlich waren weiterhin die dreispaltige Einrichtung mit je 52 Zeilen pro Spalte und die aufwändige Ausstattung mit abwechselnd roten und blauen Lombarden. Charakteristisch für den Schreiber sind die ausgedehnten diagonalen Oberlängen des *d*, die dem Betrachter sofort ins Auge springen.

Da das ‚Nibelungenlied' (mit der dazugehörigen, hier aber nicht erhaltenen ‚Klage') und die ‚Kindheit Jesu' in dieser Handschrift nur etwas mehr als 60 Blätter beansprucht haben, muss man davon ausgehen, dass die ehemals vollständige Handschrift noch weitere Texte überliefert hat; diese sind entweder nicht mehr erhalten oder sie konnten diesem Fragmentenkomplex bisher noch nicht zugeordnet werden. Die Beantwortung der Frage, ob es sich bei den erhaltenen Fragmenten – ähnlich wie bei der ‚Nibelungenlied'-Handschrift B (Kat. Nr. 171) – um Reste einer Sammelhandschrift oder – ähnlich wie bei der ‚Nibelungenlied'-Handschrift d (Kat. Nr. 200) – um Reste eines Heldenbuches handelt, muss zumindest vorerst offen bleiben.

Lit.: Klein 2000. – Kornrumpf 2000.   K. K.

---

212 ‚Nibelungenlied' K

K₁: Berlin, Staatsbibliothek zu Berlin – Preußischer Kulturbesitz, Ms. germ. fol. 587
K₂: Berlin, Staatsbibliothek zu Berlin – Preußischer Kulturbesitz, Ms. germ. fol. 814
K₃: Dülmen, Herzog von Croy'sche Verwaltung, Hausarchiv Nr. 54
(Reproduktion)

2 mit Textverlust beschnittene Doppelblätter (Berlin) + 2 Stücke aus einem Längsstreifen (Dülmen); Strophen abgesetzt, Verse nicht abgesetzt; zum Mischkomplex *J/*d. Inhalt: Aus dem Strophenbereich 1411,1–1531,1; 1771,3–1833,1; 2265,3–2304,2; 2314,3–2373,4.

Die Berliner Doppelblätter wurden 1839 und 1859 in Koblenz an Einbänden von Archivalien gefunden, die aus den ehemaligen Manderscheid-Blankenheimer Besitzungen stammen. Auch die 1910 im westfälischen Dülmen entdeckten Reste waren Einbandmaterial zu Rechnungen aus dem 17. Jahrhundert. Weiteres oben bei Kat. Nr. 179.   K. K.

213 Konrad von Fußesbrunnen: ‚Kindheit Jesu' E

Berlin, Staatsbibliothek zu Berlin – Preußischer Kulturbesitz, Ms. germ. fol. 913 Nr. 13
(Reproduktion)

1 Längsstreifen aus der mittleren und äußeren Spalte eines Blattes (noch ca. 355 × 120 mm) mit jeweils 52 abgesetzten Verszeilen; jeder zweite Versbeginn mit vorgezogener, abwechselnd roter und blauer Lombarde; Inhalt: V. 2221–2334.

Das Fragment wurde 1839 von dem in Koblenz tätigen Lehrer Ernst Friedrich Johann Dronke (1797–1849) ohne Angabe des Fundortes veröffentlicht und gelangte später in die Berliner Bibliothek. Die Herkunftsbezeichnung in der einschlägigen Forschungsliteratur „aus dem Zisterzienserkloster Camenz/Schlesien" wie auch die Bestimmung der Mundart als „ostmitteldeutsch (böhmisch?)" beruht auf einem Irrtum.   K. K.

Mächtige Gönner großer Dichter

Wolfgang Runschke

In der stat ze Pazzouwe   was er bischof.
die herberge wurden lære   und ouch des fürsten hof:
si îlten gegen den gesten   ûf in Bayerlant,
dâ der bischof Pilgerîn   die schœnen Kriemhilde vant.

(C 1322) **In der Stadt Passau war er Bischof.**
Die Häuser und auch der Hof des Fürsten leerten sich.
Sie eilten den Fremden nach Bayern hinauf entgegen,
wo der Bischof Pilgrim die schöne Kriemhild traf.

Die Literatur im Hochmittelalter suchte die Öffentlichkeit. Texte und Lieder wurden einem höfischen Publikum vorgetragen, welches sich dadurch in seinem exklusiven Selbstverständnis bestätigen konnte. Die Dichtkunst war zugleich ein vorzügliches Repräsentationsmittel des Hof haltenden Fürsten und diente auch der propagandistischen Unterstützung seiner Politik. Unter diesen Gesichtspunkten war es nahe liegend, dass sich Angehörige des Hofes oder der Fürst selbst literarisch betätigten. Damit war den Berufsdichtern der Boden bereitet, welche von Hof zu Hof zogen und von ihrer Entlohnung lebten. Ein Paradebeispiel hierfür ist Walther von der Vogelweide, der im Laufe seines Lebens an zahlreichen Fürstenhöfen zu Gast war. Erst gegen Ende seines Lebens verlieh ihm Kaiser Friedrich II. ein Lehen und damit die ersehnte wirtschaftliche Absicherung. Aus Walthers überschwänglichen Dankesworten *„Ich hân mîn lêhen, al die werlt, ich hân mîn lêhen!"* (L 28,31) sprechen die Mühen und Gefährdungen des Sängertums.

Berühmte Musenhöfe jener Zeit unterhielten der mächtige Landgraf Hermann I. von Thüringen auf der Wartburg oder Wolfger von Erla, der als Bischof von Passau und Patriarch von Aquileja großen Einfluss auf die Reichspolitik hatte. Diese bedeutenden Herren ermöglichten die Schaffung großer Werke wie die Romane Wolframs von Eschenbach, den ‚Eneasroman' Heinrichs von Veldeke und den ‚König Rother', um nur einige Beispiele zu nennen.

In Wolfgers Umkreis wirkten so illustre Dichter wie Walther von der Vogelweide, Albrecht von Johannsdorf, Thomasin von Zerklære und wohl auch der Dichter des ‚Nibelungenlieds'.

Es ist daher keine Überraschung, wenn wir in der Literatur jener Zeit zahlreiche Widmungen und offene wie auch versteckte Anspielungen auf die Gönner finden. Um nur zwei Beispiele zu nennen: Im ‚König Rother' treten eine ganze Reihe von Vorfahren bayerischer Adelsgeschlechter auf, und der Dichter des ‚Nibelungenlieds' lobt in der 21. Aventiure (C 1322) einen Passauer Bischof mit dem sprechenden Namen Pilgrim, was als eine kaum verhüllte Reverenz an Wolfger von Erla zu deuten ist.

Lit.: Bumke 1979. – Boshof/Knapp 1994. – Schulz-Grobert 2000.

Per natiuitatē tuā l̃.
Per baptismū &
ieiuniū tuū l̃.
Per mortem & se
pultutā tuā l̃.
Per resurrectionē
& ascensionē·t·l̃
Per aduentum
spc̄ sc̄i para
cliti libera n.d̃.
In hora mor
tis l̃. nos d̃.
In die iudicii
libera nos d̃.

Peccatores te ro
gam̄ audi nos.
Ut cunctum po
pulu xp̄ianū
pc̄ioso sangui
ne tuo redep
tũ·conserua
re digneris te
rogamus au
di n o s.
Ut fructus ter
re dare & con
seruare digñ
te rog. a. n.

214 Reiserechnung des Bischofs Wolfger von Erla

Cividale del Friuli, Museo Archeologico Nazionale, ursprünglich in Fol. V, S. 61–68 einliegend (Reproduktion)

Pergament; 1203–1204 (1268); 10 zusammengebundene Blätter; Bl. II quer zerrissen, ursprünglich ca. 475 × 140 mm; einspaltig mit 90 (Vorderseite) und 66 (Rückseite) Zeilen.

Auf den Reisen des Bischofs von Passau wurde über seine Ausgaben genau Buch geführt. Am 12. November 1203 war er auf der Durchreise in Zeiselmauer bei Wien. Unter diesem Datum und Ort heißt es in der Reinschrift, Blatt IIr, oberer Teil, Zeile 54–55: *„Sequenti die apud Zei(ze-murum) Walthero cantori de Vogelweide pro pellicio. v. sol(idos). longos"* (sinngemäß übersetzt: „Am nächsten Tag [nach dem Martinstag] wurden bei Zeiselmauer dem Sänger Walther von der Vogelweide fünf Langschillinge für einen Pelzmantel gegeben").

Es handelt sich um das einzige nicht-literarische Lebenszeugnis Walthers. Wolfger förderte den Sänger großzügig, denn der Betrag ist eines Adeligen würdig. Die ebenfalls erwähnten Gaukler, Jongleure, Schauspieler usw. erhielten durchweg nur einen Bruchteil dieses Betrages. Gleichzeitig ist zu erkennen, dass die Unterstützung für Walther einen sehr praktischen Aspekt hatte, denn schließlich stand der Winter vor der Türe.

W. R.

215 Landgrafenpsalter

Stuttgart, Württembergische Landesbibliothek, Cod. HB II 24

Pergament; um 1210; 181 Blätter; Blattgröße 235 × 170 mm; einspaltig zu 18 Zeilen.

Diese Handschrift zählt ohne Zweifel zu den Meisterwerken der mittelalterlichen Buchkunst. Sie entstand im Auftrag des Landgrafen Hermann I. von Thüringen (1190–1217) und seiner zweiten Gattin Sophia von Wittelsbach und trägt eine reiche Ausstattung mit vergoldeten Initialen und großformatigen Miniaturen. Berühmt sind die Porträt-Miniaturen auf den Blättern 174v–176r. Sie zeigen den Landgrafen und seine Frau, ferner zwei Bischöfe und die Könige Andreas II. von Ungarn und Otakar I. von Böhmen mit

ihren Gattinnen Gertrud und Konstanze, die alle in verwandtschaftlicher (und somit auch machtpolitischer) Beziehung zum Grafenhaus standen.

Der Text umfasst ein Kalendar, die Psalmen, geistliche Lieder, Gebete an die Heiligen und eine Totenmesse. Inhaltlich bleibt die Handschrift damit im Rahmen des Üblichen – mit einer bezeichnenden Ausnahme: Auf Blatt 175r wurde ein besonderes Bittgebet für den Landgrafen eingeschoben und sein Name „Hermannvs" mit Goldbuchstaben hervorgehoben. Im Verein mit den Miniaturen wurde so dem Betrachter seine Rolle als Auftraggeber vor Augen geführt.

Der Landgrafenpsalter zeigt damit die für das Mittelalter so charakteristische Verschränkung von privater Frömmigkeit und repräsentativer Prachtentfaltung. Die Handschrift gelangte später in das Benediktinerkloster Weingarten und kam im Zuge der Säkularisation 1810 in die königliche Hofbibliothek nach Stuttgart, der heutigen Württembergischen Landesbibliothek. Bei dieser Gelegenheit erhielt sie den prunkvollen Maroquin-Einband.

W. R.

216

216 Reitersiegel Hermanns I., Landgraf von Thüringen

Wolfenbüttel, Niedersächsisches Staatsarchiv, Urkunde 25 Urk. 58

Wachssiegel; 1216; rund, Dm. 8 cm; Umschrift (ergänzt): „+ HERMANN(us) D(e)I GRA(tia) LANTG(ravius) TVRING(iae) (comes) PALATIN(us) SAXONIE", zu übersetzen in: „Hermann, von Gottes Gnaden Landgraf von Thüringen, Pfalzgraf von Sachsen".

Das Siegelbild zeigt einen Ritter zu Pferd mit Waffenrock und offenem Helm, das Gesicht dem Betrachter zugewandt. Auf dem Schild ist ein steigender Löwe abgebildet, wie dieser heute noch in den Landeswappen von Hessen und Thüringen zu finden ist. In der Rechten hält der Reiter die Fahnenlanze, das Zeichen für einen Reichsfürsten.

Hermann I. von Thüringen (1190–1217) war ein machtbewusster Angehöriger des Hochadels und einer der größten Territorialherren seiner Zeit. Zugleich tat er sich als ein Förderer des Minnesangs und der epischen Dichtung hervor. Seine Residenz, die Wartburg, war ein Zentrum der höfischen Kultur. Sie wurde durch den so genannten „Wartburgkrieg", einer Sammlung von Streitgedichten, als Musenhof verewigt.

Das Siegel hängt an einer Pergamenturkunde Hermanns vom 29. Juni 1216 für das Zisterzienserkloster Walkenried.

W. R.

Zeitgenössische Literatur

Lothar Voetz

Volkêr der snelle   mit sîner videlen dan
kom gezogenlîche   für Gotelinde stân.
er videlt süeze dœne   und sang ir sîniu liet:
dâ mite nam er urloup,   dô er von Bechelâren sciet.

(C1744) Volker, der Starke, trat
mit seiner Fiedel höflich vor Gotelinde hin.
Er fiedelte süße Töne und sang ihr seine Lieder.
Damit nahm er Abschied, als er Bechelaren verließ.

Das um oder kurz nach 1200 entstandene ‚Nibelungenlied' tritt in der deutschsprachigen Literatur seiner Zeit wie aus dem Nichts hervor. Das der Gattung der Heldendichtung zuzuordnende Epos hat auf der Ebene der Schriftlichkeit keinerlei bekannte Vorläufer. Auch von der zeitgenössischen höfischen Epik grenzt sich das ‚Nibelungenlied' schon allein dadurch ab, dass es sich um eine strophische Dichtung handelt und dass die Stoffgeschichte nicht dem romanischen, sondern dem deutschen beziehungsweise germanischen Kulturkreis entstammt. Das alles bedeutet aber nicht, dass das ‚Nibelungenlied' tatsächlich völlig isoliert dasteht. Mit der höfischen Epik und Lyrik seiner Zeit ist es unter anderem schon durch die beiden großen Themen Kampf und Minne enger verbunden. Auch von den Entstehungsbedingungen wie vom Publikum her liegen für das ‚Nibelungenlied' grundsätzlich dieselben Faktoren vor, die auch für die sonstige deutschsprachige Epik sowie für die Lyrik der Zeit um 1200 gelten.

Die herausragenden Vertreter der deutschsprachigen höfischen Epik für die Jahrzehnte um 1200 sind Heinrich von Veldeke, Hartmann von Aue, Wolfram von Eschenbach und Gottfried von Straßburg. Für die mittelhochdeutsche Lyrik der Zeit um 1200 sind insbesondere Reinmar und Walther von der Vogelweide hervorzuheben. Bis auf Wolfram von Eschenbach, der zumindest nicht explizit genannt wird, erscheinen alle diese Namen auch in einem ‚Literaturexkurs' im ‚Tristan' Gottfrieds von Straßburg, der um 1210 entstanden sein dürfte.

Inwieweit und in welcher Form der ‚Nibelungenlied'-Dichter diese Autoren und ihr Werk gekannt hat, lässt sich dem ‚Nibelungenlied' nicht genauer entnehmen. Von der Zeit ihres literarischen Schaffens her müssen insbesondere Walther von der Vogelweide, Wolfram von Eschenbach und der ‚Nibelungenlied'-Dichter zeitgleich gewirkt haben.

Für fast alle in der heutigen Forschung anzutreffenden Angaben zu einzelnen Dichtern und ihren Werken sowie zu spezielleren Fakten gilt es jedoch immer zu bedenken, dass diese Aussagen nur erschlossen sind. Kein einziges der Werke ist im Original überliefert beziehungsweise durch den Dichter selbst autorisiert. Zu keiner der verschiedenen Dichtungen liegt ein genaues Entstehungsdatum vor. Selbst die Lebensdaten der genannten Dichter, zu denen – bis auf einen einzigen Beleg zu Walther von der Vogelweide aus dem Jahr 1203 – keinerlei außerliterarische Zeugnisse existieren, lassen sich nur mit großen Einschränkungen aus dem überlieferten Werk der einzelnen Autoren und aus eventuell vorhandenen Dichterzeugnissen in etwa erschließen.

Unter den angeführten Bedingungen wird man für einige der herausragenden epischen Werke der mittelhochdeutschen Literatur, die im zeitlichen Umfeld des ‚Nibelungenlieds' entstanden sind, etwa von den folgenden Annahmen ausgehen können: Am Anfang der ‚klassischen' Zeit der mittelhochdeutschen Epik dürfte der auf einer altfranzösischen Vorlage beruhende ‚Eneasroman' Heinrichs von Veldeke gestanden haben. Der Abschluss dieses der Gattung des ‚Antikenromans' zu-

Walther von der Vogelweide; Miniatur aus der ‚Weingartner Liederhandschrift', 1310–1320.
Stuttgart, Württembergische Landesbibliothek, HB XIII 1 (Kat. Nr. 226)

zurechnenden Werkes wird wohl am ehesten in die Mitte der 80er Jahre des 12. Jahrhunderts zu setzen sein. Die durch den französischen Autor Chrétien de Troyes (vor 1150–nach 1190) begründete Gattung des Artusromans wird durch Hartmann von Aue in die deutsche Literatur eingeführt. Während der ‚Erec' wohl am ehesten in die zweite Hälfte der 80er Jahre des 12. Jahrhunderts zu datieren sein wird, geht der vielleicht gegen Ende des 12. Jahrhunderts oder um 1200 abgeschlossene ‚Iwein' zeitlich dem ‚Nibelungenlied' wohl unmittelbar voraus. Dagegen wird der in Teilen in etwa zeitgleich mit dem ‚Nibelungenlied' entstandene ‚Parzival' Wolframs von Eschenbach, in dem sich bereits literarische Reflexe auf das ‚Nibelungenlied' finden lassen, erst im weiteren Verlauf des ersten Jahrzehnts des 13. Jahrhunderts abgeschlossen worden sein. Für die Datierung des ‚Parzival' wie des ‚Nibelungenlieds' und ebenso auch für die Datierung fast aller anderen Werke der mittelhochdeutschen Epik der Jahrzehnte um 1200 spielt dabei die im 7. Buch des ‚Parzival' erwähnte Zerstörung der Erfurter Weingärten, die historisch für das Jahr 1203 zu sichern ist, eine besondere Rolle. Dem ‚Nibelungenlied' und dem ‚Parzival' zeitlich nachgeordnet sind der bereits angeführte ‚Tristan' (um 1210) Gottfrieds von Straßburg und der frühestens wohl nach 1209 begonnene, aber nicht abgeschlossene ‚Willehalm' Wolframs von Eschenbach.

Die Überlieferung der mittelhochdeutschen Epik der Zeit um 1200 und der zeitgleichen Lyrik mit ihren beiden Bereichen des Minnesangs und der Spruchdichtung umfasst insgesamt die Zeitspanne vom Ende des 12. Jahrhunderts bis zum Anfang des 16. Jahrhunderts. Die Formen der Überlieferung sind aber äußerst verschieden. Während die mittelhochdeutsche Lyrik vor allem in einigen wenigen Anthologien überliefert wird, sind die mittelhochdeutschen epischen Werke der Zeit um 1200 in der Regel in einer sehr hohen Zahl von heute noch erhaltenen Handschriften und Handschriftenfragmenten bezeugt, die im Einzelnen die unterschiedlichsten Überlieferungsverbünde aufweisen. Zu den heute bekanntesten mittelhochdeutschen Lyrik-Anthologien zählen insbesondere die ‚Kleine Heidelberger Liederhandschrift', die ‚Weingartner Liederhandschrift' und der ‚Codex Manesse', die alle in den Jahrzehnten vor und nach 1300 entstanden sind. Eine größere Zahl von Strophen mittelhochdeutscher Lyrik ist auch bereits in der wohl in den 20er Jahren des 13. Jahrhunderts angelegten Sammelhandschrift der ‚Carmina Burana' anzutreffen, die ansonsten aber vor allem ein Sammelbecken der mittellateinischen Lyrik ist. Einen absoluten Sonderfall der Überlieferung mittelhochdeutscher epischer Werke stellt das erst zu Beginn des 16. Jahrhunderts im Auftrag Kaiser Maximilians I. entstandene ‚Ambraser Heldenbuch' dar, das unter anderem auch das ‚Nibelungenlied' enthält. Die kaum zu überschätzende Bedeutung des ‚Ambraser Heldenbuchs' liegt aber vor allem darin, dass es zahlreiche mittelhochdeutsche Werke überliefert, deren Entstehung in das ausgehende 12. und ins 13. Jahrhundert zu datieren sind, die aber weitgehend oder sogar ausschließlich nur hier überliefert sind.

Lit.: Johnson 1999. – Bumke 2000. – Heinzle 2002. – Brunner 2003.

217 Heinrich von Veldeke: ‚Eneasroman'
Berlin, Staatsbibliothek zu Berlin –
Preußischer Kulturbesitz, Ms. germ. fol. 282
(Reproduktion)

Pergament; Bayern, um 1220–1230; 74 Blätter;
Blattgröße 250–255 × 170–175 mm
Bl. 53v: Bau der Totenbahre für Pallas; Klage
des Eneas über den Tod des Pallas

Obwohl der Epiker und Liederdichter
Heinrich von Veldeke einer Region außerhalb des hochdeutschen Sprachgebiets
entstammt – sein Geburtsort liegt wohl in
der Nähe von Hasselt (heute Belgien) –,
ist sein ‚Eneasroman' ausschließlich in
mittelhochdeutscher Sprache tradiert
worden. Entgegen einer – vor allem älteren – Forschungsmeinung kann heute
wohl kaum noch von einem ursprünglich
maasländisch-limburgischen Original des
am Thüringer Hof gegen Mitte der 80er
Jahre des 12. Jahrhunderts abgeschlos-
senen ‚Eneasromans' Heinrichs von Veldeke ausgegangen werden. Veldekes
‚Eneasroman' beruht entscheidend auf
einer anonymen altfranzösischen Quelle,
dem ‚Roman d'Eneas', der seinerseits,
wenn auch in starker Umformung, auf die
‚Aeneis' Vergils (70–19 v. Chr.) zurückgeht.
Die Berliner Handschrift (Sigle B) ist die
älteste der einigermaßen vollständig
erhaltenen Handschriften des ‚Eneas-
romans' (in B fehlt heute allerdings vor
allem die Schlusspartie).
Die Handschrift B weist zudem die Besonderheit von (heute noch) 71 Bildseiten
auf, die ursprünglich als textlose Doppelblätter alternierend mit den reinen Text-
blättern zusammengebunden waren. Die
obere Miniatur der Bildseite Blatt 53v
zeigt drei Zimmerleute, die gerade eine
Bahre für den toten Pallas herstellen. In
der unteren Miniatur beklagen Eneas und
weitere Trauernde den vollständig mit einem sehr kostbaren Bahrtuch bedeckten
Pallas. In ganz ähnlicher Weise hat man
sich sicherlich auch die Aufbahrung Siegfrieds im Wormser Dom nach zeitgenössischer Ansicht vorgestellt.

Faksimile: Henkel/Fingernagel 1992.

Lit.: Kartschoke 1986 (zweisprachig). – Fromm 1992
(zweisprachig; zur Handschrift B: S. 746–751). – Lienert
2001, S. 72–102 (einführend). – Berlin 2003, S. 62–65
(Nr. 22), S. 16f. und 23.   L. V.

217

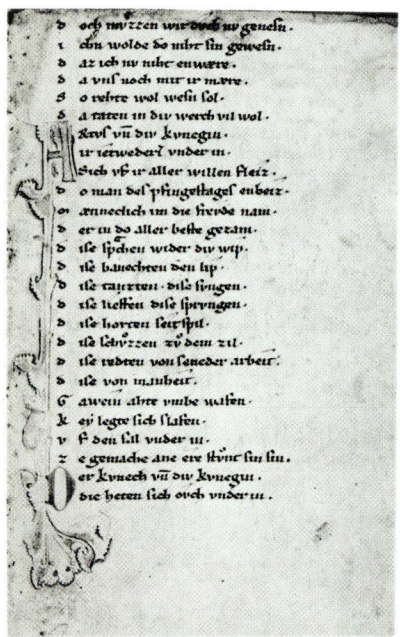

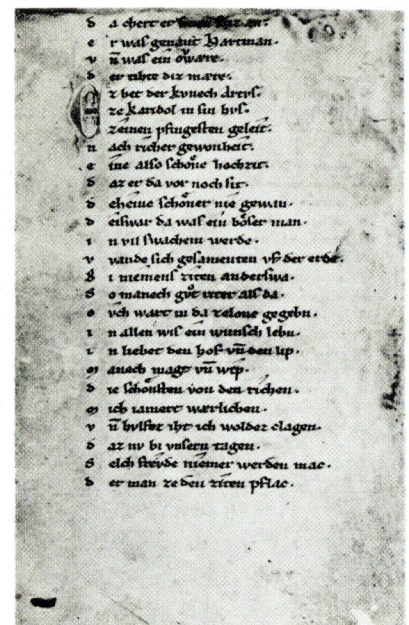

218 Hartmann von Aue: ‚Iwein'
Gießen, Universitätsbibliothek, Hs. 97
(Reproduktion)

Pergament; bairisch-ostschwäbischer
Sprachraum; 2. Viertel 13. Jh.; 159 Blätter;
Blattgröße 125 × 85 mm
Bl. 2r: Seite aus dem Anfang des ‚Iwein'
(V. 53–78) mit *A*-Initiale

Das literarische Wirken Hartmanns von
Aue, der wie die meisten seiner großen
Dichterkollegen historisch nicht bezeugt
ist, lässt sich einigermaßen zweifelsfrei
nur für die beiden letzten Jahrzehnte des
12. Jahrhunderts annehmen. Aus inner-
literarischen Gründen ist der ‚Iwein', der
am ehesten gegen Ende des 12. Jahrhunderts oder um 1200 abgeschlossen worden ist, sicherlich in die Schlussphase
des Schaffens Hartmanns zu setzen, das
nicht nur die Epik, sondern auch die Lied-
dichtung umfasst. Die Vorlage für Hartmanns Artusroman ‚Iwein' ist der altfranzösische ‚Yvain' (‚Le chevalier au lion')
Chrétiens de Troyes. Anders als im Falle
von Hartmanns erstem Artusroman, dem
‚Erec' (Kat. Nr. 222), ist der ‚Iwein' mit
mehr als 30 Handschriften und Handschriftenfragmenten reich überliefert.
Einer der beiden wichtigsten Textzeugen
ist die Gießener ‚Iwein'-Handschrift (Sigle B). Die dem ostoberdeutschen Sprachraum (Klein, S. 148 f.) entstammende

Handschrift ist jedoch nicht – wie man
früher annahm – um 1200 entstanden,
sondern wohl erst in das 2. Viertel des
13. Jahrhunderts zu datieren (Schneider,
S. 148).
In ihrer ersten Hälfte ist die kleinformatige
Handschrift mit Buchschmuck versehen.
Ein typisches Beispiel findet sich auf Blatt
2r: Die drei Zeilen ausfüllende mehrfarbi-
ge Initiale *A* (*Artvs vnd div kvnegin*) läuft
in ihrem Randstab, der erst unterhalb des
Schriftspiegels endet, in gelappte Blätter
aus.

Faksimile: Heinrichs 1964.

Lit.: Schneider 1987, (Textband) S. 147–149 und (Tafel-
band) Abb. 79. – Klein 1988, S. 148–156; zur Handschrift
B: S. 148 f. – Cormeau/Störmer 1993, S. 194–226 (einführend). – Cramer 2001 (zweisprachig).   L. V.

219 Wolfram von Eschenbach: ‚Parzival'
München, Bayerische Staatsbibliothek,
Cgm 19
(Reproduktion)

Pergament; bairisch-ostalemannisches
Sprachgebiet; 2. Viertel 13. Jh. (um 1240–1250);
75 Blätter; Blattgröße 300 × 210 mm
Bl. 49v: Miniaturseite mit drei Bildszenen

Zu Wolfram von Eschenbach gibt es,
ebenso wie zu Heinrich von Veldeke, Hartmann von Aue und Gottfried von Straßburg, keine außerliterarischen Lebens-

zeugnisse. Sein Werk umfasst – neben
einigen Liedern – drei epische Dichtungen: den ‚Parzival', den ‚Willehalm' und
den ‚Titurel'. Von diesen drei Epen ist der
‚Parzival', der auf die altfranzösische Vorlage des ‚Conte du Graal' Chrétiens de
Troyes zurückgeht, sicher das früheste
Werk Wolframs. Da sich im 7. Buch des
‚Parzival' ein Bezug auf die Zerstörung
der Erfurter Weingärten findet, kann zumindest dieser Teil des Werkes nicht vor
1203 entstanden sein. Im Allgemeinen

datiert man den ‚Parzival' insgesamt in das erste Jahrzehnt des 13. Jahrhunderts. Von allen mittelhochdeutschen höfischen Epen ist der ‚Parzival' mit mehr als 80 Handschriften und Handschriftenfragmenten die quantitativ am häufigsten bezeugte Dichtung.

Zu den wichtigsten Überlieferungsträgern des ‚Parzival' gehört die Wolfram-Sammlung des Cgm 19, die nicht nur den ‚Parzival' (Sigle G), sondern auch noch den ‚Titurel' und zwei nur hier bezeugte Tagelieder Wolframs enthält. Nach Blatt 48 ist dem Cgm 19 ein beidseitig bemaltes Doppelblatt eingefügt, dessen insgesamt zwölf Bildszenen den Schluss des ‚Parzival' illustrieren. Blatt 49v zeigt in drei Bildszenen die Festtafel bei der Hochzeit von Gramoflanz und Itonje (oben), den Kampf Parzivals mit seinem Halbbruder Feirefiz (mittlerer Bildstreifen) und die Situation, nachdem beide erkannt haben, dass sie miteinander verwandt sind (unten).

Faksimile: Augst/Ehrismann/Engels 1970.

Lit.: Nellmann/Kühn 1994 (zweisprachig). – Bumke 1997, S. 32–189 (einführend). – Knecht/Schirok 1998 (zweisprachig). – Bumke, in: Verfasserlexikon Bd. 10, 1999, Sp. 1381–1397. – München 2003, S. 42–45 (Nr. 12).   L. V.

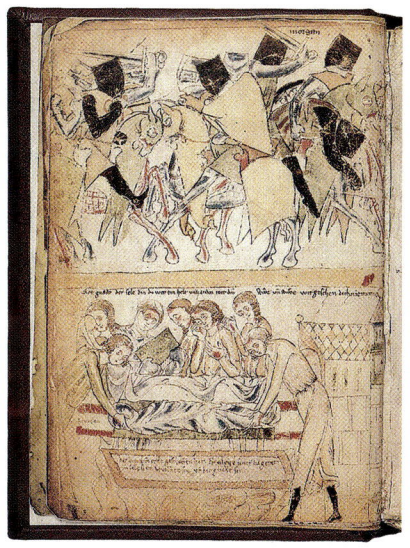
220

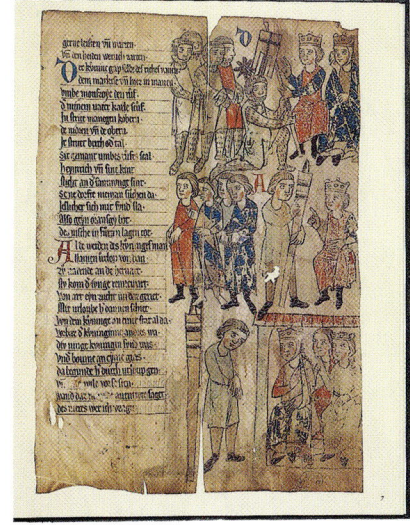
221

220   Gottfried von Straßburg: ‚Tristan'
München, Bayerische Staatsbibliothek,
Cgm 51
(Reproduktion)

Pergament; bairisch-ostalemannisches Sprachgebiet; 2. Viertel 13. Jh. (um 1240–1250); I und 109 Blätter; Blattgröße 235 × 165 mm
Bl. 11v: Tod (oberes Bild) und Beisetzung (unteres Bild) Riwalins

Bereits vor Gottfried von Straßburg, über dessen Person sich so gut wie nichts Sicheres sagen lässt, hat sich im deutschsprachigen Raum Eilhart von Oberg mit dem ursprünglich aus keltischen Überlieferungen stammenden Tristan-Stoff auseinander gesetzt. Der ‚Tristrant' Eilharts von Oberg, dessen genauere Datierung (zwischen 1170 und 1190/95) strittig ist, und der ‚Tristan' Gottfrieds von Straßburg, der am ehesten in die Zeit um 1210 zu setzen ist, gehen allerdings auf zwei verschiedene altfranzösische Vorlagen zurück. Unter den mehr oder weniger vollständigen Handschriften zum ‚Tristan' Gottfrieds von Straßburg, der insgesamt in mehr als 25 Handschriften und Handschriftenfrag-

menten erhalten geblieben ist, ist der Münchener Codex (Sigle M) der älteste. Der Cgm 51 enthält nicht nur den ‚Tristan' Gottfrieds von Straßburg, sondern auch dessen Fortsetzung durch Ulrich von Türheim, die vor 1243 entstanden sein muss. Beide Werke sind hier aber nur in kürzender Bearbeitung und – infolge von Blattverlusten – unvollständig überliefert. Über die ganze Handschrift verteilt finden sich heute noch insgesamt 15 beidseitig bemalte Einzelblätter mit zwei bis drei Bildstreifen pro Seite. Die obere Bildszene des Blattes 11v zeigt den Kampf Riwalins mit Morgan und seinen Mannen. Der in der rechten Bildhälfte dargestellte Riwalin ist bereits tödlich zusammengebrochen. In der unteren Bildszene wird der ganz in Tuch gehüllte Leichnam Riwalins gerade von einer Totenbahre in einen Sarkophag gelegt.

Faksimile: Montag/Gichtel 1979.

Lit.: Krohn 1980 (zweisprachig). – Huber 2001 (Einführung). – München 2003, S. 46–49 (Nr. 13).   L. V.

221   Wolfram von Eschenbach: ‚Willehalm'
München, Bayerische Staatsbibliothek,
Cgm 193/III, und Nürnberg, Germanisches Nationalmuseum, Graphische Sammlung, Kapsel 1607 Hz 1104–1105
(Reproduktion)

Pergament; Umkreis Quedlinburg/Halberstadt; 3. Viertel 13. Jh. (um 1270–1275); 10 Blätter; Blattgröße bis zu 303 × bis zu 230 mm
Bl. 3ar/3br (Cgm 193/III): Willehalm erhält die Reichsfahne; Rennewart wird verabschiedet (212,15 – 213,14)

Der auf dem altfranzösischen Epos ‚Aliscans' beruhende ‚Willehalm' Wolframs von Eschenbach, dessen Entstehung im Allgemeinen in das zweite Jahrzehnt des 13. Jahrhunderts datiert wird, ist unvollendet geblieben. Mit mehr als 75 heute noch erhaltenen Handschriften und Handschriftenfragmenten steht die Bezeugung von Wolframs ‚Willehalm' rein quantitativ nur wenig hinter der des ‚Parzival' zurück (vgl. Kat. Nr. 219). Von völlig außergewöhnlicher Art ist ein in der zweiten Hälfte des 13. Jahrhunderts entstandener Bildercodex, der wohl im 16. Jahrhundert zu Bucheinbindezwecken zerschnitten worden ist. Verschiedene Reste dieser großformatigen Handschrift, die ursprünglich vielleicht einmal 224 Blätter (mit etwa 1300 Bildszenen) umfasst hat, werden heute in München und Nürnberg aufbewahrt (Sigle Fragm. 17). Die Einzelseite weist in einem Verfahren, das sonst nur noch in den zeitlich später

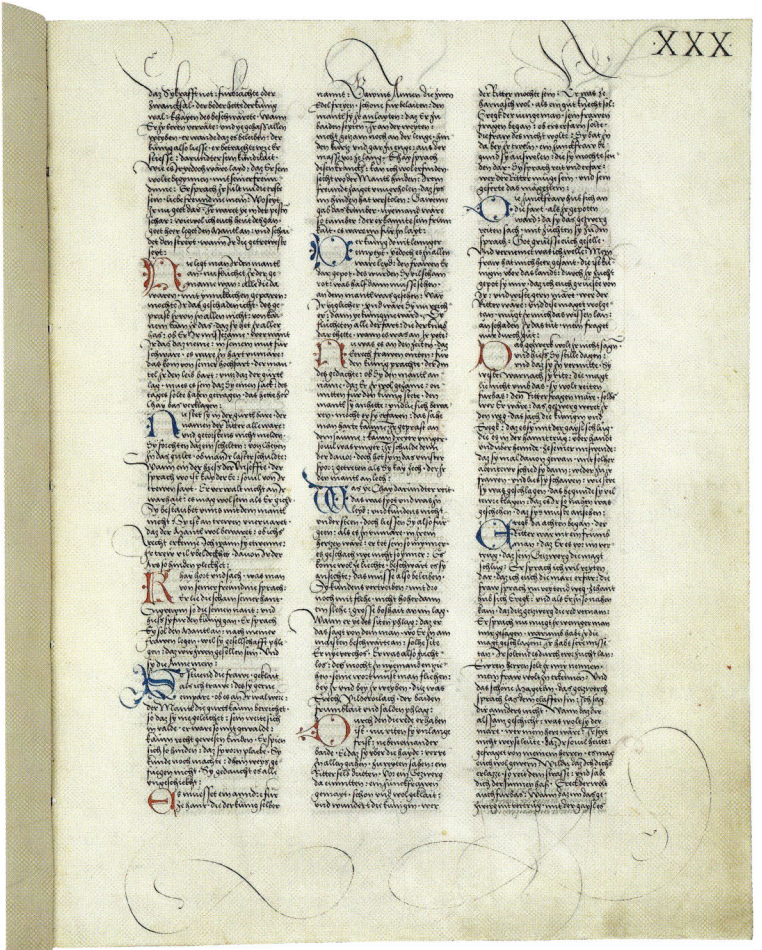

anzusetzenden Bilderhandschriften zum ‚Sachsenspiegel' Eikes von Repgow anzutreffen ist, jeweils eine schmalere innere Textspalte und einen breiteren äußeren Bildteil auf, der in der Regel aus drei Bildszenen besteht. Der Bezug zwischen dem Text und den Bildszenen wird durch gleichartige und gleichfarbige Initialen hergestellt, wie auch auf Blatt 3ar/3br zu sehen ist. In der oberen Bildszene erhält der durch einen goldenen Stern über seinem Kopf gekennzeichnete Willehalm aus der Hand des sitzenden Herrscherpaars die Reichsfahne. In den beiden Bildszenen darunter erscheint der junge Rennewart (mit der riesigen eisenbeschlagenen Stange) als Hauptfigur.

Faksimile: Montag 1985.

Lit.: Schröder/Kartschoke 1989 (zweisprachig). – Heinzle 1991a (zweisprachig). – Bumke 1997, S. 190–245 (einführend). – Bumke, in: Verfasserlexikon Bd. 10, 1999, Sp. 1397–1407. – München 2003, S. 50–53 (Nr. 14).
L. V.

222 ‚Ambraser Heldenbuch'

Wien, Österreichische Nationalbibliothek, Cod. Ser. nova 2663
(Reproduktion)

Pergament; Südtirol (Bozen); 1504–1516/1517; I*–V* und 238 Blätter; Blattgröße 460 × 360 mm
Bl. 30r: Hartmann von Aue: ‚Erec' (Anfang)

Das ‚Ambraser Heldenbuch', das im Zeitalter eines bereits voll entwickelten Buchdrucks bewusst als Handschrift konzipiert wurde, entstand auf Veranlassung Kaiser Maximilians I. (1459–1519) (vgl. auch Kat. Nr. 228). Dieser beauftragte Hans Ried († 1516), Zöllner am Eisack bei Bozen, mit den im Jahre 1504 einsetzenden Schreibarbeiten. Das ‚Ambraser Heldenbuch', dessen heutiger Titel sich aus dem früheren Aufbewahrungsort (Schloss Ambras, Innsbruck) sowie dem Inhaltsverzeichnis der Handschrift (Blatt I*r: *Tabula des Heldenpuchs*) ergibt, wurde

erst nach dem Tod von Hans Ried durch die von anderer Hand ausgeführten farbigen Randdekorationen im Jahre 1517 abgeschlossen. Der außerordentliche Wert des ‚Ambraser Heldenbuchs', das insgesamt 25 – nicht nur heldenepische – Texte des ausgehenden 12. und 13. Jahrhunderts enthält, darunter auch das ‚Nibelungenlied' und die ‚Klage' (d; Kat. Nr. 200), liegt darin, dass der größte Teil dieser Werke nur hier überliefert ist.

Im Falle des in den 80er Jahren des 12. Jahrhunderts entstandenen ‚Erec' Hartmanns von Aue, der auf dem altfranzösischen Artusroman ‚Erec et Enide' Chrétiens de Troyes beruht, ist das ‚Ambraser Heldenbuch' zwar nicht der einzige Zeuge, aber doch der einzig annähernd vollständige. Der Text des ‚Erec', dessen tatsächlicher Anfang in keiner Handschrift erhalten geblieben ist, setzt auf Blatt 30r in der mittleren Spalte mit Zeile 57 ohne jede Art von Kennzeichnung in einem scheinbar fortlaufenden Kontext mit *bey Ir vnd bey ir weyben . ditz was / Erech Vilderoilach* ein.

Faksimile: Unterkircher 1973.

Lit.: Bumke 1996, S. 186–190 (mit Literatur). – Zum ‚Erec' Hartmanns von Aue: Cramer 1972 (zweisprachig). – Cormeau/Gärtner 1985 (Edition). – Cormeau/Störmer 1993, S. 160–193 (einführend).
L. V.

223 ‚Carmina Burana'

München, Bayerische Staatsbibliothek, Clm 4660 und 4660a
(Reproduktion)

Pergament; südöstlicher Alpenraum; um 1230; 112 Blätter und 7 Einzelblätter (Fragmenta Burana); Blattgröße 250 × 170 mm
Bl. 92v: Carmen Buranum 211 mit der 1. Strophe des ‚Palästinalieds' Walthers von der Vogelweide

Der genauere Entstehungsraum der Handschrift der ‚Carmina Burana' (Südtirol, Kärnten, Steiermark?) bleibt umstritten. Wissenschaftliche Einigkeit besteht heute lediglich darin, dass die Handschrift – gegen ihre auf die Erstausgabe (1847) von Johann Andreas Schmeller zurückgehende Bezeichnung („Benediktbeurer Lieder") – nicht im Kloster Benediktbeuern entstanden ist, in dem sich der ‚Codex Buranus' spätestens im 18. Jahrhundert befunden haben muss. Die heute nur noch unvollständig und zum Teil auch nicht mehr in der ursprünglichen Abfolge der Blätter erhaltene Sammlung der 'Carmina Burana' enthält über 250 verschiedene Texte, insbesondere aus dem Bereich der mittellateinischen Lyrik des 12. und 13. Jahrhunderts, von denen insgesamt etwa drei Fünftel nur hier überliefert sind. Die einzelnen Gedichte und sonstigen Texte weisen keinen Autor aus und werden thematisch in vier großen Abteilungen dargeboten: moralisch-satirische Dichtungen, Liebeslieder, Trink- und Spielerlieder sowie geistliche Spiele. Der 'Codex Buranus' enthält auch 52 mittelhochdeutsche Strophen, die in der Regel den Abschluss ansonsten lateinischsprachiger Gedichte bilden.

Im Zusammenhang eines lateinischen satirischen Schlemmerliedes erscheint auf Blatt 92v auch eine deutschsprachige Strophe, die mit Hilfe anderer Handschriften (Kat. Nr. 225) als die erste Strophe des vielleicht in den 20er Jahren des 13. Jahrhunderts entstandenen 'Palästinaliedes' Walthers von der Vogelweide identifiziert werden kann.

Faksimile: Bischoff 1967.

Lit.: Hilka/Schumann/Bischoff 1930–1970 (Edition). – Vollmann 1987 (zweisprachig). – München 2003, S. 36–39, Nr. 10. L. V.

224 'Kleine Heidelberger Liederhandschrift' (Liederhandschrift A)

Heidelberg, Universitätsbibliothek, Cod. Pal. germ. 357

Pergament; Elsass; letztes Drittel 13. Jh. (1270–1280) und 14. Jh.; 45 Blätter; Blattgröße 185 × 135 mm
Bl. 5v: Anfang des Textcorpus Walthers von der Vogelweide

Die 'Kleine Heidelberger Liederhandschrift' umfasst in ihrem aus 791 Strophen und 2 Minneleichs bestehenden 'Grundstock' (Blätter 1–39, Sigle A), der wohl am ehesten in den 70er Jahren des 13. Jahrhunderts aufgezeichnet worden ist, insgesamt 34 namentlich gekennzeichnete Textcorpora, wobei aber einige Dichternamen mehrfach begegnen. Das Schwergewicht der Sammlung, die ein breites Gattungsspektrum mittelhochdeutscher Lyrik bietet, liegt zeitlich bei den Autoren der so genannten klassischen und nachklassischen Zeit bis um 1230. Die Handschrift A ist die älteste und äußerlich 'anspruchloseste' der drei 'großen' Haupthandschriften zur mittelhochdeutschen Lyrik (vgl. Kat. Nr. 225 und 226). Die zahlreichen textlichen Übereinstimmungen zwischen der Handschrift A und dem 'Codex Manesse' weisen auf eine zu erschließende gemeinsame Quelle (*AC) hin. Im Gegensatz zu den Liederhandschriften B und C enthält die Liederhandschrift A keine Autorenbilder. Auch ist der Text Platz sparend fortlaufend geschrieben.

Am Anfang der Handschrift A stehen die beiden umfangreichen Sammlungen zu Reinmar und Walther von der Vogelweide, den beiden – auch aus der Sicht der Zeit – wohl bedeutendsten deutschsprachigen Lyrikern vor und nach 1200. Das Textcorpus Walthers von der Vogelweide, das auf Blatt 5v mit der Nennung des Dichternamens einsetzt, ist mit 151 Strophen die bei weitem umfangreichste Einzelsammlung der Handschrift A.

Faksimile: Blank 1972.

Lit.: Pfeiffer 1844 (Transkription). – Holznagel 1995, S. 89–120. L. V.

225 'Codex Manesse', auch 'Große Heidelberger Liederhandschrift' (Liederhandschrift C)

Heidelberg, Universitätsbibliothek, Cod. Pal. germ. 848 (Reproduktion)

Pergament; Zürich; Anfang 14. Jh. und 1. Hälfte 14. Jh.; 426 Blätter; Blattgröße 350 × 250 mm
Bl. 126r: Anfang des 'Palästinalieds' Walthers von der Vogelweide

Der 'Codex Manesse' besitzt für die heutige Kenntnis der mittelhochdeutschen Lyrik eine ebenso einzigartige Bedeutung wie sie der etwa 70 Jahre früher entstandenen Sammlung der 'Carmina Burana' (Kat. Nr. 223) für die mittellateinische Lyrik zukommt. Insgesamt umfasst der 'Codex Manesse' in 140 Textcorpora, denen

223

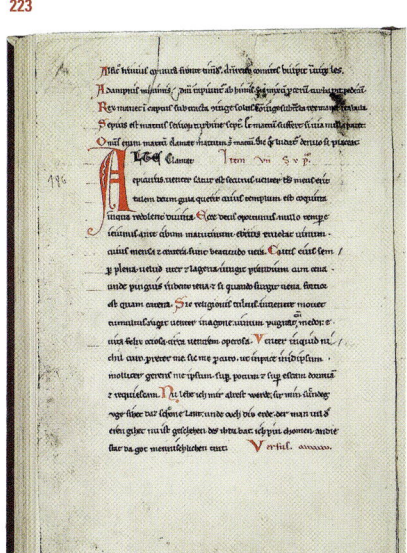

224

jedoch nur insgesamt 137 Miniaturen und eine Federzeichnung gegenüberstehen, heute noch 5240 Strophen und 36 Leichs. Von den durch Blattverlust verloren gegangenen Strophen konnten erst jüngst erstmalig rund 80 Strophen aus dem Neidhart-Corpus von ihrer Abfolge und von ihrem Inhalt her rekonstruiert werden. Der zu Anfang des 14. Jahrhunderts entstandene ‚Grundstock‘ von 110 Textcorpora und Miniaturen verdankt seine Entstehung möglicherweise den Sammelintentionen des Züricher Patriziers Rüdiger Manesse († 1304) und seines Sohnes Johannes Manesse († 1298). Die Abfolge der Textcorpora richtet sich, zumindest für Teile des ‚Grundstocks‘, in der Regel nach dem tatsächlichen oder vermeintlichen sozialen Stand der Autoren („vom Kaiser bis zum Bettelmann“). Der ‚Codex Manesse‘ gehört, ebenso wie auch die jüngere ‚Weingartner Liederhandschrift‘ (Kat. Nr. 226), zu dem eher seltenen und auf die Zeit um und nach 1300 beschränkten Typus der bebilderten Lyrikhandschriften.

Auf Blatt 126rb beginnt das hier insgesamt 11 Strophen umfassende ‚Palästinalied‘ Walthers von der Vogelweide, dessen erste Strophe anonym auch in der Sammlung der ‚Carmina Burana‘ (Kat. Nr. 223) überliefert ist.

Faksimile: Codex Manesse 1975–1981 (mit Kommentar).

Lit.: Pfaff/Salowsky 1984 (Transkription). – Heidelberg 1988. – Holznagel 1995, S. 140–207. – Zum Typus der bebilderten Lyrikhandschriften: Holznagel 1995, S. 66–88. – Kornrumpf 2001. – Zur Rekonstruktion der verlorenen Strophen des Neidhart-Corpus: Voetz 2000.
L. V.

225

226 ‚Weingartner Liederhandschrift‘ (Liederhandschrift B)

Stuttgart, Württembergische Landesbibliothek, HB XIII 1

Pergament; wohl Konstanz, 1. Viertel 14. Jh. (1310–1320); 157 Blätter; Blattgröße 150 × 115 mm (ursprünglich mindestens 170 × 125 mm)
S. 60: Miniatur zu Reinmar

Die im Zuge der Säkularisation zu Beginn des 19. Jahrhunderts aus dem Kloster Weingarten nach Stuttgart gelangte ‚Weingartner Liederhandschrift‘ (Sigle B) ist die vom Format her kleinste und – obwohl von der Gesamteinrichtung her älter wirkend – die jüngste der drei Haupthandschriften zur mittelhochdeutschen Lyrik (vgl. auch Kat. Nr. 224 und 225). Die Handschrift B umfasst, sieht man einmal von den letzten nicht-lyrischen Nachtragsabteilungen ab, 30 namentlich gekennzeichnete Strophencorpora mit heute insgesamt 857 von ursprünglich rund 900 Strophen. Das Schwergewicht der Sammlung liegt dabei im Kernbestand der ersten 25 beziehungsweise 26 Abteilungen auf dem frühen und hohen Minnesang sowie auf einer Reihe von Kreuzliedern des 12. und frühen 13. Jahrhunderts. Die Handschrift B gehört, ebenso wie auch der ‚Codex Manesse‘, mit insgesamt 25 Autorenbildern zum Typus der bebilderten Liederhandschriften. Die textlichen und bildlichen Übereinstimmungen in den beiden Handschriften B und C weisen auf eine nicht erhaltene gemeinsame Quelle (*BC) hin, die ihrerseits wieder auf weitere Vorstufen zurückgehen muss.

Seite 60 der Handschrift bietet ein ganzseitiges Autorenbild zum Minnesänger Reinmar, das sich in ähnlicher Form auch im ‚Codex Manesse‘ (Blatt 98r) findet. Die Darstellung des Minnesängers und seiner Dame gehört dem Typus des ‚Gesprächsbildes‘ an, das in der so genannten Sacra conversatio (zum Beispiel im Gespräch zwischen Christus und Maria) sein geistliches Vorbild hat.

Faksimile: Weingartner Liederhandschrift 1969 (auch Textband und Transkription).

Lit.: Holznagel 1995, S. 121–139. – Kornrumpf, in: Verfasserlexikon Bd. 10, 1999, Sp. 809–817.
L. V.

·HERRE REINOTR·

MERKWÜRDIGES – DENKWÜRDIGES

227

227 Handschriftenfragment aus dem Dreifaltigkeitsaltar der Kirche St. Jakobi in Stralsund

a) Handschrift: Papier, 1. Hälfte 15. Jh.
(Schrift), nachträglich rot eingefärbt
b) Altar: Stralsund(?), Ende 15./Anfang 16. Jh.
Greifswald, Pommersches Landesmuseum,
Dauerleihgabe der Kirchengemeinde St. Jakobi/Heilgeist Stralsund, Inv. Nr. PLM ah 2142
(Reproduktion)

Während der Restaurierung des Dreifaltigkeitsaltars im Jahr 2002 wurden an den
Rückseiten der Rankenfriese des Schreins
und der Flügel Papierteile entdeckt, auf
denen Reste eines von einer Hand aus
der ersten Hälfte des 15. Jahrhunderts
niedergeschriebenen, bislang nicht identifizierten deutschsprachigen Textes zu
sehen sind. Ehemals waren die Blätter so
angeklebt, dass nur die unbeschriebenen
Rückseiten für Betrachter des Altars sichtbar waren und einen blickdichten Hintergrund für die Rankenschnitzereien bildeten.

Das vierflügelige Altarretabel mit geschnitzten und gemalten Szenen vor vergoldetem Hintergrund war früher über
dem Ratsgestühl in der Stralsunder Jakobikirche angebracht. In das durchbrochene Rankenwerk in der Sockelzone des
Schreins sind fünf Wappen eingebunden,
unter anderem eines, das dem Ratsherrn
Gerd Leveling (1496–1517) zugeordnet
wird.

Lit.: Kdm Stralsund 1902, S. 388. – Schneider 1914,
S. 64–67. – Witt 1999.   C. M.

228 Kaiser Maximilian I.: ‚Theuerdank'

Nürnberg, 1517
Hrsg. von Melchior Pfintzing u. a.; 118 Holzschnitte nach L. Beck, J. Breu, H. Burgkmair,
H. Schäufelein, E. Schön, W. Traut, H. Weiditz
und Meister N. H.
Karlsruhe, Badische Landesbibliothek, 100 B
77100 RH

Das Werk ist von Kaiser Maximilian I.
(1459–1519) (vgl. auch Kat. Nr. 222) in der
Tradition des späthöfischen Versromans
zum Ruhm des Rittertums und seiner Dynastie entworfen worden und stellt eine
Allegorie auf seine Brautfahrt zu Maria
von Burgund dar. Die eigens dafür geschaffene Drucktype ahmt eine deutsche
Kanzleischrift nach. Die erste Auflage war
ausschließlich zu Geschenkzwecken bestimmt. Lediglich 40 Exemplare sind für
hoch gestellte Persönlichkeiten des Reiches auf Pergament gedruckt worden, die
aber erst nach Maximilians Tod auf Veranlassung seines Enkels Erzherzog Ferdinand verteilt wurden.

Das vorliegende Exemplar befand sich im
19. Jahrhundert wie die ‚Nibelungenlied'-
Handschrift C (Kat. Nr. 172) im Besitz Josephs von Laßberg (1770–1855). Spitzenstücke seiner Bibliothek stattete Laßberg
mit einem eigenhändig gemalten
Wappenexlibris aus. Laßberg hat den
wertvollen Band wohl über seine Beziehungen zum Malteserorden erhalten. Wie
wichtig Laßberg die Zugehörigkeit zum
Malteserorden war (1786 Ritterschlag auf
der Burgruine Trifels), ist hinlänglich bekannt. Das im ‚Theuerdank' eingetragene
Wappenexlibris Laßbergs steht in der Art
der Ausformung hierarchisch weit oben.
Es ist vergleichbar mit den Varianten, die
Laßberg in der ‚Nibelungenlied'-Handschrift C und dem in Freiburg und Vörstetten geschriebenen ältesten ‚Schwabenspiegel'-Codex (beide 13. Jh.) angebracht hat: Wappen und Helmzier (wie
auf dem ersten Blatt des ‚Nibelungenlieds') auf grauem Grund mit der Umschrift *Joseph von Laszberg Ritter* (wie
im ‚Schwabenspiegel'). Die Pointierung
auf den Malteserorden kommt durch ein
neben der Helmzier stehendes zusätzliches Malteserkreuz zustande. Laßbergs
Standesbewusstsein als Ritter des alten
Reiches wird in diesem Band bestätigt.
Umgekehrt wird gerade in diesem Exemplar des ‚Theuerdank' augenfällig dokumentiert, dass Verleihung und Besitz des
Buches noch Jahrhunderte nach seiner
Entstehung als hohe Auszeichnung empfunden wurden.

Lit.: Heidelberg 1986, Textband, S. 207f.; Bildband,
S. 155. – Karlsruhe 2001, S. 46–53.   U. O.

Wie künig Romreich sein gemahel mit tod abgieng
Vnd Im allein ein einige Tochter verliess genant Eren
reich vnd Er von seinen Räten dy züuerheyraten ange-
strengt ward.

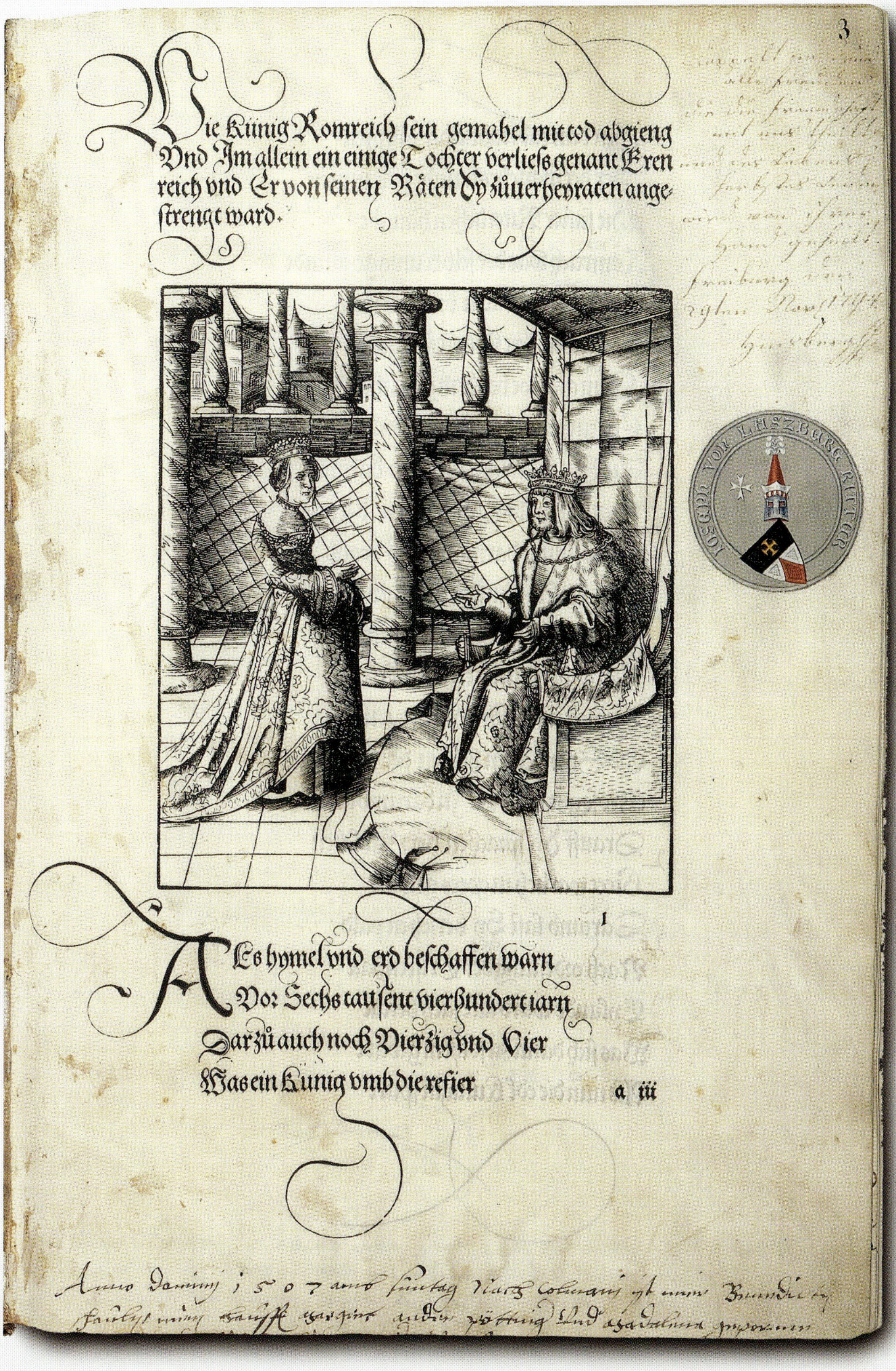

Als hymel vnd erd beschaffen wärn
Vor: Sechs tausent vierhundert iarn
Darzü auch noch Vierzig vnd Vier
Was ein kunig vmb die refier

a iij

Anhang

LITERATUR

Abel 1850 | Otto Abel: Einhards Jahrbücher; Berlin 1850

Adelmann 1964 | Georg Sigmund Graf Adelmann von Adelmannsfelden: Romanische Holzkästchen aus Ellwangen, in: Viktor Burr (Hrsg.): Ellwangen 764–1964; Ellwangen 1964, Bd. 2, S. 805–808

Aertsen/Pickavé 2002 | Jan A. Aertsen, Martin Pickavé (Hrsg.): Ende und Vollendung. Eschatologische Perspektiven im Mittelalter. Beiträge der Kölner Mediävistentagung 2000; Berlin 2002

Aertsen/Speer 1998 | Jan A. Aertsen, Andreas Speer (Hrsg.): Raum und Raumvorstellungen im Mittelalter. Beiträge der Kölner Mediävistentagung 1996; Berlin 1998

Albrecht 1997 | Thorsten Albrecht: Truhen, Kisten, Laden. Vom Mittelalter bis zur Gegenwart am Beispiel der Lüneburger Heide; Petersberg 1997

Altenburg/Jarnut/Steinhoff 1991 | Detlef Altenburg, Jörg Jarnut und Hans Hugo Steinhoff (Hrsg.): Feste und Feiern im Mittelalter. Kongressakten zum Symposium des Mediävistenverbandes; Sigmaringen 1991

Althof 1888 | Hermann Althof: Angilberts Leben und Dichtungen; München 1888

Amme 2002 | Jochen Amme: Historische Bestecke. Formenwandel von der Altsteinzeit bis zur Moderne; Stuttgart 2002

Andechs 1993 | Herzöge und Heilige. Das Geschlecht der Andechs-Meranier im europäischen Hochmittelalter; Ausst. Kat. Kloster Andechs 1993, veranst. vom Haus der Bayerischen Geschichte; München 1993

Andermann 1998 | Kurt Andermann: *êre – güete – minne.* Die Burgen des Wimpfner Reichsforstes, in: Deutsches Archiv für Erforschung des Mittelalters 54, 1998, S. 97–117

Appuhn 1972 | Horst Appuhn: Briefladen, in: Wallraf-Richartz-Jahrbuch 34, 1972, S. 31–44

Appuhn 1986 | Horst Appuhn: Einige Möbel aus der Zeit um 1200, in: Steuer 1986, S. 111–128

Assmann 1992 | Jan Assmann: Das kulturelle Gedächtnis. Schrift, Erinnerung und politische Identität in frühen Hochkulturen; München 1992

Augsburg 1973 | Suevia Sacra. Frühe Kunst in Schwaben; Ausst. Kat. Rathaus Augsburg; Augsburg 1973

Augsburg 2003 | Gold und Silber. Augsburgs glänzende Exportware; Ausst. Kat. Diözesanmuseum St. Afra Augsburg; Augsburg 2003

Augst/Ehrismann/Engels 1970 | Wolfram von Eschenbach. Parzival, Titurel, Tagelieder. Cgm 19 der Bayerischen Staatsbibliothek München. [Bd. 1. Faksimile]; [Bd. 2.] Transkription der Texte von Gerhard Augst, Otfried Ehrismann und Heinz Engels; Stuttgart 1970

Bamberg 2002 | Mythos Drache – Schwingen, Schuppen, Schwefeldämpfe. Ausst. Kat. Historisches Museum Bamberg 2002; Bamberg 2002

Barth 1927 | Medard Barth: Die Legende und Verehrung der hl. Attala, der ersten Äbtissin von St. Stephan in Strassburg, in: Archiv für Elsässische Kirchengeschichte 2, 1927, S. 89–198

Batts 1971 | Michael S. Batts (Hrsg.): Das Nibelungenlied. Paralleldruck der Handschriften A, B und C nebst Lesarten der übrigen Handschriften; Tübingen 1971

Bauch 1976 | Kurt Bauch: das mittelalterliche Grabbild. Figürliche Grabmäler des 11. bis 15. Jahrhunderts in Europa; Berlin 1976

Baur 1979 | Ludwig Baur: Hessische Urkunden aus dem großherzoglich hessischen Haus- und Staatsarchiv zum ersten Male herausgegeben; Neu-Ausgabe Bd. 1–6 Aalen 1979

Becker 1977 | Peter Jörg Becker: Handschriften und Frühdrucke mittelhochdeutscher Epen. Eneide, Tristrant, Tristan, Erec, Iwein, Parzival, Willehalm, Jüngerer Titurel, Nibelungenlied und ihre Reproduktion und Rezeption im späteren Mittelalter und in der frühen Neuzeit; Wiesbaden 1977

Becker 2000 | Peter Jörg Becker (Hrsg.): Scrinium Berolinense. Tilo Brandis zum 65. Geburtstag; Bd. 1.2. und 1 CD-ROM Berlin 2000

Bender 1973 | Wolfgang Bender: Johann Jakob Bodmer und Johann Jakob Breitinger; Stuttgart 1973

Berges 1952 | Wilhelm Berges: Das Reich ohne Hauptstadt, in: Das Hauptstadtproblem in der Geschichte. Festgabe zum 90. Geburtstag Friedrich Meineckes; Tübingen 1952

Berlin 1997 | Kienholz. Retrospektive. Edward und Nancy Reddin Kienholz; Ausst. Kat. Berlinische Galerie; München 1997

Berlin 2001 | Prechtls Welttheater. Michael Matthias Prechtl. Bilder und Zeichnungen zur Geschichte und Literatur 1958–2000, Ausst. Kat. Deutsches Historisches Museum Berlin u. a., Wolfratshausen 2001

Berlin 2002 | Die öffentliche Tafel. Tafelzeremoniell in Europa 1300–1900. Ausst. Kat. Deutsches Historisches Museum Berlin; Wolfratshausen 2002

Berlin 2003 | Aderlaß und Seelentrost. Die Überlieferung deutscher Texte im Spiegel Berliner Handschriften und Inkunabeln; Ausst. Kat. Staatsbibliothek zu Berlin – Preußischer Kulturbesitz, Staatliche Museen zu Berlin – Preußischer Kulturbesitz; Mainz 2003

Bernhard 1982 | Helmut Bernhard: Germanische Funde der Spätantike zwischen Straßburg und Mainz, in: Saalburg-Jahrbuch 38, 1982, S. 72–109

Beuckers 1999 | Klaus G. Beuckers u. a. (Bearb.): Mittelalterliche Elfenbeinarbeiten aus der Sammlung des Badischen Landesmuseums Karlsruhe; Karlsruhe 1999

Biller 1993 | Thomas Biller: Die Adelsburg in Deutschland. Entstehung, Form und Bedeutung; München 1993

Biller 2000 | Thomas Biller: Kaiserpfalz Gelnhausen; Regensburg 2000

Binding 1965 | Günther Binding: Pfalz Gelnhausen – eine Bauuntersuchung; Bonn 1965

Binding 1996 | Günther Binding: Deutsche Königspfalzen von Karl dem Großen bis Friedrich II. (765–1240); Darmstadt 1996

Bischoff 1967 | Bernhard Bischoff (Hrsg.): Carmina Burana. Bayerische Staatsbibliothek München Clm 4660 und 4660a. [Bd. 1. Faksimile]; [Bd. 2.] Einführung zur Faksimile-Ausgabe der Benediktbeurer Liederhandschrift; München 1967

Blank 1972 | Walter Blank (Hrsg.): Die Kleine Heidelberger Liederhandschrift Cod. Pal. Germ. 357 der Universitätsbibliothek Heidelberg [Bd 1. Faksimile]; [Bd 2.] Einführung; Wiesbaden 1972

Bloch 1992 | Peter Bloch: Romanische Bronzekruzifixe; Berlin 1992

Böhme 1991 | Horst Wolfgang Böhme (Hrsg.): Burgen der Salierzeit; Bd. 1.2. Sigmaringen 1991

Böhmer/Baaken 1972 | Johann Friedrich Böhmer: Regesta Imperii. Bd. IV,3: Die Regesten des Kaiserreiches unter Heinrich VI., neubearb. von Gerhard Baaken; Köln 1972

Bóna 1991 | István Bóna: Das Hunnenreich; Stuttgart 1991

de Boor 1988 | Das Nibelungenlied. Nach der Ausgabe von Karl Bartsch hrsg. von Helmut de Boor; 22., von Roswitha Wisniewski erg. Aufl. Mannheim 1988

Borchmeyer 1987 | Dieter Borchmeyer (Hrsg.): Wege des Mythos in der Moderne. Richard Wagner, Der „Ring des Nibelungen", eine Münchner Ringvorlesung; München 1987

Borries-Schulten 1987 | Sigrid von Borries-Schulten (Bearb.): Provenienz Zwiefalten; Stuttgart 1987 (Die romanischen Handschriften der Württembergischen Landesbibliothek Stuttgart, 1)

Boshof/Knapp 1994 | Egon Boshof, Fritz Peter Knapp (Hrsg.): Wolfger von Erla: Bischof von Passau (1191–1204) und Patriarch von Aquileja (1204–1218) als Kirchenfürst und Literaturmäzen. Beiträge des Internationalen Symposions Passau 1991; Heidelberg 1994

Bosl 1947 | Karl Bosl: Rothenburg im Stauferstaat; Würzburg 1947

Bosl 1950 | Karl Bosl: Die Reichsministerialität der Salier und Staufer. Ein Beitrag zur Geschichte des hochmittelalterlichen deutschen Volkes, Staates und Reiches; Bd. 1.2. Stuttgart 1950–51

Brackert 1963 | Helmut Brackert: Beiträge zur Handschriftenkritik des Nibelungenliedes; Berlin 1963

Brackert 1971 | Helmut Brackert: Nibelungenlied und Nationalgedanke. Zur Geschichte einer deutschen Ideologie, in: Mediaevalia litteraria. Festschrift für Helmut de Boor zum 80. Geburtstag; München 1971, S. 343–364

Brade 1975 | Christine Brade: Die mittelalterlichen Kernspaltflöten Mittel- und Nordeuropas; Neumünster 1975

Brate/Wessén 1924–1936 | Erik Brate, Elias Wessén (Hrsg.): Södermanlands Runinskrifter; Bd. 1. 2. Stockholm 1924–1936

Braun 1924 | Joseph Braun: Der christliche Altar in seiner geschichtlichen Entwicklung; Bd. 1. 2. München 1924

Braune 1900 | Wilhelm Braune: Die Handschriftenverhältnisse des Nibelungenliedes, in: Beiträge zur Geschichte der deutschen Sprache und Literatur 25, 1900, S. 1–222

Braunschweig 1995 | Heinrich der Löwe und seine Zeit. Herrschaft und Repräsentation der Welfen 1125–1235; Ausst. Herzog Anton Ulrich-Museum Braunschweig; Bd. 1.2. München 1995

Bregenz 1979 | Das Nibelungenlied. Ausstellung zur Erinnerung an die Auffindung der Handschrift A des Nibelungenliedes im Jahre 1779 im Palast zu Hohenems; Ausst. Kat. Vorarlberger Landesmuseum Bregenz; Bregenz 1979

Bremen 1982 | Aus dem Alltag einer mittelalterlichen Stadt. Handbuch zur Sonderausstellung im Bremer Landesmuseum für Kunst- und Kulturgeschichte; Bremen 1982

Bremer 1987 | Dieter Bremer: Vom Mythos zum Musikdrama. Wagner, Nietzsche und die griechische Tragödie, in: Borchmeyer 1987, S. 41–63

Brincken 1968 | Anna-Dorothea von den Brincken: Mappa Mundi und Chronographia. Studien zu imago mundi des abendländischen Mittelalters, in: Deutsches Archiv für Erforschung des Mittelalters 24, 1968, S. 118–186

Brincken 1975 | Anna-Dorothea von den Brincken: Mappa mundi, in: Köln 1975, S. 112–119

Brown 1989 | Howard Mayor Brown: The Trecento Fiddle and its Bridges, in: Early Music 17, 1989, S. 309–329

Brüggen 1989 | Elke Brüggen: Kleidung und Mode in der höfischen Epik des 12. und 13. Jahrhunderts; Heidelberg 1989

Brühl 1968 | Carlrichard Brühl: Fodrum, Gistum, Servitium Regis. Studien zu den wirtschaftlichen Grundlagen des Königtums im Frankenreich und in den fränkischen Nachfolgestaaten Deutschland, Frankreich und Italien vom 6. bis zur Mitte des 14. Jahrhunderts; Bd. 1.2. Köln u. a. 1968

Brühl 1971 | Carlrichard Brühl (Hrsg.): Capitulare de villis. Cod. Guelf. 254 Helmst. der Herzog August Bibliothek Wolfenbüttel; Faks. Stuttgart 1971

Brunner 1988 | Jean-Josef Brunner: Der Schlüssel im Wandel der Zeit; Bern 1988

Brunner 2003 | Horst Brunner: Geschichte der deutschen Literatur des Mittelalters im Überblick; Durchges. und bibliogr. erg. Ausg. Stuttgart 2003

Budde 1998 | Michael Budde: Altare portatile. Kompendium der Tragaltäre des Mittelalters 600–1600; 2 CD-ROM Münster i.W. 1998

Büttner 1980 | Frank Büttner: Peter Cornelius. Fresken und Freskenprojekte; Bd. 1 Wiesbaden 1980

Büttner 2003 | Frank Büttner: Nibelungenbilder der deutschen Romantik, in: Heinzle/Klein/Obhof 2003, S. 561–582

Buhle 1903 | Edward Buhle: Die musikalischen Instrumente in den Miniaturen des frühen Mittelalters. Ein Beitrag zur Geschichte der Musikinstrumente; Bd. 1: Die Blasinstrumente; Leipzig 1903

Buisson 1976 | Ludwig Buisson: Der Bildstein Ardre VIII auf Gotland. Göttermythen, Heldensagen und Jenseitsglaube der Germanen im 8. Jahrhundert n. Chr.; Göttingen 1976

Bumke 1979 | Joachim Bumke: Mäzene im Mittelalter. Die Gönner und Auftraggeber der höfischen Literatur in Deutschland 1150–1300; München 1979

Bumke 1996 | Joachim Bumke: Die vier Fassungen der ‚Nibelungenklage'. Untersuchungen zur Überlieferungsgeschichte und Textkritik der höfischen Epik im 13. Jahrhundert; Berlin 1996

Bumke 1997 | Joachim Bumke: Wolfram von Eschenbach; 7., völlig neu bearb. Aufl. Stuttgart u. a. 1997

Bumke 1999 | Joachim Bumke (Hrsg.): Die Nibelungenklage. Synoptische Ausgabe aller vier Fassungen; Berlin u. a. 1999

Bumke 2000 | Joachim Bumke: Geschichte der deutschen Literatur im hohen Mittelalter; 4., aktual. Aufl. München 2000

Bumke 2002 | Joachim Bumke: Höfische Kultur, Literatur und Gesellschaft im hohen Mittelalter; 10. Aufl. München 2002

Christensen/Ingstad/Myhre 1992 | Arne Emil Christensen; Anne Stine Ingstad; Bjørn Myhre: Osebergdronningens grav. vår arkeologiske nasjonalskatt i nytt lys; Oslo 1992

Codex Manesse 1975–1981 | Codex Manesse. Die Große Heidelberger Liederhandschrift; [Bd. 1.] Faksimile-Ausgabe des Codex Pal. Germ. 848 der Universitätsbibliothek Heidelberg. Interimstexte von Ingo F. Walther. Frankfurt a. M. 1975–1979; [Bd. 2.] Codex Manesse. Die Große Heidelberger Liederhandschrift. Kommentar zum Faksimile des Codex Palatinus Germanicus 848 der Universitätsbibliothek Heidelberg. Herausgegeben von Walter Koschorreck und Wilfried Werner, Kassel 1981

Colmar 1999 | Le Trésor de Colmar. Ausst. Kat. Colmar 1999

Cormeau/Gärtner 1985 | Erec von Hartmann von Aue. Herausgegeben von Albert Leitzmann, fortgeführt von Ludwig Wolff; 6. Aufl. besorgt von Christoph Cormeau und Kurt Gärtner; Tübingen 1985

Cormeau/Störmer 1993 | Christoph Cormeau, Wilhelm Störmer: Hartmann von Aue. Epoche – Werk – Wirkung; 2., überarb. Aufl. München 1993

Cramer 1972 | Hartmann von Aue. Erec. Mittelhochdeutscher Text und Übertragung von Thomas Cramer; Frankfurt a. M. 1972 (und öfter)

Cramer 2001 | Hartmann von Aue. Iwein; 4., überarb. Aufl.; Text der 7. Ausgabe von G. F. Benecke, K. Lachmann und L. Wolff; Übersetzung und Nachwort von Thomas Cramer; Berlin u. a. 2001

Crueger 1883 | Johannes Crueger: Der Entdecker der Nibelungen; Frankfurt a. M. 1883

Crueger 1884 | Johannes Crueger: Die erste Gesammtausgabe der Nibelungen; Frankfurt a. M. 1884

Crumlin-Pedersen 2002 | Ole Crumlin-Pedersen: The Skuldelev Ships; Bd. 1: Topography, Archaeology, History, Conservation and Display; Roskilde 2002

Debus 1998 | Karl Heinz Debus: Der Gatterer-Apparat; Speyer 1998

Denecke 1971 | Ludwig Denecke: Jacob Grimm und sein Bruder Wilhelm; Stuttgart 1971

Dertsch/Wulz 1959 | Richard Dertsch, Gustav Wulz (Bearb.): Die Urkunden der Fürstlich Oettingischen Archive in Wallerstein und Oettingen; Augsburg 1959

Diekamp 2001 | Busso Diekamp: Die Nibelungenbilder von Hans Groß. Werke eines Künstlers aus Schleswig-Holstein, in: Der Wormsgau 20, 2001, S. 79–126

Dobras 1982 | Werner Dobras: Leben und Werk des Entdeckers der Nibelungen-Handschrift Jacob Hermann Obereit, in: Montfort 34, 1982, S. 154–162

Drescher 1982 | Hans Drescher: Zu den bronzenen Grapen des 12. bis 16. Jahrhunderts aus Nordwestdeutschland, in: Bremen 1982, S. 157–174

Drescher 1986 | Hans Drescher: Zum Guß von Bronze, Messing und Zinn „um 1200", in: Steuer 1986, S. 389–404

Düwel 1986 | Klaus Düwel: Zur Ikonographie und Ikonologie der Sigurddarstellungen, in: Roth 1986, S. 221–271

Eckerle 1983 | Klaus Eckerle: Eine neuentdeckte gravierte romanische Bronzeschale aus Ladenburg a.N., in: Forschungen und Berichte der Archäologie des Mittelalters in Baden-Württemberg 8, 1983, S. 319–324

Eckerle 1986 | Klaus Eckerle: Gießgefäße und Becken aus Bronze und Messing im mittelalterlichen Haushalt (1150–1250), in: Steuer 1986, S. 207–222

Edenkoben 2002 | Die Nibelungen. Max Slevogt zum 70. Todestag; Ausst. Kat. Schloss Villa Ludwigshöhe Edenkoben; Mainz 2002

Eitschberger 1999 | Astrid Eitschberger: Musikinstrumente in höfischen Romanen des Mittelalters; Wiesbaden 1999

Ellis 1942 | Hilda R. Ellis: Sigurd in the Art of the Viking Age, in: Antiquity. A quarterly review of archaeology 16, 1942, S. 216–236

Ellmers 1984 | Detlev Ellmers: Frühmittelalterliche Handelsschiffahrt in Mittel- und Nordeuropa; 2. Aufl., Neumünster 1984

Ellmers 2002 | Detlev Ellmers: Baumschiff und Oberländer. Archäologie, Ikonografie und Typenbezeichnungen einer mittelalterlichen Binnenschiffsfamilie, in: Elmshäuser 2002, S. 97–106

Ellmers 2003 | Detlev Ellmers: Alltag auf Koggen – nach Bildern, Funden und Texten, in: Hoffmann/Schnall 2003, S. 162–193

Ellmers (im Druck) | Detlev Ellmers: Kahn, Prahm und andere flachbodige Schiffstypen. Ein Beitrag zur Wörter-und-Sachen-Forschung, in: Radtke (im Druck)

Elm 1999 | Kaspar Elm: 1200. Innozenz III. – Das Papsttum auf der Höhe seiner Macht, in: Lothar Gall (Hrsg.): Das Jahrtausend im Spiegel der Jahrhundertwenden; Berlin 1999, S. 107–135

Elmshäuser 2002 | Konrad Elmshäuser (Hrsg.): Häfen, Schiffe, Wasserwege. Zur Schiffahrt des Mittelalters; Hamburg 2002

Emery 1976 | John Emery: European Spoons before 1700; Edinburgh 1976

Engels 1968 | Heinz Engels (Hrsg.): Das Nibelungenlied und die Klage. Handschrift C der F. F. Hofbibliothek Donaueschingen; Bd. 1: Faksimileband; Bd. 2: Kommentar; Stuttgart 1968

Engels 1998 | Odilo Engels: Die Staufer; 7., verb. und erg. Aufl. Stuttgart 1998

Ernst 1987 | Wilhelm Ernst: Der Donauübergang bei Großmehring, in: Ingolstadt 1987, S. 114–122

Esch 1969 | Arnold Esch: Spolien. Zur Wiederverwendung antiker Baustücke im mittelalterlichen Italien, in: Archiv für Kulturgeschichte 51, 1969, S. 1–64

Ewans 1982 | Michael Ewans: Wagner and Aeschylus: the „Ring" and the „Oresteia"; London 1982

Ewe 1972 | Herbert Ewe: Schiffe auf Siegeln; Bielefeld 1972

Fabritius 2000 | Helga Fabritius: Die mittelalterlichen Wandmalereien der Gamburg, in: Forschungen zu Burgen und Schlössern 5, 2000, 253–264

Falk 1912 | Hjalmar Falk: Altnordisches Seewesen, in: Wörter und Sachen 4, 1912, S. 1–118

Falke/Meyer 1983 | Otto von Falke, Erich Meyer: Romanische Leuchter und Gefäße. Gießgefäße der Gotik; leicht verkleinerter Nachdruck der Erstaufl. 1935; Berlin 1983

Fleckenstein 1979 | Josef Fleckenstein (Hrsg.): Herrschaft und Stand. Untersuchungen zur Sozialgeschichte im 13. Jahrhundert; 2., durchges. Aufl. Göttingen 1979

Fleckenstein 1986 | Josef Fleckenstein (Hrsg.): Das ritterliche Turnier im Mittelalter. Beiträge zu einer vergleichenden Formen- und Verhaltensgeschichte des Rittertums; Göttingen 1986

Fleckenstein 1990 | Josef Fleckenstein (Hrsg.): Curialitas. Studien zu Grundfragen der höfisch-ritterlichen Kultur; Göttingen 1990

Fleckenstein 2002 | Josef Fleckenstein: Rittertum und die ritterliche Welt; Berlin 2002

Forsyth 1972 | Ilene H. Forsyth: The Throne of Wisdom. Wood sculptures of the Madonna in Romanesque France; Princeton 1972

Fößel 2000 | Amalie Fößel: Die Königin im mittelalterlichen Reich. Herrschaftsausübung, Herrschaftsrechte, Handlungsspielräume; Stuttgart 2000

Frank 1995 | Lorenz Frank: Zur Frage des Auftretens großer Fensteröffnungen an romanischen Profangebäuden, in: Hartmut Hofrichter (Hrsg.): Fenster und Türen in historischen Wehr- und Wohnbauten; Braubach 1995, S. 32–40

Frank 2000 | Roberta Frank: The Invention of the Viking Horned Helmet, in: Michael Dallapiazza u. a. (Hrsg.): International Scandinavian and Medieval Studies in Memory of Gerd Wolfgang Weber; Triest 2000, S. 199–208

Fromm 1992 | Heinrich von Veldeke. Eneasroman. Die Berliner Bilderhandschrift mit Übersetzung und Kommentar. Herausgegeben von Hans Fromm, mit den Miniaturen der Handschrift und einem Aufsatz von Dorothea und Peter Diemer; Frankfurt a. M. 1992

Fromm 1995 | Hans Fromm: Überlegungen zum Programm des St. Galler Codex 857, in: Der Ginkgo-Baum. Germanistisches Jahrbuch für Nordeuropa 11, 1995, S. 181–193

Gai 2001 | Antonella Sveva Gai: Reliquiengläser aus Altarsepulkren. Eine Materialstudie zur Geschichte des deutschen Glases vom 12. bis zum 19. Jahrhundert; Bd. 1.2. Leinfelden-Echterdingen 2001

Ganz 1968 | Peter F. Ganz: Lachmann as an editor of Middle High German texts, in: Peter F. Ganz, Werner Schröder (Hrsg.): Probleme mittelalterlicher Überlieferung und Textkritik; Berlin 1968, S. 12–30

Garscha 1936 | Friedrich Garscha: Das völkerwanderungszeitliche Fürstengrab von Altlußheim, in: Germania 20, 1936, S. 191–198

Glassner 1998 | Christine Glassner: Ein Fragment einer neuen Handschrift des ,Nibelungenliedes' in Melk, in: Beiträge zur Geschichte der deutschen Sprache und Literatur 120, 1998, S. 376–394

Göhler 1999 | Peter Göhler (Hrsg.): Eine spätmittelalterliche Fassung des Nibelungenliedes. Die Handschrift 4257 der Hessischen Landes- und Hochschulbibliothek Darmstadt; Wien 1999

Goetz 1987 | Hans-Werner Goetz: Leben im Mittelalter. Vom 7. bis zum 13. Jahrhundert; 3. Aufl. München 1987

Graberg 1970 | Maria Luise von Graberg: Die Nibelungen-Illustrationen von Johann Heinrich Füssli und Peter Cornelius; Diss. Phil. Berlin 1970

Graf 1993 | Klaus Graf: Heroisches Herkommen, in: Petzold 1993, S. 45–64

Greenfield 2001a | John Greenfield (Hrsg.): Das Nibelungenlied. Actas do Simpósio Internacional, 27 de Outubro de 2000; Porto 2001

Greenfield 2001b | John Greenfield: Frau, Tod und Trauer im *Nibelungenlied*. Überlegungen zu Kriemhilt, in: Greenfield 2001a, S. 95–114

Grierson/Blackburn 1986 | Philip Grierson, Mark Blackburn: Medieval European Coinage. With a Catalogue of the Coins in the Fitzwilliam Museum, Cambridge; Vol. 1: The Early Middle Ages (5th–10th Centuries); Cambridge 1986

Grotefend/Rosenfeld 1929 | Otto Grotefend, Felix Rosenfeld: Regesten der Landgrafen von Hessen; Marburg 1929

Grunewald 1988 | Eckhard Grunewald: Friedrich Heinrich von der Hagen 1780–1856. Ein Beitrag zur Frühgeschichte der Germanistik; Berlin 1988

Gudenus 1728 | Valentin F. von Gudenus: Sylloge … Variorum Diplomatariorum Monumentorumque Veterum Ineditorum Adhuc, Et Res Germanicas In Primis Vero Moguntinas Illustrantium; Frankfurt a. M. 1728

Gurjewitsch 1980 | Aaron J. Gurjewitsch: Das Weltbild des mittelalterlichen Menschen; München 1980

Gutscher 1983 | Daniel Gutscher: Das Großmünster in Zürich. Eine baugeschichtliche Monographie; Bern 1983

Haas 1989 | Alois M. Haas: Todesbilder im Mittelalter. Fakten und Hinweise in der deutschen Literatur; Darmstadt 1989

Haas 2002 | Wolfdieter Haas: Welt im Wandel. Das Hochmittelalter; Stuttgart 2002

Haedeke 2000 | Hanns-Ulrich Haedeke: Schmuck aus drei Jahrtausenden. Sammlung Hanns-Ulrich Haedeke; Köln 2000

von der Hagen 1819 | Friedrich Heinrich von der Hagen: Nibelungen. Die Heidelberger Bruchstücke, in: [Büschings] Wöchentliche Nachrichten für Freunde der Geschichte, Kunst und Gelahrtheit des Mittelalters 4, 1819, S. 162–180

von der Hagen 1836 | Friedrich Heinrich von der Hagen: Nibelungen. Übersicht der seit 1820 bekannt gewordenen Nibelungen=Handschriften und Bruchstücke und Abdruck der letzten, in: [von der Hagens] Germania 1, 1836, S. 178–194

Hagenmaier 1988 | Winfried Hagenmaier: Die deutschen mittelalterlichen Handschriften der Universitätsbibliothek und die mittelalterlichen Handschriften anderer öffentlicher Sammlungen in Freiburg im Breisgau und Umgebung; Wiesbaden 1988

Hagenow/Wernsing 2003 | Eva von Hagenow und Susanne Wernsing: Die Nibelungen in populärer Bildpublizistik, in: Heinzle/Klein/Obhof 2003, S. 603–619

Hakelberg 1994 | Dietrich Hakelberg: Mittelalterliche Schallgeräte von Pößneck-Schlettwein, in: Ausgrabungen und Funde 39, 1994, S. 253–259

Hamann 2002 | Brigitte Hamann: Winifred Wagner oder Hitlers Bayreuth; München 2002

den Hartog 1993 | Elizabeth den Hartog: Het Maastrichtse doksaal en het beeld van Attila, in: De Maasgouw 112, 1993, Sp. 113–142

Hatt 1965 | Jean-Jacques Hatt: Une tombe barbare du Ve siècle à Hochfelden (Bas-Rhin), in: Gallia 18, 1965, S. 250–256

Hauck 1961 | Karl Hauck (Hrsg.): Zur germanisch-deutschen Heldensage. 16 Aufsätze; Darmstadt 1961

Haug 1975 | Walter Haug: Andreas Heuslers Heldensagenmodell. Prämissen, Kritik und Gegenentwurf, in: Zeitschrift für deutsches Altertum und deutsche Literatur 104, 1975, S. 273–292

Haymes 2000 | Edward R. Haymes: Die Nibelungen im Spätmittelalter. Die Handschrift n und ihre Umgebung, in: Dorothea Klein u. a. (Hrsg.): Vom Mittelalter zur Neuzeit. Festschrift für Horst Brunner; Wiesbaden 2000

Heggtveit 1998 | Jorån Heggtveit: Aquamaniler i Norge, in: Ingalill Pegelow (Hrsg.): Ting och Tanke. Ikonografi på liturgiska förmål; Stockholm 1998, S. 210–224

Heidelberg 1986 | Bibliotheca Palatina; Ausst. Kat. Heiliggeistkirche Heidelberg; Heidelberg 1986

Heidelberg 1988 | Codex Manesse; Ausst. Kat. Universitätsbibliothek Heidelberg; 2., verb. Aufl. Heidelberg 1988

Heidelberg 1999 | „...sonst wird dich der Jäger holen!" Die Jagd: Vergnügen und Verderben; Ausst. Kat. Kurpfälzisches Museum; Heidelberg 1999

Heine 1985 | Alexander Heine (Hrsg.): Chronik Fredegars und der Frankenkönige und die Lebensbeschreibungen des Abtes Columban, der Bischöfe Arnulf, Leodegar und Eligius, der Königin Balthilde; übers. von Otto Abel; Essen 1985

Heinkel 2003 | Reinhard Heinkel: Der Keramiker Gustav Heinkel und seine Fliesenwandbilder in der Knielinger Kaserne, in: Der Knielinger, Heft 74, Mai 2003

Heinrichs 1964 | H[einrich] Matthias Heinrichs (Hrsg.): Hartmann von Aue. Iwein. Handschrift B; Fotomechanischer Nachdruck in Originalgröße; Köln – Graz 1964

Heinzer/Stamm 1984 | Felix Heinzer, Gerhard Stamm: Die Handschriften von St. Peter im Schwarzwald; Bd 2. Die Pergamenthandschriften; Wiesbaden 1984 (Die Handschriften der Badischen Landesbibliothek in Karlsruhe, 10)

Heinzer/Stamm 1987 | Felix Heinzer, Gerhard Stamm: Die Handschriften von Lichtenthal; Wiesbaden 1987 (Die Handschriften der Badischen Landesbibliothek in Karlsruhe, 11)

Heinzle 1991a | Wolfram von Eschenbach. Willehalm. Nach der Handschrift 857 der Stiftsbibliothek St. Gallen. Mittelhochdeutscher Text, Übersetzung, Kommentar. Herausgegeben von Joachim Heinzle, mit den Miniaturen aus der Wolfenbütteler Handschrift und einem Aufsatz von Peter und Dorothea Diemer; Frankfurt a. M. 1991

Heinzle 1991b | Joachim Heinzle: „… diese reinen kräftigen Töne" Zu Karl Simrocks Übersetzung des Nibelungenliedes, in: Heinzle/Waldschmidt 1991, S. 111–118

Heinzle 1994 | Joachim Heinzle (Hrsg.): Modernes Mittelalter. Neue Bilder einer populären Epoche; Frankfurt a. M.-Leipzig 1994

Heinzle 1996 | Joachim Heinzle: Das Nibelungenlied. Eine Einführung; überarb. Neuausg. Frankfurt a. M. 1996

Heinzle 2000 | Joachim Heinzle: Mißerfolg oder Vulgata? Zur Bedeutung der *C-Version in der Überlieferung des ‚Nibelungenlieds', in: Mark Chinca u. a. (Hrsg.): Blütezeit. Festschrift für L. Peter Johnson zum 70. Geburtstag; Tübingen 2000, S. 207–220

Heinzle 2001 | Joachim Heinzle: St. Galler Handschrift 857, in: Verfasserlexikon Bd. 11, 2001, Sp. 482–485

Heinzle 2002 | Joachim Heinzle (Hrsg.): Das Mittelalter in Daten. Literatur, Kunst, Geschichte. 750–1520; durchgesehene und ergänzte Neuausgabe Stuttgart 2002

Heinzle (im Druck) | Joachim Heinzle: Unsterblicher Heldengesang. Die Nibelungen als nationaler Mythos der Deutschen, in: Mythos und Mythologie; Berlin (im Druck)

Heinzle/Klein 1998 | Joachim Heinzle, Klaus Klein: Zu den Melker Fragmenten des ‚Nibelungenlieds', in: Zeitschrift für deutsches Altertum 127, 1998, S. 373–380

Heinzle/Klein/Obhof 2003 | Joachim Heinzle, Klaus Klein, Ute Obhof (Hrsg.): Die Nibelungen. Sage – Epos – Mythos; Wiesbaden 2003

Heinzle/Staub 1993 | Joachim Heinzle, Kurt Hans Staub: Neue Bruchstücke der Nibelungen-Handschrift L, in: Beiträge zur Geschichte

der deutschen Sprache und Literatur 115, 1993, S. 66–85

Heinzle/Staub 2003 | Joachim Heinzle, Kurt Hans Staub: Neue Bruchstücke der Handschrift L des ‚Nibelungenlieds', in: Zeitschrift für deutsches Altertum 132, 2003 (im Druck)

Heinzle/Waldschmidt 1991 | Joachim Heinzle, Anneliese Waldschmidt (Hrsg.): Die Nibelungen. Ein deutscher Wahn, ein deutscher Alptraum. Studien und Dokumente zur Rezeption des Nibelungenstoffs im 19. und 20. Jahrhundert; Frankfurt a. M. 1991

Heller 2003 | Heinz B. Heller: „… nur dann überzeugend und eindringlich, wenn es sich mit dem Wesen der Zeit deckt …" Fritz Langs Nibelungen-Film als „Zeitbild", in: Heinzle/Klein/Obhof 2003, S. 497–509

Henkel/Fingernagel 1992 | Heinrich von Veldeke. Eneas-Roman. [Bd 1.] Vollfaksimile des Ms. germ. fol. 282 der Staatsbibliothek zu Berlin Preußischer Kulturbesitz; [Bd 2.] Einf. und kodikologische Beschreibung von Nikolaus Henkel. Kunsthist. Komm. von Andreas Fingernagel; Wiesbaden 1992

Hennig 1977 | Ursula Hennig (Hrsg.): Das Nibelungenlied nach der Handschrift C; Tübingen 1977

Hennig 2000 | Ursula Hennig: Die Nibelungenhandschrift n zwischen *Nôt*- und *Liet*-Fassung. Anläßlich der Edition von Göhler, in: Beiträge zur Geschichte der deutschen Sprache und Literatur 122, 2000, S. 427–431

Hennig 2002 | Ursula Hennig: Besprechung von Göhler 1999 und Vorderstemann 2000, in: Beiträge zur Geschichte der deutschen Sprache und Literatur 124, 2002, S. 370–373

Henning 1985 | Joachim Henning: Zur Datierung von Werkzeug- und Agrargerätefunden im germanischen Landnahmezeit zwischen Rhein und Oberer Donau, in: Jahrbuch des Römisch-Germanischen Zentralmuseums 32, 1985, S. 570–594

Heukemes 1958 | Berndmark Heukemes: Ein fränkisches Grab mit künstlicher Schädelmissbildung von Dossenheim, in: Germania 36, 1958, S. 164–167

Hilka/Schumann/Bischoff 1930–1970 | Carmina Burana. Mit Benutzung der Vorarbeiten Wilhelm Meyers kritisch hrsg. von Alfons Hilka und Otto Schumann; Bd. 1: Text; 1. Die moralisch-satirischen Dichtungen. Heidelberg 1930; 2. Die Liebeslieder; Heidelberg 1941 (Nachdruck Heidelberg 1971); 3. Die Trink- und Spielerlieder – Die geistlichen Dramen. Nachträge. Hrsg. von Otto Schumann und Bernhard Bi-

schoff. Heidelberg 1970; Bd. 2: Kommentar; 1. Einleitung (Die Handschrift der Carmina Burana). Die moralisch-satirischen Dichtungen; Heidelberg 1930 (2. unveränd. Auflage Heidelberg 1961)

Hirte 1986 | Christian Hirte: Reste eines Bootes schreiben Geschichte. Pforzheimer Fund markiert eine Entwicklungsstufe im Bootsbau, in: Blickpunkt Pforzheim 3, 1986, Sommerheft, S. 58–61

Hlawitschka 1991 | Eduard Hlawitschka: Zu den Grundlagen der staufischen Stellung im Elsaß. Die Herkunft Hildegards von Schlettstadt; München 1991

Hoffmann/Schnall 2003 | Gabriele Hoffmann, Uwe Schnall (Hrsg.): Die Kogge. Sternstunde der deutschen Schiffsarchäologie; Hamburg 2003

Höfler 1961 | Otto Höfler: Die Anonymität des Nibelungenliedes, in: Hauck 1961, S. 330–392

Hoffmann 1982 | Werner Hoffmann: Das Nibelungenlied; 5., überarb. und erw. Aufl., Stuttgart 1982

Hoffmann von Fallersleben 1836 | [August] Heinrich Hoffmann [von Fallersleben]: Bruchstück aus der Nibelunge nôt, in: Altdeutsche Blätter 1, 1836, S. 47–49

Hohler 1999 | Erla Bergendahl Hohler: Norwegian Stave Church Sculpture; Bd. 1.2. Oslo 1999

Holder 1970 | Alfred Holder: Die Reichenauer Handschriften; Bd. 1: Die Pergamenthandschriften. Neudruck der Ausgabe 1906 mit bibliographischen Nachträgen; Wiesbaden 1970

Hollstein 1980 | Ernst Hollstein: Mitteleuropäische Eichenchronologie. Trierer dendrochronologische Forschungen zur Archäologie und Kunstgeschichte; Mainz 1980

Holznagel 1995 | Franz-Josef Holznagel: Wege in die Schriftlichkeit. Untersuchungen und Materialien zur Überlieferung der mittelhochdeutschen Lyrik; Tübingen u. a. 1995 (Bibliotheca germanica, 32)

Homo-Lechner 1996 | Catherine Homo-Lechner: Sons et instruments de musique au Moyen Âge. Archéologie musicale dans l'Europe du VIIe au XIVe siècles; Paris 1996

Hornung/Schweikle 1983 | Hans Hornung, Günther Schweikle (Hrsg.): Das Nibelungenlied in spätmittelalterlichen Illustrationen. Die 37 Bildseiten des Hundeshagenschen Kodex Ms. germ. fol. 855 der Staatsbibliothek Preußischer Kulturbesitz Berlin. Faksimileausgabe; 2. Aufl. Bozen 1983

Huber 2001 | Christoph Huber: Gottfried von Straßburg. Tristan; 2., verb. Aufl. Berlin 2001

Hucker 1990 | Bernd Ulrich Hucker: Kaiser Otto IV.; Hannover 1990

Hütt 1993 | Michael Hütt: Aquamanilien. Gebrauch und Form; Mainz 1993

Illi 1992 | Martin Illi: Wohin die Toten gingen. Begräbnis und Kirchhof in der vorindustriellen Stadt; Zürich 1992

Ingolstadt 1987 | Die Donau zwischen Lech und Altmühl. Geschichte und Gegenwart einer Kulturlandschaft; Ausst. Kat. Reduit Tilly; Ingolstadt 1987

Janz 1998 | Brigitte Janz: Inszenierte Mündlichkeit. Zum Bildprogramm des Nibelungenliedes im Hundeshagenschen Kodex, in: Moser/Sammer 1998, S. 411–441

Johnson 1999 | Leslie Peter Johnson: Die höfische Literatur der Blütezeit, 1160/70–1220/30; Tübingen 1999

Jürgensmeier 1997 | Friedhelm Jürgensmeier (Hrsg.): Das Bistum Worms. Von der Römerzeit bis zur Auflösung; Würzburg 1997

Karlsruhe 1980 | Drachen. Ausstellungen für Kinder und Erwachsene in Karlsruhe; Ausst. Kat. Badische Landesbibliothek, Landessammlungen für Naturkunde, Kindermuseum der Staatlichen Kunsthalle Karlsruhe 1980; Karlsruhe 1980

Karlsruhe 1992a | Unverrückbar für alle Zeiten. Tausendjährige Schriftzeugnisse in Baden-Württemberg; Ausst. Kat. Generallandesarchiv Karlsruhe; Karlsruhe 1992

Karlsruhe 1992b | Mittelalterliche Andachtsbücher. Psalterien, Stundenbücher, Gebetsbücher. Zeugnisse europäischer Frömmigkeit; Ausst. Kat. Badische Landesbibliothek Karlsruhe; Karlsruhe 1992

Karlsruhe 1999 | Jahrhundertwenden 1000–2000. Rückblicke in die Zukunft; Ausst. Kat. Badisches Landesmuseum Karlsruhe; Karlsruhe 1999

Karlsruhe 2001 | Joseph Freiherr von Laßberg (1770–1855) und seine Bibliothek; Ausst. Kat. Badische Landesbibliothek Karlsruhe; Karlsruhe 2001

Kartschoke 1986 | Heinrich von Veldeke. Eneasroman. Mittelhochdeutsch/neuhochdeutsch. Nach dem Text von Ludwig Ettmüller ins Neuhochdeutsche übersetzt, mit einem Stellenkommentar und einem Nachwort von Dieter Kartschoke; Stuttgart 1986 (und öfter)

Kdm Bretten 1919 | Die Kunstdenkmäler des Amtsbezirks Bretten, Kreis Karlsruhe; Bearb. Hans Rott; Tübingen 1919

Kdm Stralsund 1902 | Die Baudenkmäler des Regierungs-Bezirks Stralsund; Heft 5: Der Stadtkreis Stralsund; Bearb. Ernst von Haselberg; Stettin 1902

Keller 1879 | Adelbert von Keller (Hrsg.): Das Nibelungenlied nach der Piaristenhandschrift; Stuttgart 1879

Keller 1986 | Hagen Keller: Zwischen regionaler Begrenzung und universalem Horizont. Deutschland im Imperium der Salier und Staufer, 1024–1250; Berlin 1986

Keller 2002 | Christine Keller: Aquamanilen und das Ritual des Händewaschens, in: Wider das „finstere Mittelalter". Festschrift für Werner Meyer zum 65. Geburtstag; Basel 2002, S. 125–136

Kellner 1994 | Beate Kellner: Grimms Mythen. Studien zum Mythosbegriff und seiner Anwendung in Jacob Grimms Deutscher Mythologie; Frankfurt a. M u. a. 1994

Kimpel/Werckmeister 1991 | Harald Kimpel, Johanna Werckmeister: Leidmotive. Möglichkeiten der künstlerischen Nibelungen-Rezeption seit 1945, in: Heinzle/Waldschmidt 1991, S. 284–306

Kimpel/Werckmeister 2003 | Harald Kimpel, Johanna Werckmeister: Leidmotive. Möglichkeiten der künstlerischen Nibelungen-Rezeption seit 1945, in: Heinzle/Klein/Obhof 2003, S. 637–656

Klein 1988 | Thomas Klein: Ermittlung, Darstellung und Deutung von Verbreitungstypen in der Handschriftenüberlieferung mittelhochdeutscher Epik, in: Volker Honemann, Nigel F. Palmer (Hrsg.): Deutsche Handschriften 1100–1400. Oxforder Kolloquium 1985; Tübingen 1988, S. 110–167

Klein 1994 | Klaus Klein: Der Sangallensis, Konrad von Heimesfurt und Kommissar Zufall, in: Zeitschrift für deutsches Altertum 123, 1994, S. 76–90

Klein 2000 | Klaus Klein: Französische Mode? Dreispaltige Handschriften des deutschen Mittelalters, in: Becker 2000, Bd. 1, S. 180–201

Klein 2002 | Klaus Klein: Ein neues Fragment der 'Nibelungenklage' in Amberg, in: Zeitschrift für deutsches Altertum 131, 2002, S. 61–65

Kluge-Pinsker 1991 | Antje Kluge-Pinsker: Schach und Trictrac. Zeugnisse mittelalterlicher Spielfreude in Salischer Zeit; Sigmaringen 1991

Knappe 1974 | Karl-Bernhard Knappe: Das Leben auf Burgen im Spiegel mittelalterlicher Literatur. Tendenzen der literarischen Darstellung mittelalterlicher Realien, in: Burgen und Schlösser 15, 1974, S. 1–8, 123–131

Knecht/Schirok 1998 | Wolfram von Eschenbach. Parzival. Studienausgabe. Mittelhochdeutscher Text nach der sechsten Ausgabe von Karl Lachmann. Übersetzung von Peter Knecht. Einführung zum Text von Bernd Schirok; Berlin u. a. 1998

Koch 1986 | Robert Koch: Tischgeschirr aus Glas in Süd- und Norddeutschland (1150–1250), in: Steuer 1986, S. 191–206

Köln 1975 | Monumenta Annonis. Köln und Siegburg, Weltbild und Kunst im hohen Mittelalter; Ausst. Kat. Schnütgen-Museum Köln; Köln 1975

Köln 1985 | Ornamenta Ecclesiae. Kunst und Künstler der Romanik; Ausst. Kat. Schnütgen-Museum Köln; 3 Bde. Köln 1985

Köln 2001 | ars vivendi, ars moriendi; Ausst. Kat. Erzbischöfliches Diözesanmuseum Köln; München 2001

Kölzer 2002 | Theo Kölzer: Der Hof Kaiser Barbarossas und die Reichsfürsten, in: Moraw 2002, S. 3–48

Körner 1911 | Josef Körner: Nibelungenforschungen der deutschen Romantik. Leipzig 1911; Nachdruck Frankfurt a. M. 1968

Körner 1997 | Hans Körner: Grabmonumente des Mittelalters; Darmstadt 1997

Kolk 1990 | Rainer Kolk: Berlin oder Leipzig? Eine Studie zur sozialen Organisation der Germanistik im 'Nibelungenstreit'; Tübingen 1990

Kornrumpf 2000 | Gisela Kornrumpf: Heldenbuch – oder Sammelhandschrift? Zum Codex discissus K des „Nibelungenlieds", in: Becker 2000, Bd. 1, S. 287–296

Kornrumpf 2001 | Gisela Kornrumpf: Die Budapester Blätter einer Liederhandschrift und ihre Bedeutung für die Geschichte der Minnesangüberlieferung. Ein Versuch, in: Schwob/Vizkelety 2001, S. 165–185

Kraus 1928 | Franz Ferdinand Kraus: Die Münzen Odovacars und des Ostgotenreiches in Italien; Halle a. d. Saale 1928

Krischer 1996 | Tilmann Krischer: Friedrich August Wolfs 'Prolegomena ad Homerum' und die neuere Homerforschung, in: Poetica 28, 1996, S. 171–180

Krogmann/Pretzel 1966 | Willy Krogmann, Ulrich Pretzel: Bibliographie zum Nibelungenlied und zur Klage, 4. stark erw. Aufl.; Berlin 1966

Krohn 1980 | Gottfried von Straßburg. Tristan. Nach dem Text von Friedrich Ranke neu herausgegeben, ins Neuhochdeutsche übersetzt, mit einem Stellenkommentar und einem Nachwort von Rüdiger Krohn; Bd. 1–3 Stuttgart 1980 (und öfter)

Kroos 1985 | Renate Kroos: Der Schrein des Heiligen Servatius in Maastricht und die vier zugehörigen Reliquiare in Brüssel; München 1985

Krueger 1990 | Ingeborg Krueger: Glasspiegel im Mittelalter, in: Bonner Jahrbücher 190, 1990, S. 231–313

Krüger 1998 | Jürgen Krüger: Palas und Palatium. Wie aktuell ist Swoboda?, in: Forschungen zu Burgen und Schlössern 4, 1998, S. 129–138

Krüger 2003 | Peter Krüger: Etzels Halle und Stalingrad: Die Rede Görings vom 30. 1. 1943, in: Heinzle/Klein/Obhof 2003, S. 375–403

Lafaurie 1958 | Jean Lafaurie: Le trésor de Gourdon (Saône–et–Loire), in: Bulletin de la Société Nationale des Antiquaires de France 1958, S. 61–76

Laistner 1886 | Ludwig Laistner (Hrsg.): Das Nibelungenlied nach der Hohenems-Münchener Handschrift (A) in phototypischer Nachbildung; München 1886

Lammers 1972 | Otto von Freising, Chronica sive Historia de duabus civitatibus; Zweisprachige Ausgabe; Hrsg. Walther Lammers; Darmstadt 1972

Lehnart 1998 | Ulrich Lehnart: Kleidung und Waffen der Früh- und Hochgotik 1150–1320; Wald-Michelbach 1998

Leistikow 2002 | Dankwart Leistikow: Burg Schüpf – eine Burgengrabung des 19. Jahrhunderts, in: Xantener Berichte 12, 2002, S. 361–373

Leitschuh 1903 | Friedrich Leitschuh: Das Reliquiar der heiligen Attala in der St. Magdalenenkirche zu Strassburg, in: Das Kunstgewerbe in Elsass-Lothringen 3, 1902/1903, S. 73–83

Lepper 1991 | Herbert Lepper: Das „Kaiser-Wilhelm-Denkmal" zu Aachen. Ein Beitrag zur Repräsentanz nationaler und monarchistischer

Gesinnung im rheinischen Bürgertum während der Wilhelminischen Ära, in: Aachener Kunstblätter 59, 1991–1993 (1993), S. 295–333

Leyser 1992 | Karl Leyser: Friedrich Barbarossa – Hof und Land, in: Alfred Haverkamp (Hrsg.): Friedrich Barbarossa. Handlungsspielräume und Wirkungsweisen des staufischen Kaisers; Sigmaringen 1992, S. 519–532

Lienert 2001 | Elisabeth Lienert: Deutsche Antikenromane des Mittelalters; Berlin 2001

Lindenfels 2000 | Der Nibelungen Lied und Klage. Bilder, Texte, Kompositionen aus drei Jahrhunderten. Sammlung Lütze VII; Ausst. Kat. Lindenfels im Odenwald; Stuttgart 2000

Lindqvist/Gustafson 1941–1942 | Gabriel Gustafson u.a.: Gotlands Bildsteine, gesammelt und untersucht von Gabriel Gustafson und Frederik Nordin mit Zeichnungen von Olof Sörling. Photographien von Harald Faith-Ell. Nach erneuter Durchsicht und Erg. des Materials hrsg. von Sune Lindqvist; Bd. 1.2. Stockholm 1941–1942

Littauer 1981 | Mary Aiken Littauer: Early stirrups, in: Antiquity 55, 1981, S. 99–105

LMA | Lexikon des Mittelalters; 10 Bde. Stuttgart 1980–1999

Lobbedey 1968 | Uwe Lobbedey: Untersuchungen mittelalterlicher Keramik vornehmlich aus Süddeutschland; Berlin 1968

Lohmann/Stolle 1998 | Burkhard Lohmann, Thomas Stolle: Zusammenfassung der archäologischen Gelände- und Bauuntersuchungen auf der Runneburg, in: Burg Weißensee „Runneburg", Thüringen: Baugeschichte und Forschung, Hrsg.: Thüringisches Landesamt für Denkmalpflege; Frankfurt a. M. 1998, S. 96–145

Lord 1965 | Albert Bates Lord: Der Sänger erzählt. Wie ein Epos entsteht; München 1965

Lurz 1990 | Meinhold Lurz: Heinkel, Gustav Philipp, in: Badische Biographien N.F. Bd. 3, 1990, S. 123–124

Lutz/Thali/Wetzel 2002 | Eckart Conrad Lutz, Johanna Thali, René Wetzel (Hrsg.): Literatur und Wandmalerei. I: Erscheinungsformen höfischer Kultur und ihre Träger im Mittelalter. Freiburger Colloquium 1998; Tübingen 2002

Mack 1976 | Dietrich Mack: Der Bayreuther Inszenierungsstil; München 1976

Mackensen 1979 | Lutz Mackensen: Stauferzeit; Frankfurt a. M. u. a. 1979

Mackensen 1984 | Lutz Mackensen: Die Nibelungen. Sage, Geschichte, ihr Leid und sein Dichter; Stuttgart 1984

Mannheim 2001 | Gold der Barbarenfürsten. Schätze aus Prunkgräbern des 5. Jahrhunderts n. Chr. Zwischen Kaukasus und Gallien; Ausst. Kat. Reiss-Museum Mannheim; Stuttgart 2001

Marburg 1992 | Hessen und Thüringen. Von der Anfängen bis zur Reformation; Ausst. Kat. Marburg; Ausstellung des Landes Hessen; Marburg 1992

Marth 1988 | Regine Marth: Untersuchungen zu romanischen Bronzekreuzen: Ikonographie – Funktion – Stil; Frankfurt a. M. 1988

Martin 1993 | Dieter Martin: Das deutsche Versepos im 18. Jahrhundert. Studien und kommentierte Gattungsbibliographie; Berlin 1993

Maschke 1978 | Erich Maschke: Die Brücke im Mittelalter, in: Maschke/Sydow 1978, S. 110–124

Maschke/Sydow 1978 | Erich Maschke; Jürgen Sydow: Die Stadt am Fluß; Sigmaringen 1978

Mason 1951 | Eudo Colecestra Mason (Hrsg.): Unveröffentlichte Gedichte von Johann Heinrich Füssli; Zürich 1951

Mattausch/Schmidt-Linsenhoff 1978 | Roswitha Mattausch, Viktoria Schmidt-Linsenhoff: Vom Nationalepos zur Weltanschauungsoper. Die Rezeption des Nibelungenliedes 1800 bis 1918, in: Trophäe oder Leichenstein? Kulturgeschichtliche Aspekte des Geschichtsbewußtseins in Frankfurt im 19. Jahrhundert; Frankfurt a. M. 1978, S. 303–325

Mayer 1995 | Hans Eberhard Mayer: Geschichte der Kreuzzüge; 8. Aufl. Stuttgart 1995

McConnell 1998 | Winder McConnell (Hrsg.): A companion to the Nibelungenlied; Columbia 1998

McKinnon 1978 | James W. McKinnon: Representations of the Mass in Medieval and Renaissance Art, in: Journal of the American Musicological Society 31, 1978, S. 21–52

Meckseper 2002a | Cord Meckseper: Raumdifferenzierungen im hochmittelalterlichen Burgenbau Mitteleuropas, in: Château Gaillard 20, 2002, S. 163–171

Meckseper 2002b | Cord Meckseper: Wandmalerei im funktionalen Zusammenhang ihres architektonisch-räumlichen Orts, in: Lutz/Thali/Wetzel 2002, S. 255–281

Meier 1996 | Hans-Rudolf Meier: Romanische Schweiz; Würzburg 1996

Meldorf 1992 | Hans Gross 1891–1981. Aspekte eines umstrittenen Künstlers; Ausst. Kat. Dithmarscher Landesmuseum Meldorf; Meldorf 1992

Mende 1981 | Ursula Mende: Die Türzieher des Mittelalters; Berlin 1981

Mertens 1992 | Volker Mertens: Bodmer und die Folgen, in: Gerd Althoff (Hrsg.): Die Deutschen und ihr Mittelalter. Themen und Funktionen moderner Geschichtsbilder vom Mittelalter; Darmstadt 1992, S. 55–80, 186–193

Mertens 2003 | Volker Mertens: Das Nibelungenlied, Richard Wagner und kein Ende, in: Heinzle/Klein/Obhof 2003, S. 459–496

Meurer 2003 | Heribert Meurer: Pferdegeschirr und Zaumzeug mit dem württembergischen Wappen, in: Fundberichte aus Baden-Württemberg 27, 2003 (im Druck)

Moller 1844 | Georg Moller: Denkmäler deutscher Baukunst, fortgesetzt von Ernst Geldbach; Bd. 3 Darmstadt 1844

Montag 1985 | Wolfram von Eschenbach. Willehalm. Die Bruchstücke der ‚Großen Bilderhandschrift‘. Bayerische Staatsbibliothek München Cgm 193, III. Germanisches Nationalmuseum Nürnberg, Graphische Sammlung Hz 1104–1105 Kapsel 1607; im Faksimile herausgegeben von Ulrich Montag; Stuttgart 1985

Montag/Gichtel 1979 | Gottfried von Straßburg. Tristan und Isolde, mit der Fortsetzung Ulrichs von Türheim; [Bd 1.] Faksimile-Ausgabe des Cgm 51 der Bayerischen Staatsbibliothek München; [Bd 2.] Textband mit Beiträgen von Ulrich Montag und Paul Gichtel; Stuttgart 1979

Moraw 2002 | Peter Moraw (Hrsg.): Deutscher Königshof, Hoftag und Reichstag im späteren Mittelalter; Stuttgart 2002

Morel 2001 | Andreas Morel: Der gedeckte Tisch. Zur Geschichte der Tafelkultur; Zürich 2001

Moser 1976 | Hugo Moser: Karl Simrock. Universitätslehrer und Poet, Germanist und Erneuerer von „Volkspoesie“ und älterer „Nationalliteratur“; Berlin 1976

Moser/Sammer 1998 | Dietz-Rüdiger Moser, Marianne Sammer (Hrsg.): Nibelungenlied und Klage. Ursprung – Funktion – Bedeutung. Symposium Kloster Andechs 1995, mit Nachträgen bis 1998; München 1998

Müller 1974 | Jan-Dirk Müller: *Sivrit. Künec – man – eigenholt.* Zur sozialen Problematik des Nibelungenlieds, in: Amsterdamer Beiträge zur Älteren Germanistik 7, 1974, S. 85–124

Müller 1986 | Ulrich Müller: Richard Wagner und die Antike, in: Müller/Wapnewski 1986, S. 7–18

Müller 1997 | Jan-Dirk Müller: *bei heldes zeiten.* Anmerkungen zum Beginn des ‚Nibelungenliedes‘ k, in: Burkhardt Krause (Hrsg.): Verstehen durch Vernunft. Festschrift für Werner Hoffmann; Wien 1997, S. 271–287

Müller 2002 | Ulrich Müller: Die mittelalterlichen Quellen zu Richard Wagners ‚Ring‘-Dichtung. Kommentare und Thesen, in: Ulrich Müller, Oswald Panagl (Hrsg.): Ring und Gral. Texte, Kommentare und Interpretationen zu Richard Wagners „Der Ring des Nibelungen“, „Tristan und Isolde“, „Die Meistersinger von Nürnberg“ und „Parsifal“; Würzburg 2002, S. 60–80

Müller/Wapnewski 1986 | Ulrich Müller, Peter Wapnewski (Hrsg.): Richard-Wagner-Handbuch; Stuttgart 1986

München 1955 | Sakrale Gewänder des Mittelalters; Ausst. Kat. Bayerisches Nationalmuseum München; München 1955

München 1977 | Edward Kienholz. Volksempfängers; Ausst. Kat. Lenbachhaus München; München 1977

München 1987 | Die Nibelungen. Bilder von Liebe, Verrat und Untergang; Ausst. Kat. Haus der Kunst München; München 1987

München 2003 | Deutsche Literatur des Mittelalters. Handschriften aus dem Bestand der Bayerischen Staatsbibliothek München mit Heinrich Wittenwilers ‚Ring‘ als kostbarer Neuerwerbung; Ausst. Kat. Bayerische Staatsbibliothek München; München 2003

Murray 1998 | Alan V. Murray: Der König und der Küchenmeister. Überlegungen zur Rolle Rumolts im Nibelungenlied, in: Moser/Sammer 1998, S. 395–410

Nellmann/Kühn 1994 | Wolfram von Eschenbach. Parzival. Nach der Ausgabe Karl Lachmanns revidiert und kommentiert von Eberhard Nellmann, übertragen von Dieter Kühn; 2 Bde. Frankfurt a. M. 1994

Nibelungen encyclopedia 2002 | The Nibelungen tradition. An encyclopedia; Hrsg. Francis G. Gentry, Winder McConnell, Ulrich Müller, Werner Wunderlich; New York 2002

Nibelungenlied 1962 | Das Nibelungenlied und Die Klage. Handschrift B (Cod. Sangall. 857); Köln 1962

Nicol 1997 | Falk Nicol: Holzfunde aus einem Brunnen der Burg Weißensee (Thüringen); Universität Bamberg 1997 Mag.arbeit (ms.)

Niewöhner 1991 | Elke Niewöhner: Islamische Kunst. Kestner-Museum Hannover; Hannover 1991

Nürnberg 1987 | Germanen, Hunnen und Awaren. Schätze der Völkerwanderungszeit; Ausst. Kat. Germanisches Nationalmuseum Nürnberg; Nürnberg 1987

Nürnberg 1992 | Die Gründer von Laach und Sayn. Fürstenbildnisse des 13. Jahrhunderts; Ausst. Kat. Germanisches Nationalmuseum Nürnberg; Nürnberg 1992

Obhof 2003 | Ute Obhof: Zur Provenienz des ‚Nibelungenlied‘-Fragmentes S_1, in: Zeitschrift für deutsches Altertum 132, 2003, S. 177–188

Oechelhäuser 1887 | Adolf von Oechelhäuser (Bearb.): Die Miniaturen der Universitäts-Bibliothek zu Heidelberg; Heidelberg 1887

Ohler 1986 | Norbert Ohler: Reisen im Mittelalter; München 1986

Ohler 1990 | Norbert Ohler: Sterben und Tod im Mittelalter; München 1990

Oldenburg 1995 | Der Sassen Speygel. Sachsenspiegel – Recht – Alltag; Ausst. Kat. Staatliches Museum für Naturkunde und Vorgeschichte Oldenburg 1995; Bd. 1.2. Oldenburg 1995

Ott 2002 | Norbert H. Ott: Literatur in Bildern. Eine Vorbemerkung und sieben Stichworte, in: Lutz/Thali/Wetzel 2002, S. 153–197

Palmer 1992 | Nigel F. Palmer: Der Codex Sangallensis 857. Zu den Fragen des Buchschmucks und der Datierung, in: Wolfram-Studien 12, 1992, S. 15–31

Pappenheim 1927 | Haupt Graf zu Pappenheim: Versuch einer Geschichte der frühen Pappenheimer Marschälle vom XII. bis zum XVI. Jahrhundert; Würzburg 1927

Paravicini 1994 | Werner Paravicini: Die ritterlich-höfische Kultur des Mittelalters; München 1994

Paris 1990 | Saint Bernard & le monde cistercien; Ausst. Kat. Conciergerie Paris; Paris 1990

Paris 1995 | L’Œuvre de Limoges. Emaux limousins du Moyen Age; Ausst. Kat. Musée du Louvre Paris; Paris 1995

Passau 1986 | Das Nibelungenlied in den Augen der Künstler vom Mittelalter bis zur Gegenwart; Ausst. Kat. Staatliche Bibliothek Passau; Passau 1986

Patze/Paravicini 1991 | Hans Patze, Werner Paravicini (Hrsg.): Fürstliche Residenzen im spätmittelalterlichen Europa; Sigmaringen 1991

Petzold 1993 | Leander Petzold u. a. (Hrsg.): Das Bild der Welt in der Volkserzählung. Berichte und Referate des fünften bis siebten Symposions zur Volkserzählung, Brunnenburg/Südtirol 1988–1990; Frankfurt a. M. u. a. 1993

Pfaff/Salowsky 1984 | Die große Heidelberger Liederhandschrift (Codex Manesse). In getreuem Textabdruck herausgegeben von Fridrich [sic!] Pfaff; Zweite, verbesserte und ergänzte Auflage bearbeitet von Hellmut Salowsky; Heidelberg 1984

Pfalzgraf 2002 | Annegret Pfalzgraf: Das ‚Nibelungenlied' auf dem Weg zur ‚deutschen Ilias'. Homerbegeisterung und ästhetische Wertschätzung des ‚Nibelungenlieds' bei Johann Jakob Bodmer; Diss. Phil. Marburg 2002

Pfeiffer 1844 | Die alte Heidelberger Liederhandschrift. Herausgegeben von Franz Pfeiffer. Mit einer Schriftprobe; Stuttgart 1844; Nachdruck Hildesheim 1962

Pfeil/Westhoff 2001 | Christoph Graf Pfeil, Hans Westhoff: Die mittelalterliche Bank. Untersuchungen eines gedrechselten Möbels, in: Alpirsbach. Zur Geschichte von Kloster und Stadt; Bd. 1–3, Stuttgart 2001, S. 189–200

Pfund 1856 | Theodor G. Pfund: Ermoldus Nigellus. Lobgedicht auf Kaiser Ludwig; Berlin 1856

Ploss 1966 | Emil Ploss: Siegfried-Sigurd, der Drachenkämpfer. Untersuchungen zur germanisch-deutschen Heldensage, zugleich ein Beitrag zur Entwicklungsgeschichte des alteuropäischen Erzählgutes; Köln 1966

Pochat 1997 | Götz Pochat: Das Fremde im Mittelalter. Darstellung in Kunst und Literatur; Würzburg 1997

Popp 1987 | Ludwig Popp: Die Ebstorfer Weltkarte im Landschaftsmuseum Obermain in der Plassenburg zu Kulmbach; Kulmbach um 1987

Posern-Klett 1846 | Carl Friedrich von Posern-Klett: Sachsens Münzen im Mittelalter. 1. Teil: Münzstätten und Münzen der Städte und geistlichen Stifter. Leipzig 1846; Reprint Leipzig 1970

Quast 1999 | Dieter Quast: Das „Pektorale" von Wolfsheim, in: Germania 77, 1999, S. 705–718

Quast/Schüssler 2000 | Dieter Quast, Ulrich Schüssler: Mineralogische Untersuchungen zur Herkunft der Granate merowingerzeitlicher Cloisonnéarbeiten, in: Germania 78, 2000, S. 75–96

Radtke (im Druck) | Christian Radtke (Hrsg.): Wissenschaftliches Kolloquium „Wrack IV aus dem Hafen von Haithabu"; (im Druck)

Reidemeister 1985 | Peter Reidemeister (Hrsg.): Mittelalterliche Musikinstrumente – Ikonographie und Spielpraxis, in: Basler Jahrbuch für Historische Musikpraxis 8, 1984 (1985), S. 5–241

Reinhardt 1986 | Hartmut Reinhardt: Richard Wagner und Schopenhauer, in: Müller/Wapnewski 1986, S. 101–113

Reinhart 1938 | Wilhelm Reinhart: Die Münzen des Tolosanischen Reiches der Westgoten, in: Deutsches Jahrbuch für Numismatik 1, 1938, S. 107–135

Remnant 1975 | Mary Remnant: The Diversity of Medieval Fiddles. In: Early Music 3, 1975, S. 47–51

Rennkamp 1977 | Walter Rennkamp: Studien zum deutsch-russischen Handel bis zum Ende des 13. Jahrhunderts. Nowgorod und Dünagebiet; Bochum 1977

Richter 1980 | Siegfried Richter: Traditionelle Formen und Bauweisen von Wasserfahrzeugen an der oberen Donau, in: Deutsches Schiffahrtsarchiv 3, 1980, S. 35–48

Rinke 2002 | Moritz Rinke: Die Nibelungen. Mit einem Nachwort von Peter von Becker; Reinbek 2002

Rösener 1989 | Werner Rösener: Hofämter an mittelalterlichen Fürstenhöfen, in: Deutsches Archiv für Erforschung des Mittelalters 45, 1989, S. 485–550

Rösener 1997a | Werner Rösener (Hrsg.): Jagd und höfische Kultur im Mittelalter; Göttingen 1997

Rösener 1997b | Werner Rösener: Rittertum und Fürstenhof im Hochmittelalter, in: Rösener 1997a, S. 123–148

Rosenfeld 1987 | Hans-Friedrich Rosenfeld: Neue Nibelungenfragmente aus Rosenheim und München, in: Beiträge zur Geschichte der deutschen Sprache und Literatur 109, 1987, S. 14–50

Rosenheim 1988 | Die Bajuwaren. Von Severin bis Tassilo 488–788; Ausst. Kat. Gemeinsame Landesausstellung Rosenheim und Salzburg 1988; München 1988

Roth 1986 | Helmut Roth (Hrsg.): Zum Problem der Deutung frühmittelalterlicher Bildinhalte. Akten des 1. Internationalen Kolloquiums in Marburg a.d.L. 1983; Sigmaringen 1986

Rückert 1995 | Rainer Rückert: Wiener und Meissener Porzellangeschirr des 18. Jahrhunderts „alla turca", in: Keramos H. 147, 1995, S. 3–94

Rueß/Ziegler 2000 | Karl-Heinz Rueß, Walter Ziegler (Red.): Die Staufer; Göppingen 2000

Sachs 1930 | Curt Sachs: Handbuch der Musikinstrumentenkunde; 2. durchgesehene Aufl. Leipzig 1930

Sandberg 1997 | Gösta Sandberg: The red dyes. Cochineal, madder, and murex purple. A world tour of textile techniques; Asheville 1997

Sarrazin/Holk 1996 | Jenny Sarrazin, André van Holk: Schopper und Zillen. Eine Einführung in den traditionellen Holzschiffbau im Gebiet der deutschen Donau; Hamburg 1996

Sauer 1993 | Christine Sauer: Fundatio und Memoria. Stifter und Klostergründer im Bild, 1100 bis 1350; Göttingen 1993

Saurma-Jeltsch 2001 | Lieselotte E. Saurma-Jeltsch: Spätformen mittelalterlicher Buchherstellung. Bilderhandschriften aus der Werkstatt Diebold Laubers in Hagenau; Bd 1.2. Wiesbaden 2001

Schaab 1988 | Meinrad Schaab: Geschichte der Kurpfalz; Bd. 1 Stuttgart 1988

Schaab/Lenz 1998 | Meinrad Schaab, Rüdiger Lenz (Hrsg.): Ausgewählte Urkunden zur Territorialgeschichte der Kurpfalz 1156–1505; Stuttgart 1998

Schaefer 1994 | Ursula Schaefer: Zum Problem der Mündlichkeit, in: Heinzle 1994, S. 357–375

Schefers 2003 | Hermann Schefers: Kloster Lorsch. Ein Gang durch seine Geschichte, in: Weltkulturerbe Kloster Lorsch. Das Mittelalter erwacht; Regensburg 2003, S. 4–11

Schirok 1989 | Bernd Schirok (Hrsg.): Wolfram von Eschenbach. Parzival (Handschrift D). Abbildung des ‚Parzival'-Teils von Codex St. Gallen 857 sowie des (heutigen) Berliner Fragments L (mgf 1021) der ‚Kindheit Jesu' Konrads von Fußesbrunnen aus dem St. Galler Codex; Göppingen 1989

Schirok 2000 | Bernd Schirok (Hrsg.): Wolfram von Eschenbach. Willehalm. Abbildung des ‚Willehalm'-Teils von Codex St. Gallen 857 mit einem Beitrag zu neueren Forschungen zum Sangallensis und zum Verkaufskatalog von 1767; Göppingen 2000

Schlechter/Stamm 2000 | Armin Schlechter, Gerhard Stamm: Die Kleinen Provenienzen; Vorarbeiten von Kurt Hannemann und Andreas Degkwitz; Wiesbaden 2000 (Die Handschriften der Badischen Landesbibliothek in Karlsruhe, 13)

Schlunk/Giersch 2003 | Andreas Schlunk, Robert Giersch: Die Ritter. Geschichte, Kultur Alltagsleben. Begleitbuch zur Ausstellung „Die Ritter" im Historischen Museum der Pfalz Speyer 2003; Stuttgart 2003

Schmale 1974 | Otto von Freising und Rahewin. Gesta Friderici I. imperatoris; Zweisprachige Ausgabe; Hrsg. Franz Josef Schmale; Darmstadt 1974

Schmedding 1978 | Brigitta Schmedding: Mittelalterliche Textilien in Kirchen und Klöstern der Schweiz; Bern 1978

Schmid 1897 | M. Schmid: Kaiser Wilhelm-Denkmals-Konkurrenz zu Aachen, in: Zeitschrift für Bildende Kunst N. F. 8, 1897, S. 275–278

Schmidt-Künsemüller 1985 | Friedrich Adolf Schmidt-Künsemüller: Die abendländischen romanischen Blindstempeleinbände; Stuttgart 1985

Schnall 1975 | Uwe Schnall: Navigation der Wikinger. Nautische Probleme der Wikingerzeit im Spiegel der schriftlichen Quellen; Oldenburg 1975

Schneider 1914 | Ernst Schneider: Schnitzaltäre des 15. und des frühen 16. Jahrhunderts in Pommern; Berlin 1914

Schneider 1987 | Karin Schneider: Gotische Schriften in deutscher Sprache. I. Vom späten 12. Jahrhundert bis um 1300; Text- und Tafelband Wiesbaden 1987

Schneidmüller 1991 | Bernd Schneidmüller: Reichsfürstliches Feiern. Die Welfen und ihre Feste im 13. Jahrhundert, in: Altenburg/Jarnut/Steinhoff 1991, S. 165–180

Schnith 1990 | Karl Rudolf Schnith (Hrsg.): Mittelalterliche Herrscher in Lebensbildern. Von den Karolingern zu den Staufern; Graz u. a. 1990

Schnith 1997 | Karl Rudolf Schnith (Hrsg.): Frauen des Mittelalters in Lebensbildern; Graz u. a. 1997

Schnitzler 1997 | Bernadette Schnitzler: A l'aube du Moyen Age. L'Alsace mérovingienne; Strasbourg 1997

Schönbach 1897 | Anton E. Schönbach: Das Christentum in der altdeutschen Heldendichtung. Vier Abhandlungen; Graz 1897

Schönfeld 1978 | Roland Schönfeld: Die Donau als Faktor der wirtschaftlichen Entwicklung Regensburgs, in: Maschke/Sydow 1978, S. 110–124

Schröder/Kartschoke 1989 | Wolfram von Eschenbach. Willehalm. Text der Ausgabe von Werner Schröder. Völlig neubearbeitete Übersetzung, Vorwort und Register von Dieter Kartschoke; Berlin u. a. 1989 (und öfter)

Schubart-Stumpfe 1999 | Ortrud Schubart-Stumpfe: Der Kampf mit dem Drachen. Begegnungen mit einer Elementarkraft im Spiegel der Kulturen; Stuttgart 1999

Schuchardt 1998 | Günter Schuchardt: Die Kunstsammlung der Wartburg; Regensburg 1998

Schütte 2002 | Bernd Schütte: König Philipp von Schwaben. Itinerar, Urkundenvergabe, Hof; Hannover 2002

Schütz 1990 | Bernhard Schütz: Romanik. Die Kirchen der Kaiser, Bischöfe und Klöster zwischen Rhein und Elbe; Freiburg 1990

Schulte-Wülwer 1980 | Ulrich Schulte-Wülwer: Das Nibelungenlied in der deutschen Kunst des 19. und 20. Jahrhunderts; Gießen 1980

Schultz 1880 | Alwin Schultz: Das höfische Leben zur Zeit der Minnesänger; 2 Bde. Leipzig 1880; Reprint 1991

Schulz 1993 | Knut Schulz: Residenzstadt und Gesellschaft vom Hoch- zum Spätmittelalter, in: Klaus Flink u. a. (Hrsg.): Territorium und Residenz am Niederrhein; Kleve 1993

Schulze 1997 | Ursula Schulze (Hrsg.): Das Nibelungenlied mittelhochdeutsch – neuhochdeutsch; Stuttgart 1997

Schulz-Grobert 2000 | Jürgen Schulz-Grobert: Höfischer Glanz und Gönnerdämmerung. Zur Diskussion um die literarhistorische Bedeutung des Mäzenatentums im 12. Jahrhundert, in: Wolfram-Studien 16, 2000, S. 175–191

Schupp/Szklenar 1996 | Volker Schupp, Hans Szklenar: Ywain auf Schloss Rodenegg. Eine Bildergeschichte nach dem „Iwein" Hartmanns von Aue; Sigmaringen 1996

Schwarzmaier 1977 | Hansmartin Schwarzmaier: Die Heimat der Staufer. Bilder und Dokumente aus 100 Jahren staufischer Geschichte in Südwestdeutschland; 2. Aufl. Sigmaringen 1977

Schwarzmaier 1978 | Hansmartin Schwarzmaier: Staufisches Land und staufische Welt im Übergang; Sigmaringen 1978

Schwarzmaier 1998 | Hansmartin Schwarzmaier: Die neue Ordnung im staufischen Hause, in: Eugen Reinhard und Peter Rückert (Hrsg.): Staufische Stadtgründungen am Oberrhein; Sigmaringen 1998, S. 53–72

Schwenk 1997 | Sigrid Schwenk: Die Jagd im Spiegel mittelalterlicher Literatur und Jagdbücher, in: Rösener 1997a, S. 407–464

Schwenk 1999a | Sigrid Schwenk: Verantwortungsbewusstes Jagen: des Jägers Verpflichtung gegenüber Umwelt und Gesellschaft, in: Heidelberg 1999, S. 41–53

Schwenk 1999b | Sigrid Schwenk: Die Jagd auf das Wildschwein, in: Heidelberg 1999, S. 119–133

Schwob/Vizkelety 2001 | Anton Schwob, András Vizkelety (Hrsg.): Entstehung und Typen mittelalterlicher Lyrikhandschriften. Akten des Grazer Symposiums, 13.–17. Oktober 1999; Bern u. a. 2001

See 1981 | Klaus von See: Germanische Heldensage. Stoffe, Probleme, Methoden. Eine Einführung; 2. Aufl. Wiesbaden 1981

See 1987 | Klaus von See: Sigurd der Drachentöter. Mittelalterliche Bilddenkmäler in Skandinavien, in: München 1987, S. 119–123

See 1991 | Klaus von See: Das Nibelungenlied – ein Nationalepos?, in: Heinzle/Waldschmidt 1991, S. 43–110; wiederabgedruckt in: Heinzle/Klein/Obhof 2003, S. 309–343

See 1994 | Klaus von See: Germanenbilder, in: Klaus von See: Barbar, Germane, Arier. Die Suche nach der Identität der Deutschen; Heidelberg 1994, S. 9–30, 345f.

See 1995 | Klaus von See: „Dem deutschen Volke zu eigen". Fritz Langs Nibelungenfilm von 1924, in: Mittelweg 36, 1995/96, S. 3–14

Seitz 1965 | Heribert Seitz: Blankwaffen, Bd. 1; Braunschweig 1965

Simek 1992 | Rudolf Simek: Erde und Kosmos im Mittelalter. Das Weltbild vor Kolumbus; München 1992

Skulima 1939 | Ewald Skulima: Kunst in Kasernen, in: NSZ-Rheinfront, Nr. 48, 24.2.1939

Sommer 1929 | Robert Sommer: Die Nibelungenwege von Worms über Wien zur Etzelburg. Ein deutsches Wanderbuch; Weimar 1929

Sparnaay 1948 | Hendrikus Sparnaay: Karl Lachmann als Germanist; Bern 1948

Speyer 1992 | Das Reich der Salier 1024–1125; Ausst. Kat. Historisches Museum Speyer 1992; Sigmaringen 1992

Spieß 2002 | Karl-Heinz Spieß: Der Hof Kaiser Barbarossas und die politische Landschaft am Mittelrhein, in: Moraw 2002, S. 49–76

Springeth 1997 | Margarete Springeth: Die Dekonstruktion des Heroischen. Überlieferungsgeschichtliche und rezeptionsästhetische Untersuchungen zum spätmittelalterlichen Nibelungenlied in Lienhart Scheubels Heldenbuch (Handschrift k); Diss. Salzburg 1997 (ms.)

Springeth 1999 | Margarete Springeth: Textvarianz und Kontextvariabilität als implikative Kategorien am Beispiel des Nibelungenliedes in Lienhart Scheubels Heldenbuch (Hs. k), in: H. T. M. van Vliet (Hrsg.): Produktion und Kontext. Beiträge der Internationalen Fachtagung der Arbeitsgemeinschaft für germanistische Edition im Constantijn Huygens Instituut, Den Haag 1998; Tübingen 1999, S. 77–90

Staub/Sänger 1991 | Kurt Hans Staub, Thomas Sänger: Deutsche und niederländische Handschriften. Mit Ausnahme der Gebetbuchhandschriften; Wiesbaden 1991 (Die Handschriften der Hessischen Landes- und Hochschulbibliothek Darmstadt, 6)

Stauch 1958 | Liselotte Stauch: Drache, in: Reallexikon zur Deutschen Kunstgeschichte Bd. 4, 1958, Sp. 342–366

Steinsärge 1994 | Mittelalterliche Steinsärge. Odenwälder Trapeze gefunden, in: Südhessische Post 19.11.1994, S. 13

Steuer 1986 | Heiko Steuer (Hrsg.): Zur Lebensweise in der Stadt um 1200. Ergebnisse der Mittelalterarchäologie. Bericht über ein Kolloquium in Köln vom 31.1.–2.2.1984; Köln 1986

Stolle 1993 | Thomas Stolle. Die Holz- und Lederfunde aus dem romanischen Brunnen der Runneburg und ihr Vergleich mit Abbildungen aus der Zeit um 1300, in: Festschrift zur 825-Jahr-Feier der Runneburg in Weißensee; Weimar 1993, S.106–132

Stuttgart 1977 | Die Zeit der Staufer; Ausst. Kat. Altes Schloß Stuttgart 1977; Bd. 1–5 Stuttgart 1977

Stuttgart 1997 | Die Alamannen; Begleitband zur Ausstellung; Stuttgart 1997

Swarzenski 1936 | Hanns Swarzenski: Die lateinischen illuminierten Handschriften des 13. Jahrhunderts in den Ländern an Rhein, Main und Donau; Bd. 1.2. Berlin 1936

Theuerkauff-Liederwald 1988 | Anna-Elisabeth Theuerkauff-Liederwald: Mittelalterliche Bronze- und Messinggefäße. Eimer, Kannen, Lavabokessel; Berlin 1988

Thomas 1990a | Heinz Thomas: Die Staufer im Nibelungenlied, in: Zeitschrift für deutsche Philologie 109, 1990, S. 321–354

Thomas 1990b | Heinz Thomas: Dichtung und Politik um 1200. Das Nibelungenlied, in: Zatloukal 1990, S. 103–130

Thomas/Schlag 1976 | Gaston Phoebus: Le livre de la Chasse, Vollständige Faksimile-Ausgabe im Originalformat des Manuscrit francais 616 der Bibliothèque Nationale; Einführung Marcel Thomas, Kommentar Wilhelm Schlag; Graz 1976

Tilander 1971 | Gunnar Tilander (Hrsg.): Gaston Phébus Livre de Chasse; Karlshamn 1971

Tucoo-Chala 1959 | Pierre Tucoo-Chala: Gaston Fébus et la vicomté de Béarn 1343–1381; Bordeaux 1959

Unterkircher 1973 | Ambraser Heldenbuch. Vollständige Faksimile-Ausgabe im Originalformat des Codex Vindobonensis Series nova 2663 der Österreichischen Nationalbibliothek. Kommentar Franz Unterkircher; Graz 1973

Veit 1978 | Ludwig Veit: Das Hochstift Passau; München 1978

Verfasserlexikon | Die deutsche Literatur des Mittelalters. Verfasserlexikon. Begründet von Wolfgang Stammler, fortgeführt von Karl Langosch. Zweite, völlig neu bearbeitete Auflage unter Mitarbeit zahlreicher Fachgelehrter herausgegeben von Kurt Ruh u. a.; Berlin u. a. 1978ff.

Voetz 2000 | Lothar Voetz: Zur Rekonstruktion des Inhalts der verlorenen Blätter im Neidhart-Corpus des Codex Manesse, in: Jens Haustein u. a. (Hrsg.): Septuaginta quinque. Festschrift für Heinz Mettke; Heidelberg 2000, S. 381–408

Vogelsang 1954 | Thilo Vogelsang: Die Frau als Herrscherin im hohen Mittelalter. Studien zur „consors regni" Formel; Göttingen 1954

Vollmann 1987 | Carmina Burana. Texte und Übersetzungen, mit den Miniaturen aus der Handschrift und einem Aufsatz von Peter und Dorothee Diemer. Hrsg. Benedikt Konrad Vollmann; Frankfurt a. M. 1987

Vorderstemann 2000 | Jürgen Vorderstemann (Hrsg.): Das Nibelungenlied nach der Handschrift n Hs. 4257 der Hessischen Landes- und Hochschulbibliothek Darmstadt; Tübingen 2000

Wapnewski 1986 | Peter Wapnewski: Die Oper Richard Wagners als Dichtung, in: Müller/Wapnewski 1986, S. 223–352

Wattenbach 1850 | Wilhelm Wattenbach: Der Mönch von St. Gallen über die Taten Karls des Großen; Berlin 1850

Weber 1976 | Rainer Weber: Recorder Finds from the Middle Ages, and Results of their Reconstruction, in: The Galpin Society Journal 29, 1976, S. 35–41

Wehrberger 2001 | Kurt Wehrberger: Vorhängeschloß, in: Ulmer Museum. Kunstwerk des Monats April 2001

Weingartner Liederhandschrift 1969 | Die Weingartner Liederhandschrift. [Bd 1. Faksimile]; [Bd 2.] Textband mit Beiträgen von Wolfgang Irtenkauf, Kurt Herbert Halbach, Renate Kroos. Transkription bearbeitet von Otfrid Ehrismann; Stuttgart 1969

Weitzmann-Fiedler 1981 | Josepha Weitzmann-Fiedler: Romanische gravierte Bronzeschalen; Berlin 1981

Weltin 1990 | Max Weltin: Markgraf Rüdiger von Bechelaren – eine historische Figur?, in: Zatloukal 1990, S. 181–193

Werner 1956 | Joachim Werner: Beiträge zur Archäologie des Attila-Reiches; München 1956

Westermann-Angerhausen (i.V.) | Hiltrud Westermann-Angerhausen: Weihrauchfässer; in Vorbereitung

Wetzel 1994 | René Wetzel: Deutsche Handschriften des Mittelalters in der Bodmeriana; Cologny 1994

Weyrauch/Azzola 1992 | Wilhelm Weyrauch, Friedrich Karl Azzola: Der Sarkophag vom Kloster Hagen bei Lorsch; Tl. 1: Fundgeschichte. Von Wilhelm Weyrauch; Tl. 2: Denkmalkundliche Wertung mit Datierung. Von Friedrich Karl Azzola, in: Geschichtsblätter Kreis Bergstraße 25, 1992, S. 155–187

Wiedenau 1984 | Anita Wiedenau: Katalog der romanischen Wohnbauten in westdeutschen Städten und Siedlungen (ohne Goslar und Regensburg); Tübingen 1984

Wilckens 1991 | Leonie von Wilckens: Die textilen Künste: von der Spätantike bis um 1500; München 1991

Wilckens 1992 | Leonie von Wilckens: Mittel-alterliche Seidenstoffe; Berlin 1992 (Bestands-katalog XVIII des Kunstgewerbemuseums, Staatliche Museen zu Berlin)

Wilkendorf 1940 | Fritz Wilkendorf: Der Bau-keramiker Gustav Heinkel, in: Sonntagsbeila-ge des ‚Führer', 1940

Winterfeld 2001 | Dethard von Winterfeld: Romanik am Rhein; Stuttgart 2001

Witt 1999 | Detlef Witt: Stralsunder Malerei und Plastik um 1500. Die Werkstatt des Meisters des Hochaltars der St. Nikolaikirche; Magisterarbeit Greifswald 1999 (ms.)

Wittkower 1942 | Rudolf Wittkower: Die Wun-der des Ostens. Ein Beitrag zur Geschichte der Ungeheuer, in: Journal of the Warburg and Courtauld Institutes 5, 1942; Nachdruck in: Ders.: Allegorie und der Wandel der Symbole in Antike und Renaissance; Köln 1984, S. 87–150, 364–384

Witz 1931 | Hermann Witz: Die Nibelungen in Pförring und Großmehring, in: Ingolstädter Heimatgeschichte 3, 1931, Nr. 3 und 4

Wohlleben 1990 | Joachim Wohlleben: Die Sonne Homers. Zehn Kapitel deutscher Homer-Begeisterung. Von Winckelmann bis Schliemann; Göttingen 1990

Wohlleben 1996 | Joachim Wohlleben: Fried-rich August Wolfs ‘Prolegomena ad Home-rum' in der literarischen Szene der Zeit, in: Poetica 28, 1996, S. 154–170

Wolf 1995 | Alois Wolf: Heldensage und Epos. Zur Konstituierung einer mittelalterlichen volkssprachlichen Gattung im Spannungsfeld von Mündlichkeit und Schriftlichkeit; Tübin-gen 1995

Wolter 1991 | Heinz Wolter: Der Mainzer Hof-tag von 1184 als politisches Fest, in: Alten-burg/Jarnut/Steinhoff 1991, S. 193–199

Wurster 1998 | Herbert W. Wurster: Das „Nibelungenlied" und das Bistum Passau unter Bischof Wolfger von Erla (1191–1204), in: Moser/Sammer 1998, S. 265–360

Zahlten 1979 | Johannes Zahlten: Creatio Mun-di. Darstellungen der sechs Schöpfungstage und naturwissenschaftliches Weltbild im Mittelalter; Stuttgart 1979

Zahlten 1995 | Johannes Zahlten: Weltbild und Sicht der Natur um 1200, in: Braunschweig 1995, Bd. 2, S. 26–34

Zahlten 1998 | Johannes Zahlten: Die Erschaf-fung von Raum und Zeit in Darstellungen zum Schöpfungsbericht von Genesis 1, in: Aert-sen/Speer 1998, S. 615–627

Zahlten 2002 | Johannes Zahlten: Das Ende und der Anfang. Zum Zusammenhang von Weltaltermodellen, menschlichem Lebensalter und Sechstagewerk in der mittelalterlichen Kunst, in: Aertsen/Pickavé 2002, S. 348–370

Zahn-Biemüller/Zöller 2001 | Eva Zahn-Biemül-ler, Helge Zöller: Funde aus Franken in den Sammlungen des Mainfränkischen Museums Würzburg; Würzburg 2001

Zatloukal 1990 | Klaus Zatloukal (Hrsg.): Das Nibelungenlied und der mittlere Donauraum. 1. Pöchlarner Heldenliedgespräch; Wien 1990

Zeune 1996 | Joachim Zeune: Burgen. Symbo-le der Macht; Regensburg 1996

ZGO | Zeitschrift für die Geschichte des Ober-rheins 1, 1850ff.

Zimmermann 1985 | Eva Zimmermann (Bearb.): Die mittelalterlichen Bildwerke in Holz, Stein, Ton und Bronze mit ausgewählten Beispielen der Bauskulptur. Badisches Landesmuseum Karlsruhe; Karlsruhe 1985

Zotz 2002 | Thomas Zotz: Ritterliche Welt und höfische Lebensformen, in: Fleckenstein 2002, S. 171–230

Zürich 1992 | Stadtluft, Hirsebrei und Bettel-mönch. Die Stadt um 1300; Ausst. Kat. Schweizerisches Landesmuseum Zürich; Stuttgart 1992

Gesamtleitung

Dr. Peter Michael Ehrle,
    Badische Landesbibliothek

Prof. Dr. Harald Siebenmorgen,
    Badisches Landesmuseum

Projektleitung

Heidrun Jecht M.A.,
    Badisches Landesmuseum

Dr. Ute Obhof,
    Badische Landesbibliothek

Handschriften und konservatorische Betreuung

Dr. Ute Obhof,
    Badische Landesbibliothek

Leihverkehr/Bildredaktion

Heidrun Jecht M.A.,
    Badisches Landesmuseum

Dr. Babette Stadie,
    Badische Landesbibliothek

Katalog

Prof. Dr. Jürgen Krüger,
    Badisches Landesmuseum

Restauratorische Betreuung

Wolfgang Knobloch,
    Badisches Landesmuseum

Museumspädagogik

Dr. Gabriele Kindler,
    Badisches Landesmuseum

Öffentlichkeitsarbeit und Presse

Claudia Seiffert M.A.,
Kerstin Glasow M.A.,
Ursula Richardt,
    Badisches Landesmuseum

Ausstellungsarchitektur

Ranger Design, Stuttgart

Wissenschaftlicher Beirat

Dr. Peter Eckerle,
    Badisches Landesmuseum

Dr. Peter Michael Ehrle,
    Badische Landesbibliothek

Prof. Dr. Joachim Heinzle,
    Universität Marburg

Dr. Klaus Klein,
    Universität Marburg

Prof. Dr. Burkhardt Krause,
    Universität Karlsruhe (TH)

Prof. Dr. Jürgen Krüger,
    Universität Karlsruhe (TH)

Dr. Peter-Hugo Martin,
    Badisches Landesmuseum

Dr. Ute Obhof,
    Badische Landesbibliothek

Dr. Reinhard W. Sänger,
    Badisches Landesmuseum

Prof. em. Dr. Hansmartin Schwarzmaier,
    Generallandesarchiv Karlsruhe

Prof. Dr. Harald Siebenmorgen,
    Badisches Landesmuseum

Prof. Dr. Lothar Voetz, Universität Heidelberg

Prof. em. Dr. Johannes Zahlten,
    Hochschule für Bildende Künste Braunschweig

Autoren

A. M.   Almut Maaß
B. H.-S.   Brigitte Herrbach-Schmidt
B. L.   Burkhard Lohmann
B. S.   Bernd Schirok
B. St.   Babette Stadie
C. M.   Christine Magin
D. E.   Detlev Ellmers
E. R.   Eva Raffel
H. F.   Helga Fabrizius
H. J.   Heidrun Jecht
H. M.   Heribert Meurer
H. R.   Hermann Reichert
Ha. S.   Hansmartin Schwarzmaier
H. S.   Harald Siebenmorgen
J. F. F.   Joanna Flawia Figiel
J. H.   Joachim Heinzle
J. K.   Jürgen Krüger
J. Z.   Johannes Zahlten
J. Ze.   Joachim Zeune
K. E.   Klaus Eckerle
K. K.   Klaus Klein
K. S.   Karin Schneider
L. V.   Lothar Voetz
P.-H. M.   Peter-Hugo Martin
P. Z.   Philipp Zimmermann
R. S.   Reinhard Sänger
S. S.   Sigrid Schwenk
U. O.   Ute Obhof
W. R.   Wolfgang Runschke

Leihgeber

Altena, Museum der Grafschaft Mark auf Burg Altena

Bad Homburg v. d. H., Staatliche Schlösser und Gärten Hessen

Basel, Randall Cook

Bayreuth, Richard Wagner-Museum/National-archiv der Richard-Wagner-Stiftung

Berlin, Staatsbibliothek zu Berlin – Preußischer Kulturbesitz

Bremerhaven, Deutsches Schiffahrtsmuseum

Darmstadt, Hessische Landes- und Hochschul-bibliothek

Darmstadt, Schlossmuseum – Hessische Hausstiftung

Dortmund, Archiv des Theater Dortmund

Eisenach, Wartburg-Stiftung

Frankfurt a. M., Museum für Angewandte Kunst

Freiburg, Augustinermuseum

Göppingen, Städtisches Museum im Storchen

Groningen, Noordeliijk Scheepvartmuseum

Hamburg, Sammlung Amme

Hannover, Kestner-Museum

Harburg, Fürstlich Oettingen-Wallerstein'sches Archiv

Heidelberg, Kurpfälzisches Museum

Heidelberg, Universitätsbibliothek

Karlsruhe, Generallandesarchiv

Koblenz, Burgen, Schlösser, Altertümer Rhein-land Pfalz

Konstanz, Archäologisches Landesmuseum Baden-Württemberg

Liestal, Kantonsmuseum Baselland

Mainz, Gutenberg-Museum

Mainz, Martinus-Bibliothek

Mainz, Römisch-Germanisches Zentral-museum

München, Bayerische Staatsbibliothek

München, Hauptstaatsarchiv

München, Stadtmuseum

Oslo, Universitetets kulturhistoriske museer

Ottobeuren, St. Alexander und Theodor

Pforzheim, Kulturamt – Archäologischer Schauplatz Kappelhof

Prag, Nationalmuseum, Bibliothek

Schwäbisch Hall, Hällisch-Fränkisches Museum

Solingen, Sammlung Hanns-Ulrich Haedeke

Speyer, Historisches Museum der Pfalz

Speyer, Landesarchiv

St. Gallen, Stiftsbibliothek

Strasbourg, Collège Episcopal Saint-Etienne

Strasbourg, Musée Archéologique

Stuttgart, Universitätsbibliothek

Stuttgart, Württembergische Landesbibliothek

Stuttgart, Württembergisches Landesmuseum

Trogen, Kantonsbibliothek Appenzell A. Rh.

Tübingen, Universitätsbibliothek

Ühlingen-Birkendorf, Felix Stricker

Ulm, Ulmer Museum

Weimar, Thüringisches Landesamt für archäologische Denkmalpflege

Wertheim-Bronnbach, Staatsarchiv

Wien, Österreichische Nationalbibliothek

Wiesbaden, Museum Wiesbaden

Wolfenbüttel, Niedersächsisches Staatsarchiv

Worms, Stadtarchiv

Würzburg, Mainfränkisches Museum

Würzburg, Staatsarchiv

Zürich, Galerie Lelong

Zürich, Schweizerisches Landesmuseum

Zürich, Zentralbibliothek

Dank

Sowohl den Autorinnen und Autoren, die Texte für den Katalog verfasst haben, als auch den Leihgebern und zahlreichen weiteren Personen, welche unsere Anliegen mit Engagement und Geduld unterstützt haben, gilt unser besonderer Dank. In der Hoffnung, niemanden übersehen zu haben, sind hier zu nennen:

Volker Amme, Hamburg

Susanne Ansorg, Neuenburg, Freyburg a.d.Unstrut

Dr. Gerold Bönnen, Stadtarchiv Worms

Dr. Gerd Brinkhus, Universitätsbibliothek Tübingen

Dr. Melitta Büchner-Schöpf, Karlsruhe

Anita Fitterer, Badische Landesbibliothek, Karlsruhe

Gudrun Föttinger, Richard-Wagner-Museum Bayreuth

Prof. Dr. Ernst Gamillscheg, Österreichische Nationalbibliothek, Wien

Dr. Gerhard Gutzschebauch, Karlsruhe

Dietmar Halemba, Münster

Dr. Eva Hanebutt-Benz, Gutenberg-Museum, Mainz

Drs. Elizabeth den Hartog, Universität Leiden

Dr. Felix Heinzer, Württembergische Landesbibliothek, Stuttgart

Prof. Dr. David Hiley, Universität Regensburg

Dr. Helmut Hinkel, Martinus-Bibliothek, Mainz

Dr. Zsolt Hunyadi, Universität Budapest

Ralf Ingelfinger, Landesbank Baden-Württemberg, Stuttgart

Grit Jacobs M.A., Wartburg-Stiftung, Eisenach

Sabine Kaufmann M. A., Historisches Museum der Pfalz Speyer

Dr. Margot Klee, Museum Wiesbaden

Prof. Dr. Wolfgang Klose, Badische Bibliotheksgesellschaft, Karlsruhe

Dr. Hannsjörg Kowark, Württembergische Landesbibliothek, Stuttgart

Martin Kuon, Landesbank Baden-Württemberg, Stuttgart

Christina von Laßberg, Münsing

Dr. Dietrich von Laßberg, Münsing

Dr. Hermann Leskien, Bayerische Staatsbibliothek, München

Dr. Norbert Leudemann, Bischöfliches Ordinariat Augsburg

Dr. Renate Ludwig, Kurpfälzisches Museum der Stadt Heidelberg

Dr. Heribert Meurer, Württembergisches Landesmuseum, Stuttgart

Dr. Hans-Walter Mittmann, Staatliches Museum für Naturkunde, Karlsruhe

Dr. Ulrich Montag, Bayerische Staatsbibliothek, München

Dr. Silke Müller-Hagedorn, Universität Karlsruhe (TH)

Oliver Neubauer, Karlsruhe

Amélie Niermeyer, Freiburg

Novum Arzt & Arzt, Karlsruhe

Dr. Everardus Overgaauw, Staatsbibliothek zu Berlin – Preußischer Kulturbesitz, Berlin

Polizeidirektion Augsburg

Dr. Veit Probst, Universitätsbibliothek Heidelberg

Dr. Johanna Rachinger, Österreichische Nationalbibliothek, Wien

Moritz Rinke, Berlin

Dr. Marie Ryantová, Nationalmuseum, Prag

Dr. Ulrich Schapka, Universitätsbibliothek Tübingen

Dr. Hermann Schefers, Museumszentrum Lorsch

Dr. Armin Schlechter, Universitätsbibliothek Heidelberg

Klaus-Peter Schmid, Schlösser und Gärten Hessen, Bad Homburg v.d.H.

PD Dr. Dr. habil. Uwe E. Schmidt, Universität Freiburg

Dr. Cornelia Schneider, Gutenberg-Museum, Mainz

Dr. Ulrich Schwarz, Niedersächsisches Staatsarchiv Wolfenbüttel

Dr. Ulrich Sieber, Universitätsbibliothek Stuttgart

Dr. Kurt Hans Staub, Darmstadt

Werner Stephan M.A., Universitätsbibliothek Stuttgart

Helmut Sterzl, Großmehring

Thomas Stolle, Runneburgverein, Weißensee

Melanie Thierbach M.A., Diözesanmuseum St. Afra, Augsburg

Prof. Dr. Ernst Tremp, Stiftsbibliothek St. Gallen

Dr. Helga Turková, Nationalmuseum, Prag

Dr. Silvia Uhlemann, Hessische Landes- und Hochschulbibliothek Darmstadt

Horst Volkmer, Bürgermeister von Großmehring

Dr. Matthias Weishaupt, Kantonsbibliothek Appenzell A.Rh., Trogen

Dr. Philipp Zimmermann, Universität Basel

Dr. Heidrun Zinnkann, Museum für Angewandte Kunst, Frankfurt a. M.

BILDNACHWEIS

Wenn nicht anders angegeben, bezeichnen die Zahlen Katalognummern

Altena, Museum der Grafschaft Mark, Foto: J. Nober, Ruhrlandmuseum Essen: 52

Augsburg, Diözesanmuseum: 96

Bamberg, Staatsbibliothek: Abb. S. 10, 48, 71, 149, 160

Basel, Randall Cook: 108

Bayreuth, Nationalarchiv der Richard-Wagner-Stiftung Bayreuth: 154, 156, 158, 159

Berlin, Staatsbibliothek zu Berlin – Preußischer Kulturbesitz, Handschriftenabteilung: 47, 174, 202, 208, 211, 217

Bremerhaven, Deutsches Schiffahrtsmuseum: 85, 86, 87, 88; Abb. S. 126

Darmstadt, Hessische Landes- und Hochschulbibliothek: 206, 207

Eisenach, C. Ulrich Kneise: 91

Eisenach, Wartburg-Stiftung: 39

Eppelheim, Kartographie Christiane Peh & Gerd Schefcik: Abb. S. 16/17, 36/37, 51

Frankfurt a. M., Museum für Angewandte Kunst: 58

Freiburg, Augustinermuseum: 92

Göppingen, Städtisches Museum, Foto: Dieter Dehnert, Göppingen: 55

Greifswald, Arbeitsstelle Inschriften des Historischen Instituts der Universität: 227

Groningen, Noordeliijk Scheepvartmuseum: 84

Hannover, Kestner-Museum: 131

Hannover, Kestner-Museum, Fotograf: M. Linder: 73

Heidelberg, Kurpfälzisches Museum der Stadt Heidelberg: 4

Heidelberg, Universitätsbibliothek: 36, 49, 72, 81, 162, 224, 225; Abb. S. 91, 113

Karlsruhe, Badische Landesbibliothek, Foto: Beate Ehlig und Kathrin Ullrich: 23, 45, 46, 48, 78, 79, 80, 110, 144, 145, 157, 163, 164, 165, 172, 176, 199, 209, 228; Abb. S. 15, 85, 144

Karlsruhe, Badisches Landesmuseum, Foto: Thomas Goldschmidt: 3, 5, 6, 7, 8, 9, 25, 32, 33, 34, 35, 37, 38, 42, 54, 60, 61, 62, 63, 64, 65, 66, 67, 77, 82, 83, 97, 98, 100, 104, 106, 109, 112, 119, 120, 122, 123, 124, 126, 128, 134, 134, 161, 169; Abb. S. 42

Karlsruhe, Jürgen Krüger: Abb. S. 31, 70; Archiv Jürgen Krüger: Abb. S. 45

Karlsruhe, Landesdenkmalamt: 168

Karlsruhe, Staatliche Kunsthalle: Abb. S. 183

Karlsruhe, Generallandesarchiv: 14, 18

Konstanz, Archäologisches Landesmuseum, Außenstelle Konstanz, Foto: Frau M. Schreiner: 22

London, British Library: Abb. S. 120

Liestal, Kantonsmuseum Baselland: 24, 28, 76

Mainz, Gutenberg-Museum: 181

Mainz, Martinus-Bibliothek: 180

Mainz, Römisch Germanisches Zentralmuseum: 30, 31; Abb. S. 24; Foto: O. Pilko: 12; Foto: Volker Iserhardt: 132, 133

Marburg, Foto Marburg: Abb. S. 28, 168

Minden, Preußen-Museum NRW Minden-Wesel (Repro): 167

München, Bayerische Staatsbibliothek: 170, 173

München, Bayerisches Hauptstaatsarchiv: 107

München, Modellbauer Jürgen K. Schillinger: 29

München, Stadtmuseum: 146

München, Transit Film GmbH: 148; Abb. S. 166

Nördlingen, Fotohaus Hirsch: 20

Oslo, University Museum of Cultural Heritage – University of Oslo, Norway; Photo: Eikik Irgens Johnsen: 21; Photo: Ove Holst: 11

Pforzheim, Kulturamt - Archäologischer Schauplatz Kappelhof; Foto: Günter Beck: 89

Prag, Národní Muzeum: 188

Reykjavík, Stofnun Árna Magnússonar á Íslandi: Abb. S. 22

Schwäbisch Hall, Hällisch-Fränkisches-Museum: 116

Solingen, Sammlung Hanns-Ulrich Haedeke: 57

Speyer, Landesarchiv: 16, 17, 19

St. Gallen, Stiftsbibliothek, Foto: Carsten Seltrecht, St. Gallen: 171; Abb. S. 21

Stockholm, Antivarisk-topografiska arkivet; Riksantikvarieämbetet, Foto: H. Faith-Ell, 1928: 13

Strasbourg, Collège Episcopal Saint-Etienne: 102

Strasbourg, Musée Archéologique, Photo A. Plisson: 1

Stuttgart, Hauptstaatsarchiv: 15

Stuttgart, Württembergische Landesbibliothek: 50, 51, 215, 226

Stuttgart, Württembergisches Landesmuseum: 10, 27, 43, 44, 50, 99, 113

Stuttgart, Württembergisches Landesmuseum, Foto: Hendrik Zwietasch: 26, 41, 93, 94, 95, 101, 103, 105

Stuttgart, Württembergisches Landesmuseum, Foto: Joachim Siener: 51

Trogen, Kantonsbibliothek Appenzell A. Rh.: 135b

Ulm, Stadtarchiv, Foto: Wolfgang Adler: 40

Wasserburg a. Inn, Stadtarchiv, Fotograf: Wenning: 90

Weimar, Thüringisches Landesamt für archäologische Denkmalpflege: 74, 75

Weissensee, Foto: Ralf Nicolai: 59, 68, 69, 70, 71, 111, 114, 118, 121, 125, 127, 129, 130

Wien, Kunsthistorisches Museum: Abb. S. 101

Wien, Österreichische Nationalbibliothek, Bildarchiv: 204, 210, 222

Wiesbaden, Friedrich-Wilhelm-Murnau-Stiftung; Vertrieb: München, Transit Film GmbH: 148; Abb. S. 166

Wiesbaden, Museum Wiesbaden, Foto: Ed Restle: 2

Wolfenbüttel, Herzog August Bibliothek: Abb. S. 99

Wolfenbüttel, Niedersächsisches Staatsarchiv, Foto: Bernd-Peter Kaiser, Braunschweig: 216

Worms, Stadtarchiv: 149, 166; Abb. S. 135

Würzburg, Mainfränkisches Museum: 117

Würzburg, Mainfränkisches Museum, Foto: Elmar Hahn studios: 115

Würzburg, Staatsarchiv: 56

Zürich, Galerie Lelong: 160

Zürich, Kunsthaus: Abb. S. 165

Zürich, Schweizerisches Landesmuseum: 53

Zürich, Zentralbibliothek: 135a

Reproduktionen aus Faksimiles im Besitz der Badischen Landesbibliothek: 218, 219, 220, 221, 223; Abb. S. 96, 213

Reproduktionen aus Büchern und Aufsätzen: 136; Abb. S. 23 (Ellis 1942), 46 (den Hartog 1993), 138 (Mason 1951)